Die Klingen der Wächter

von Xu Xianzhe

Band 6

华瑞图书网
chinabooks.ch

Inhaltsverzeichnis

Was bisher geschah

Nachdem Ayuya ihre ersehnte Rache bekommen hat, entschliesst sie sich dazu, der tocharischen Söldnerarmee beizutreten.

Daoma und seine Weggefährten dagegen setzen ihre lange Reise nach Chang'an fort …

Dritter Akt:
Die Unterwelt

Kapitel 51:
Der Teufel mit dem Jadegesicht

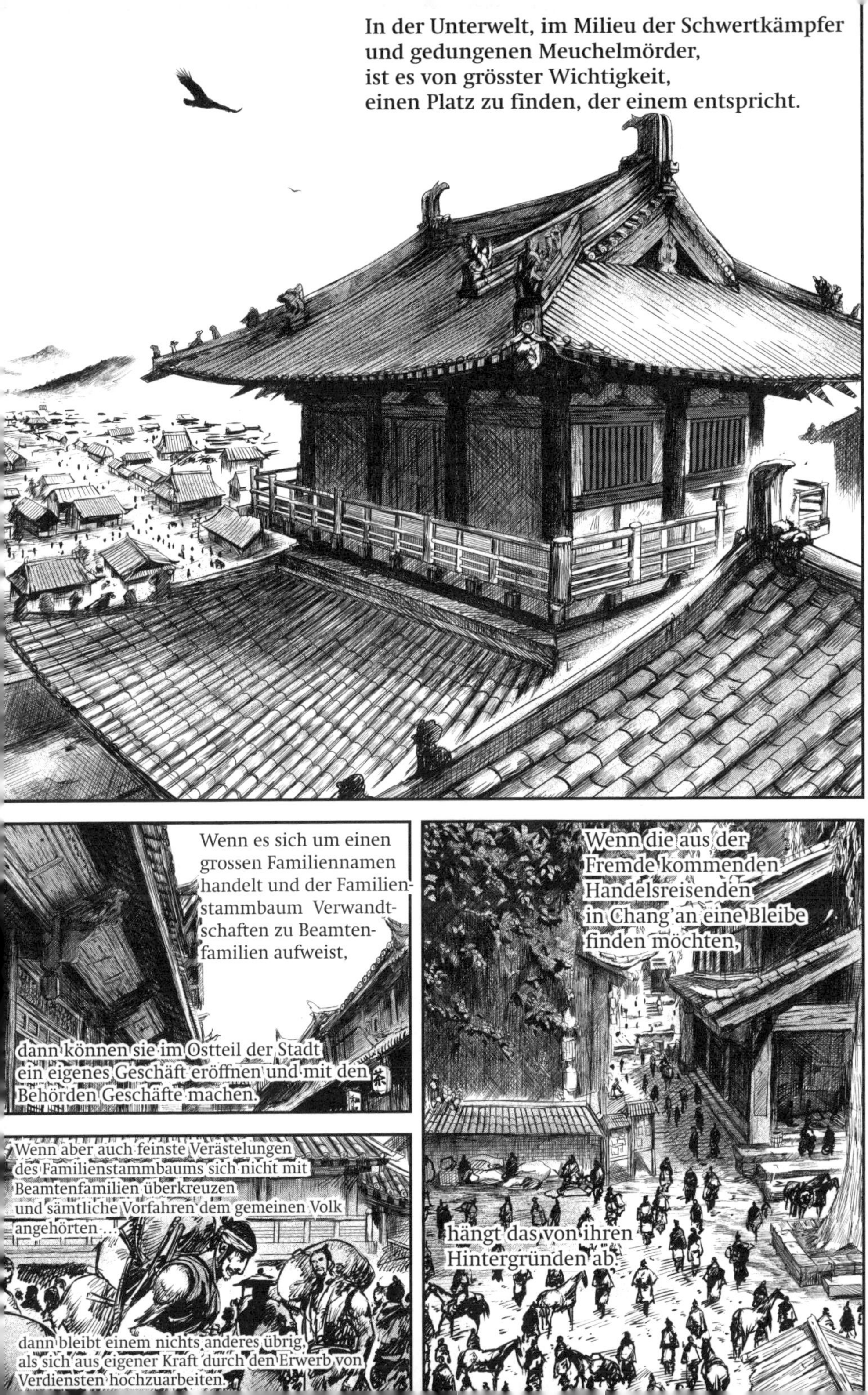
In der Unterwelt, im Milieu der Schwertkämpfer
und gedungenen Meuchelmörder,
ist es von grösster Wichtigkeit,
einen Platz zu finden, der einem entspricht.
Wenn es sich um einen grossen Familiennamen handelt und der Familienstammbaum Verwandtschaften zu Beamtenfamilien aufweist,
dann können sie im Ostteil der Stadt ein eigenes Geschäft eröffnen und mit den Behörden Geschäfte machen.
Wenn aber auch feinste Verästelungen des Familienstammbaums sich nicht mit Beamtenfamilien überkreuzen und sämtliche Vorfahren dem gemeinen Volk angehörten ...
dann bleibt einem nichts anderes übrig, als sich aus eigener Kraft durch den Erwerb von Verdiensten hochzuarbeiten.
Wenn die aus der Fremde kommenden Handelsreisenden in Chang'an eine Bleibe finden möchten,
hängt das von ihren Hintergründen ab.

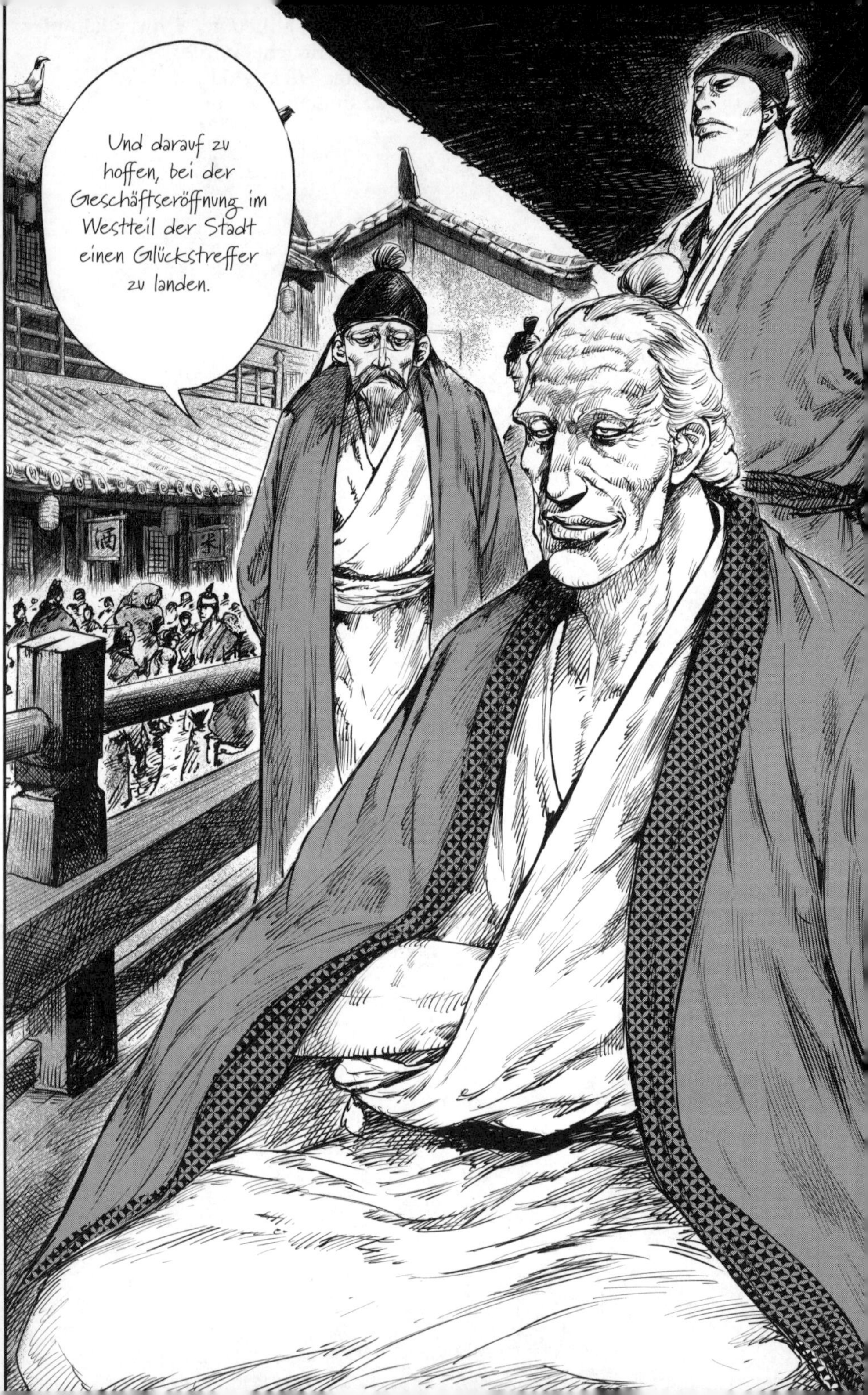
Und darauf zu hoffen, bei der Geschäftseröffnung im Westteil der Stadt einen Glückstreffer zu landen.

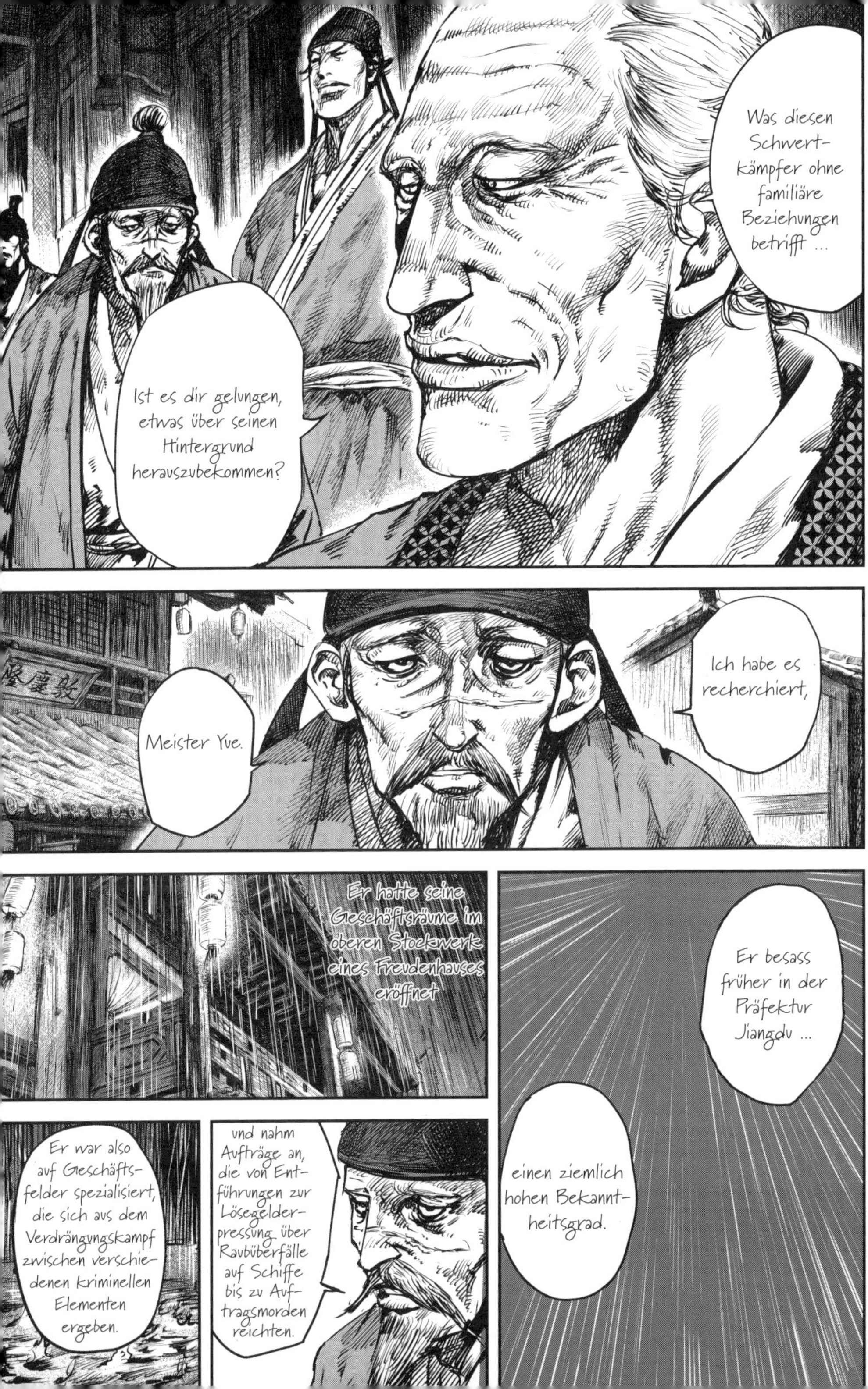
Was diesen Schwert-kämpfer ohne familiäre Beziehungen betrifft …
Ist es dir gelungen, etwas über seinen Hintergrund herauszubekommen?
Ich habe es recherchiert,
Meister Yue.
Er besass früher in der Präfektur Jiangdu …
einen ziemlich hohen Bekannt-heitsgrad.
Er hatte seine Geschäftsräume im oberen Stockwerk eines Freudenhauses eröffnet
und nahm Aufträge an, die von Ent-führungen zur Lösegelder-pressung über Raubüberfälle auf Schiffe bis zu Auf-tragsmorden reichten.
Er war also auf Geschäfts-felder spezialisiert, die sich aus dem Verdrängungskampf zwischen verschie-denen kriminellen Elementen ergeben.

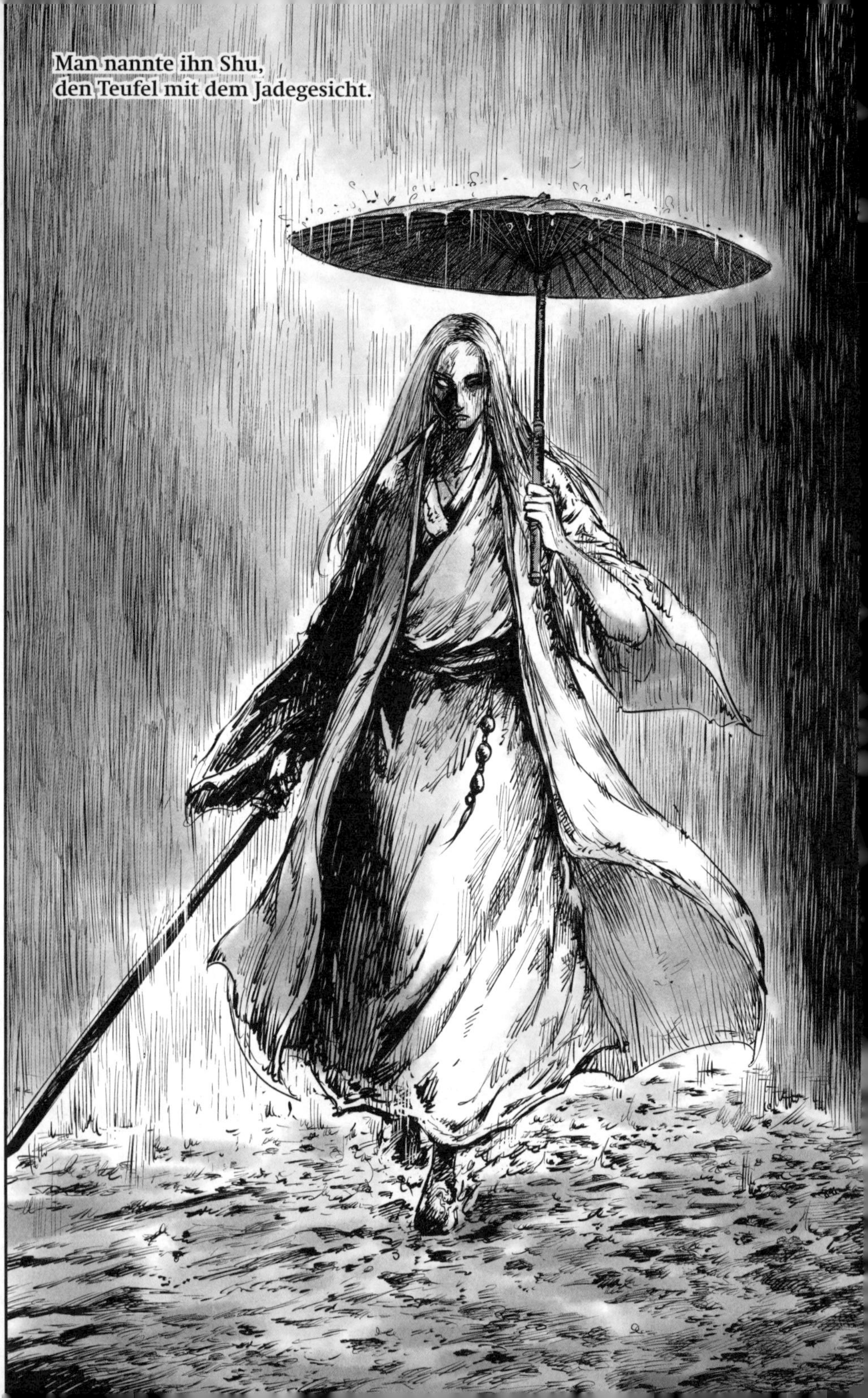
Man nannte ihn Shu,
den Teufel mit dem Jadegesicht.

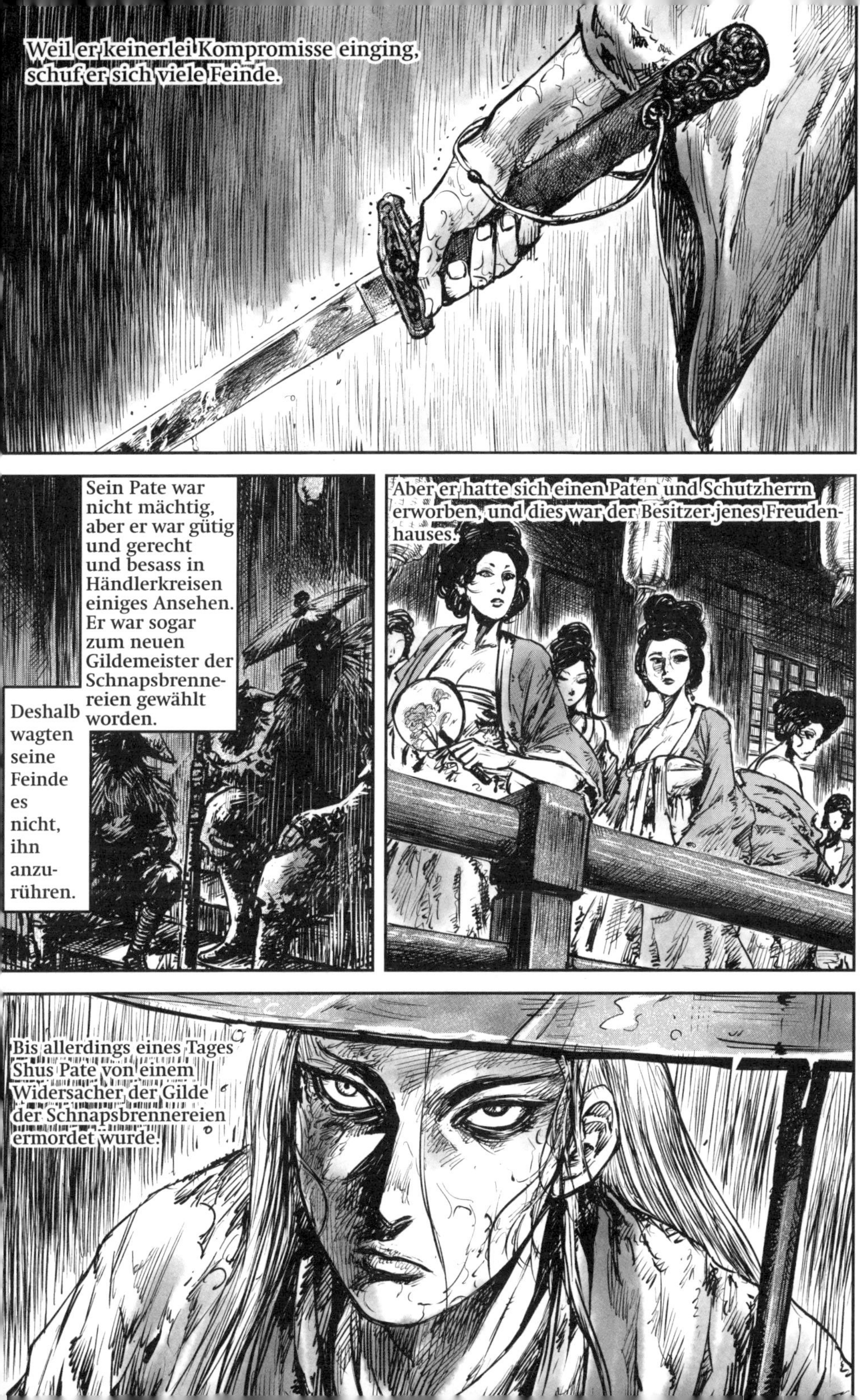
Weil er keinerlei Kompromisse einging, schuf er sich viele Feinde.
Sein Pate war nicht mächtig, aber er war gütig und gerecht und besass in Händlerkreisen einiges Ansehen. Er war sogar zum neuen Gildemeister der Schnapsbrennereien gewählt worden.
Deshalb wagten seine Feinde es nicht, ihn anzurühren.
Aber er hatte sich einen Paten und Schutzherrn erworben, und dies war der Besitzer jenes Freudenhauses.
Bis allerdings eines Tages Shus Pate von einem Widersacher der Gilde der Schnapsbrennereien ermordet wurde.

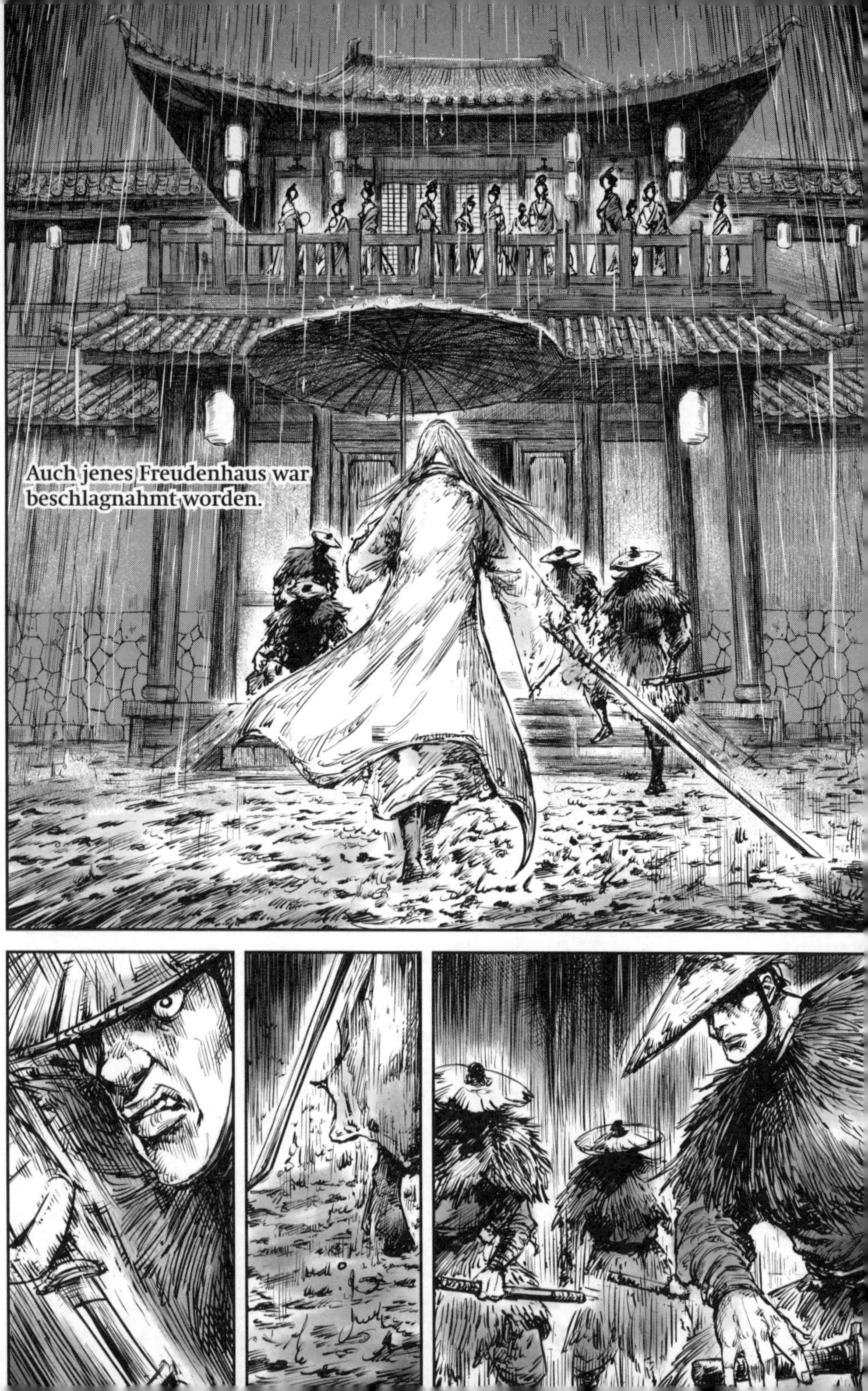
Auch jenes Freudenhaus war beschlagnahmt worden.

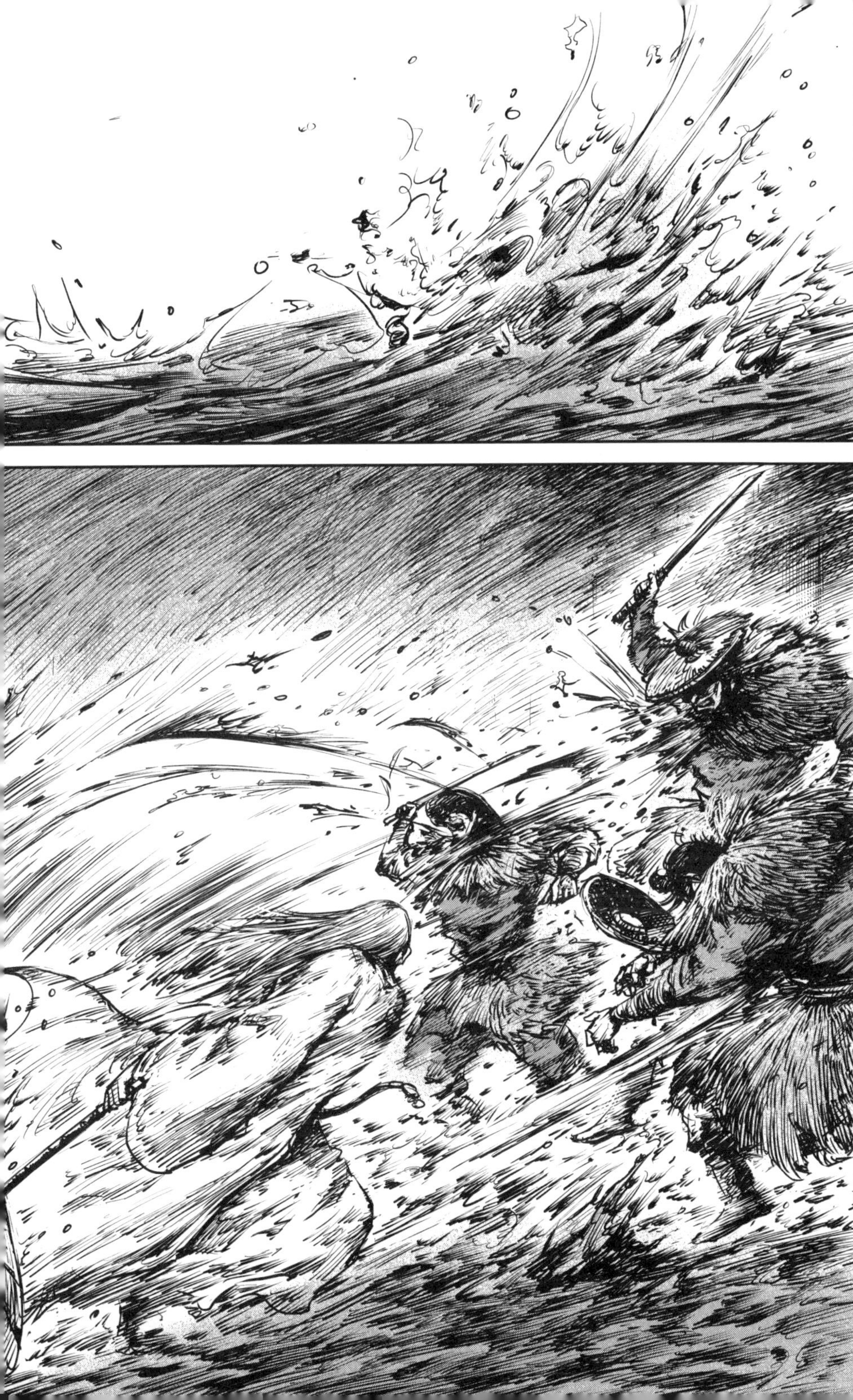

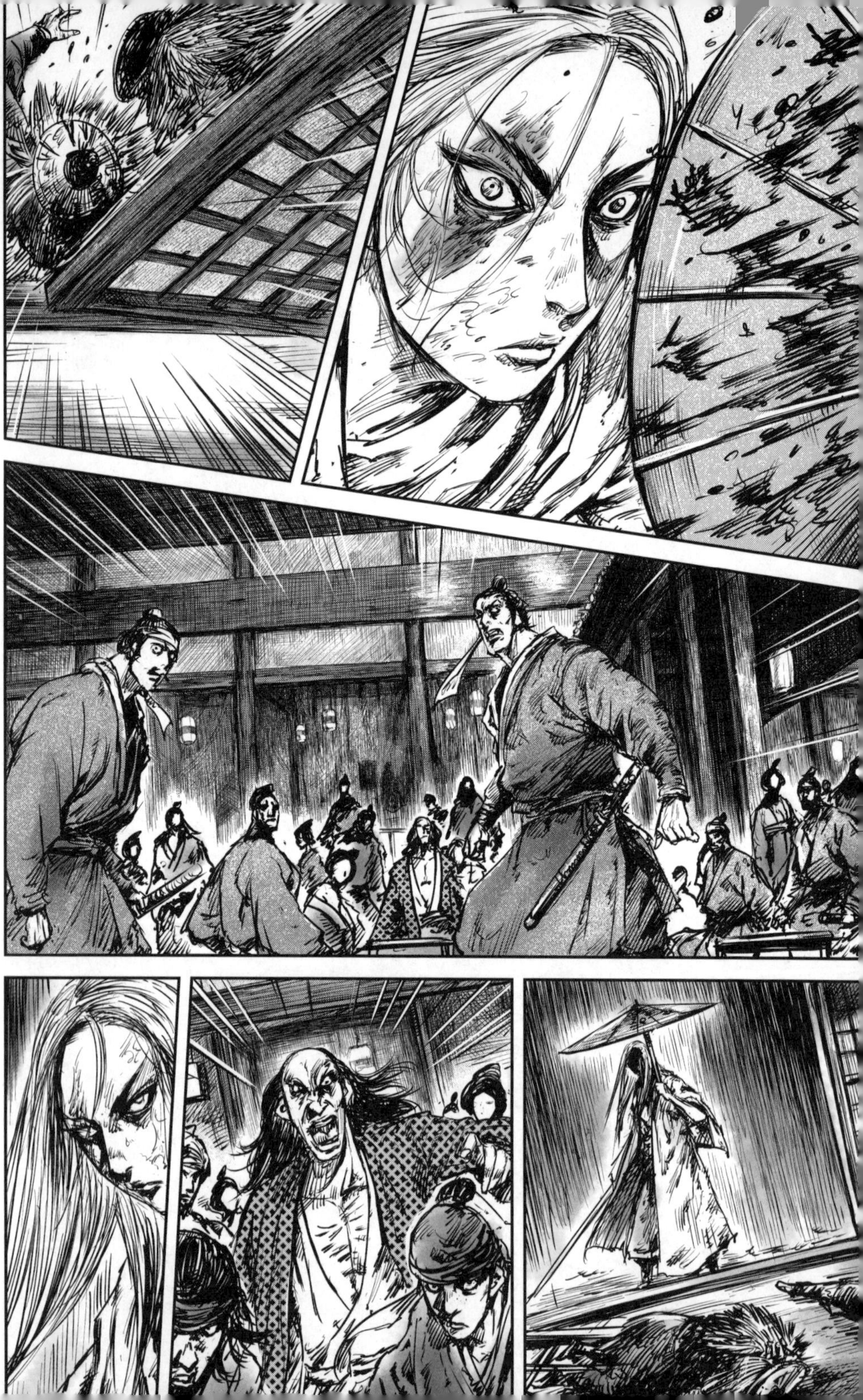

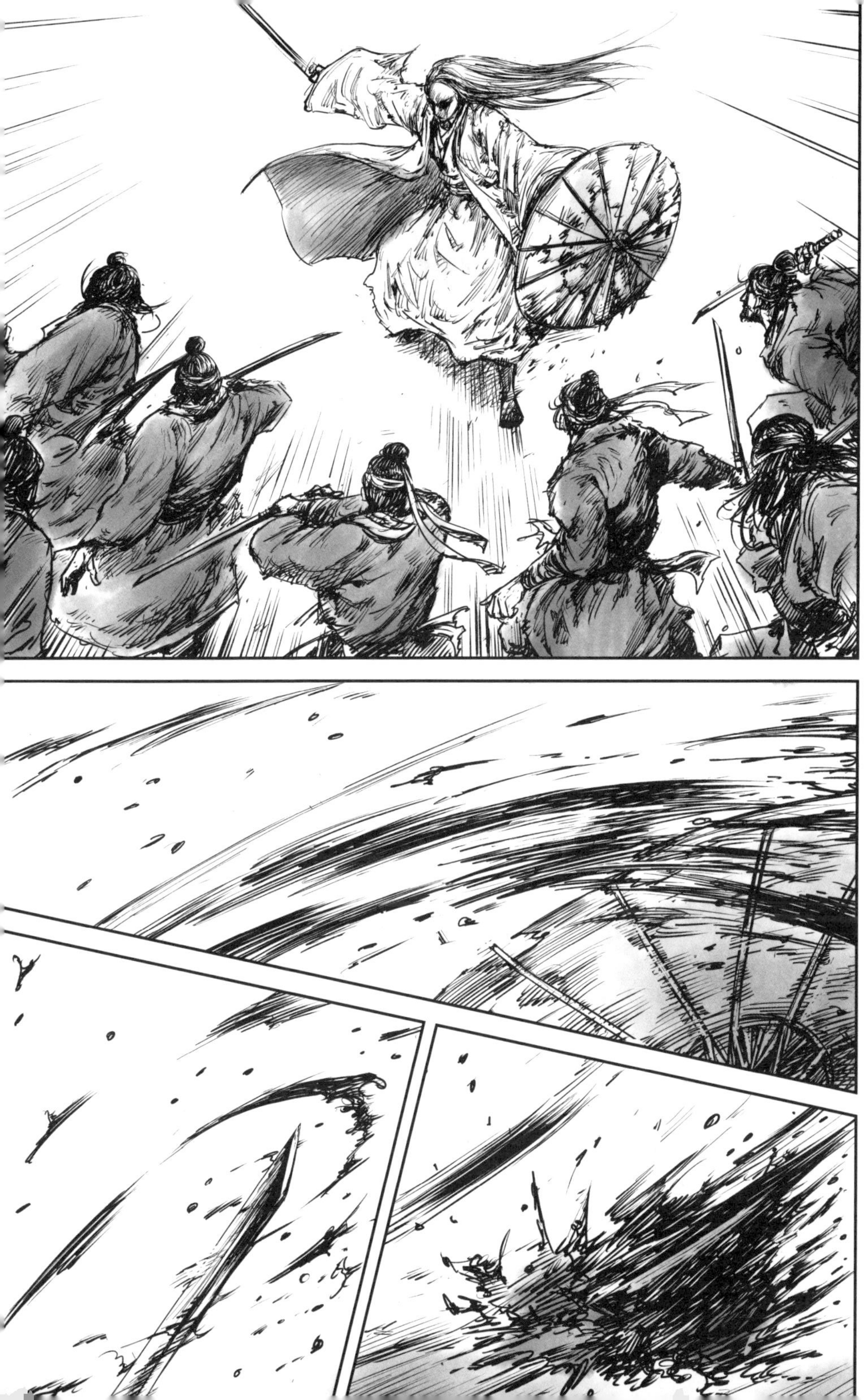

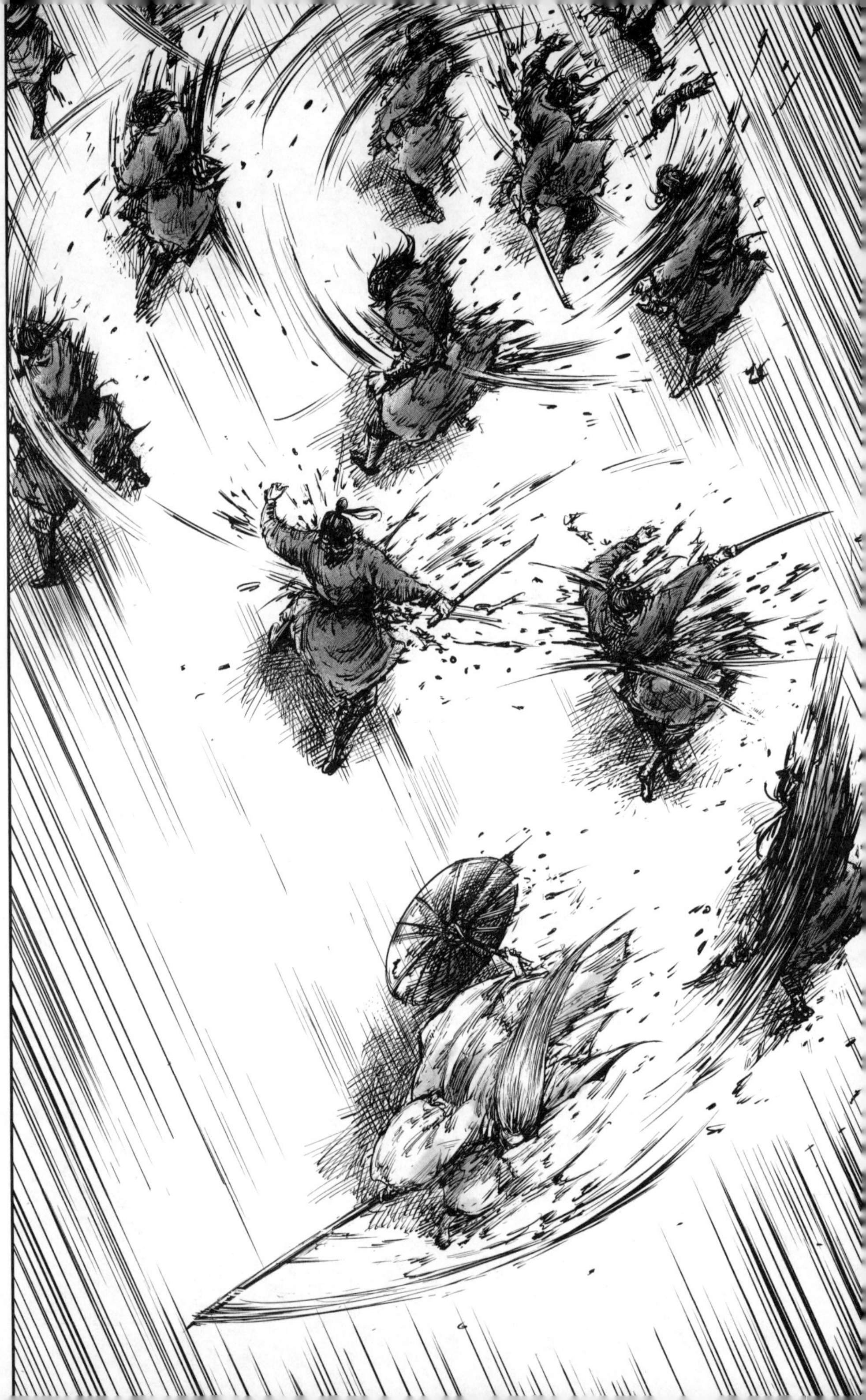

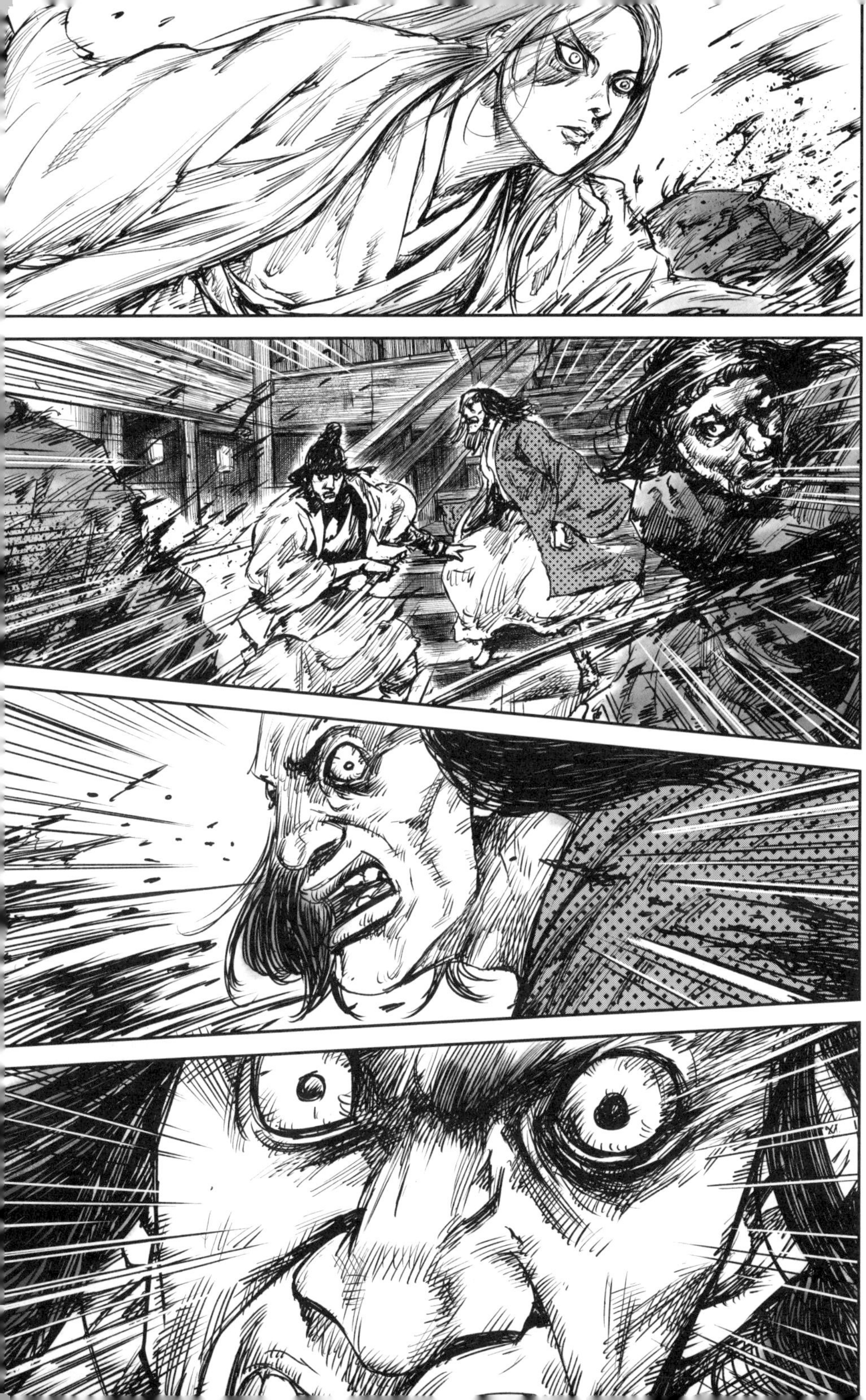

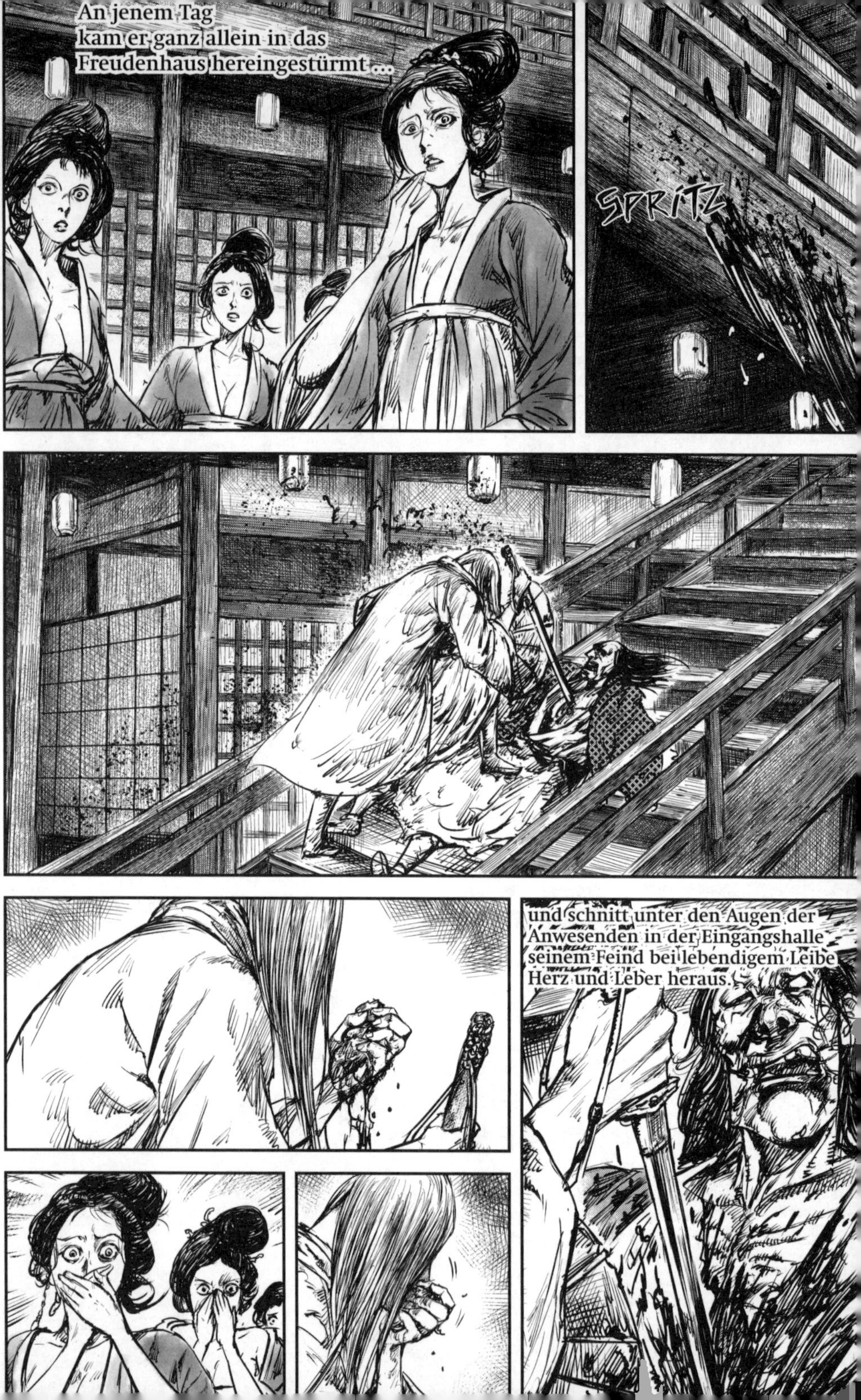
An jenem Tag
kam er ganz allein in das
Freudenhaus hereingestürmt ...
SPRITZ
und schnitt unter den Augen der
Anwesenden in der Eingangshalle
seinem Feind bei lebendigem Leibe
Herz und Leber heraus.

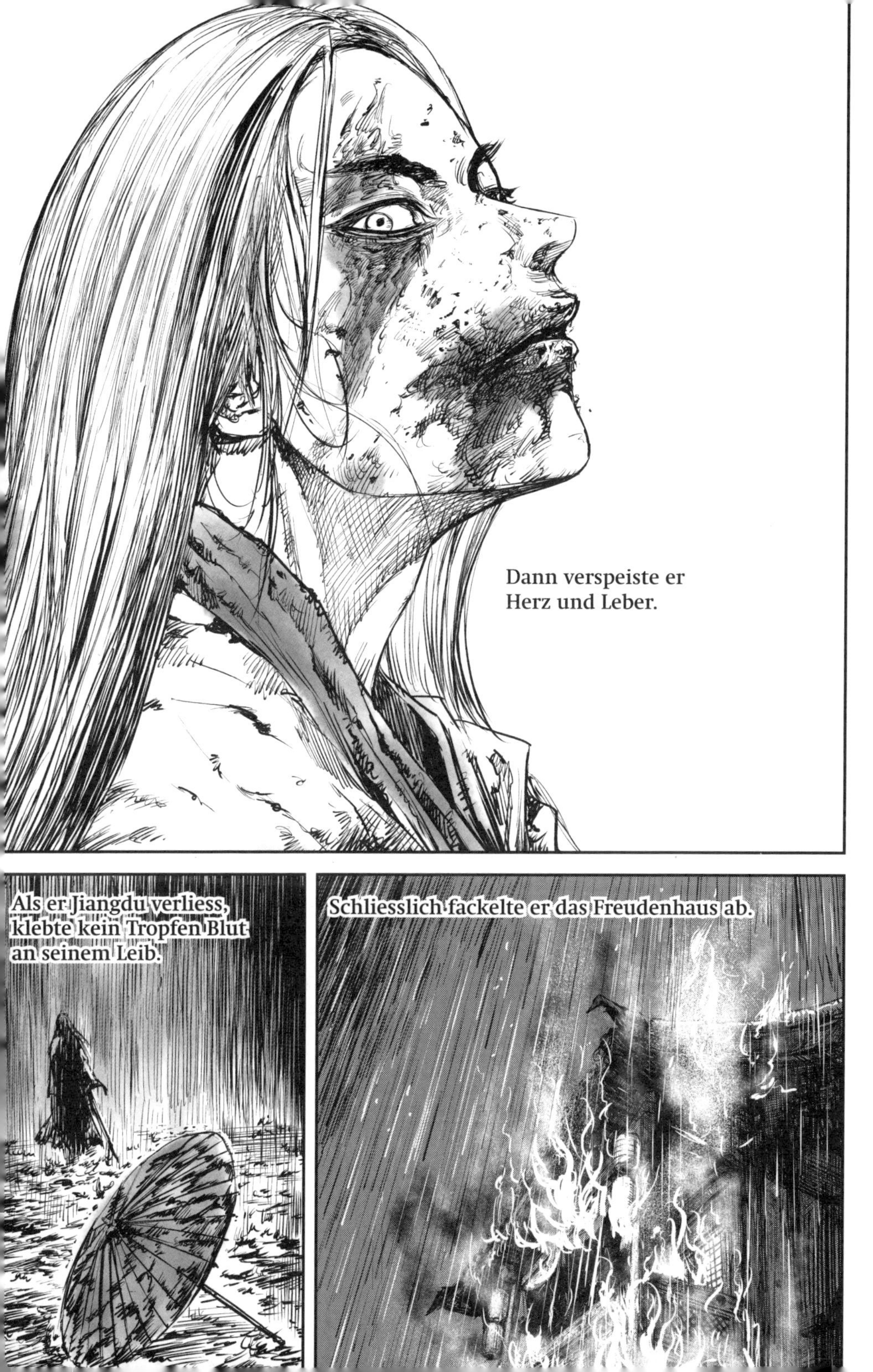
Dann verspeiste er
Herz und Leber.
Als er Jiangdu verliess,
klebte kein Tropfen Blut
an seinem Leib.
Schliesslich fackelte er das Freudenhaus ab.

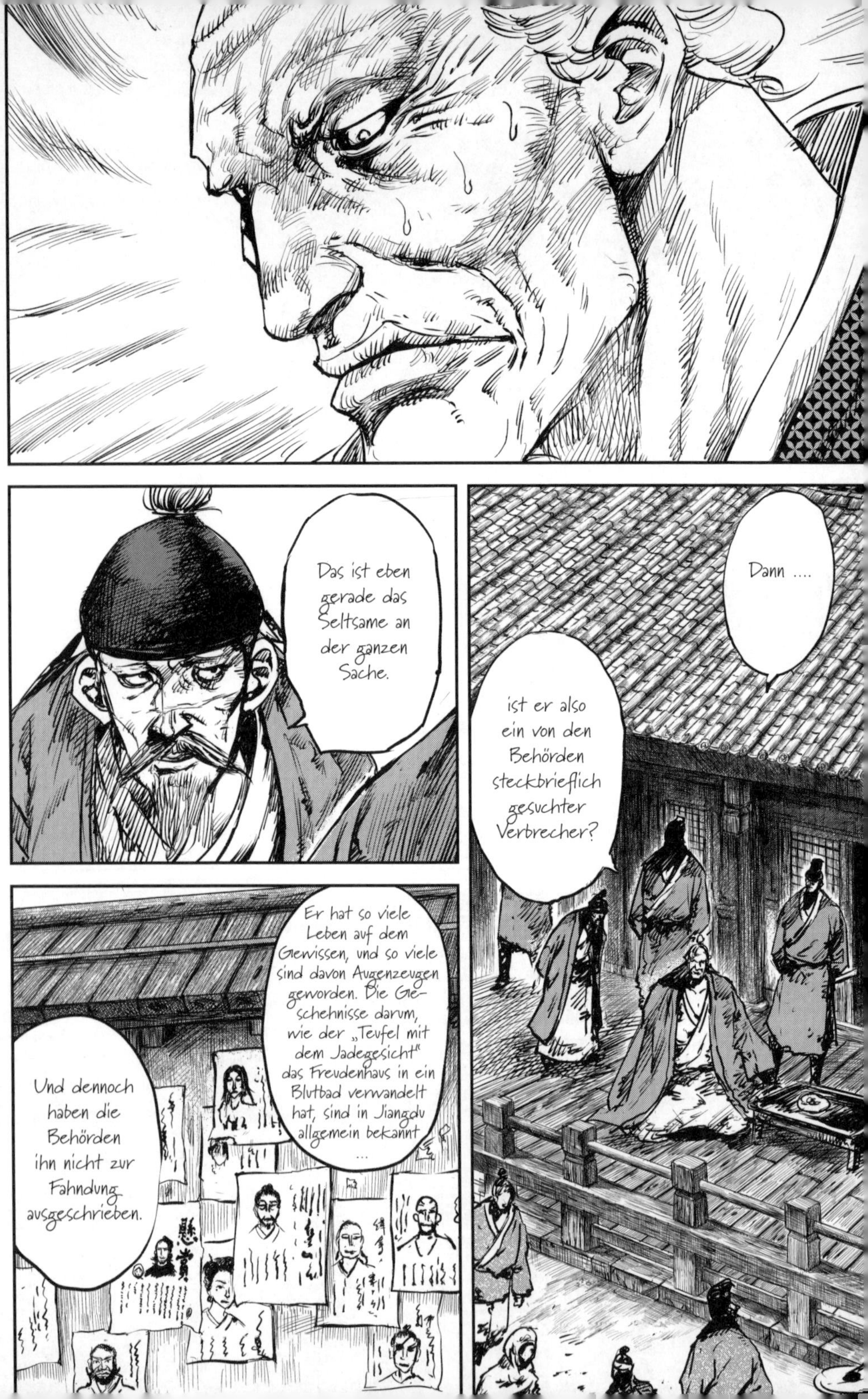
Das ist eben gerade das Seltsame an der ganzen Sache.
Dann ....
ist er also ein von den Behörden steckbrieflich gesuchter Verbrecher?
Er hat so viele Leben auf dem Gewissen, und so viele sind davon Augenzeugen geworden. Die Geschehnisse darum, wie der „Teufel mit dem Jadegesicht" das Freudenhaus in ein Blutbad verwandelt hat, sind in Jiangdu allgemein bekannt ...
Und dennoch haben die Behörden ihn nicht zur Fahndung ausgeschrieben.

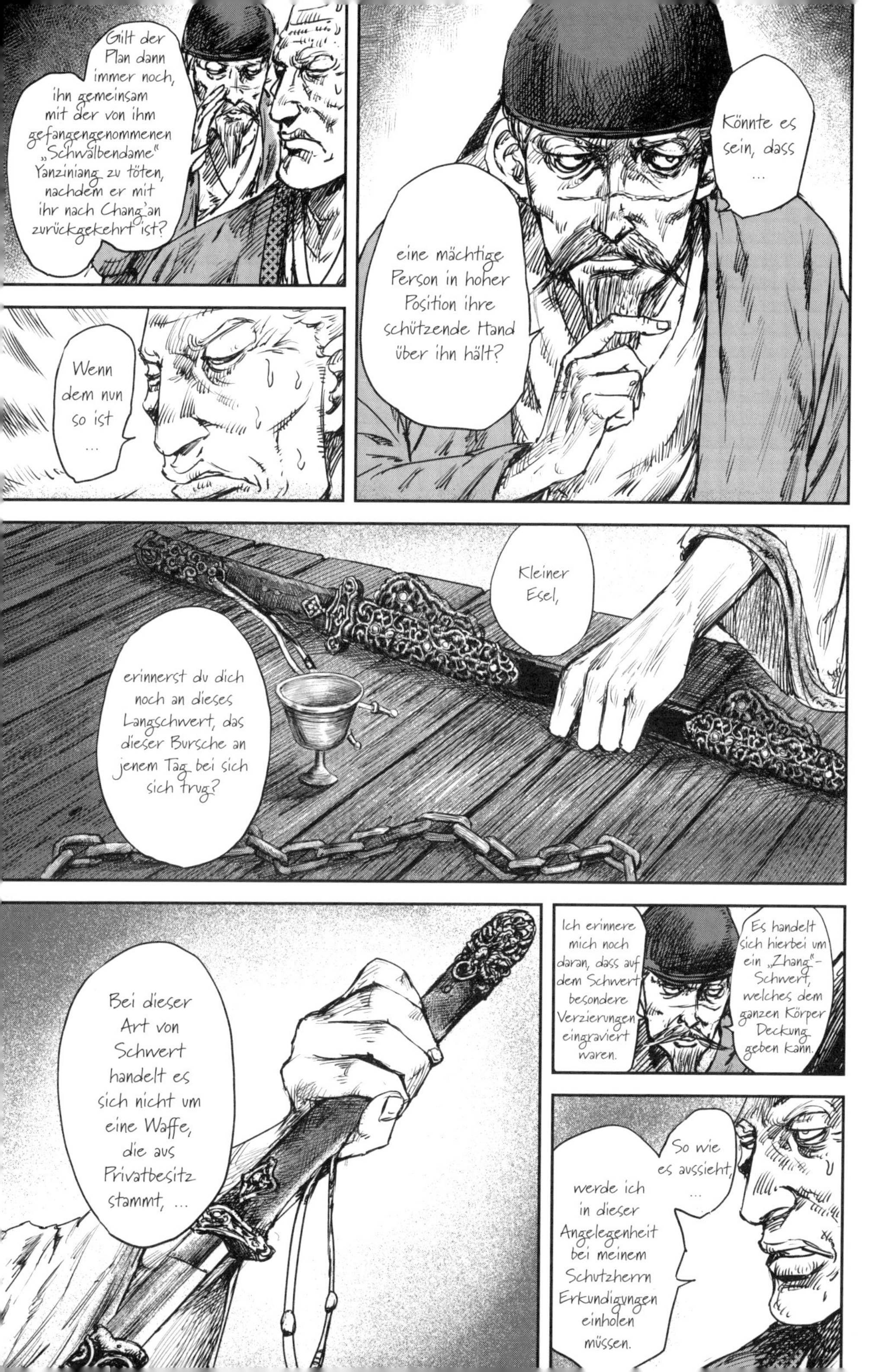

Gilt der Plan dann immer noch, ihn gemeinsam mit der von ihm gefangengenommenen „Schwalbendame" Yanziniang zu töten, nachdem er mit ihr nach Chang'an zurückgekehrt ist?
Wenn dem nun so ist …
Könnte es sein, dass …
eine mächtige Person in hoher Position ihre schützende Hand über ihn hält?
Kleiner Esel,
erinnerst du dich noch an dieses Langschwert, das dieser Bursche an jenem Tag bei sich trug?
Bei dieser Art von Schwert handelt es sich nicht um eine Waffe, die aus Privatbesitz stammt, …
Ich erinnere mich noch daran, dass auf dem Schwert besondere Verzierungen eingraviert waren.
Es handelt sich hierbei um ein „Zhang"-Schwert, welches dem ganzen Körper Deckung geben kann.
So wie es aussieht, …
werde ich in dieser Angelegenheit bei meinem Schutzherrn Erkundigungen einholen müssen.

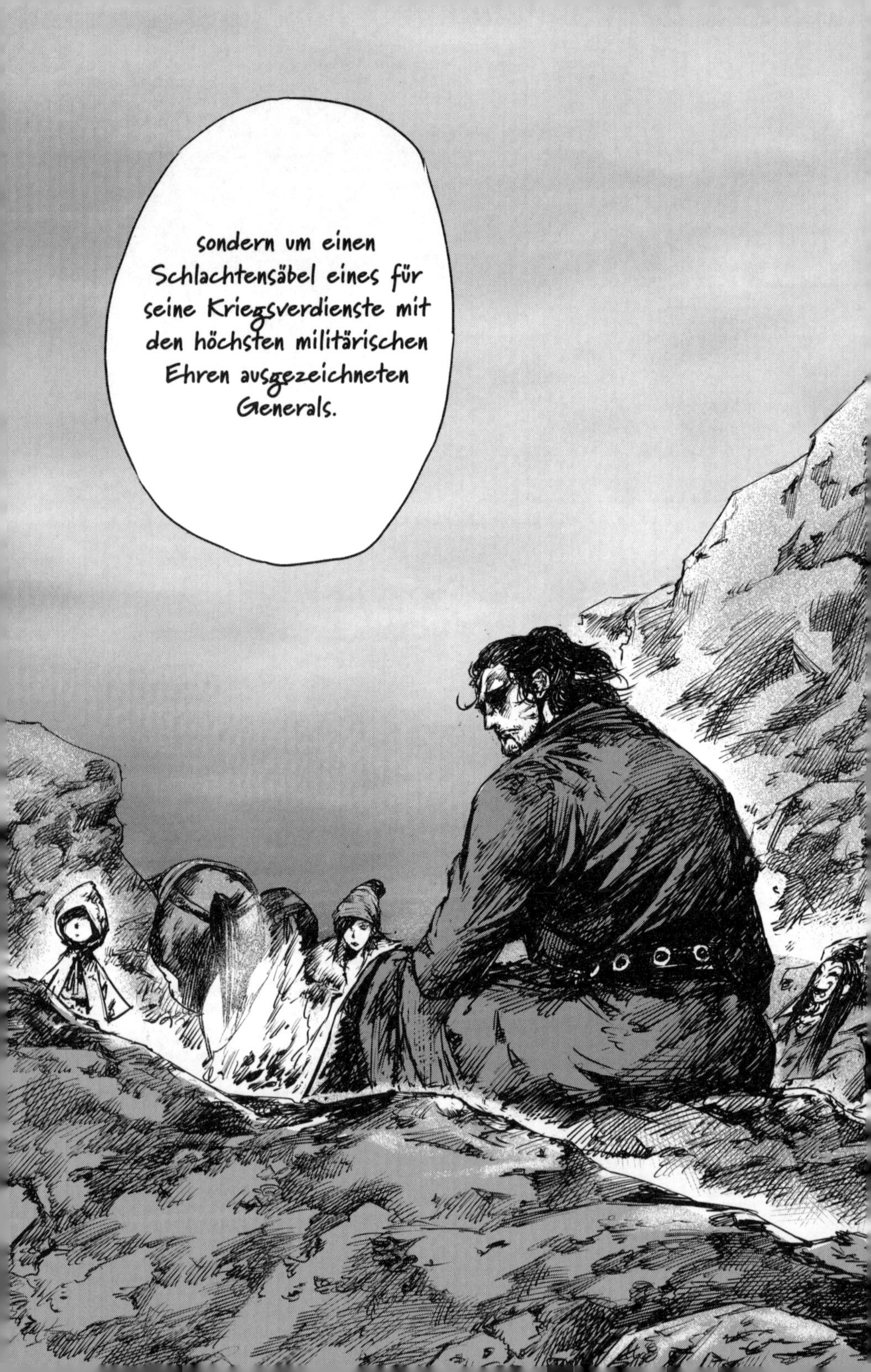
sondern um einen Schlachtensäbel eines für seine Kriegsverdienste mit den höchsten militärischen Ehren ausgezeichneten Generals.

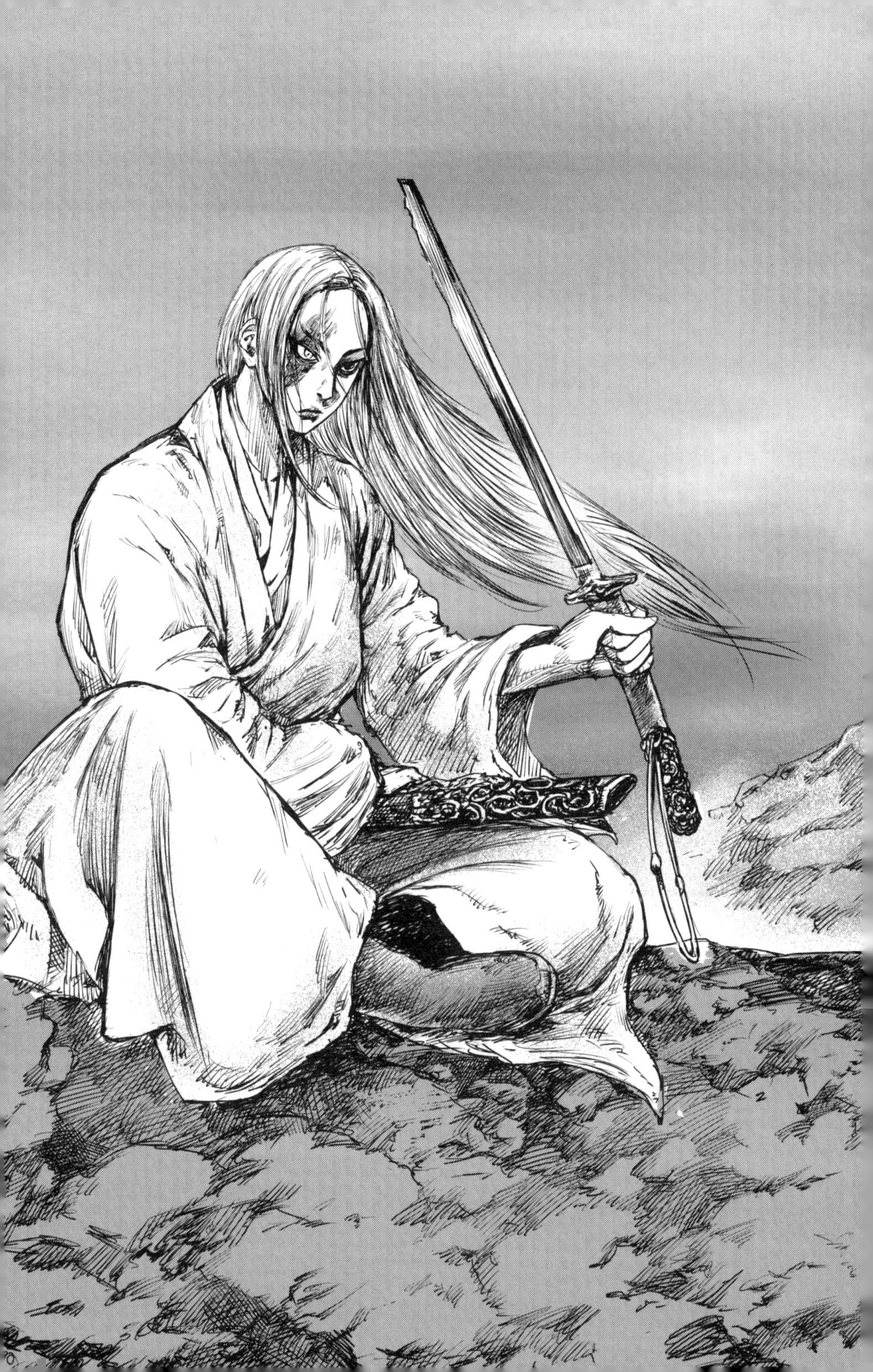

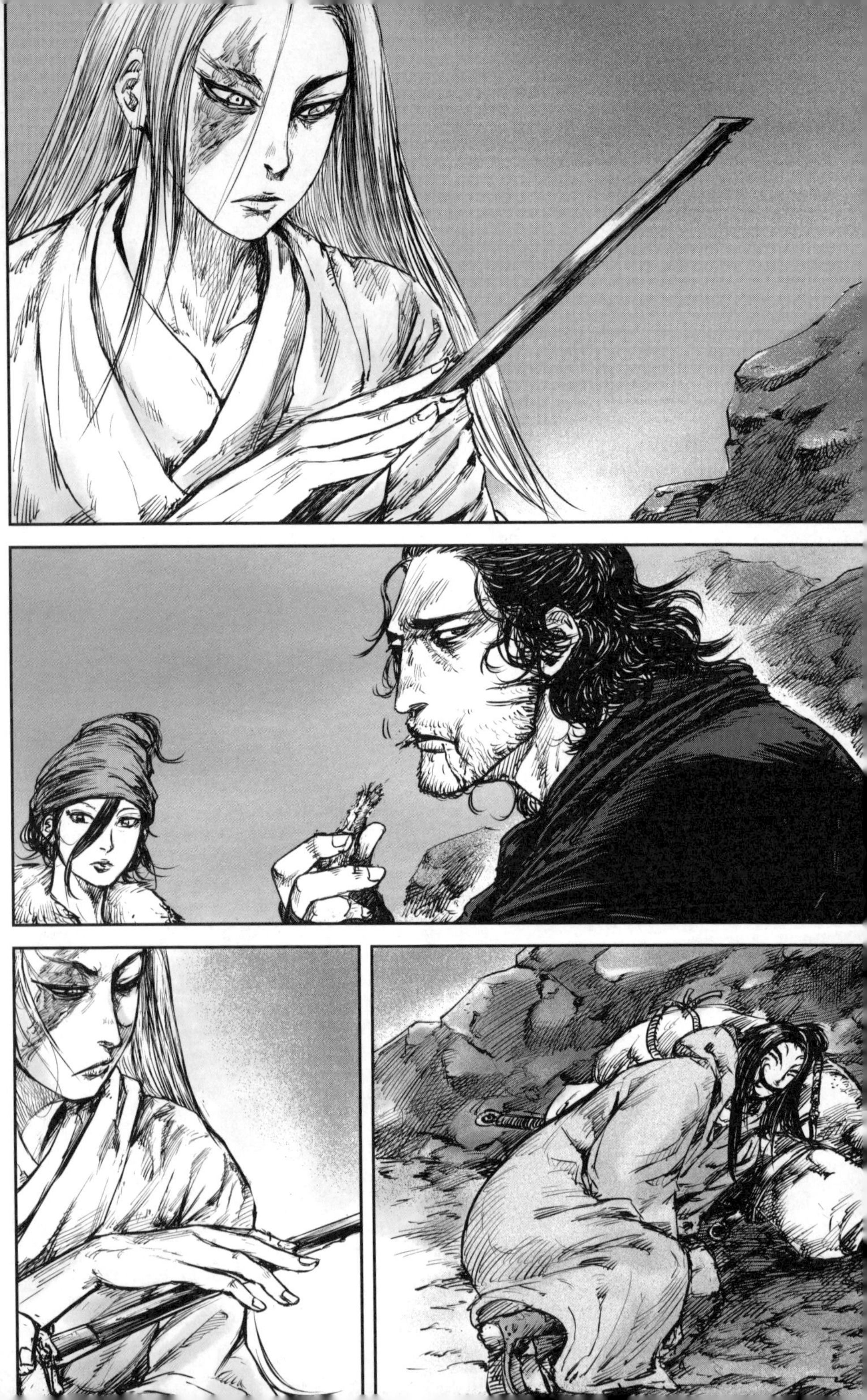

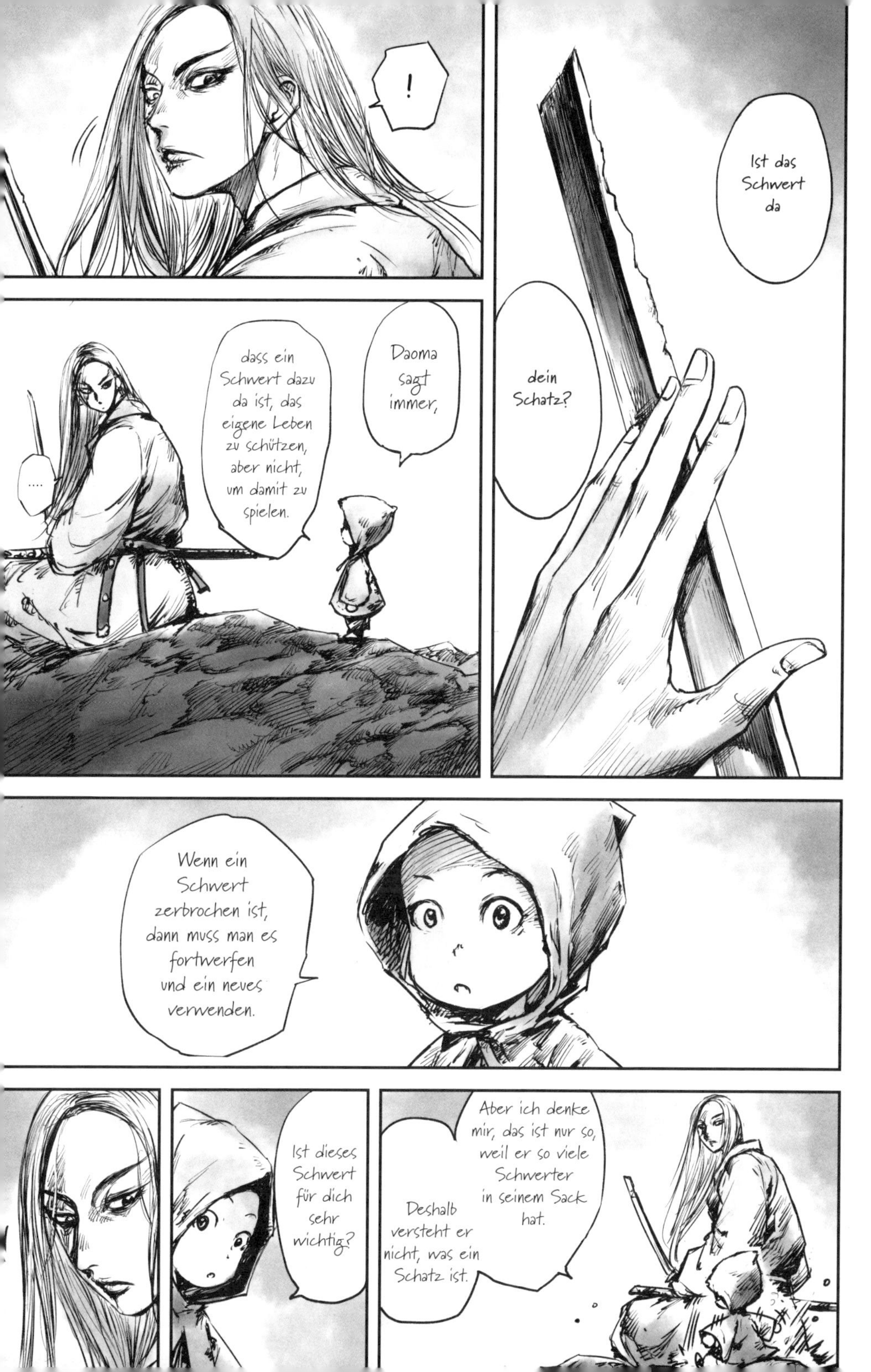
!
Ist das Schwert da
dein Schatz?
Daoma sagt immer,
dass ein Schwert dazu da ist, das eigene Leben zu schützen, aber nicht, um damit zu spielen.
....
Wenn ein Schwert zerbrochen ist, dann muss man es fortwerfen und ein neues verwenden.
Ist dieses Schwert für dich sehr wichtig?
Aber ich denke mir, das ist nur so, weil er so viele Schwerter in seinem Sack hat.
Deshalb versteht er nicht, was ein Schatz ist.

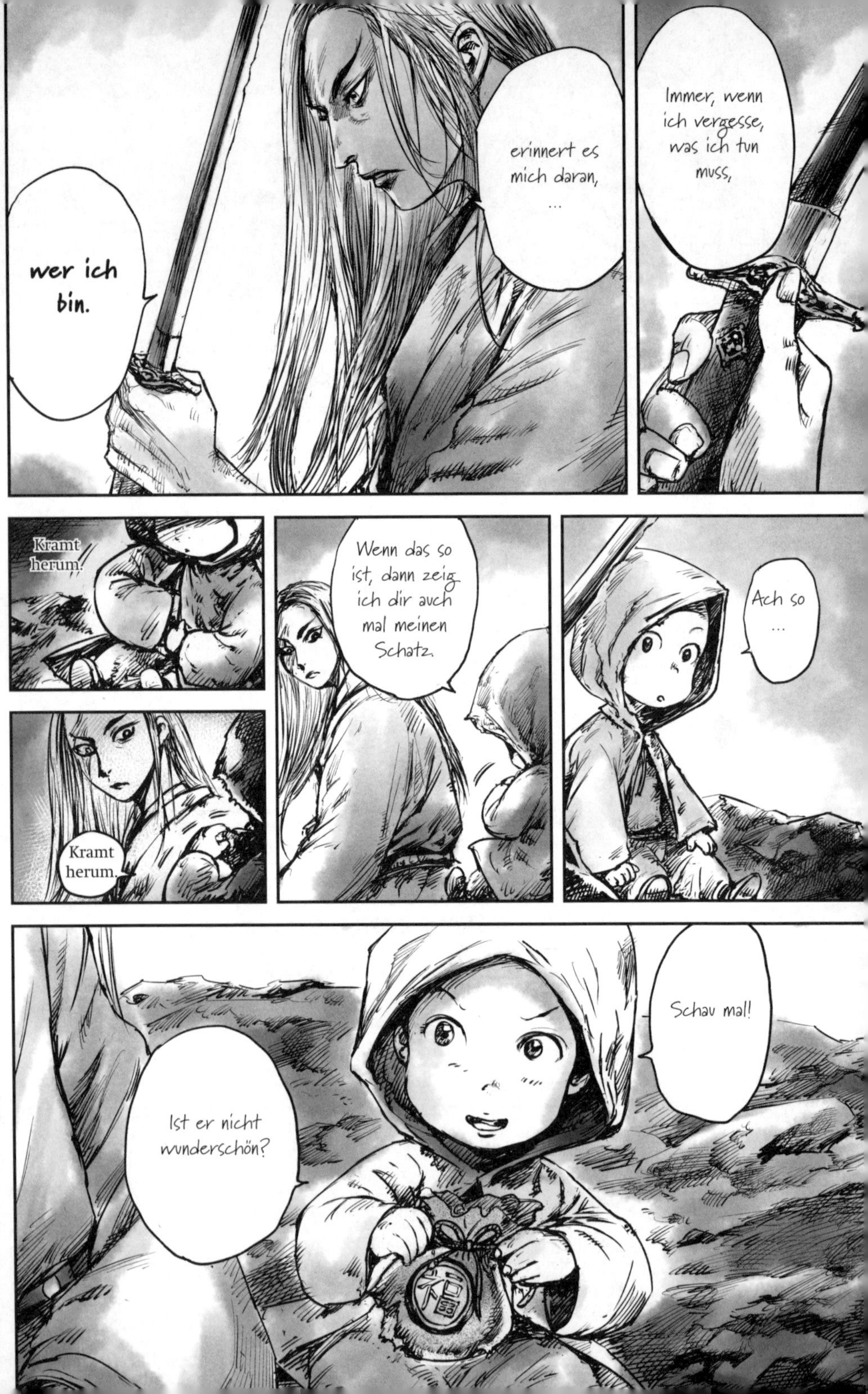
Immer, wenn ich vergesse, was ich tun muss,
erinnert es mich daran, ...
wer ich bin.
Ach so ...
Wenn das so ist, dann zeig ich dir auch mal meinen Schatz.
Kramt herum.
Kramt herum.
Schau mal!
Ist er nicht wunderschön?

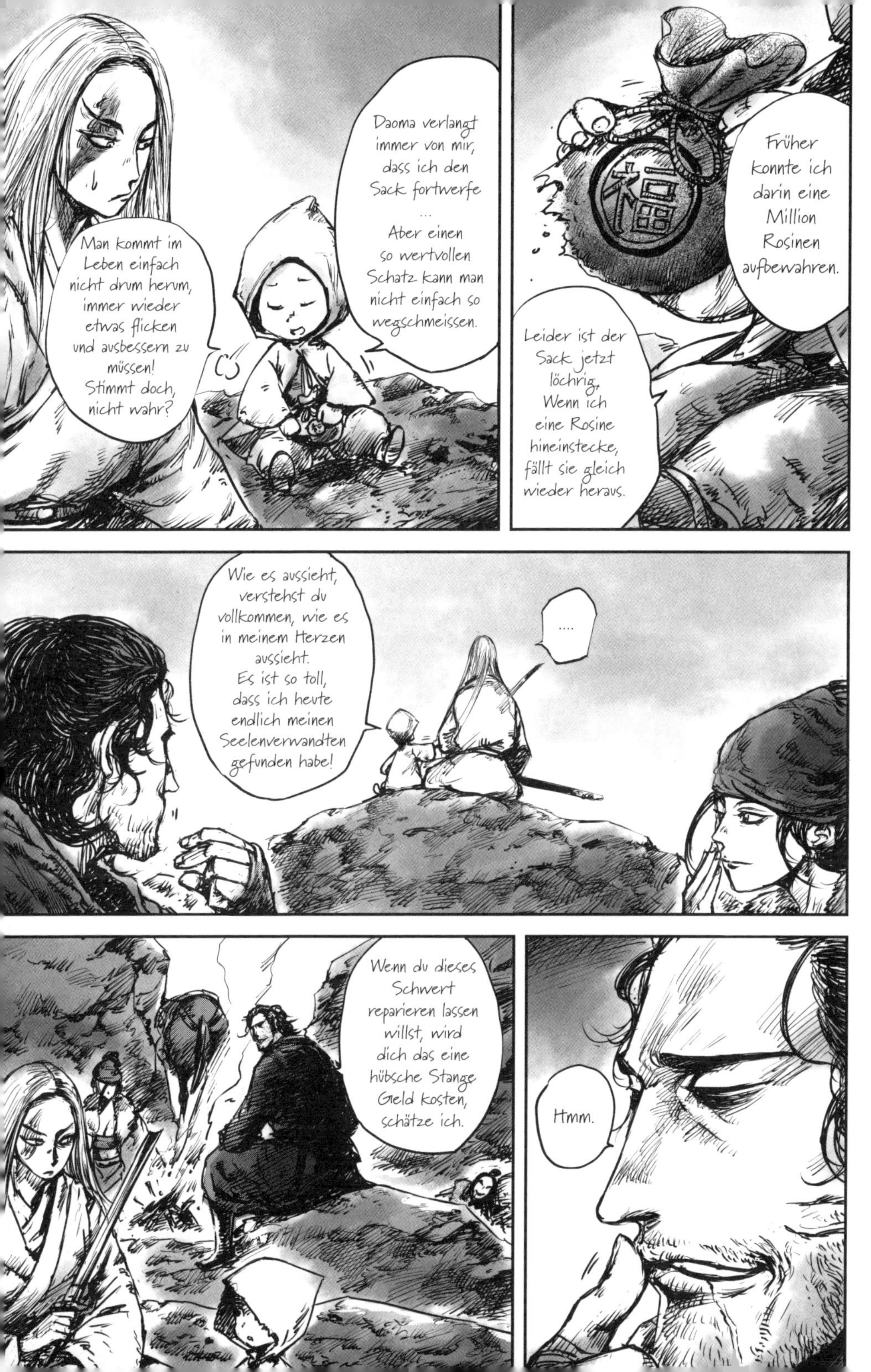
Daoma verlangt immer von mir, dass ich den Sack fortwerfe ... Aber einen so wertvollen Schatz kann man nicht einfach so wegschmeissen.
Man kommt im Leben einfach nicht drum herum, immer wieder etwas flicken und ausbessern zu müssen! Stimmt doch, nicht wahr?
Früher konnte ich darin eine Million Rosinen aufbewahren.
Leider ist der Sack jetzt löchrig. Wenn ich eine Rosine hineinstecke, fällt sie gleich wieder heraus.
....
Wie es aussieht, verstehst du vollkommen, wie es in meinem Herzen aussieht. Es ist so toll, dass ich heute endlich meinen Seelenverwandten gefunden habe!
Wenn du dieses Schwert reparieren lassen willst, wird dich das eine hübsche Stange Geld kosten, schätze ich.
Hmm.

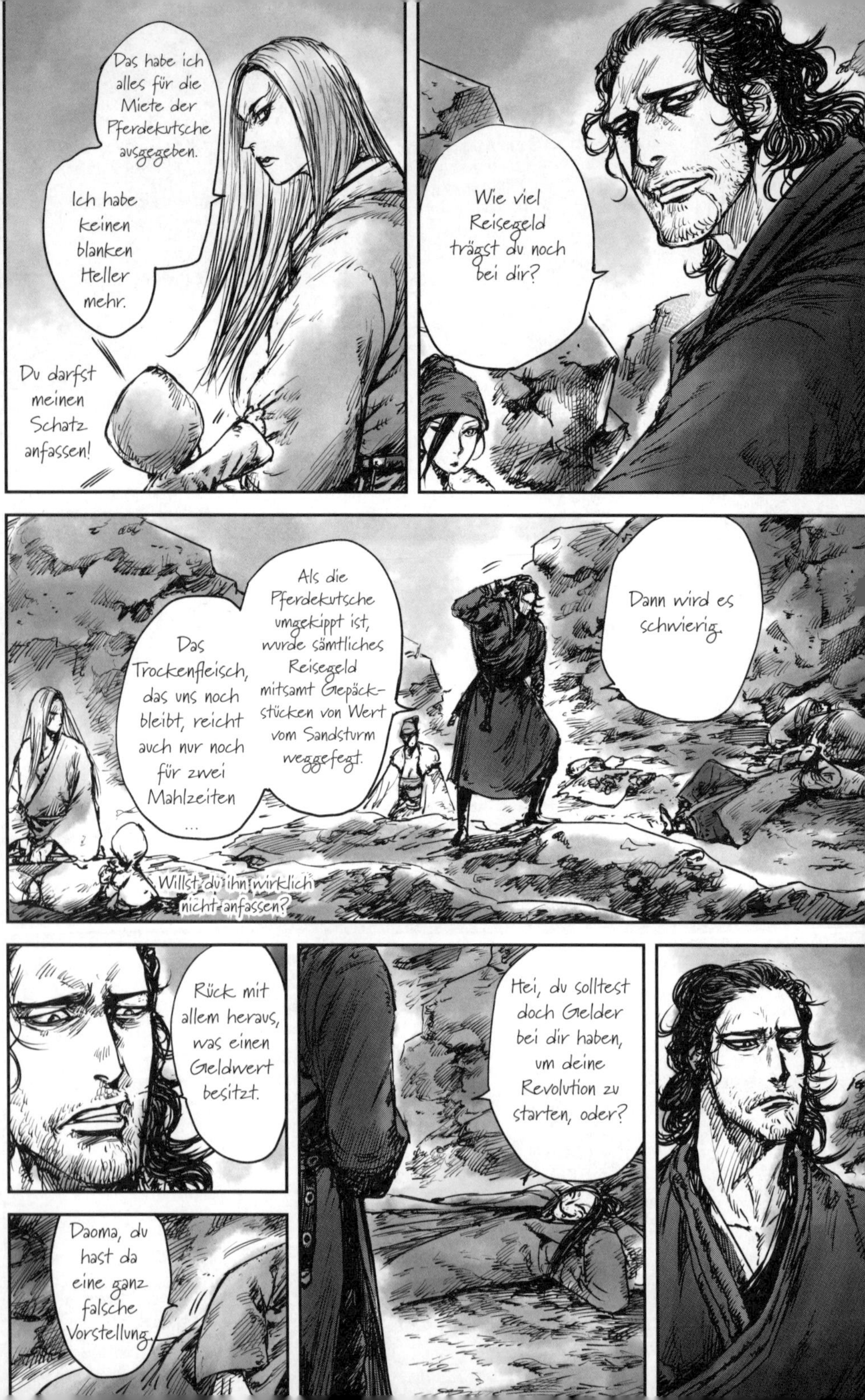
Das habe ich alles für die Miete der Pferdekutsche ausgegeben.
Ich habe keinen blanken Heller mehr.
Du darfst meinen Schatz anfassen!
Wie viel Reisegeld trägst du noch bei dir?
Dann wird es schwierig.
Als die Pferdekutsche umgekippt ist, wurde sämtliches Reisegeld mitsamt Gepäckstücken von Wert vom Sandsturm weggefegt.
Das Trockenfleisch, das uns noch bleibt, reicht auch nur noch für zwei Mahlzeiten …
Willst du ihn wirklich nicht anfassen?
Rück mit allem heraus, was einen Geldwert besitzt.
Hei, du solltest doch Gelder bei dir haben, um deine Revolution zu starten, oder?
Daoma, du hast da eine ganz falsche Vorstellung.

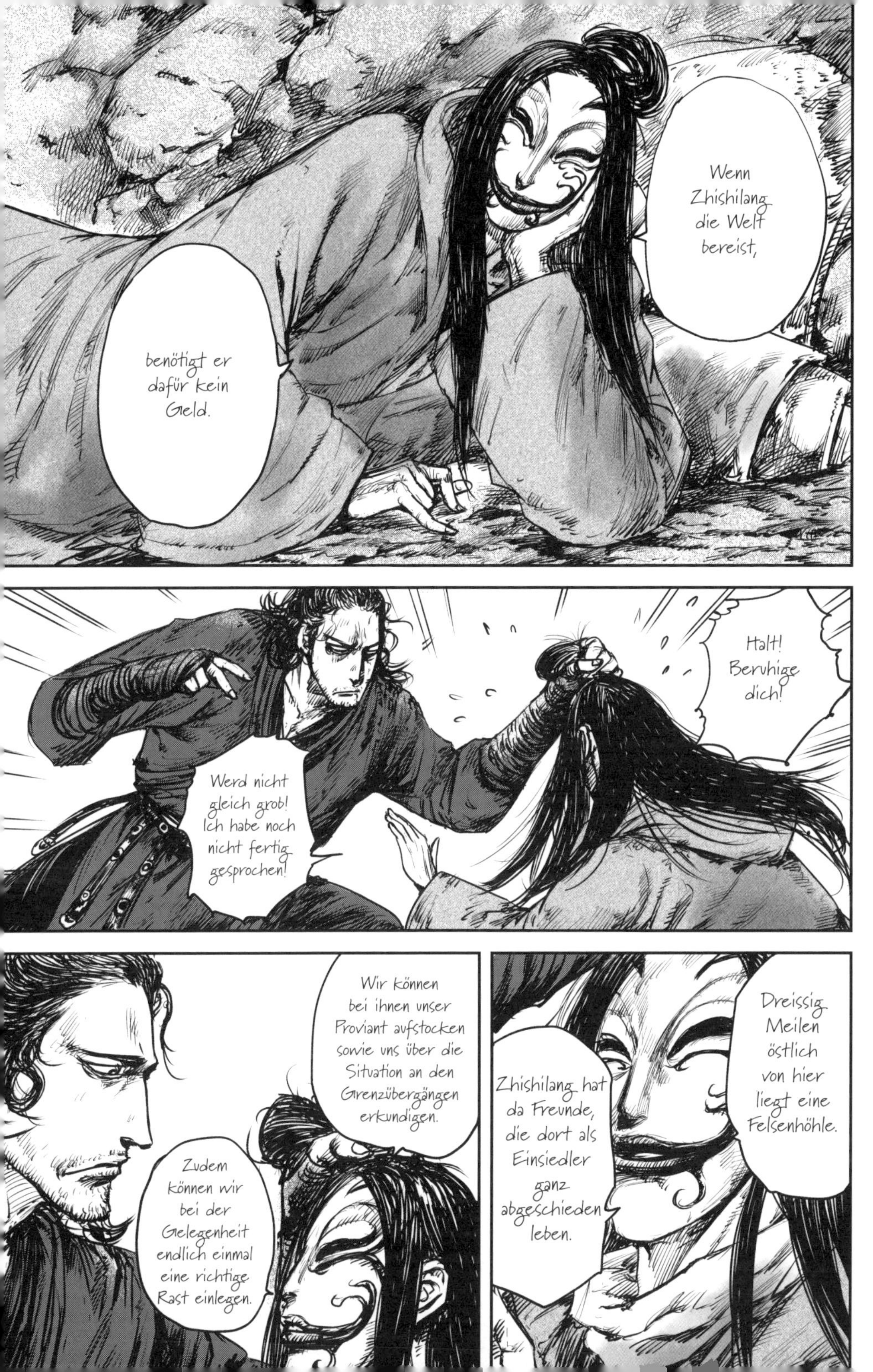
Wenn Zhishilang die Welt bereist,
benötigt er dafür kein Geld.
Werd nicht gleich grob! Ich habe noch nicht fertig gesprochen!
Halt! Beruhige dich!
Zudem können wir bei der Gelegenheit endlich einmal eine richtige Rast einlegen.
Wir können bei ihnen unser Proviant aufstocken sowie uns über die Situation an den Grenzübergängen erkundigen.
Zhishilang hat da Freunde, die dort als Einsiedler ganz abgeschieden leben.
Dreissig Meilen östlich von hier liegt eine Felsenhöhle.

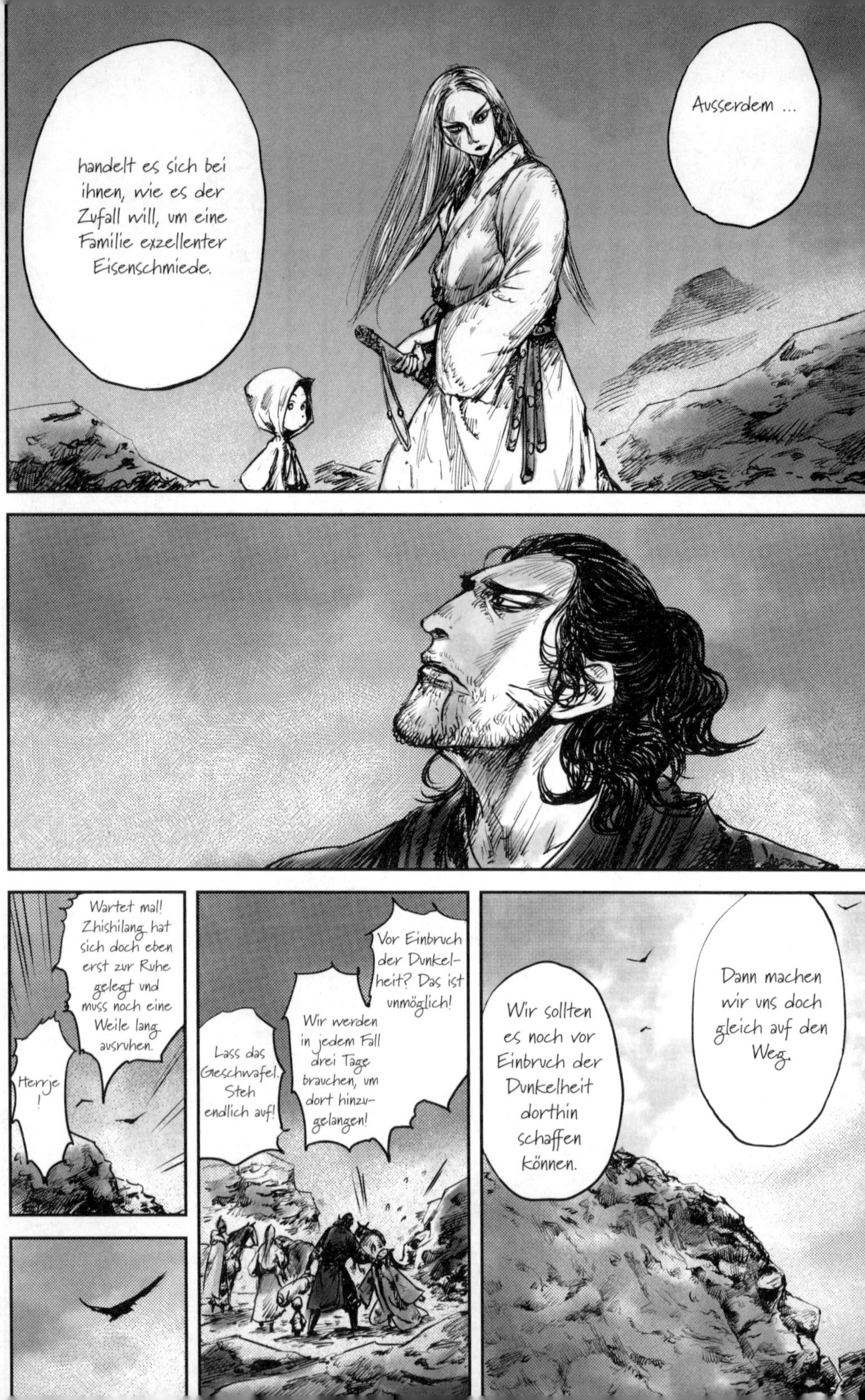
Ausserdem ...
handelt es sich bei ihnen, wie es der Zufall will, um eine Familie exzellenter Eisenschmiede.
Dann machen wir uns doch gleich auf den Weg.
Wir sollten es noch vor Einbruch der Dunkelheit dorthin schaffen können.
Vor Einbruch der Dunkelheit? Das ist unmöglich!
Wir werden in jedem Fall drei Tage brauchen, um dort hinzugelangen!
Lass das Geschwafel. Steh endlich auf!
Wartet mal! Zhishilang hat sich doch eben erst zur Ruhe gelegt und muss noch eine Weile lang ausruhen.
Herrje!

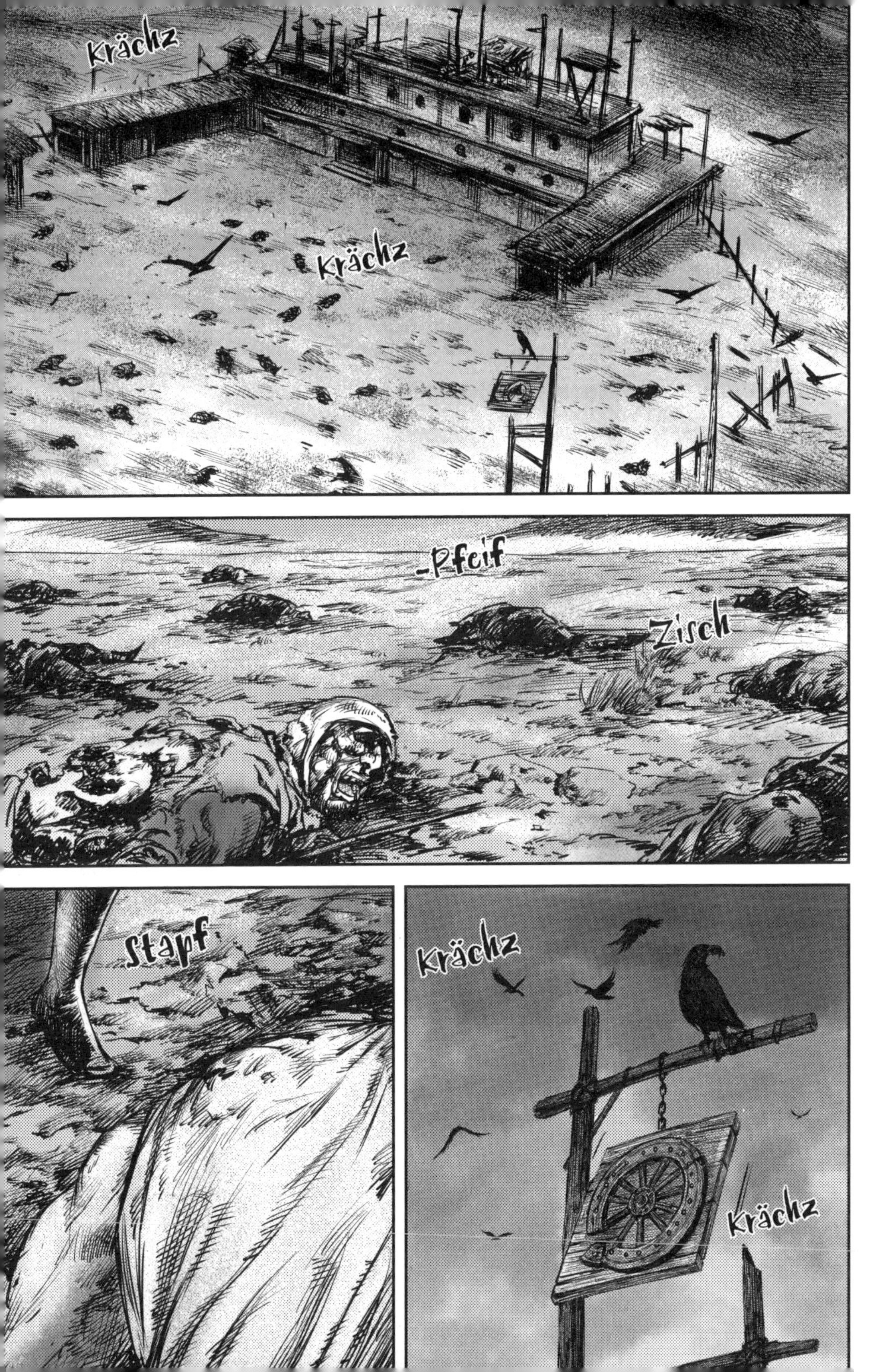
Krächz
Krächz
-Pfeif
Zisch
Stapf
Krächz
Krächz

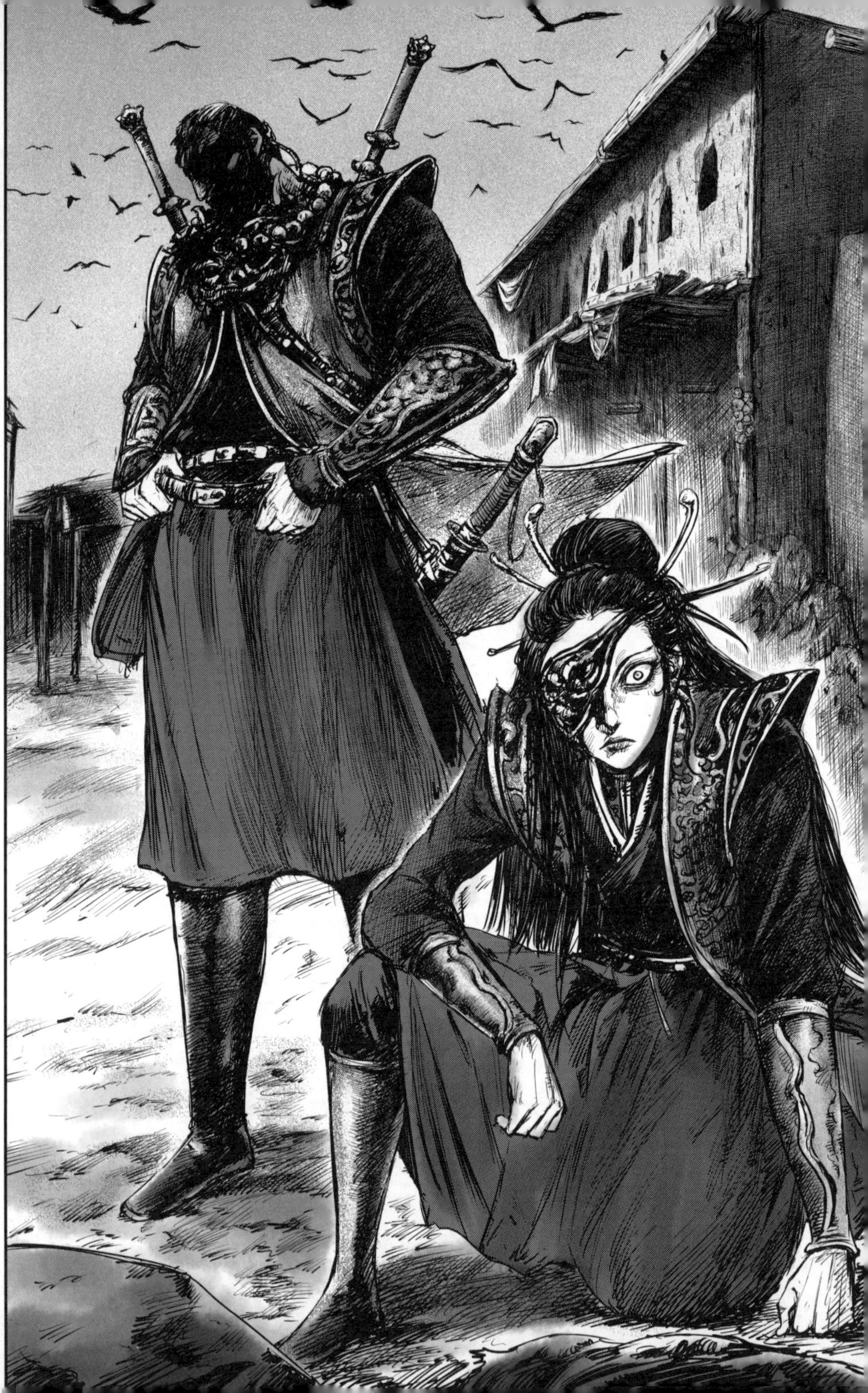

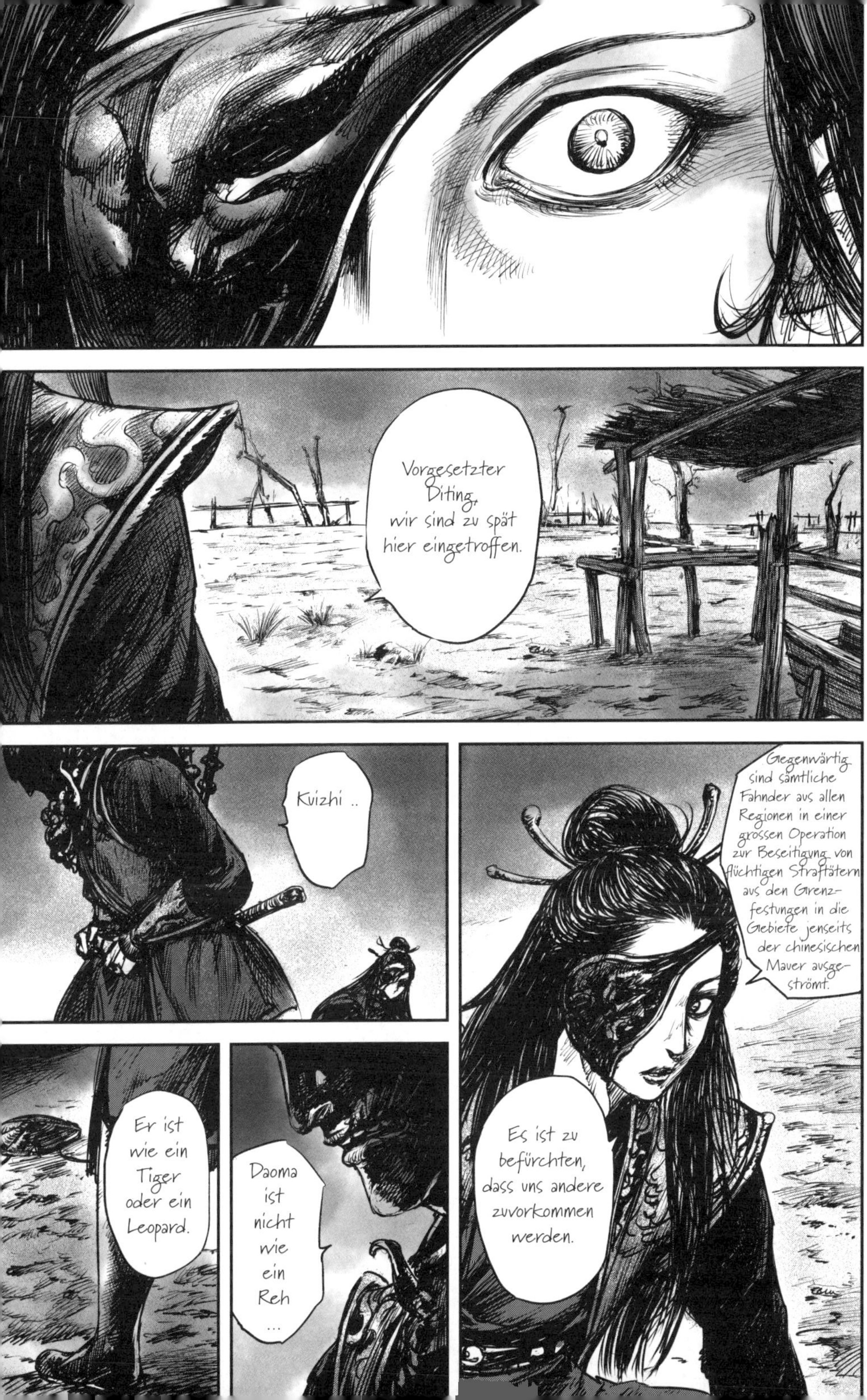

Vorgesetzter Diting, wir sind zu spät hier eingetroffen.
Kuizhi ..
Gegenwärtig sind sämtliche Fahnder aus allen Regionen in einer grossen Operation zur Beseitigung von flüchtigen Straftätern aus den Grenzfestungen in die Gebiete jenseits der chinesischen Mauer ausgeströmt.
Es ist zu befürchten, dass uns andere zuvorkommen werden.
Er ist wie ein Tiger oder ein Leopard.
Daoma ist nicht wie ein Reh ...

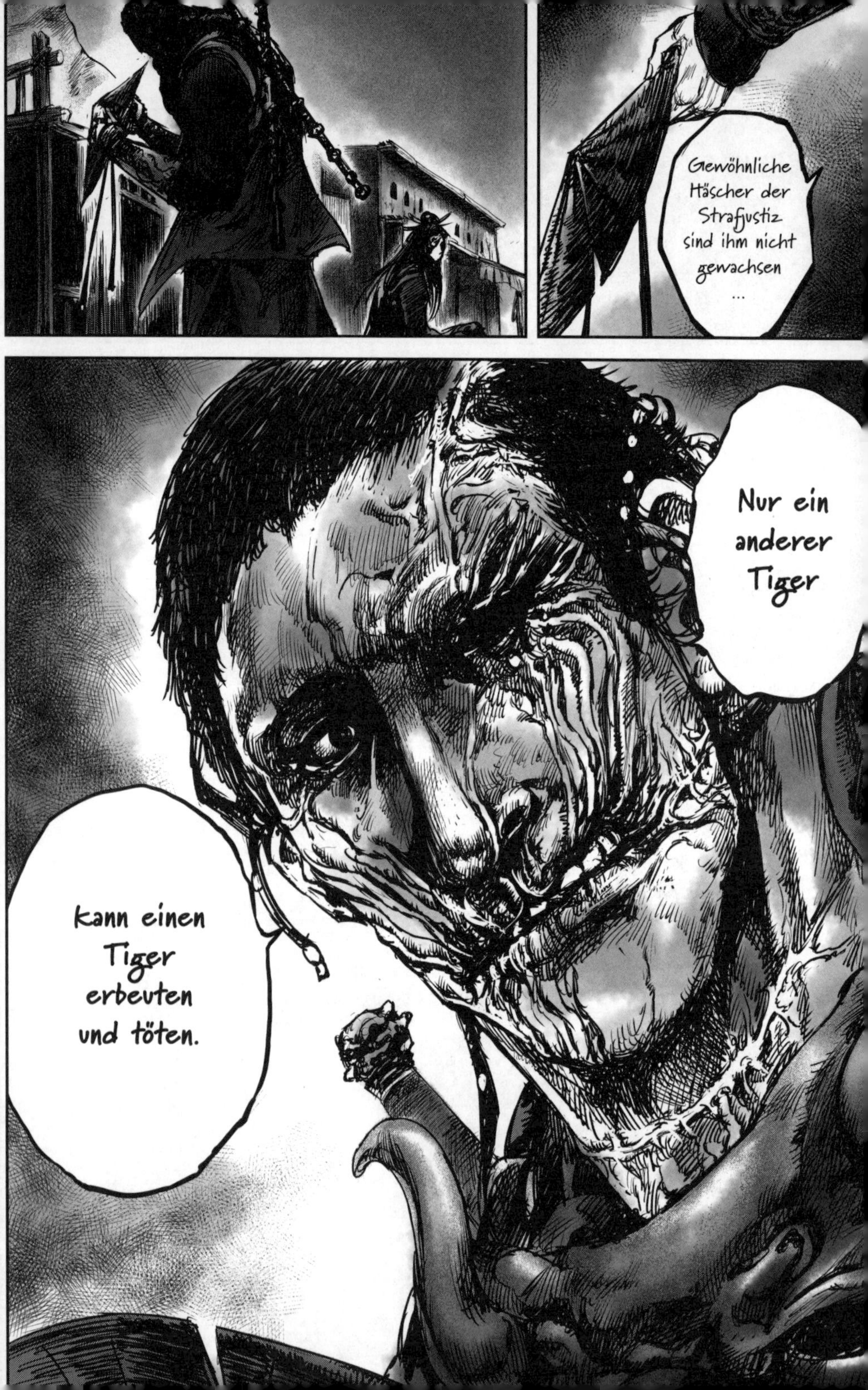
Gewöhnliche Häscher der Strafjustiz sind ihm nicht gewachsen ...
Nur ein anderer Tiger
kann einen Tiger erbeuten und töten.

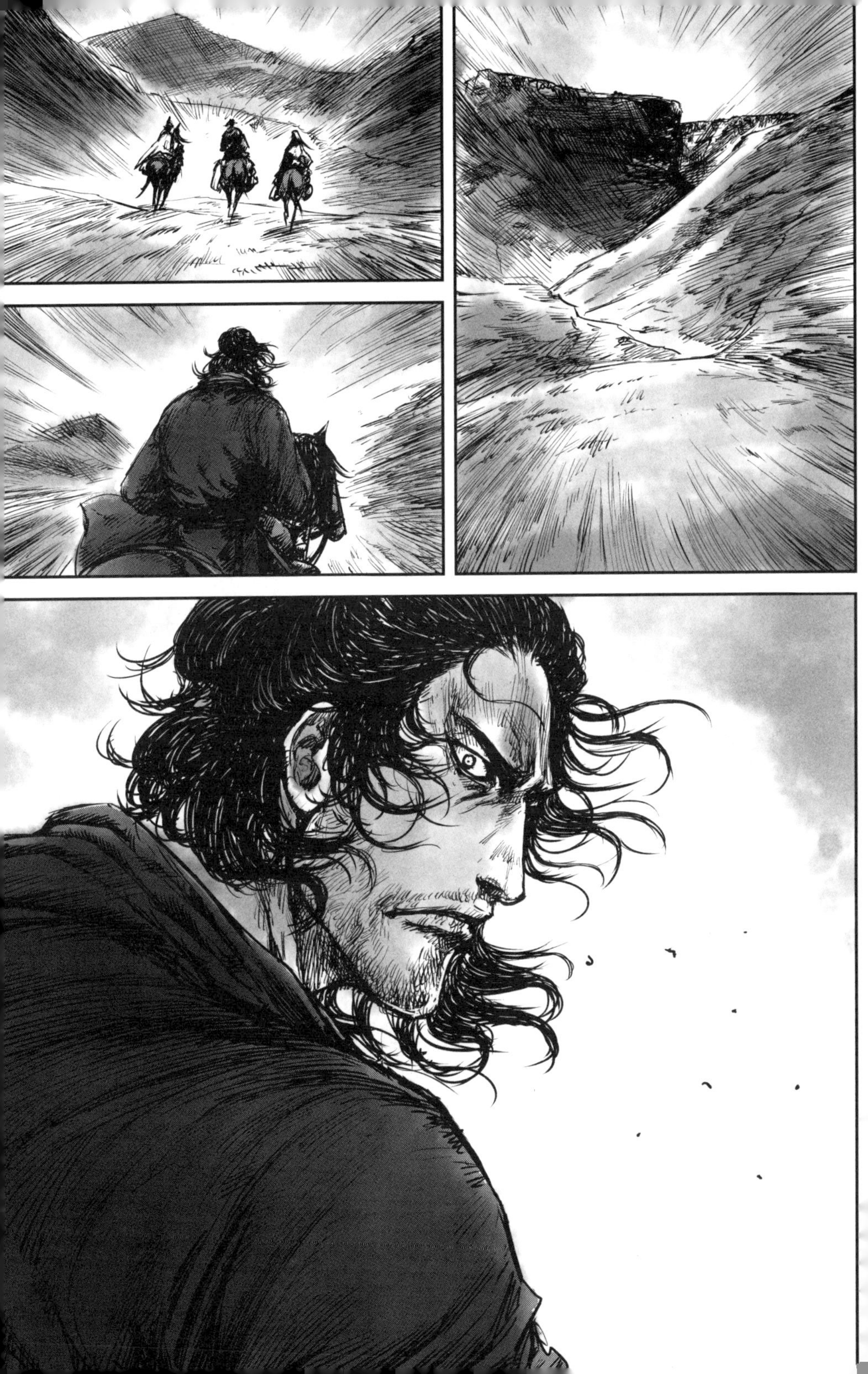

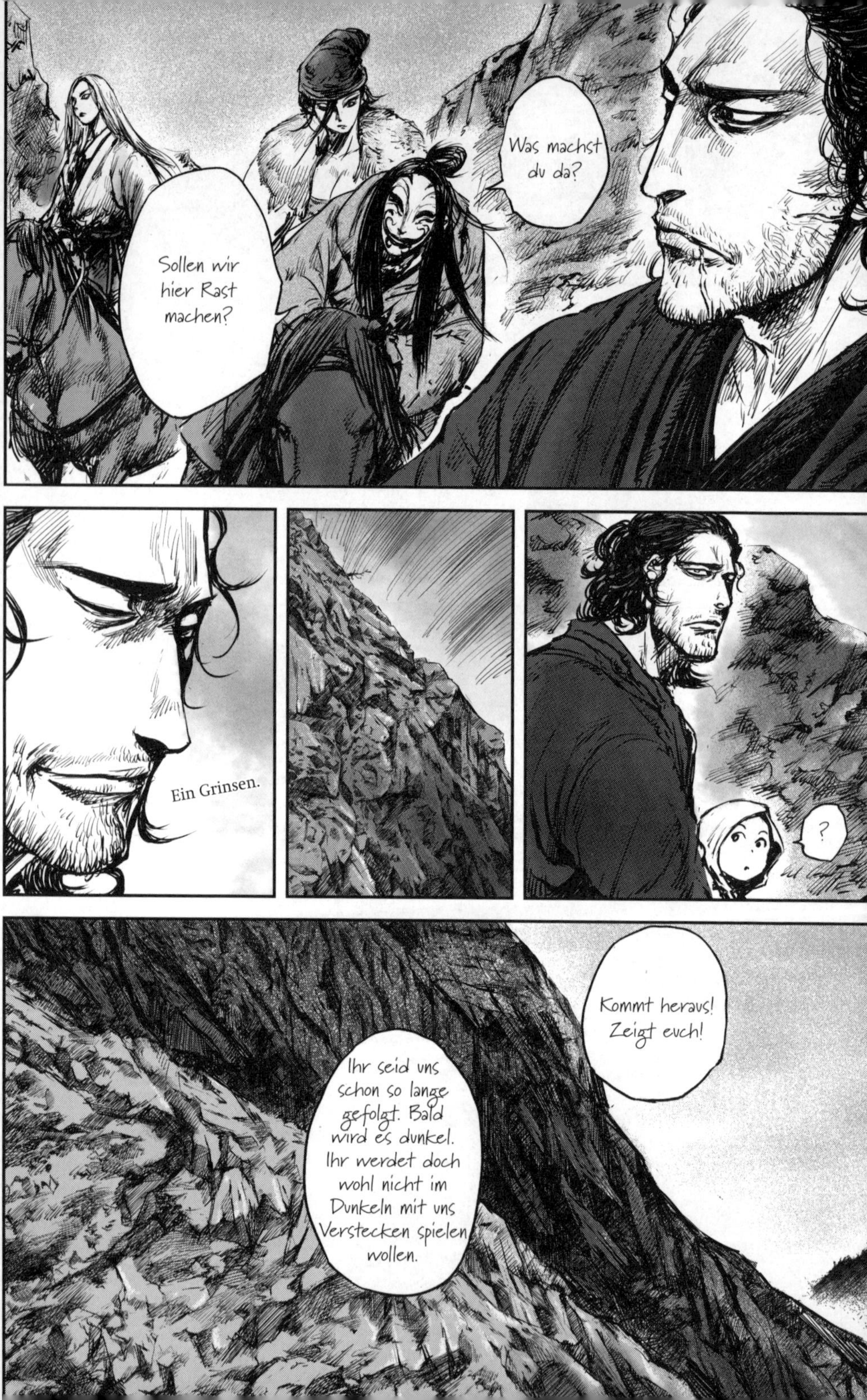
Was machst du da?
Sollen wir hier Rast machen?
?
Ein Grinsen.
Kommt heraus! Zeigt euch!
Ihr seid uns schon so lange gefolgt. Bald wird es dunkel. Ihr werdet doch wohl nicht im Dunkeln mit uns Verstecken spielen wollen.

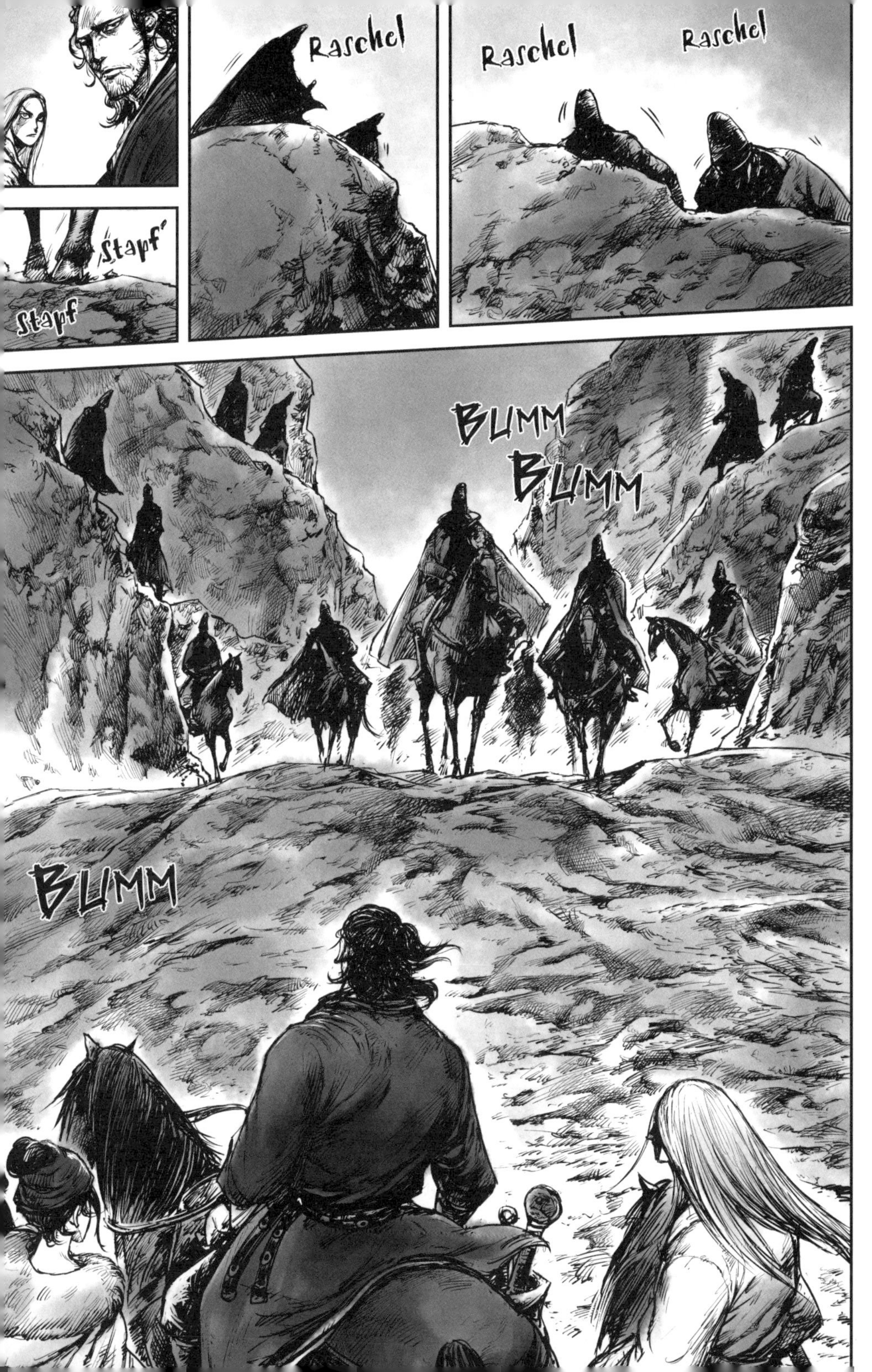
Raschel
Raschel
Raschel
Stapf'
Stapf
BUMM
BUMM
BUMM

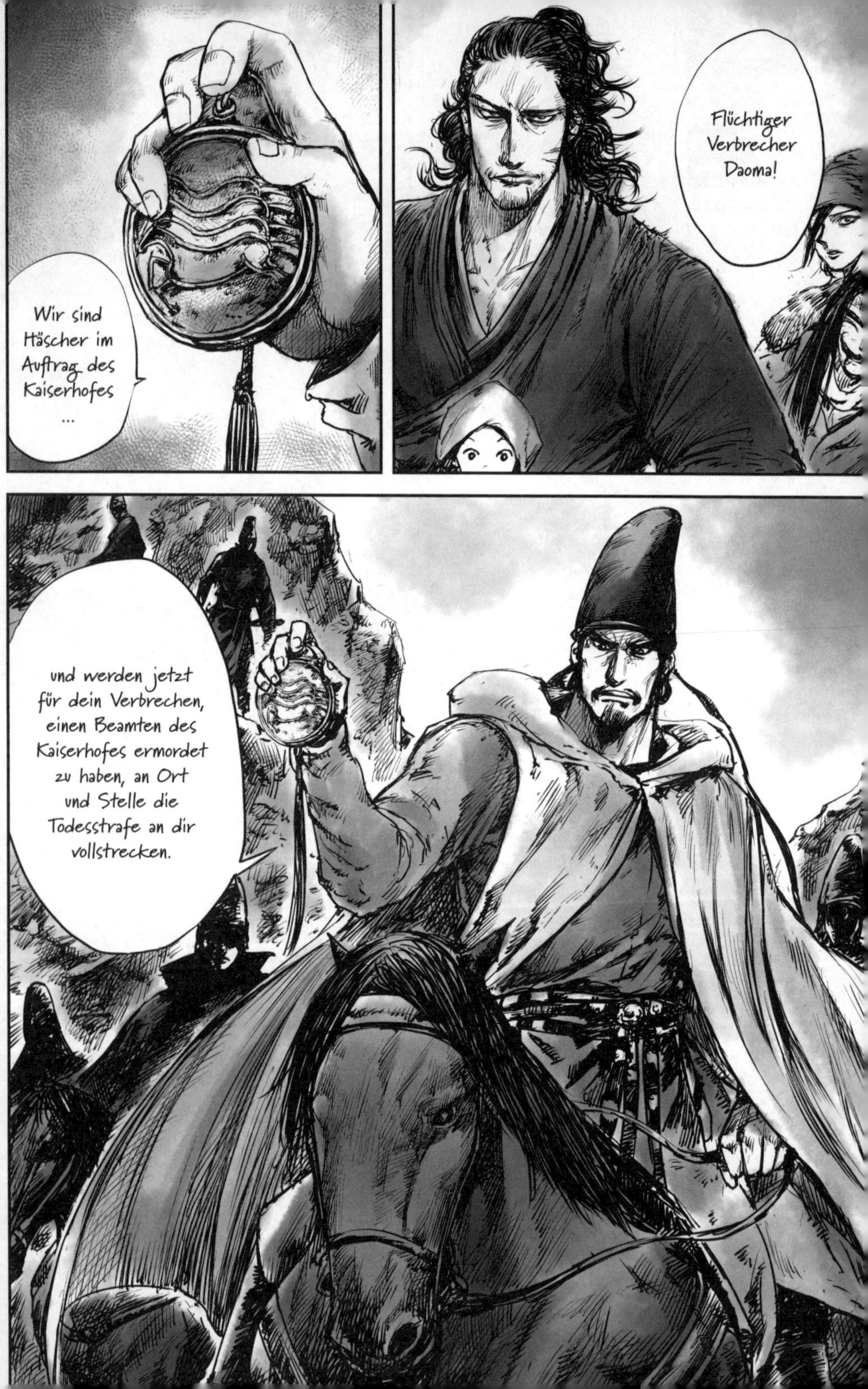
Flüchtiger Verbrecher Daoma!
Wir sind Häscher im Auftrag des Kaiserhofes ...
und werden jetzt für dein Verbrechen, einen Beamten des Kaiserhofes ermordet zu haben, an Ort und Stelle die Todesstrafe an dir vollstrecken.

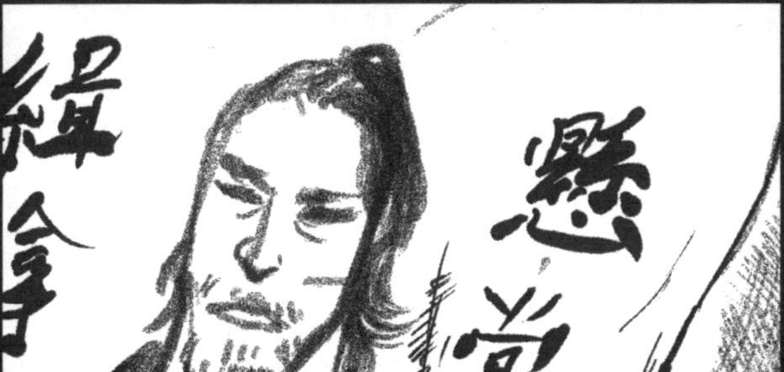
懸賞
緝拿

Dritter Akt:
Die Unterwelt

Kapitel 52:
Die Häscher

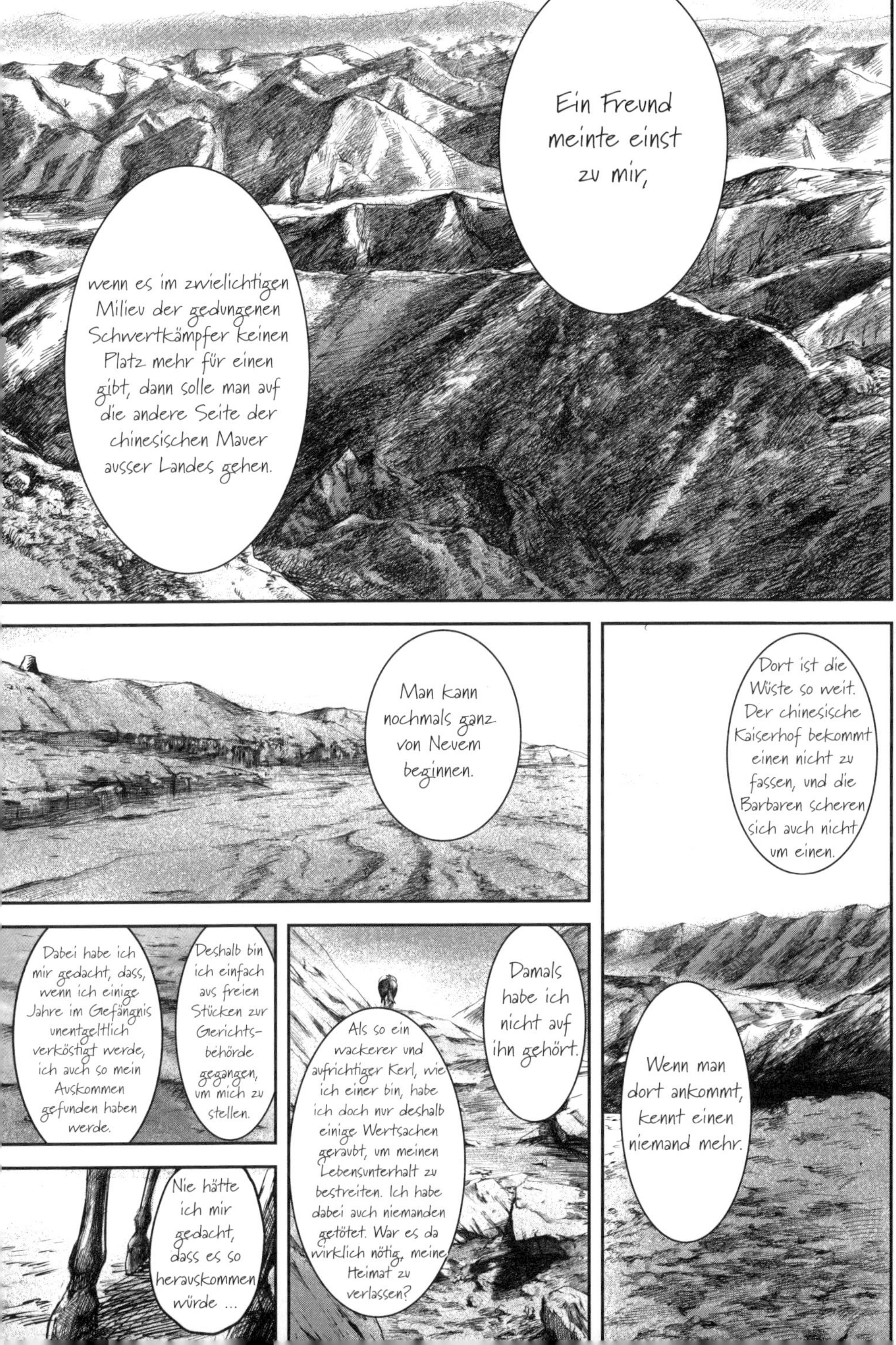
Ein Freund meinte einst zu mir,
wenn es im zwielichtigen Milieu der gedungenen Schwertkämpfer keinen Platz mehr für einen gibt, dann solle man auf die andere Seite der chinesischen Mauer ausser Landes gehen.
Dort ist die Wüste so weit. Der chinesische Kaiserhof bekommt einen nicht zu fassen, und die Barbaren scheren sich auch nicht um einen.
Wenn man dort ankommt, kennt einen niemand mehr.
Man kann nochmals ganz von Neuem beginnen.
Damals habe ich nicht auf ihn gehört.
Als so ein wackerer und aufrichtiger Kerl, wie ich einer bin, habe ich doch nur deshalb einige Wertsachen geraubt, um meinen Lebensunterhalt zu bestreiten. Ich habe dabei auch niemanden getötet. War es da wirklich nötig, meine Heimat zu verlassen?
Deshalb bin ich einfach aus freien Stücken zur Gerichtsbehörde gegangen, um mich zu stellen.
Dabei habe ich mir gedacht, dass, wenn ich einige Jahre im Gefängnis unentgeltlich verköstigt werde, ich auch so mein Auskommen gefunden haben werde.
Nie hätte ich mir gedacht, dass es so herauskommen würde …

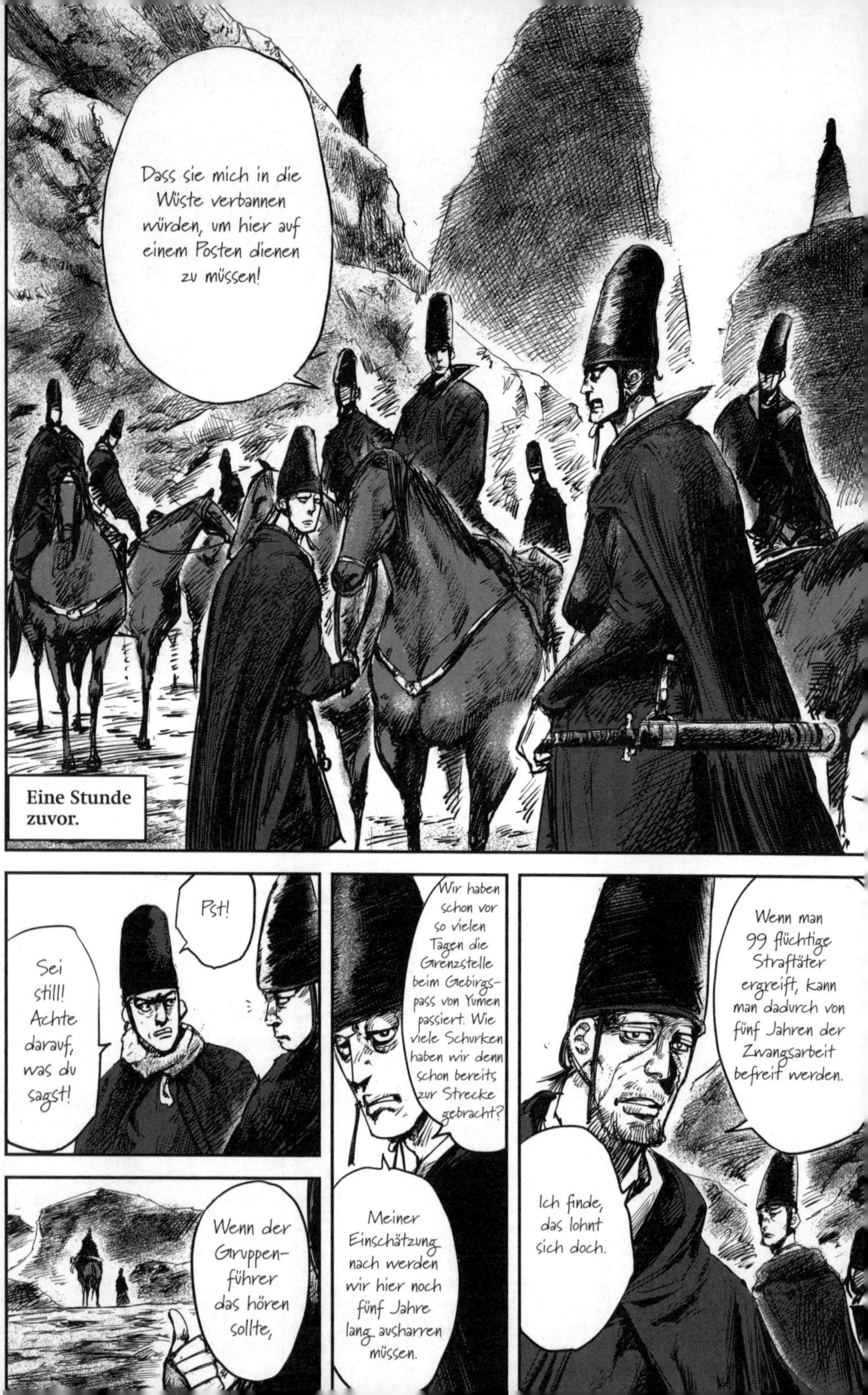
Dass sie mich in die Wüste verbannen würden, um hier auf einem Posten dienen zu müssen!
Eine Stunde zuvor.
Wenn man 99 flüchtige Straftäter ergreift, kann man dadurch von fünf Jahren der Zwangsarbeit befreit werden.
Ich finde, das lohnt sich doch.
Wir haben schon vor so vielen Tagen die Grenzstelle beim Gebirgspass von Yumen passiert. Wie viele Schurken haben wir denn schon bereits zur Strecke gebracht?
Meiner Einschätzung nach werden wir hier noch fünf Jahre lang ausharren müssen.
Pst!
Sei still! Achte darauf, was du sagst!
Wenn der Gruppenführer das hören sollte,

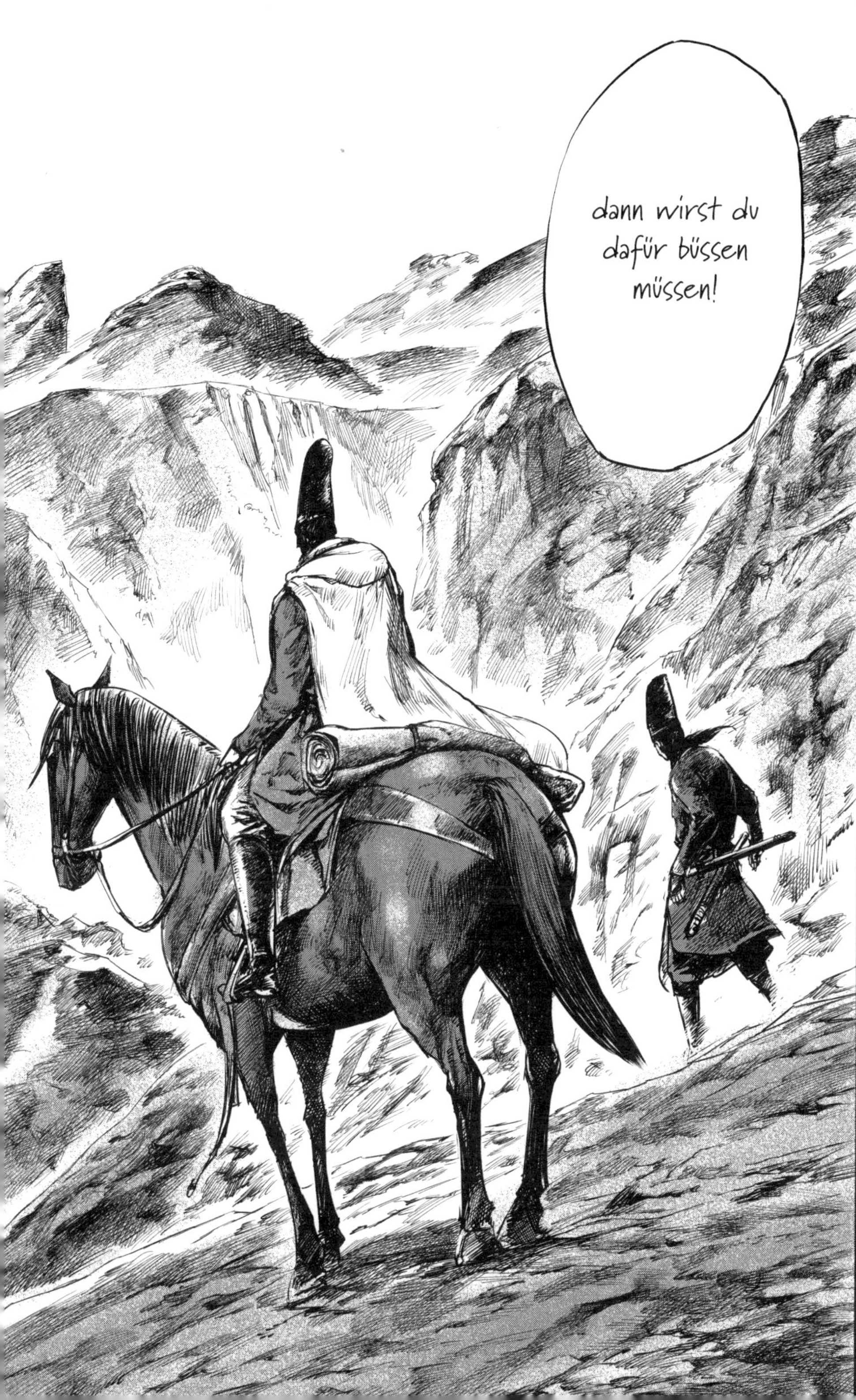
dann wirst du dafür büssen müssen!

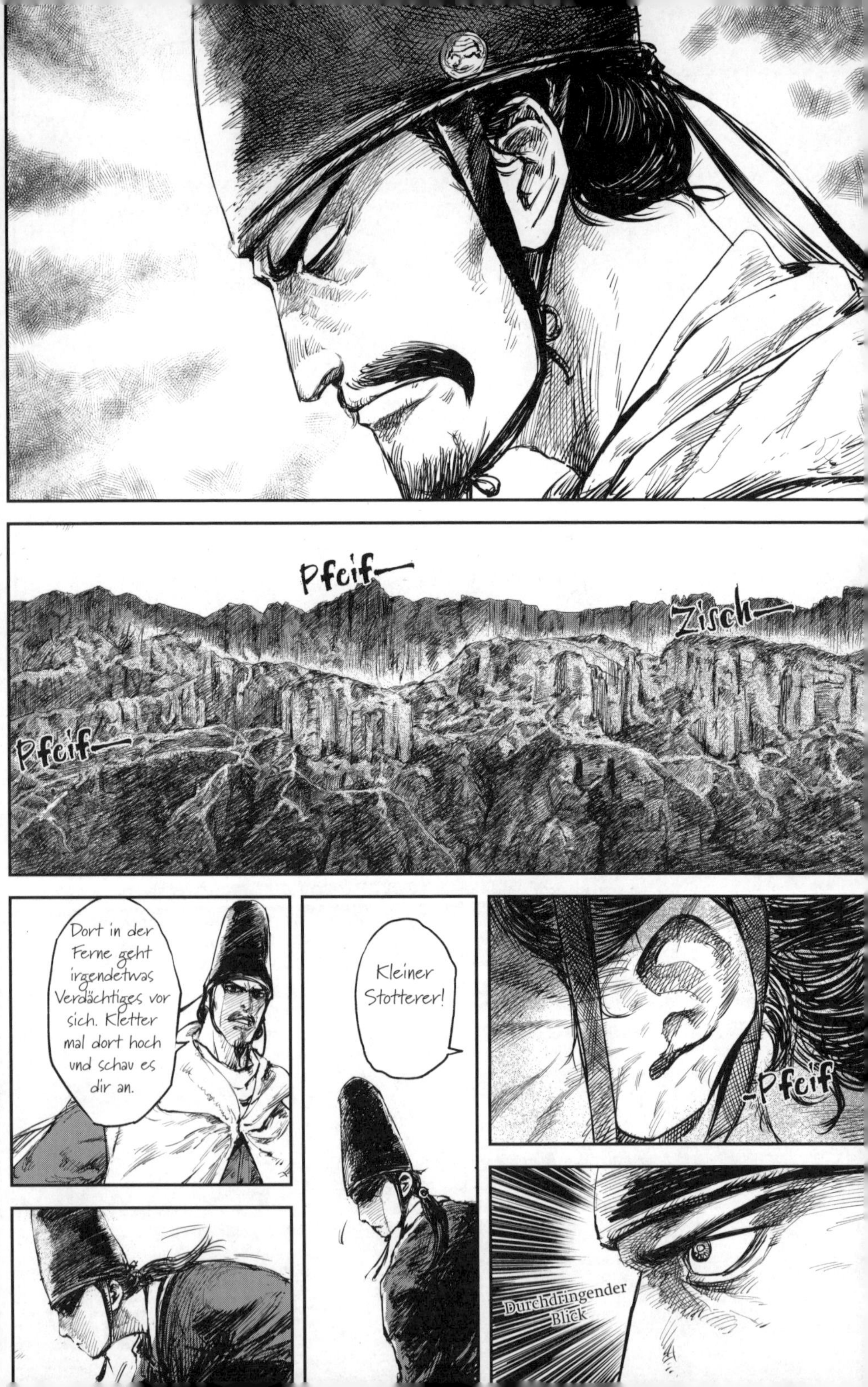

Pfeif—
Zisch—
Pfeif—
Dort in der Ferne geht irgendetwas Verdächtiges vor sich. Kletter mal dort hoch und schau es dir an.
Kleiner Stotterer!
Pfeif
Durchdringender Blick

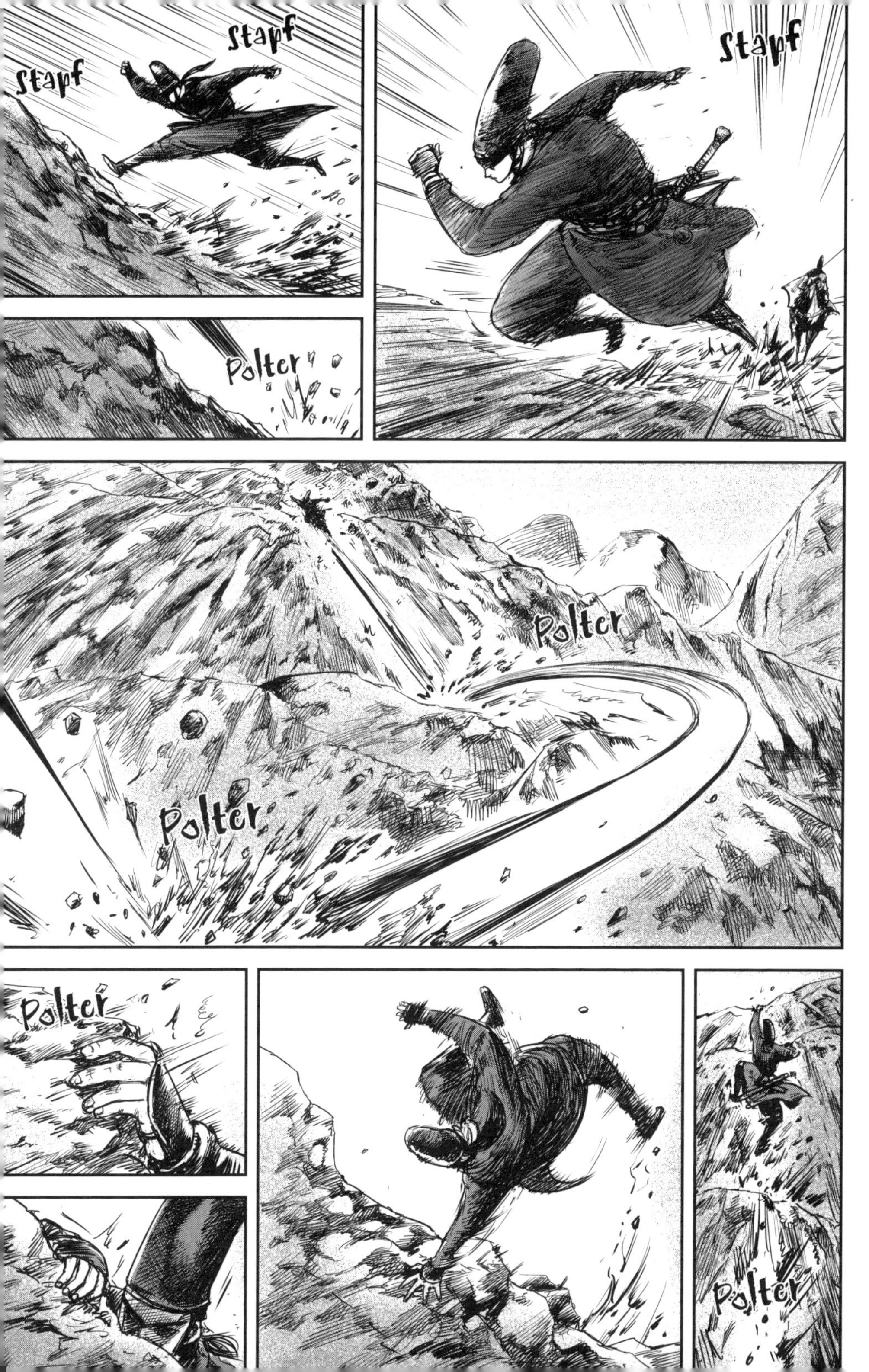
Stapf
Stapf
Stapf
Polter
Polter
Polter
Polter
Polter

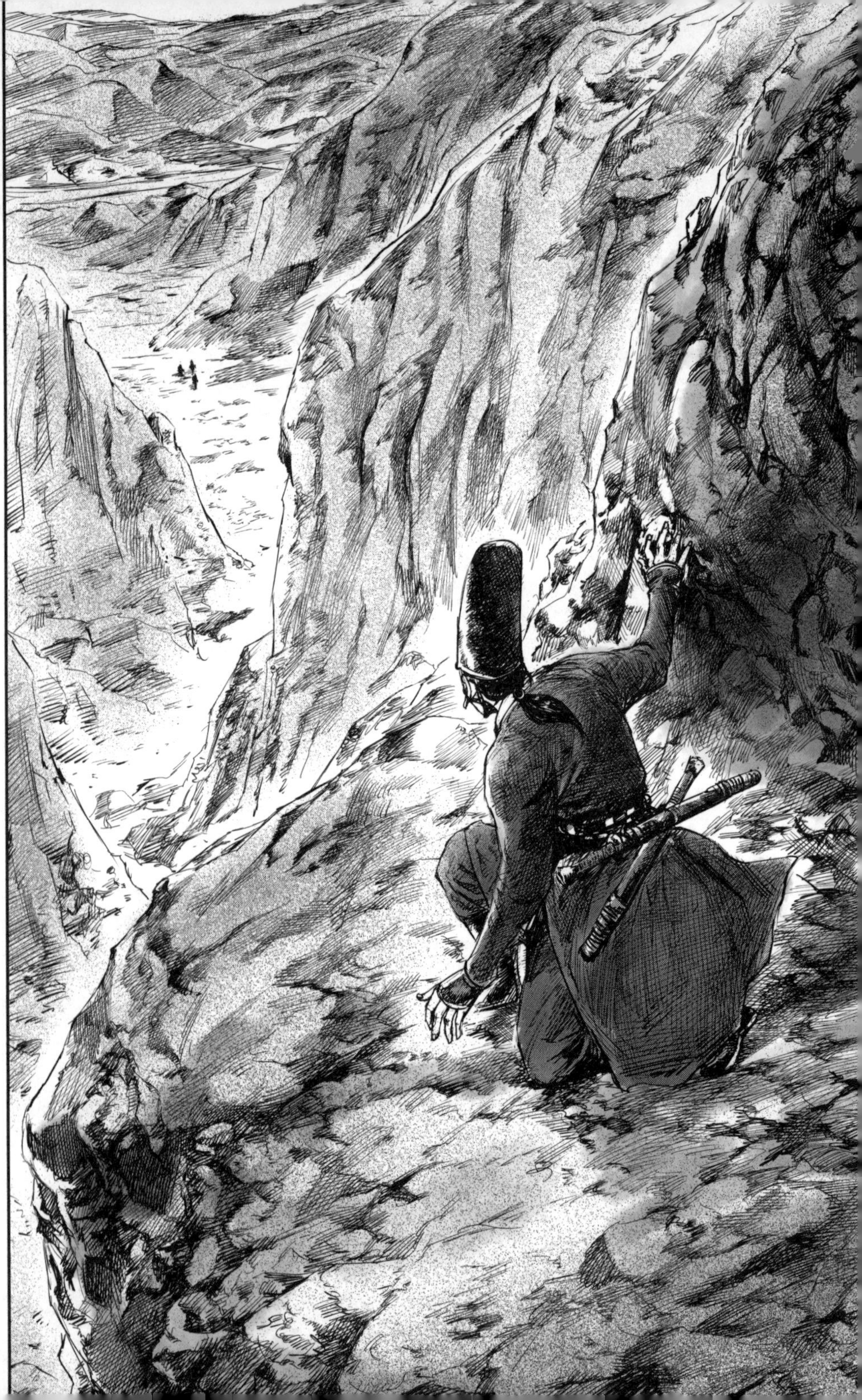

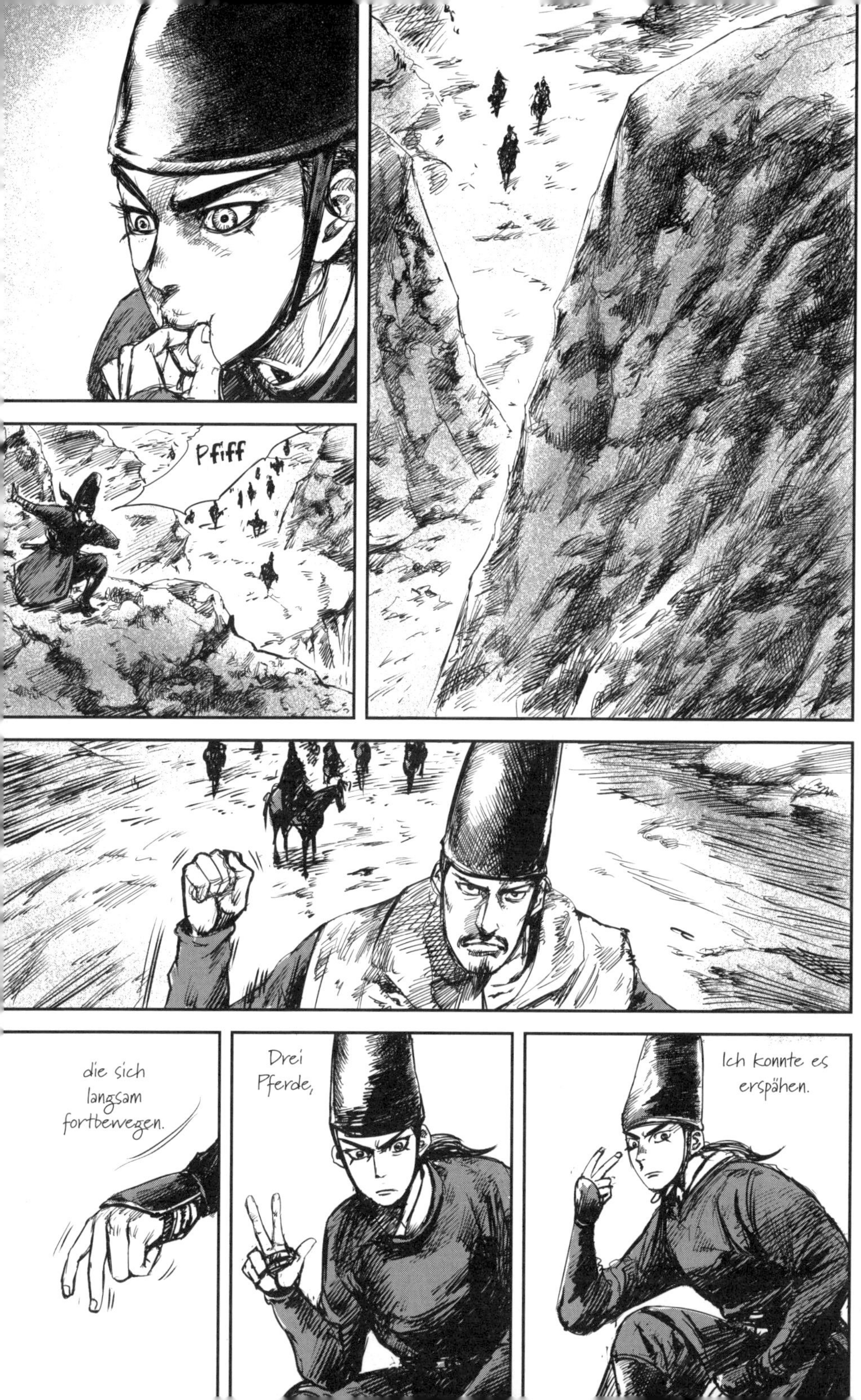
Pfiff
Ich konnte es erspähen.
Drei Pferde,
die sich langsam fortbewegen.

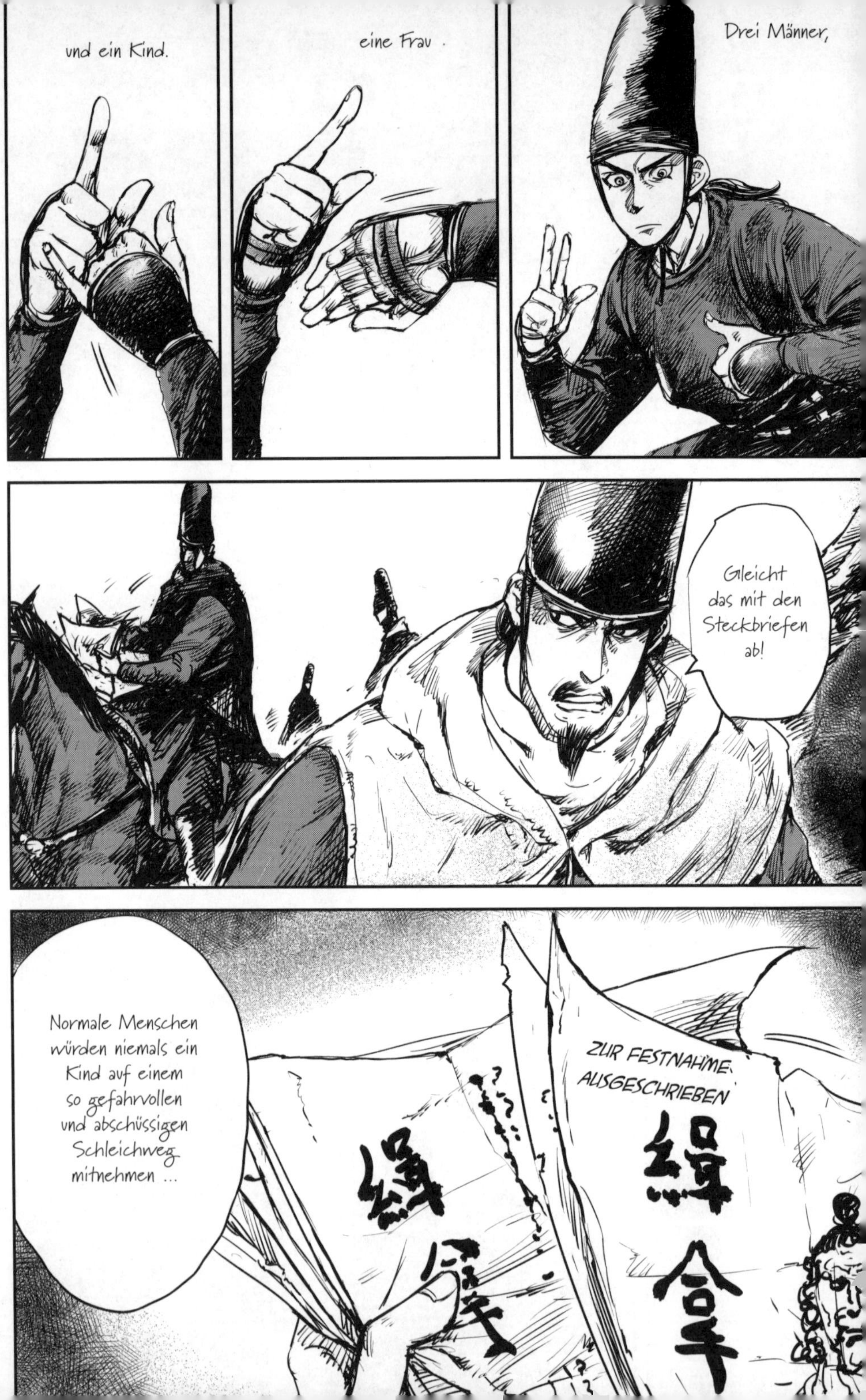
Drei Männer,
eine Frau .
und ein Kind.
Gleicht das mit den Steckbriefen ab!
ZUR FESTNAHME AUSGESCHRIEBEN
緝拿
Normale Menschen würden niemals ein Kind auf einem so gefahrvollen und abschüssigen Schleichweg mitnehmen …

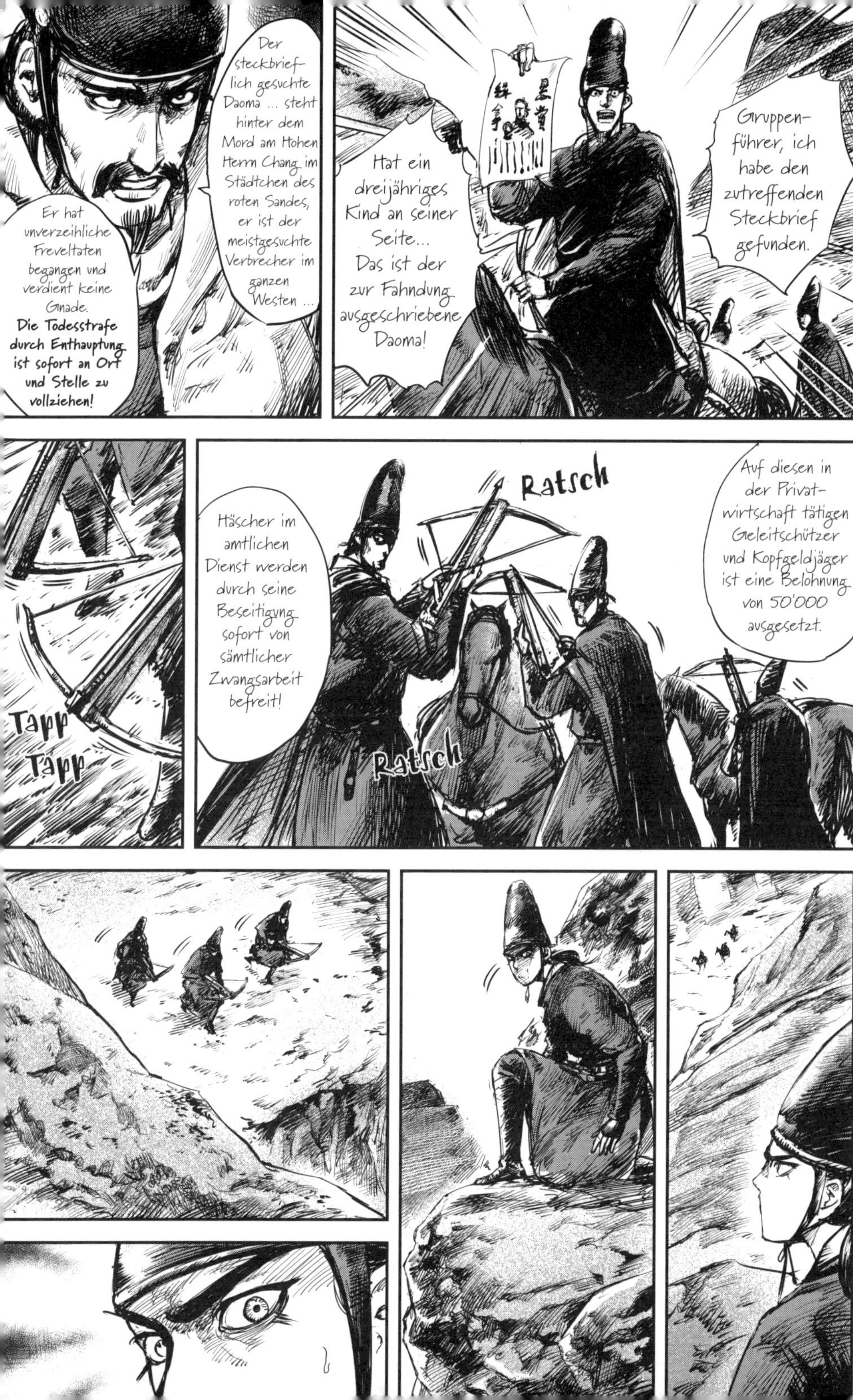
Gruppenführer, ich habe den zutreffenden Steckbrief gefunden.
Hat ein dreijähriges Kind an seiner Seite... Das ist der zur Fahndung ausgeschriebene Daoma!
Der steckbrieflich gesuchte Daoma ... steht hinter dem Mord am Hohen Herrn Chang im Städtchen des roten Sandes, er ist der meistgesuchte Verbrecher im ganzen Westen ...
Er hat unverzeihliche Freveltaten begangen und verdient keine Gnade. **Die Todesstrafe durch Enthauptung ist sofort an Ort und Stelle zu vollziehen!**
Auf diesen in der Privatwirtschaft tätigen Geleitschützer und Kopfgeldjäger ist eine Belohnung von 50'000 ausgesetzt.
Ratsch
Häscher im amtlichen Dienst werden durch seine Beseitigung sofort von sämtlicher Zwangsarbeit befreit!
Ratsch
Tapp Tapp

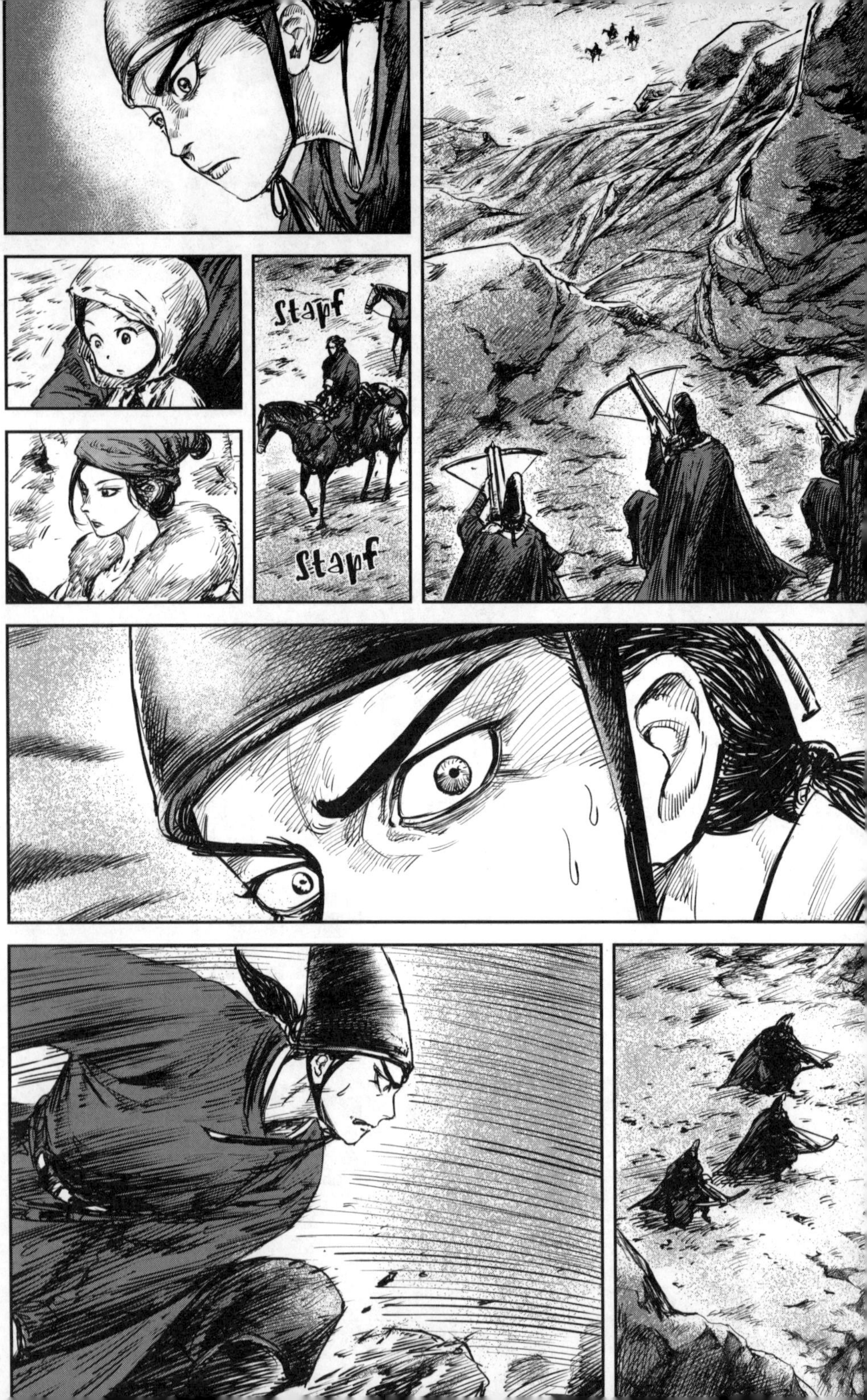
Stapf
Stapf

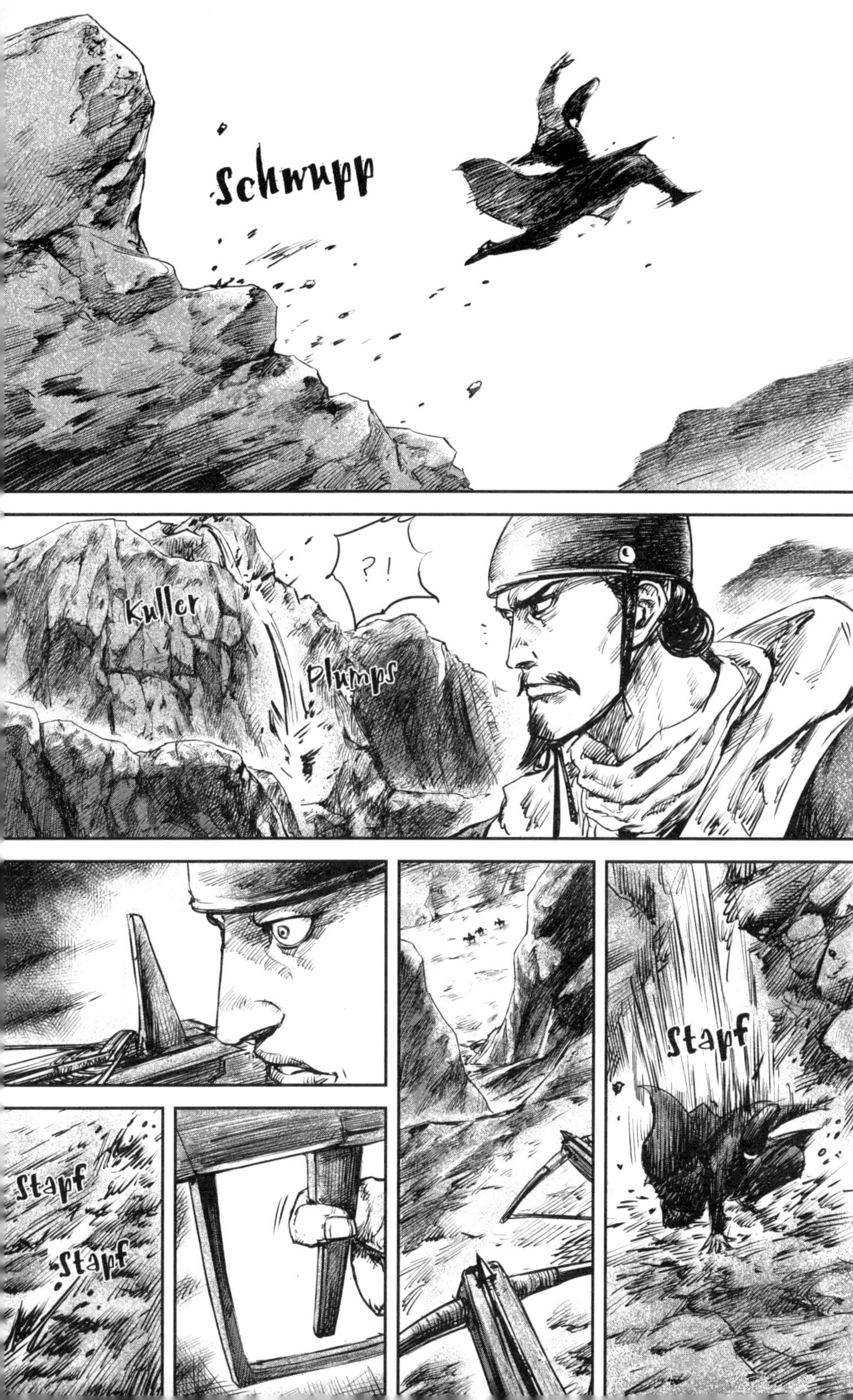
Schwupp
?!
Kuller
Plumps
Stapf
Stapf
Stapf

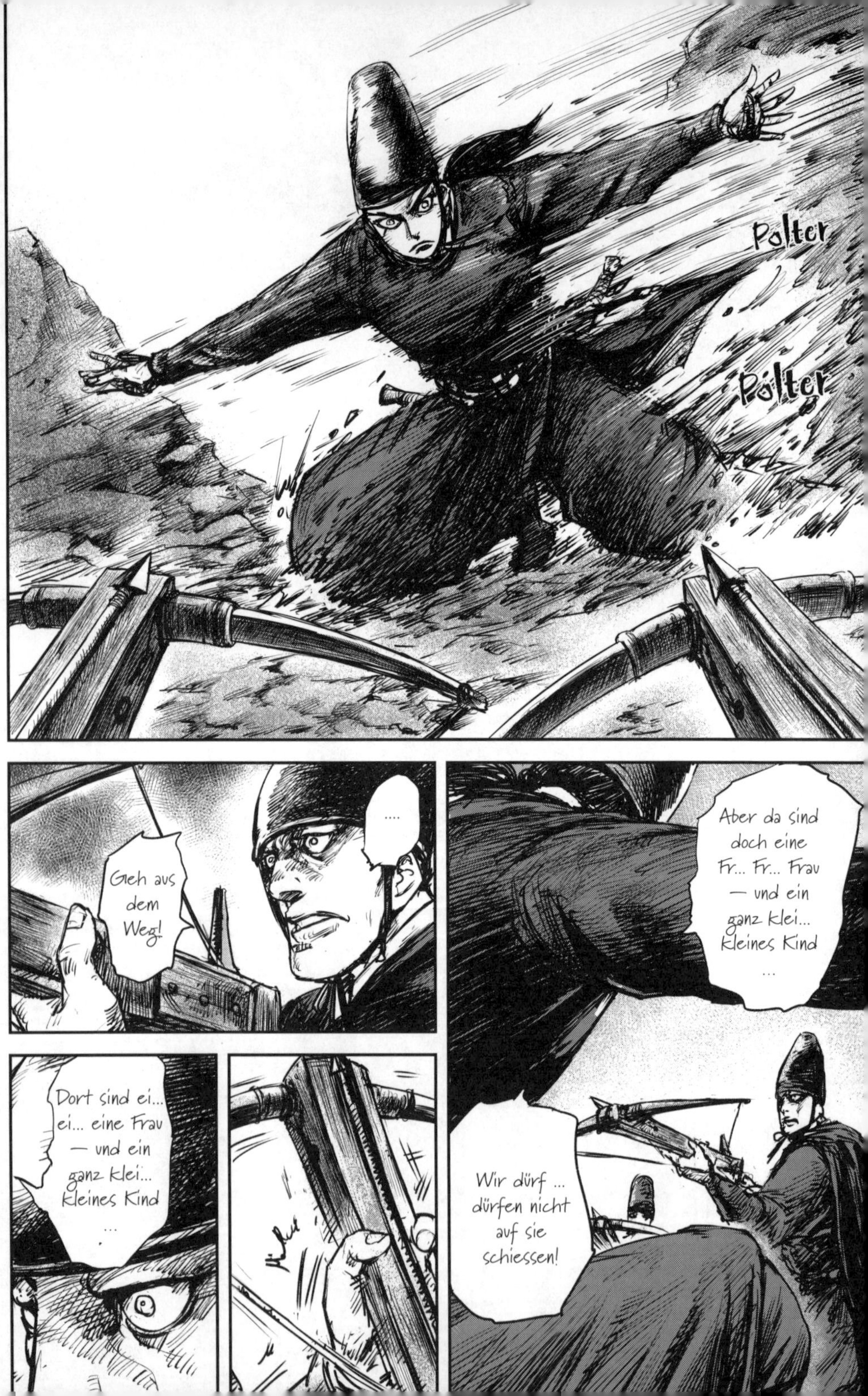
Polter
Polter
Aber da sind doch eine Fr... Fr... Frau — und ein ganz klei... kleines Kind ...
....
Geh aus dem Weg!
Wir dürf ... dürfen nicht auf sie schiessen!
Dort sind ei... ei... eine Frau — und ein ganz klei... kleines Kind ...

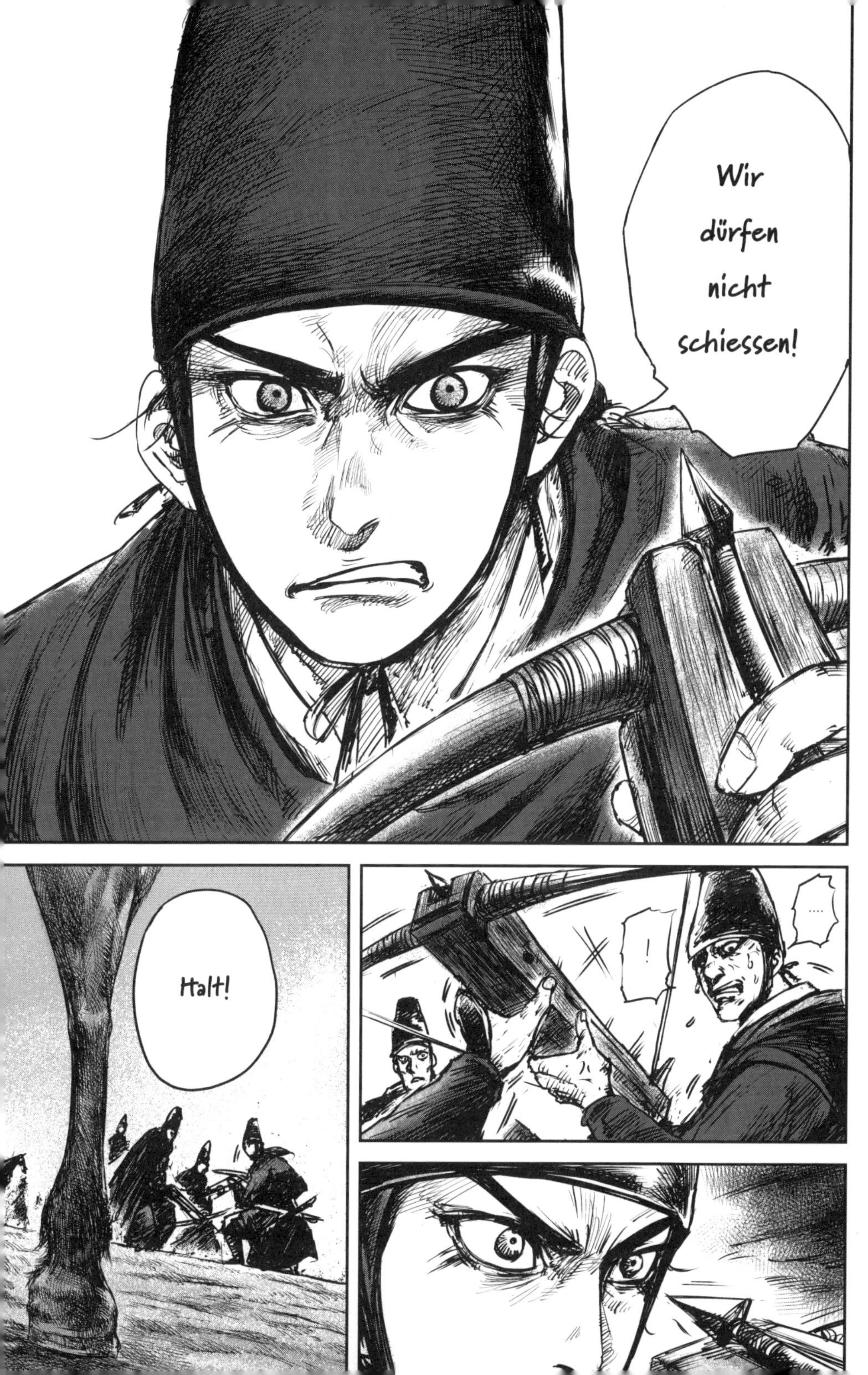
Wir dürfen nicht schiessen!
Halt!
!
....

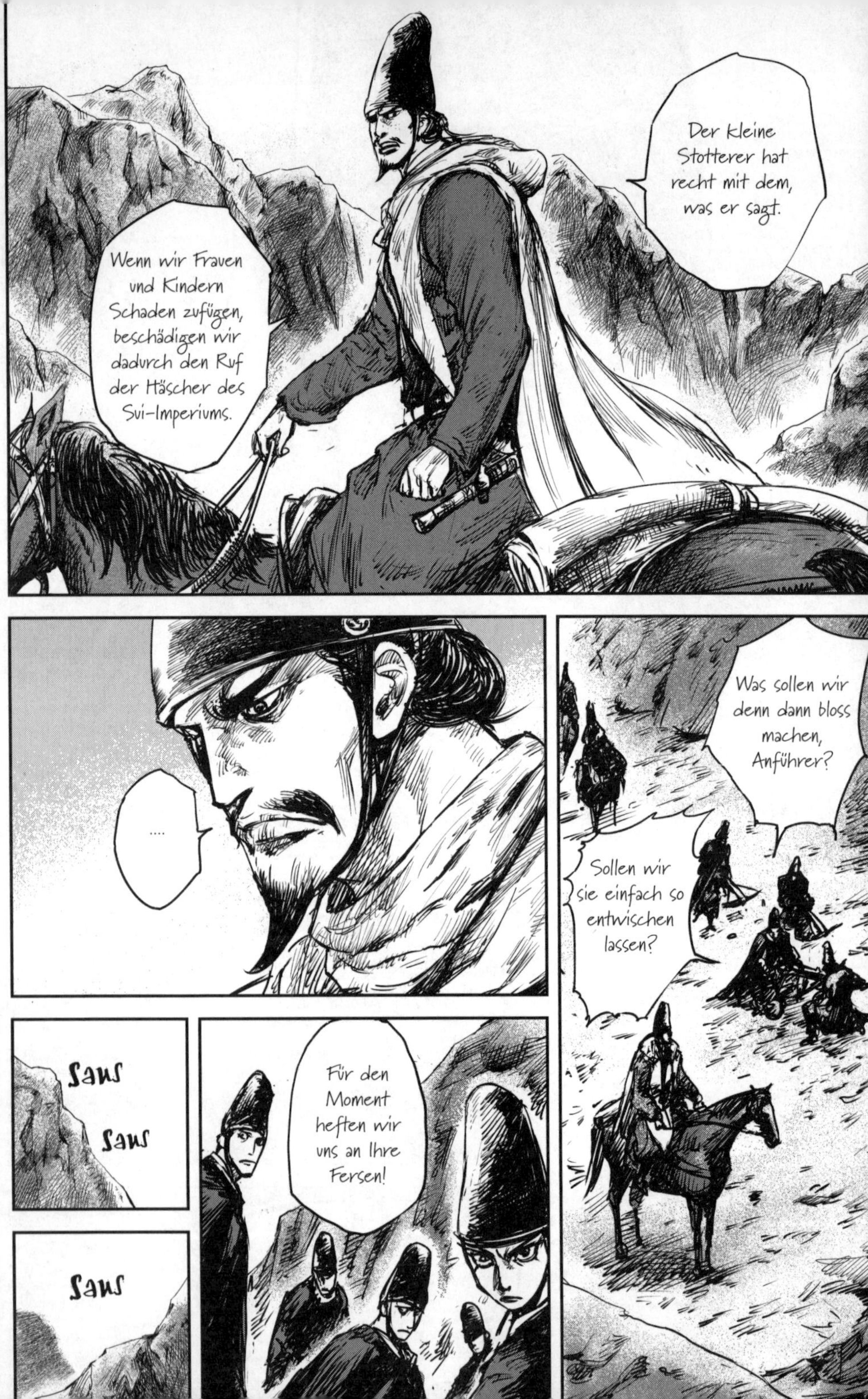

Der kleine Stotterer hat recht mit dem, was er sagt.
Wenn wir Frauen und Kindern Schaden zufügen, beschädigen wir dadurch den Ruf der Häscher des Sui-Imperiums.
Was sollen wir denn dann bloss machen, Anführer?
Sollen wir sie einfach so entwischen lassen?
....
Für den Moment heften wir uns an Ihre Fersen!
Saus
Saus
Saus

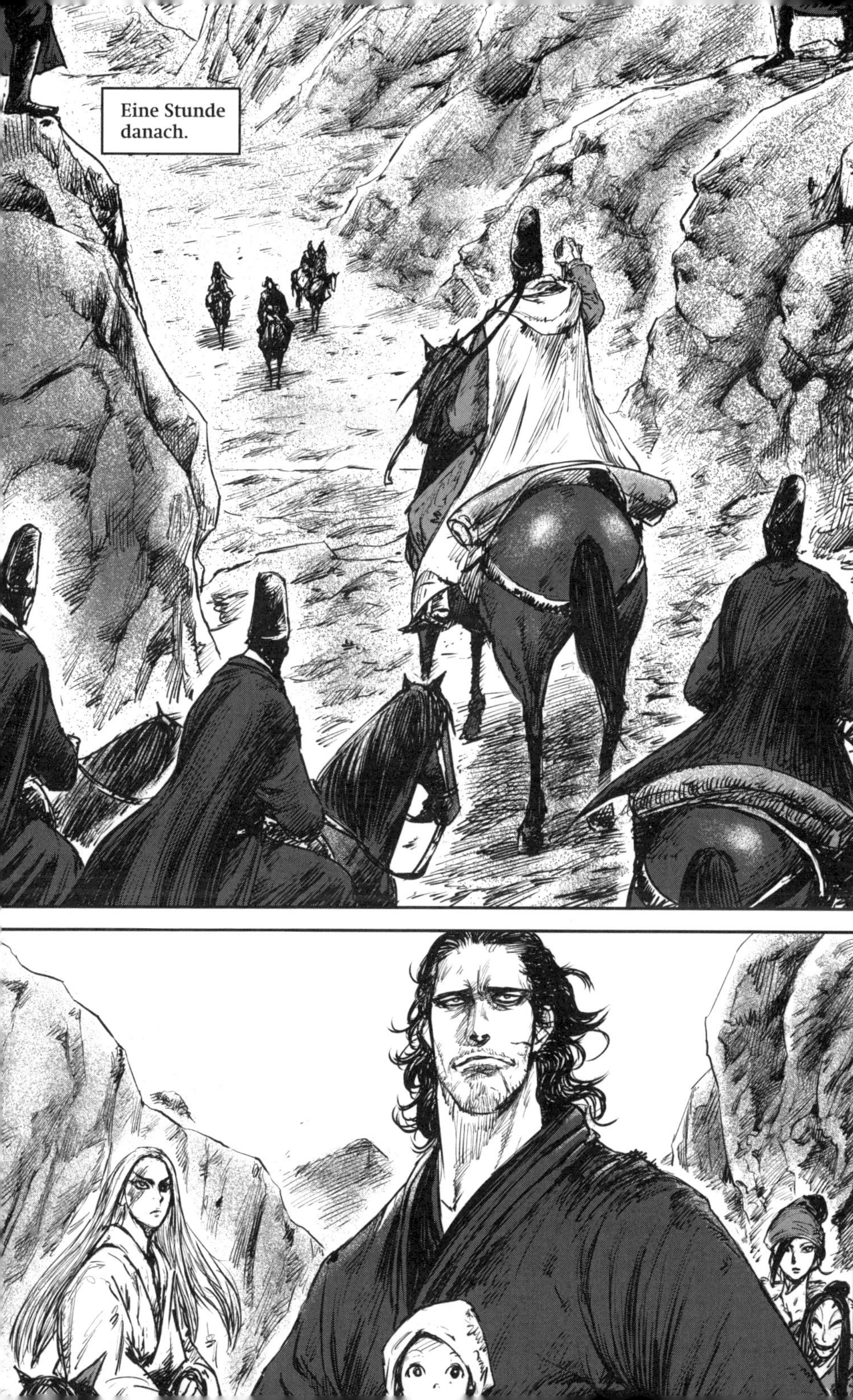
Eine Stunde
danach.

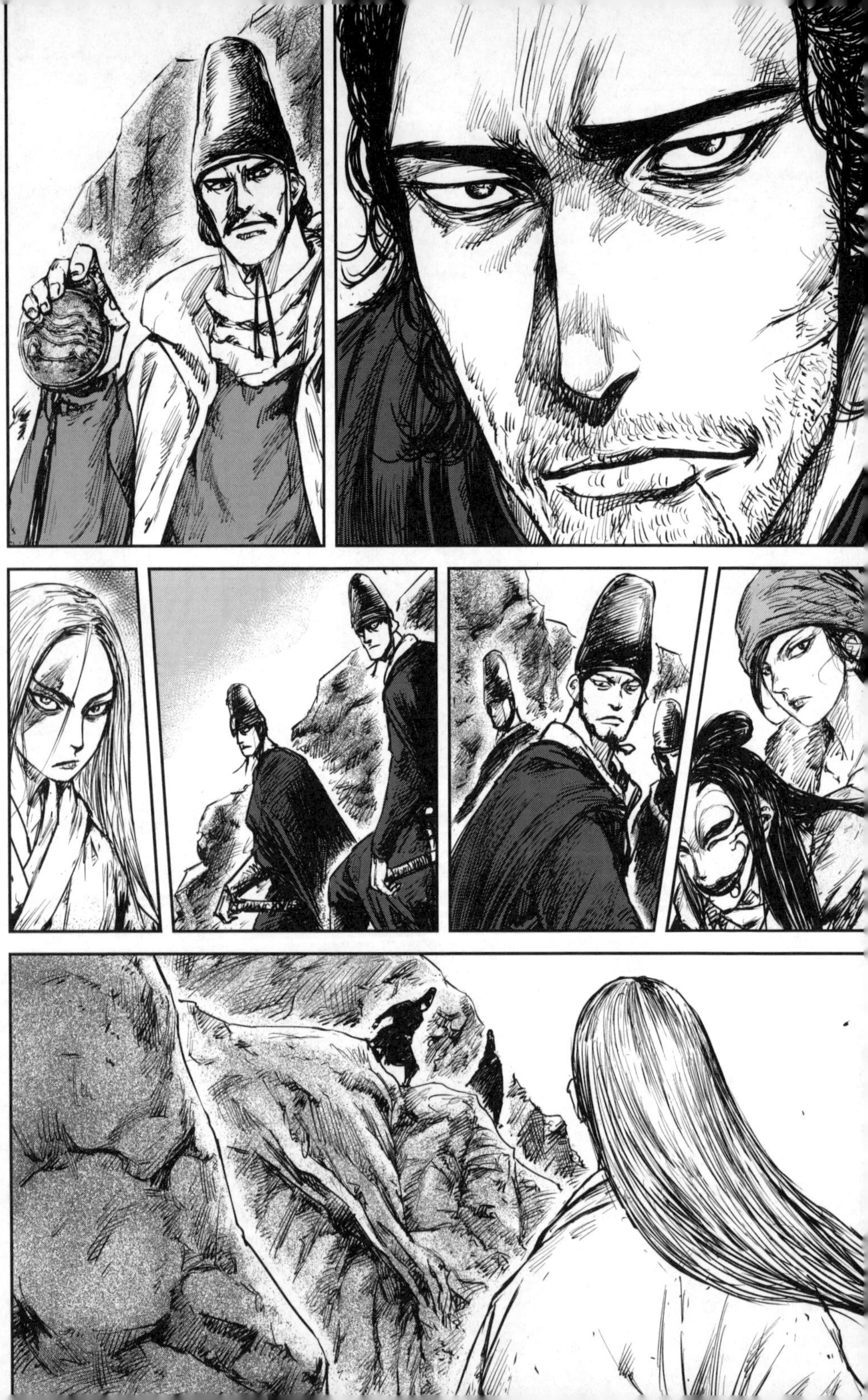

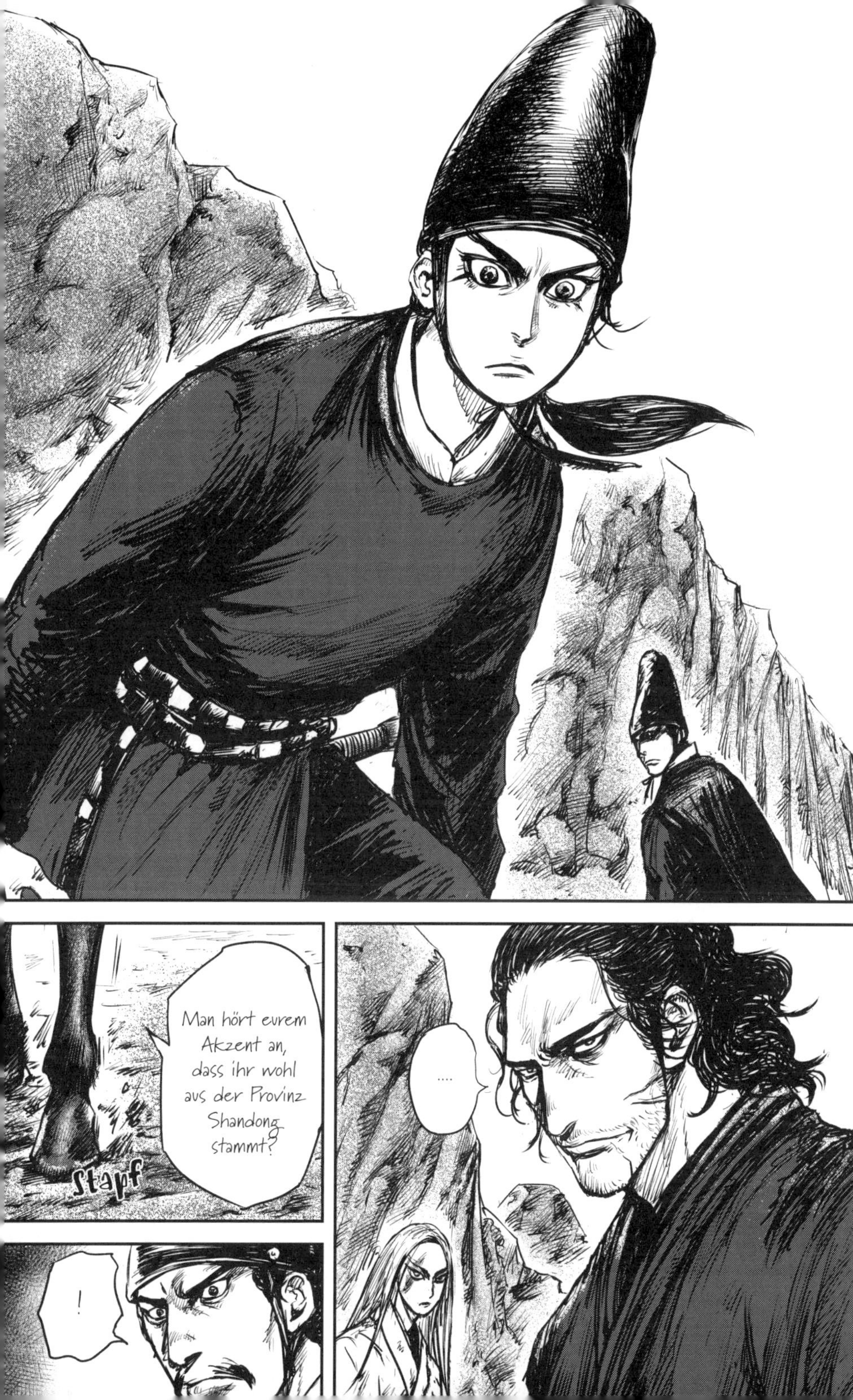
Man hört eurem Akzent an, dass ihr wohl aus der Provinz Shandong stammt?
Stapf
....
!

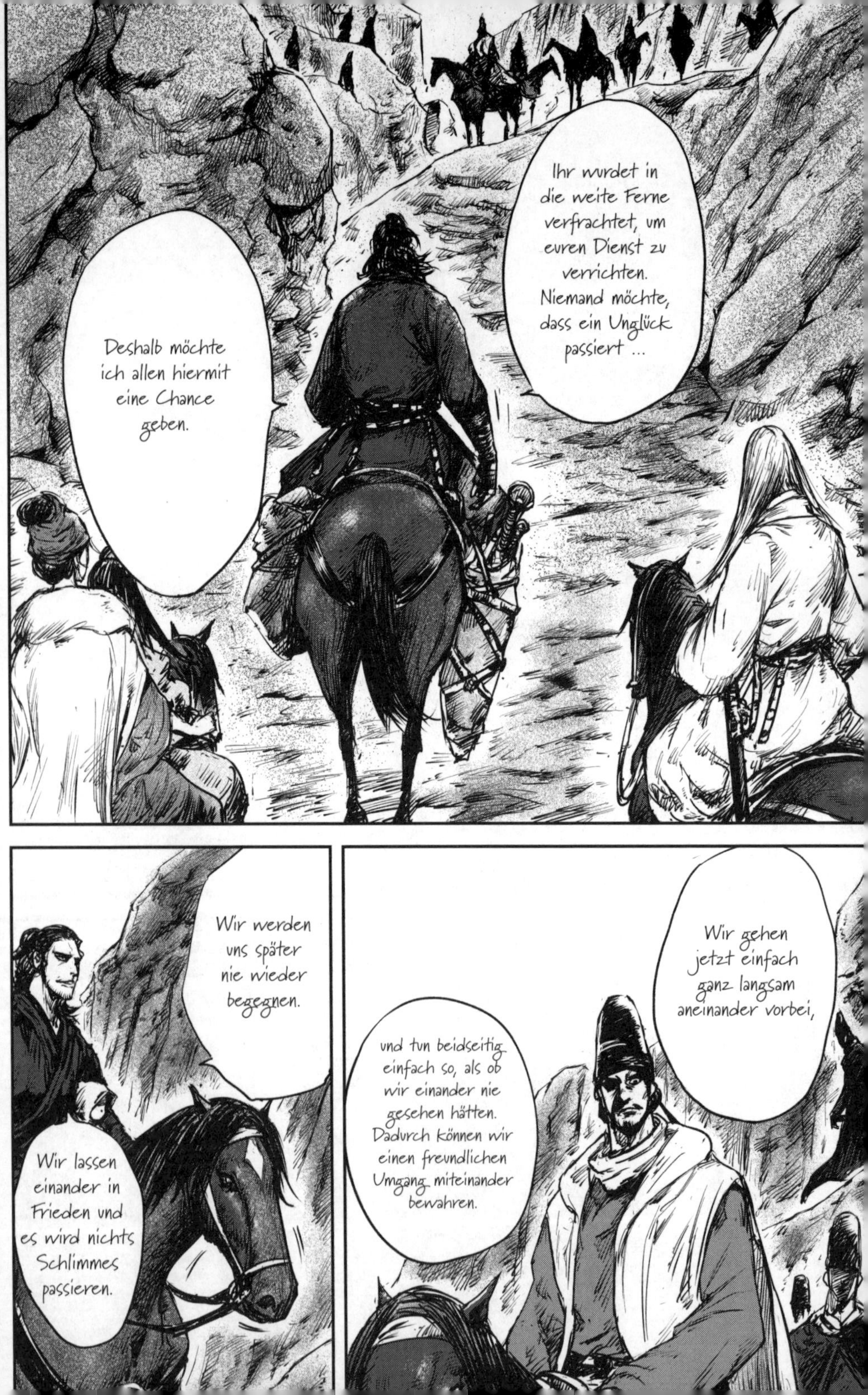
Ihr wurdet in die weite Ferne verfrachtet, um euren Dienst zu verrichten. Niemand möchte, dass ein Unglück passiert ...
Deshalb möchte ich allen hiermit eine Chance geben.
Wir gehen jetzt einfach ganz langsam aneinander vorbei,
und tun beidseitig einfach so, als ob wir einander nie gesehen hätten. Dadurch können wir einen freundlichen Umgang miteinander bewahren.
Wir werden uns später nie wieder begegnen.
Wir lassen einander in Frieden und es wird nichts Schlimmes passieren.

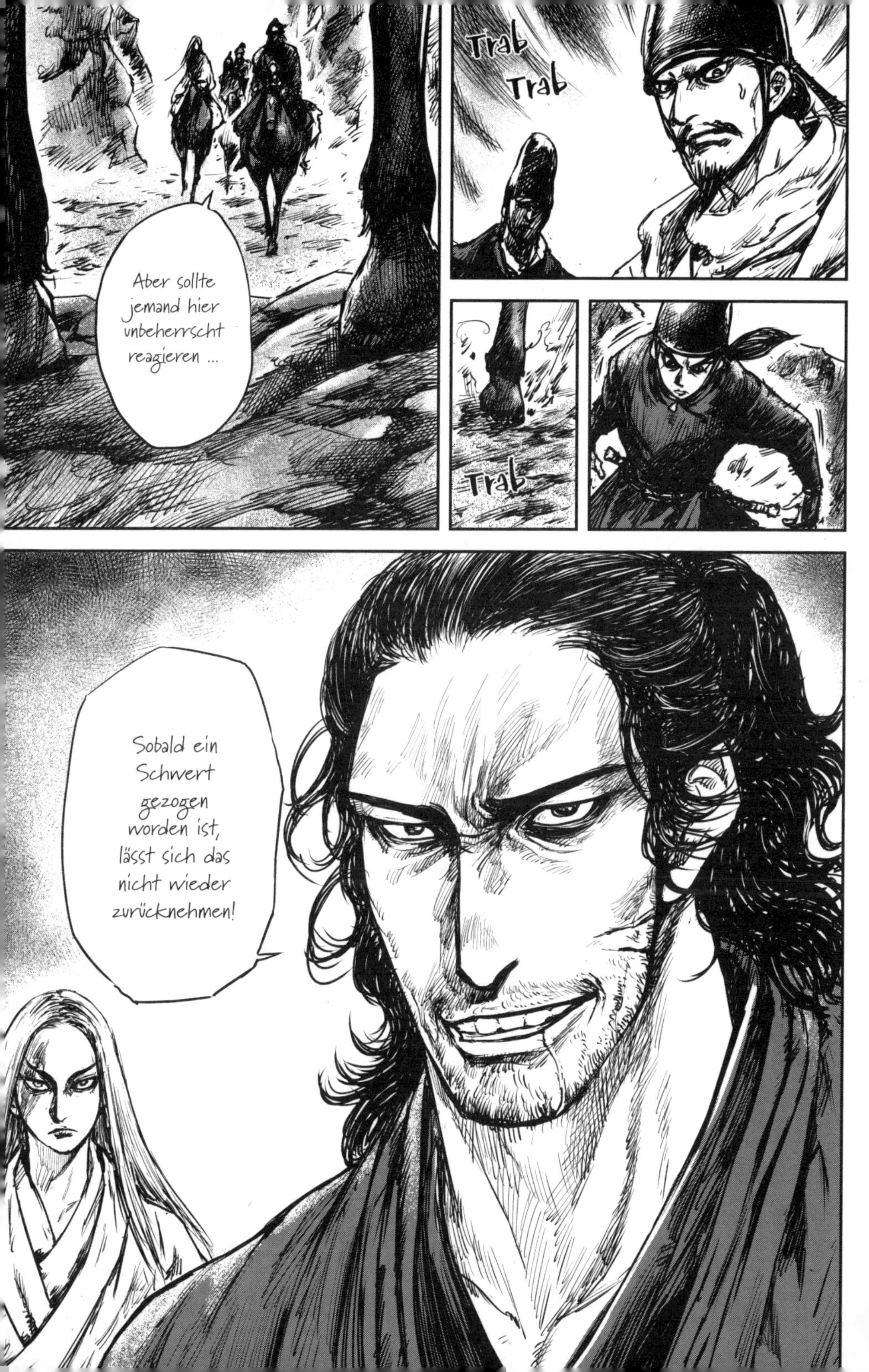
Aber sollte jemand hier unbeherrscht reagieren ...
Trab
Trab
Trab
Sobald ein Schwert gezogen worden ist, lässt sich das nicht wieder zurücknehmen!

Dritter Akt:
Die Unterwelt

Kapitel 53:
Der kleine Stotterer

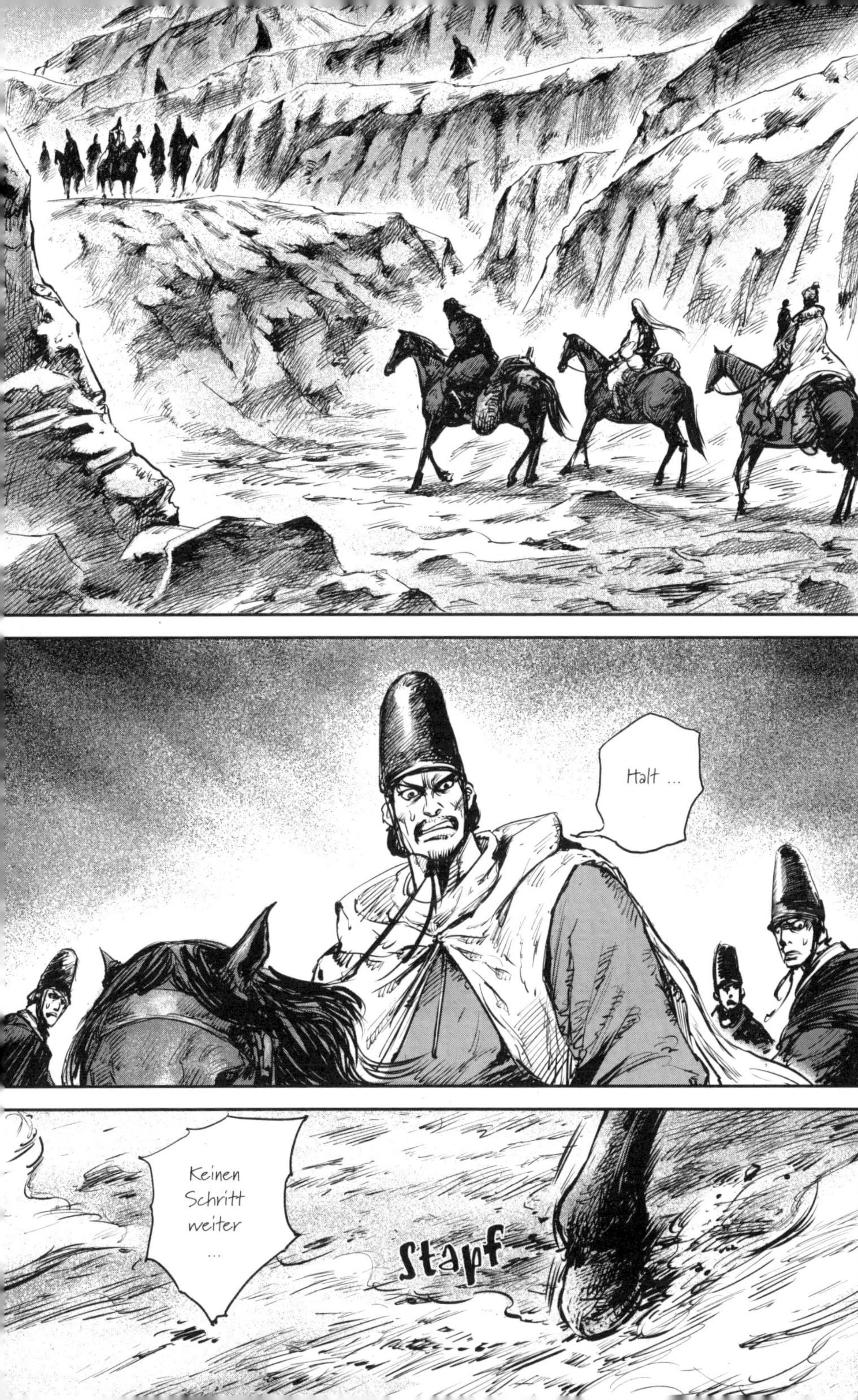
Halt ...
Keinen Schritt weiter ...
Stapf

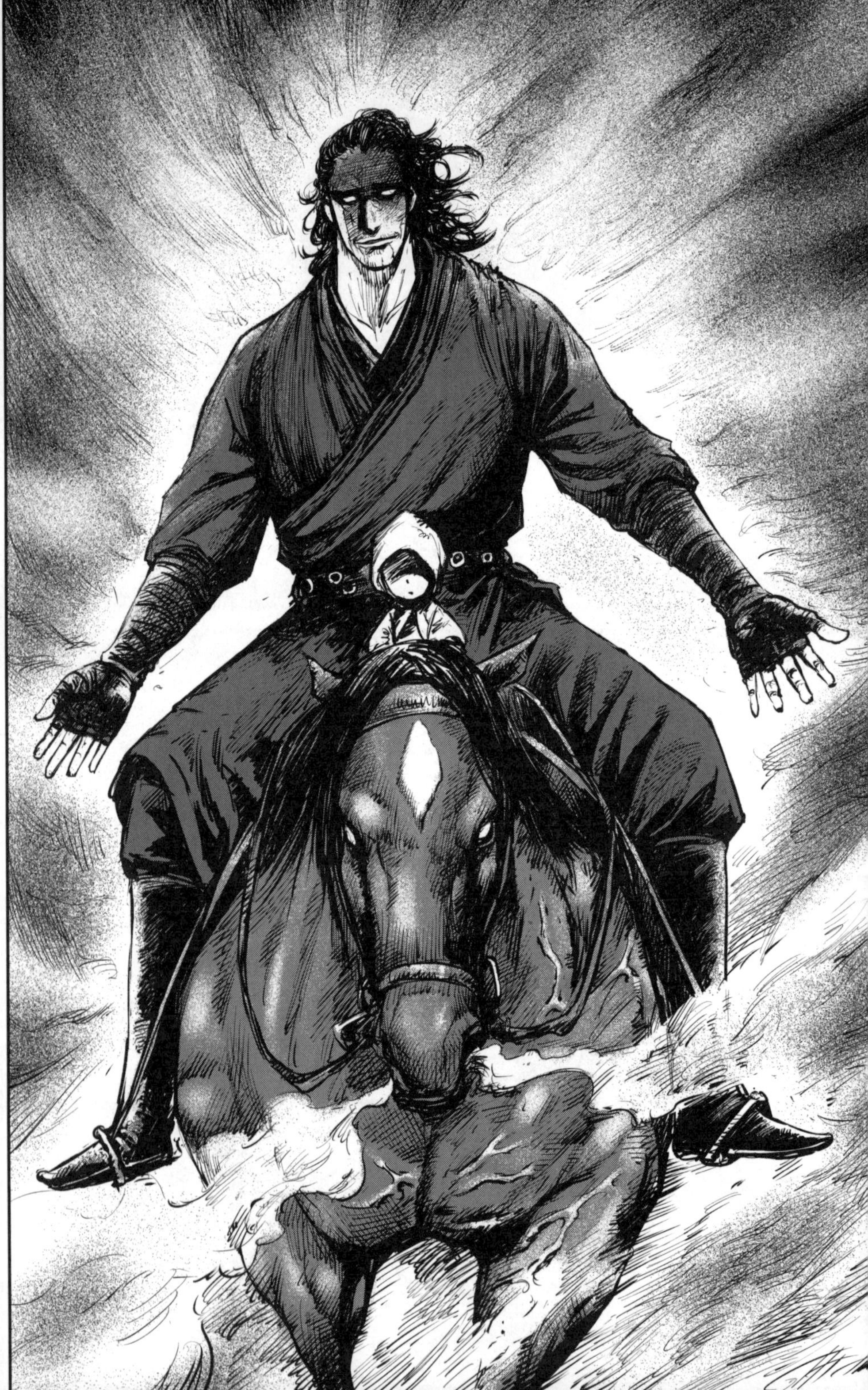

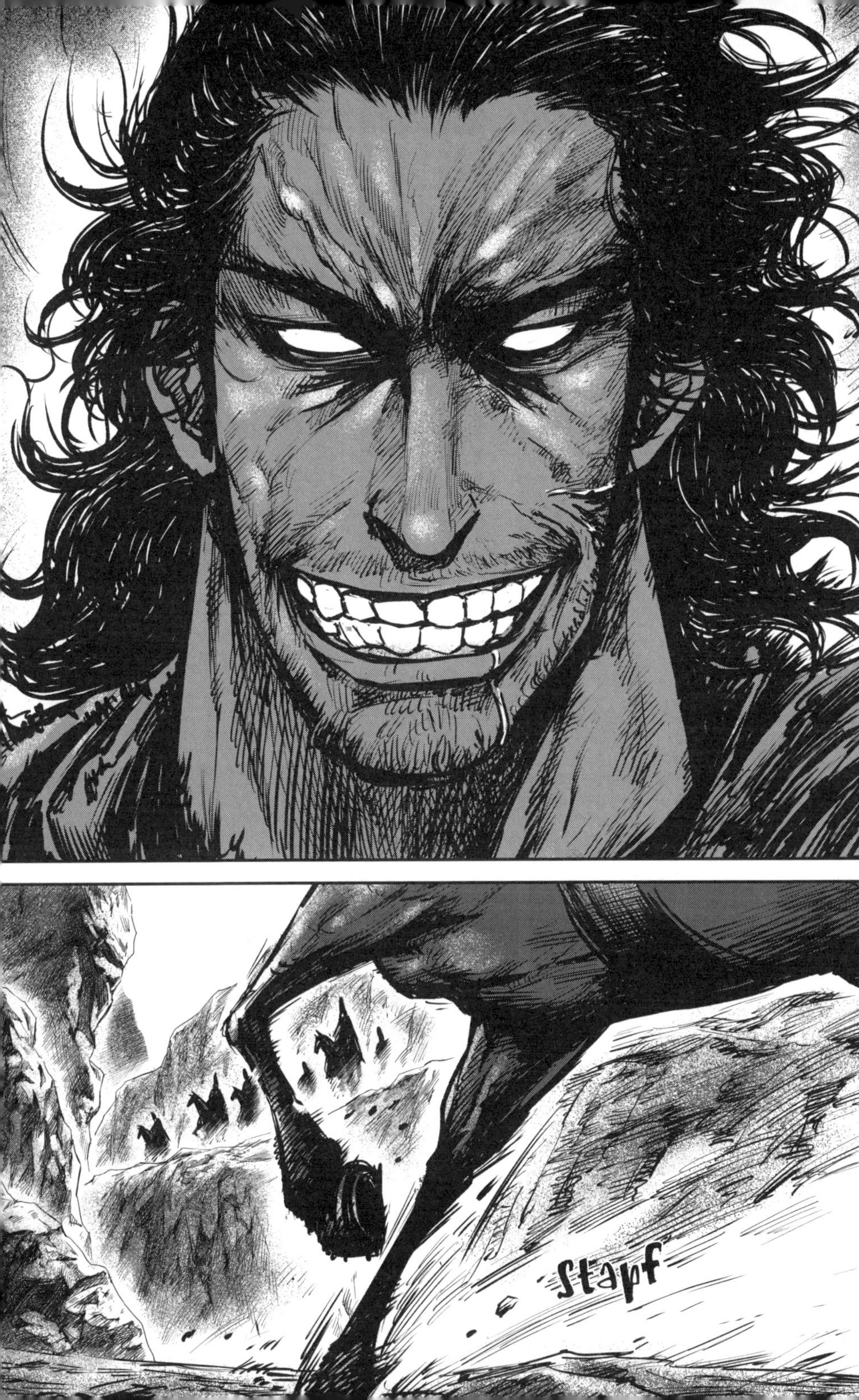
Stapf

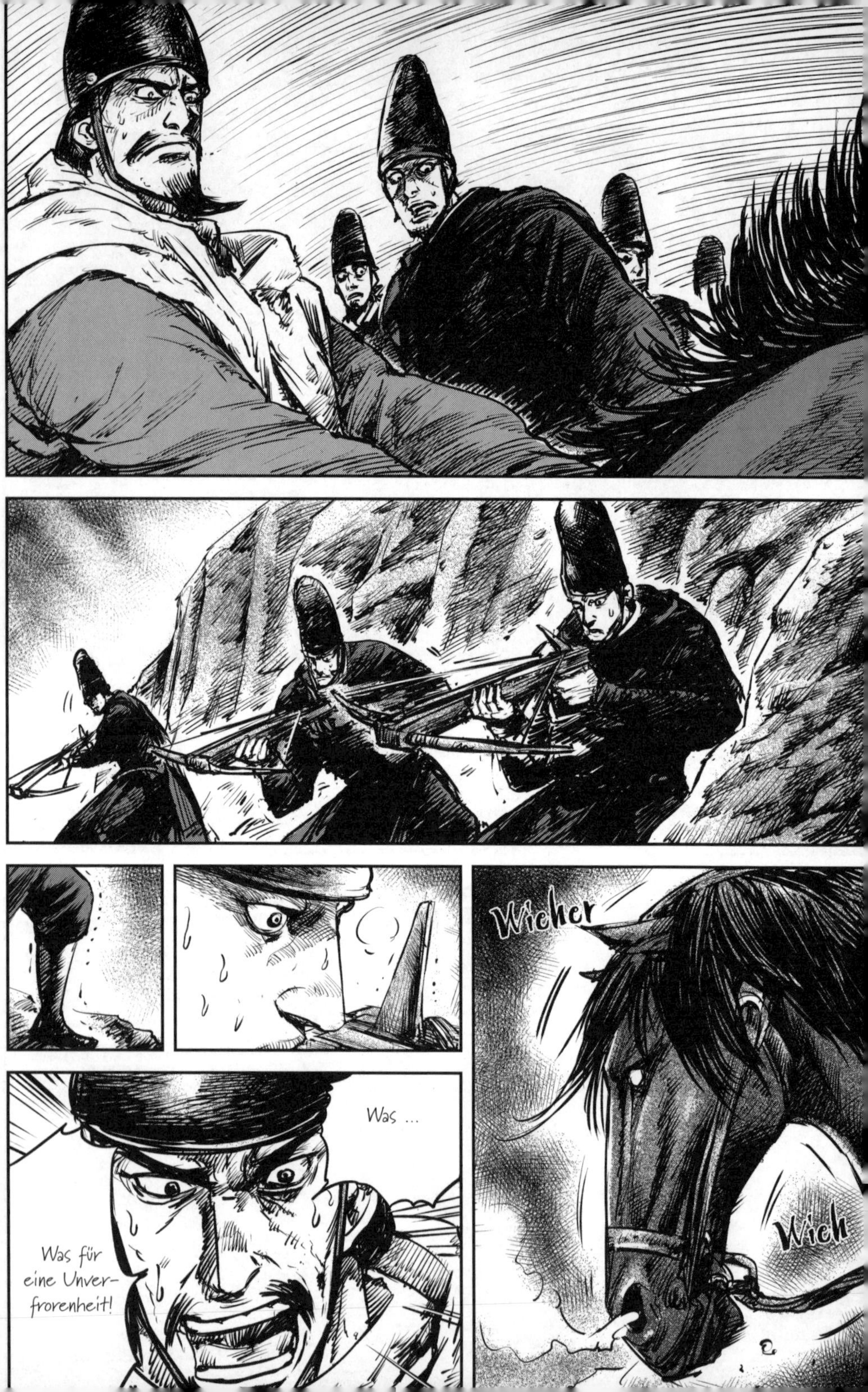
Wieher
Wieh
Was ...
Was für eine Unverfrorenheit!

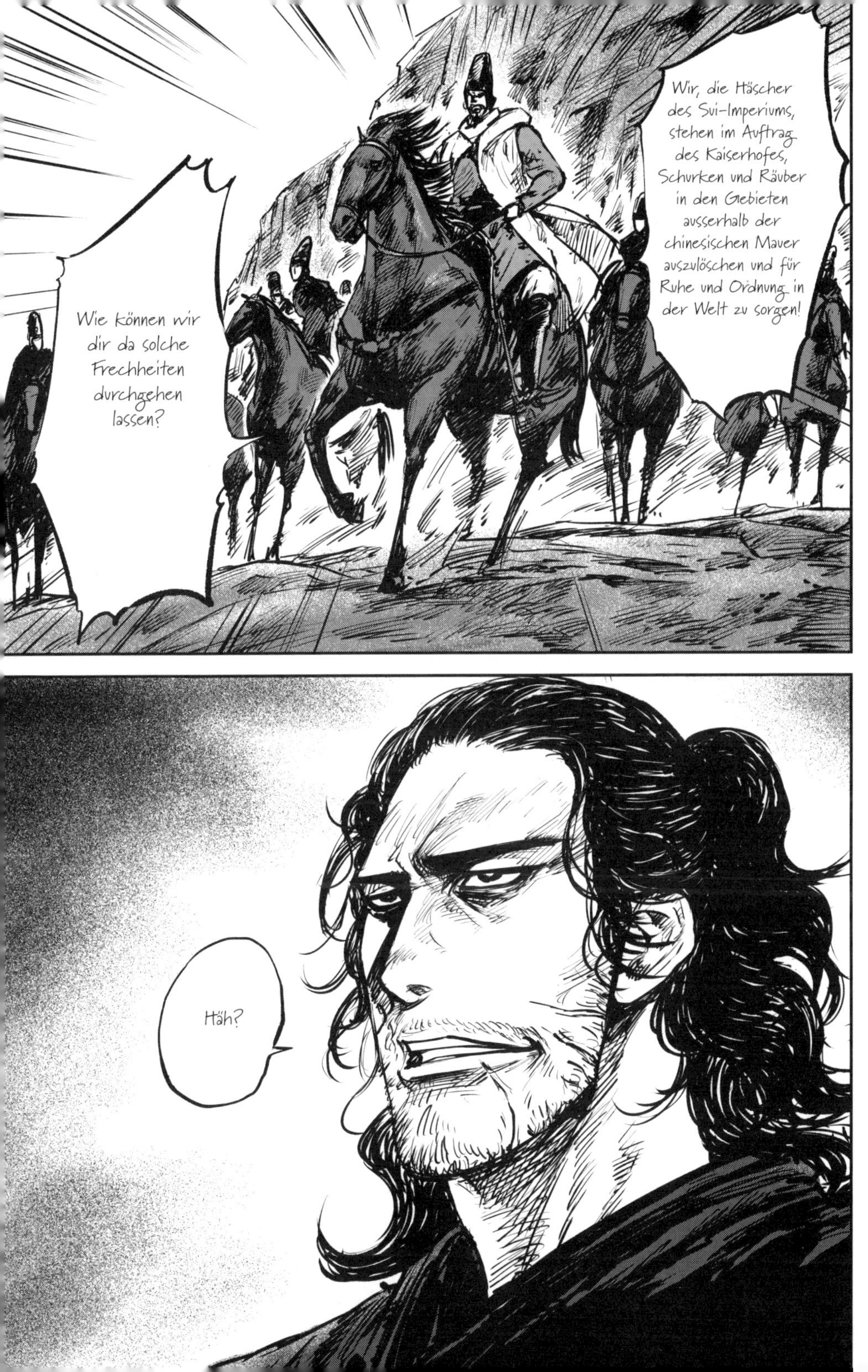

Wir, die Häscher des Sui-Imperiums, stehen im Auftrag des Kaiserhofes, Schurken und Räuber in den Gebieten ausserhalb der chinesischen Mauer auszulöschen und für Ruhe und Ordnung in der Welt zu sorgen!
Wie können wir dir da solche Frechheiten durchgehen lassen?
Häh?

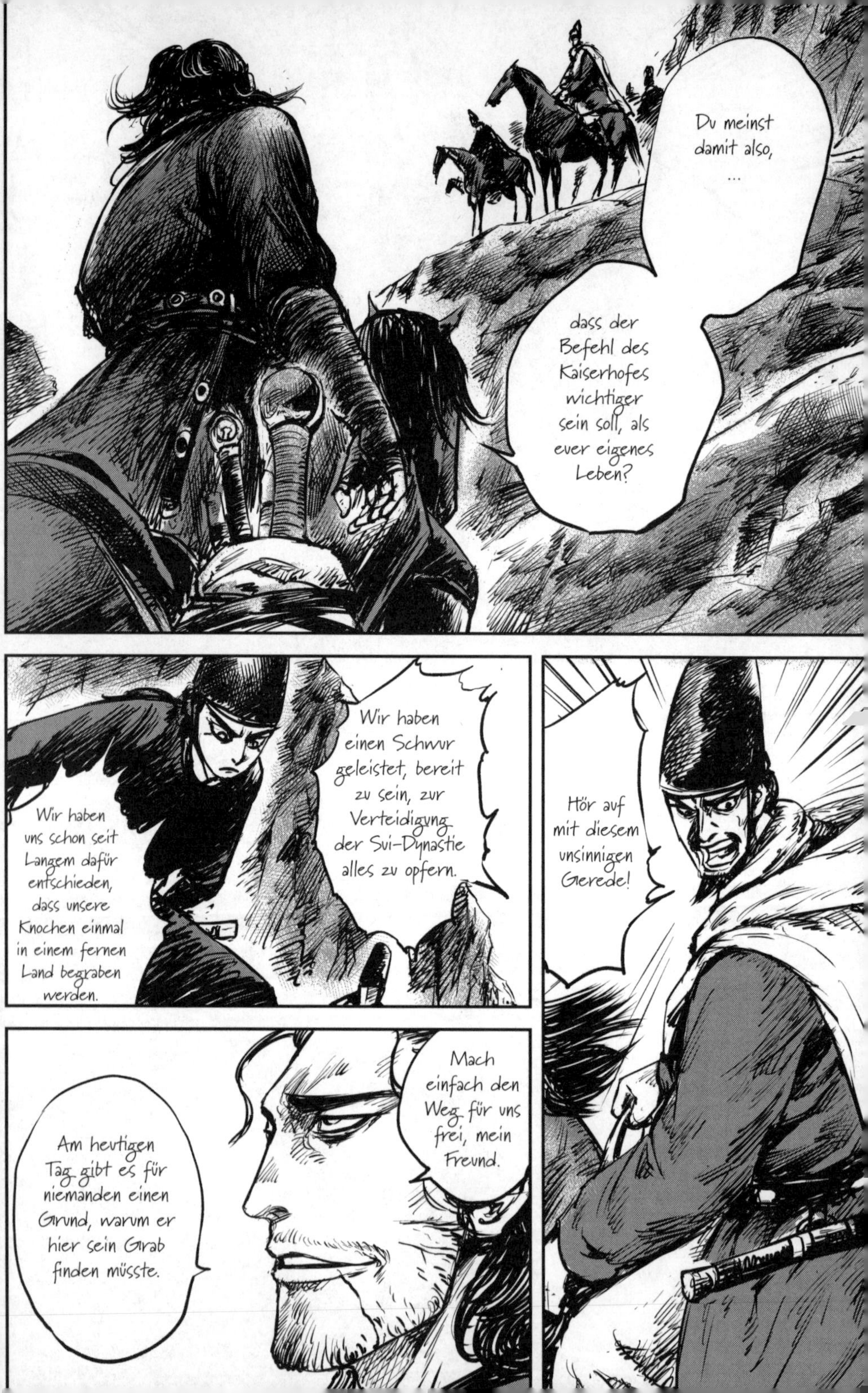
Du meinst damit also, …
dass der Befehl des Kaiserhofes wichtiger sein soll, als euer eigenes Leben?
Hör auf mit diesem unsinnigen Gerede!
Wir haben einen Schwur geleistet, bereit zu sein, zur Verteidigung der Sui-Dynastie alles zu opfern.
Wir haben uns schon seit Langem dafür entschieden, dass unsere Knochen einmal in einem fernen Land begraben werden.
Mach einfach den Weg für uns frei, mein Freund.
Am heutigen Tag gibt es für niemanden einen Grund, warum er hier sein Grab finden müsste.

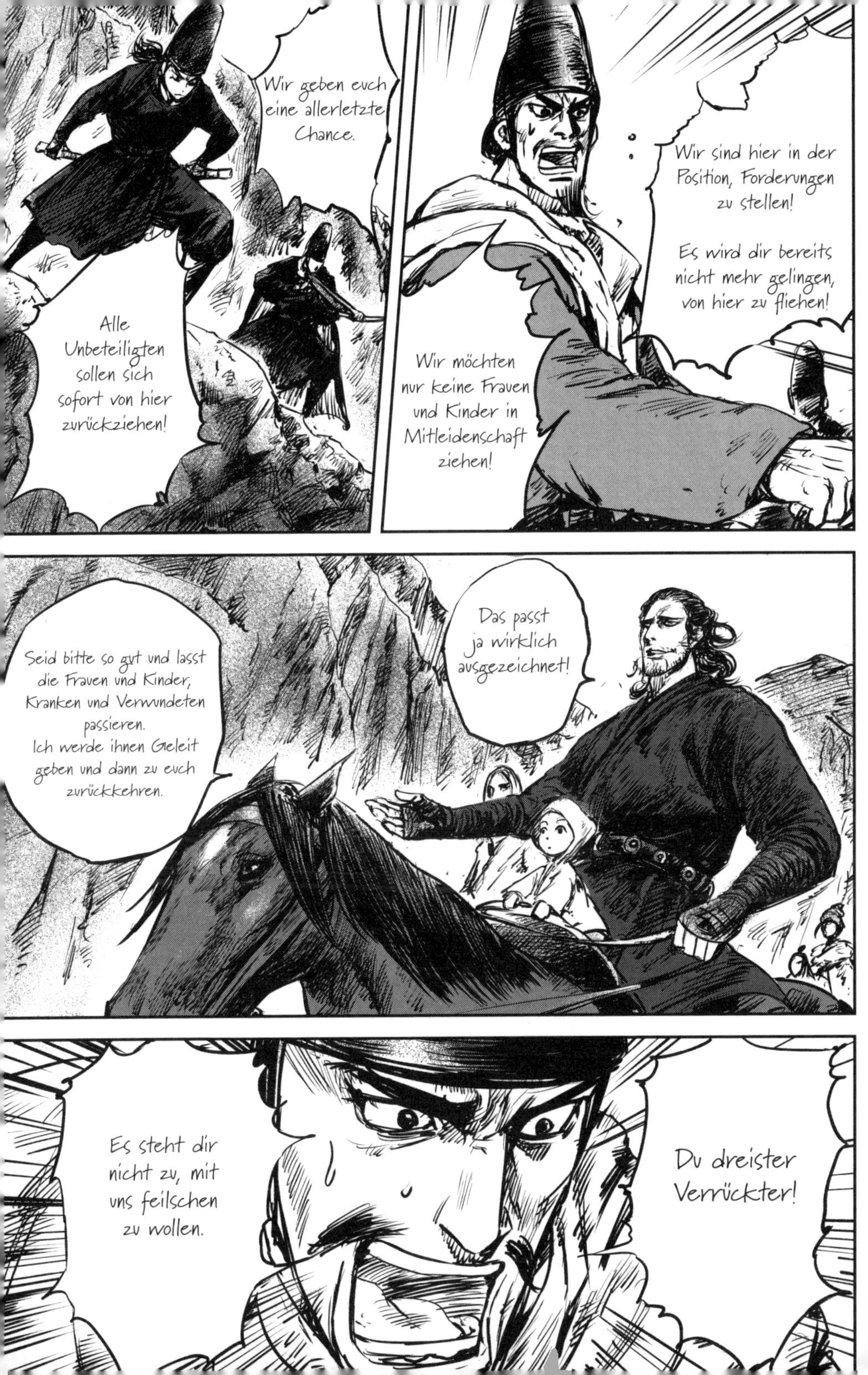
Wir geben euch eine allerletzte Chance.
Alle Unbeteiligten sollen sich sofort von hier zurückziehen!
Wir sind hier in der Position, Forderungen zu stellen!
Es wird dir bereits nicht mehr gelingen, von hier zu fliehen!
Wir möchten nur keine Frauen und Kinder in Mitleidenschaft ziehen!
Seid bitte so gut und lasst die Frauen und Kinder, Kranken und Verwundeten passieren. Ich werde ihnen Geleit geben und dann zu euch zurückkehren.
Das passt ja wirklich ausgezeichnet!
Es steht dir nicht zu, mit uns feilschen zu wollen.
Du dreister Verrückter!

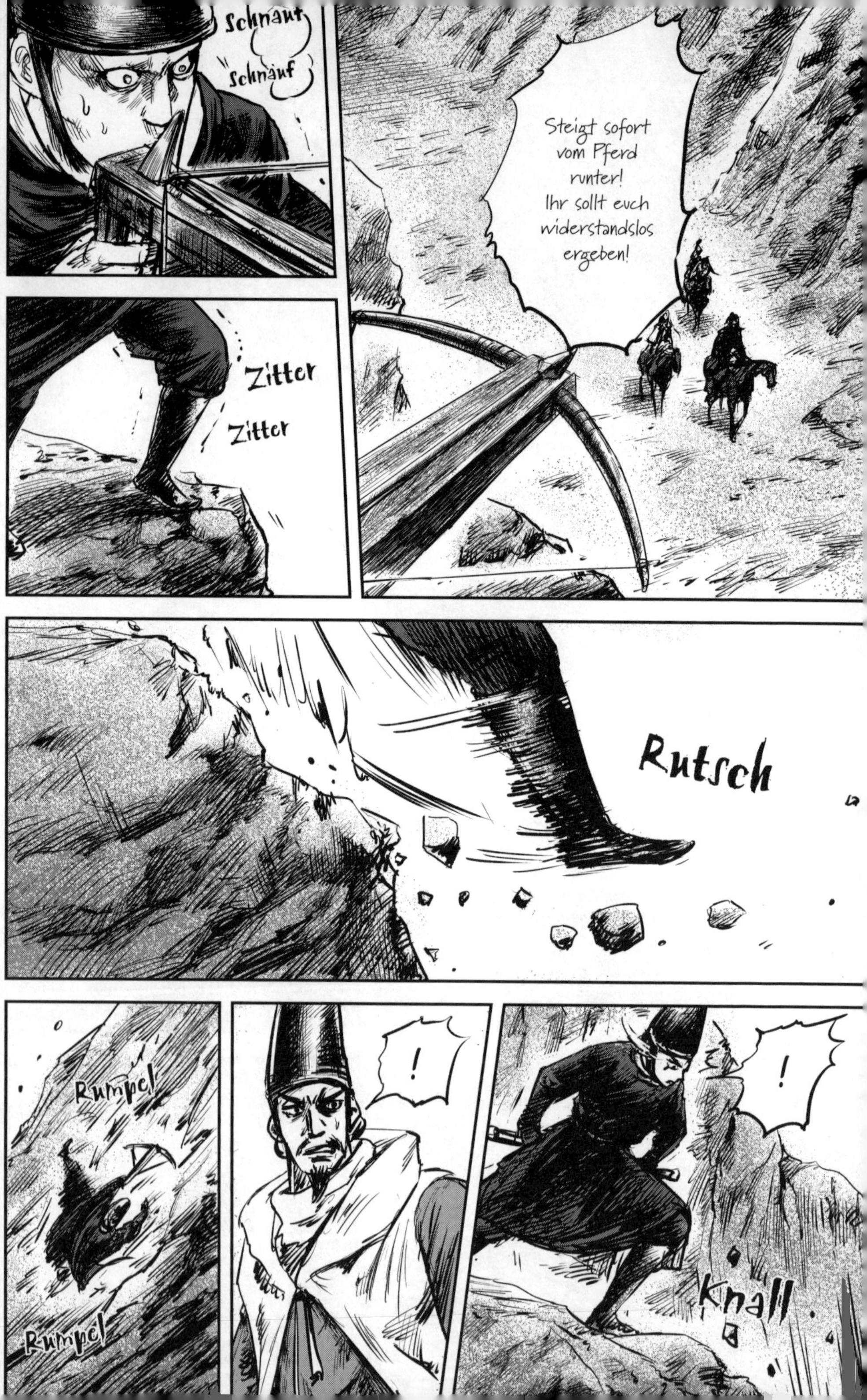
Steigt sofort vom Pferd runter! Ihr sollt euch widerstandslos ergeben!
Schnauf
Schnauf
Zitter
Zitter
Rutsch
!
!
Rumpel
Rumpel
Knall

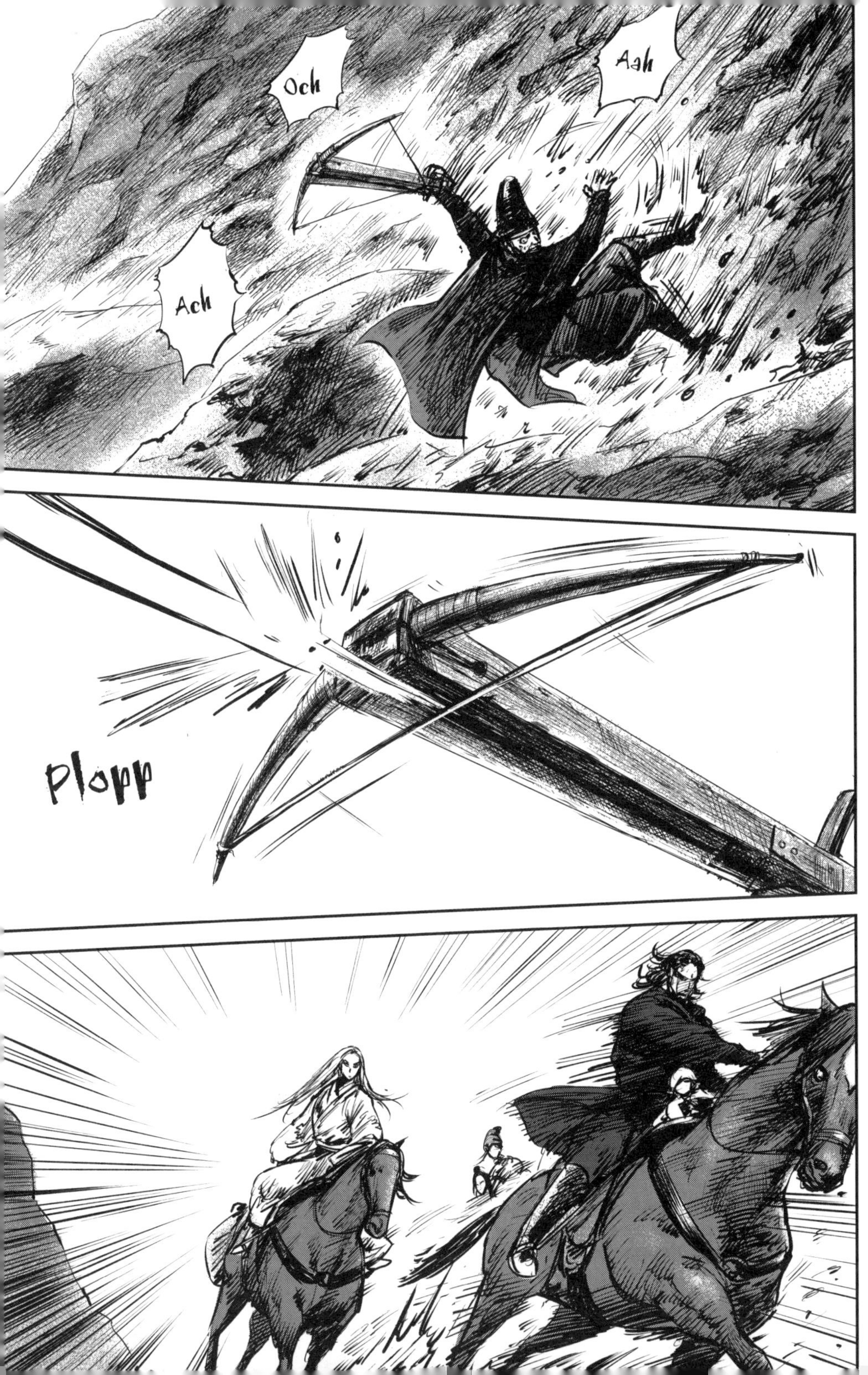

Aah
Och
Ach
Plopp

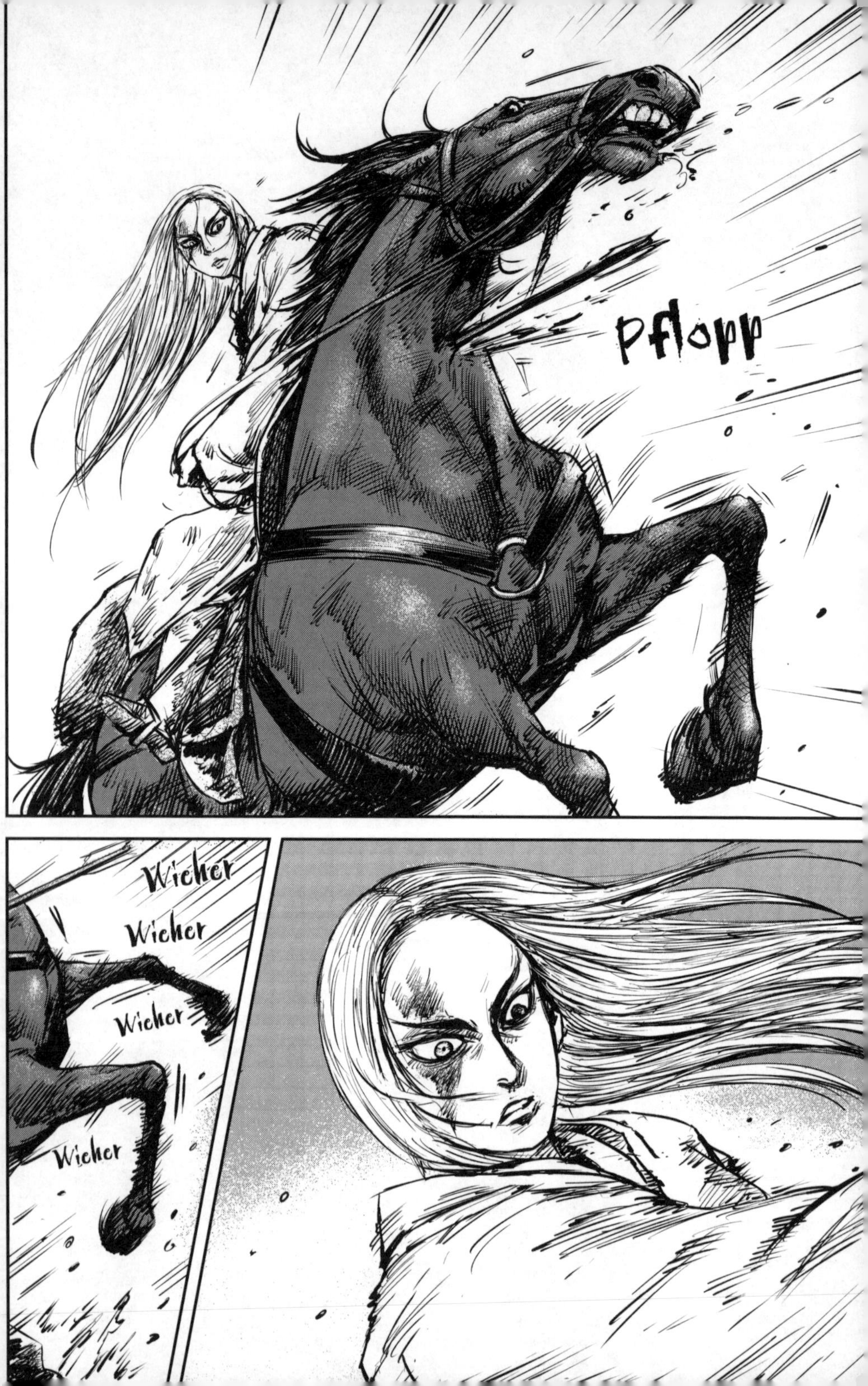
Pflopp
Wieher
Wieher
Wieher
Wieher

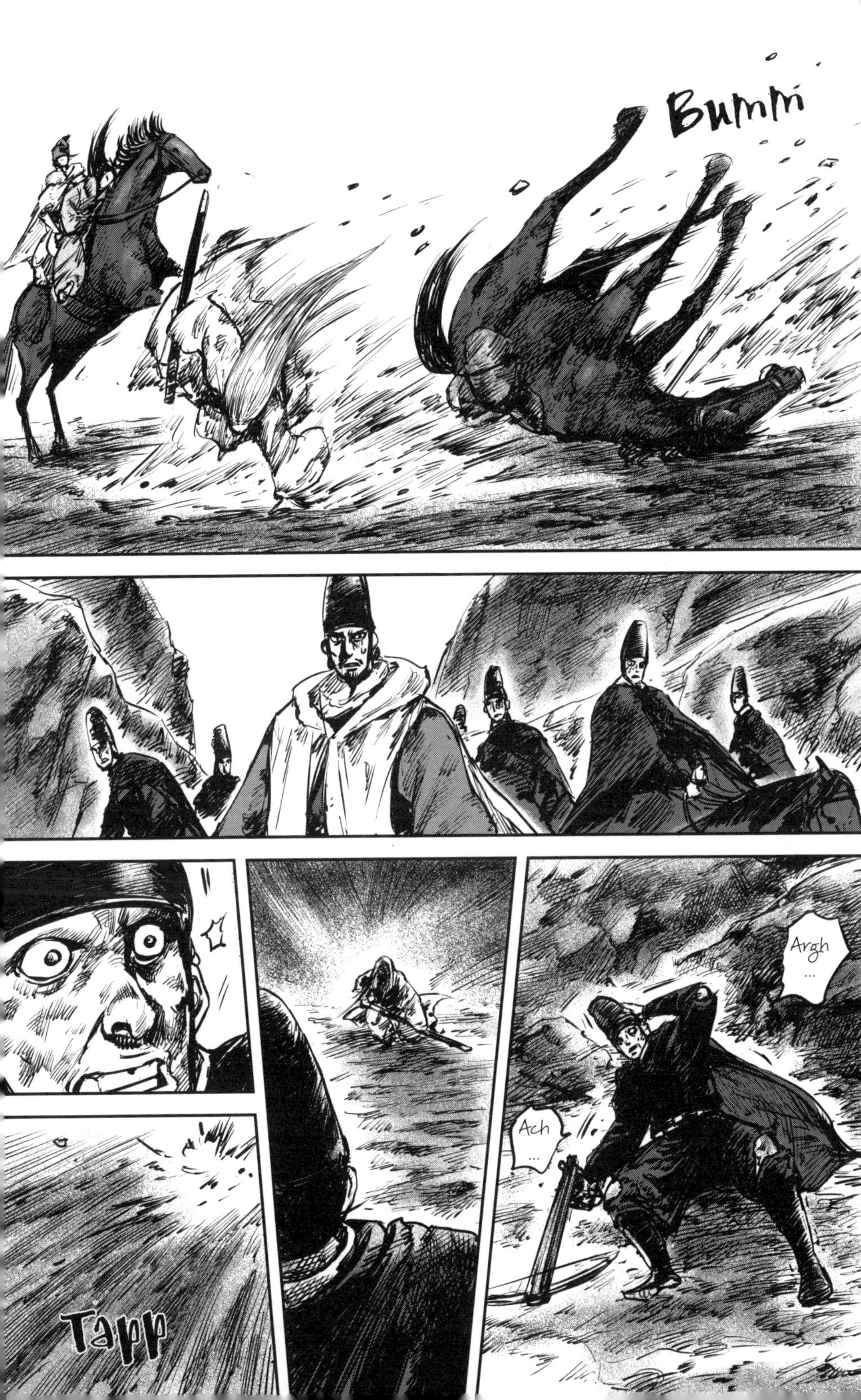
Bumm
Argh ...
Ach ...
Tapp

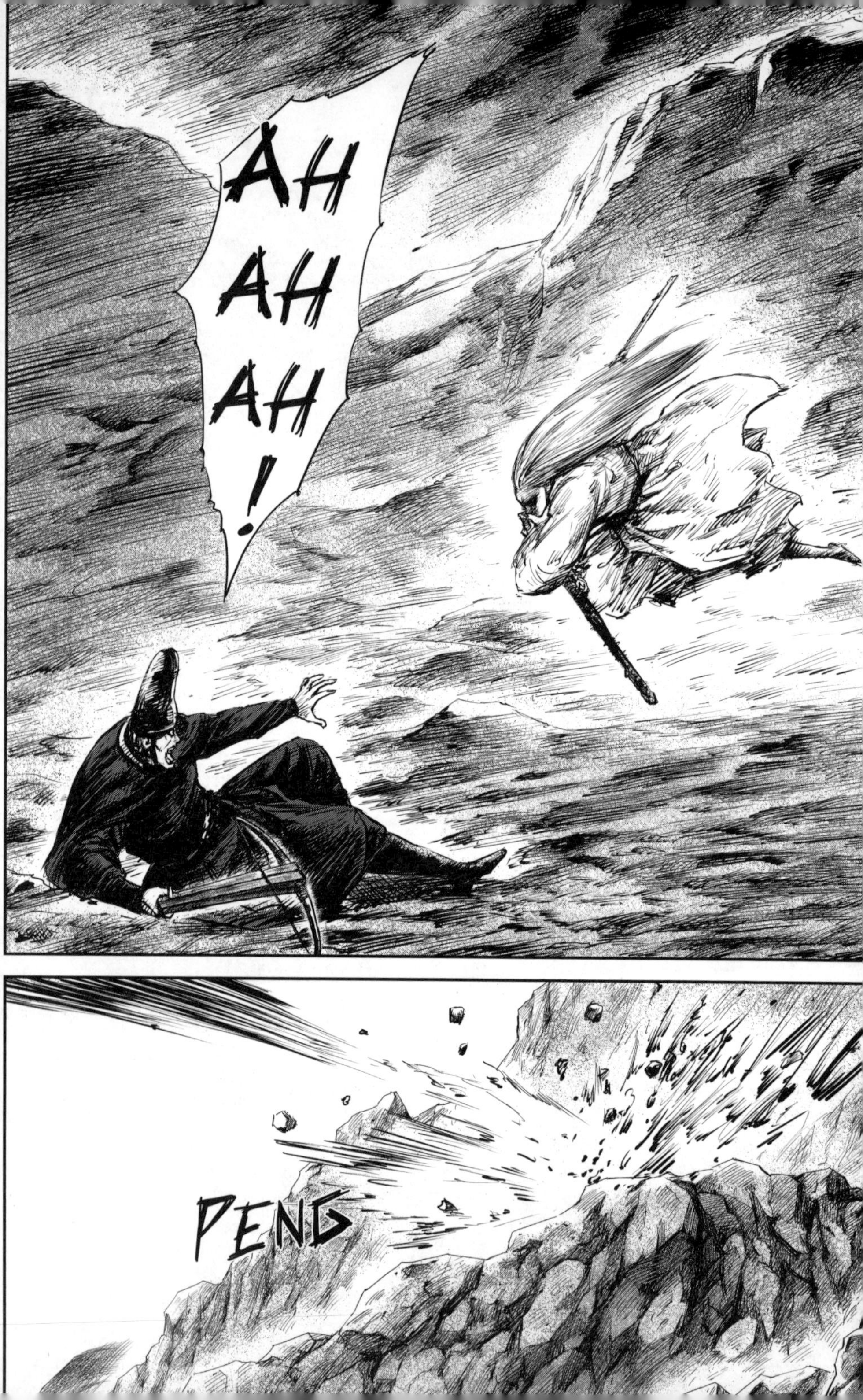
AH AH AH AH!
PENG

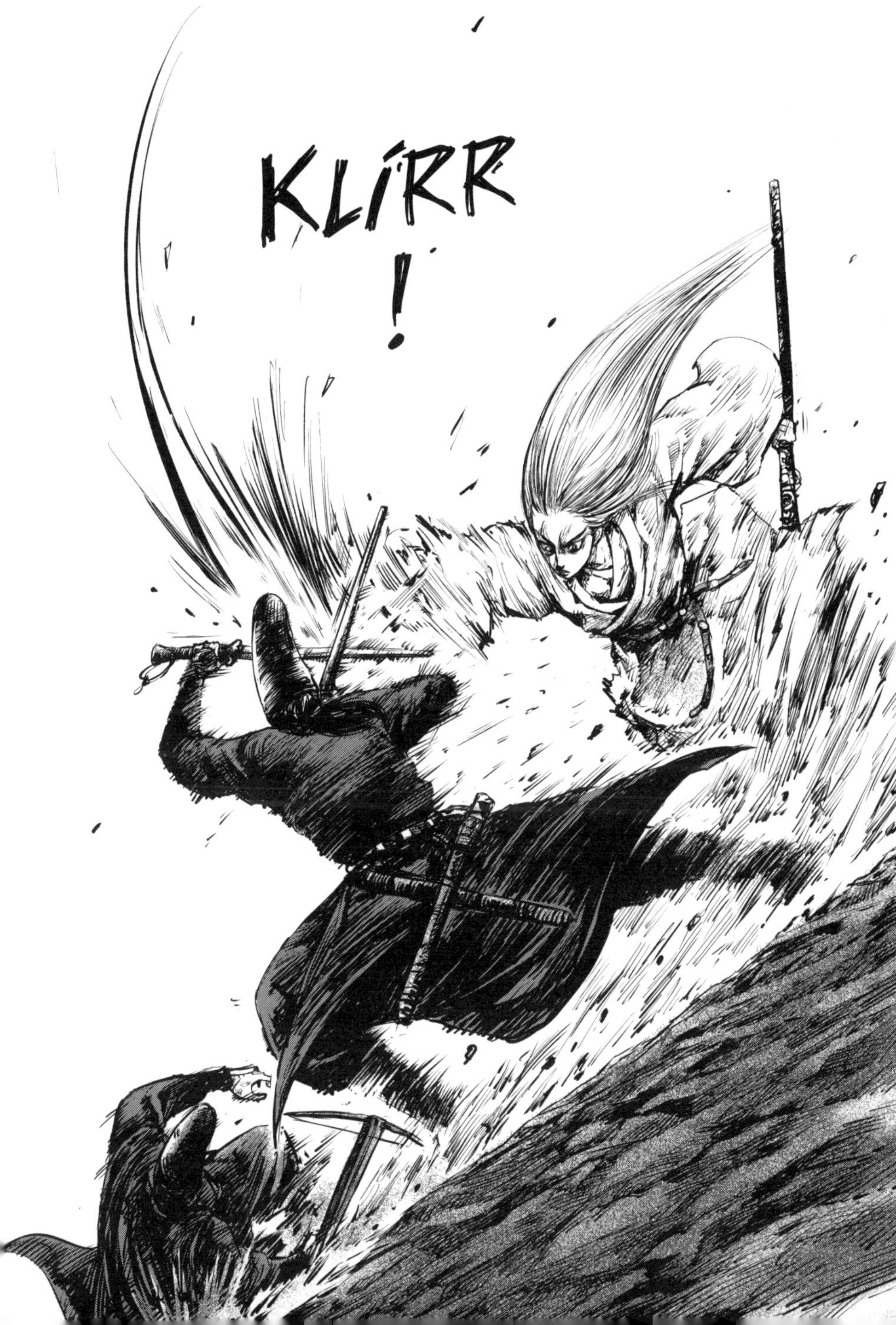
KLIRR
!

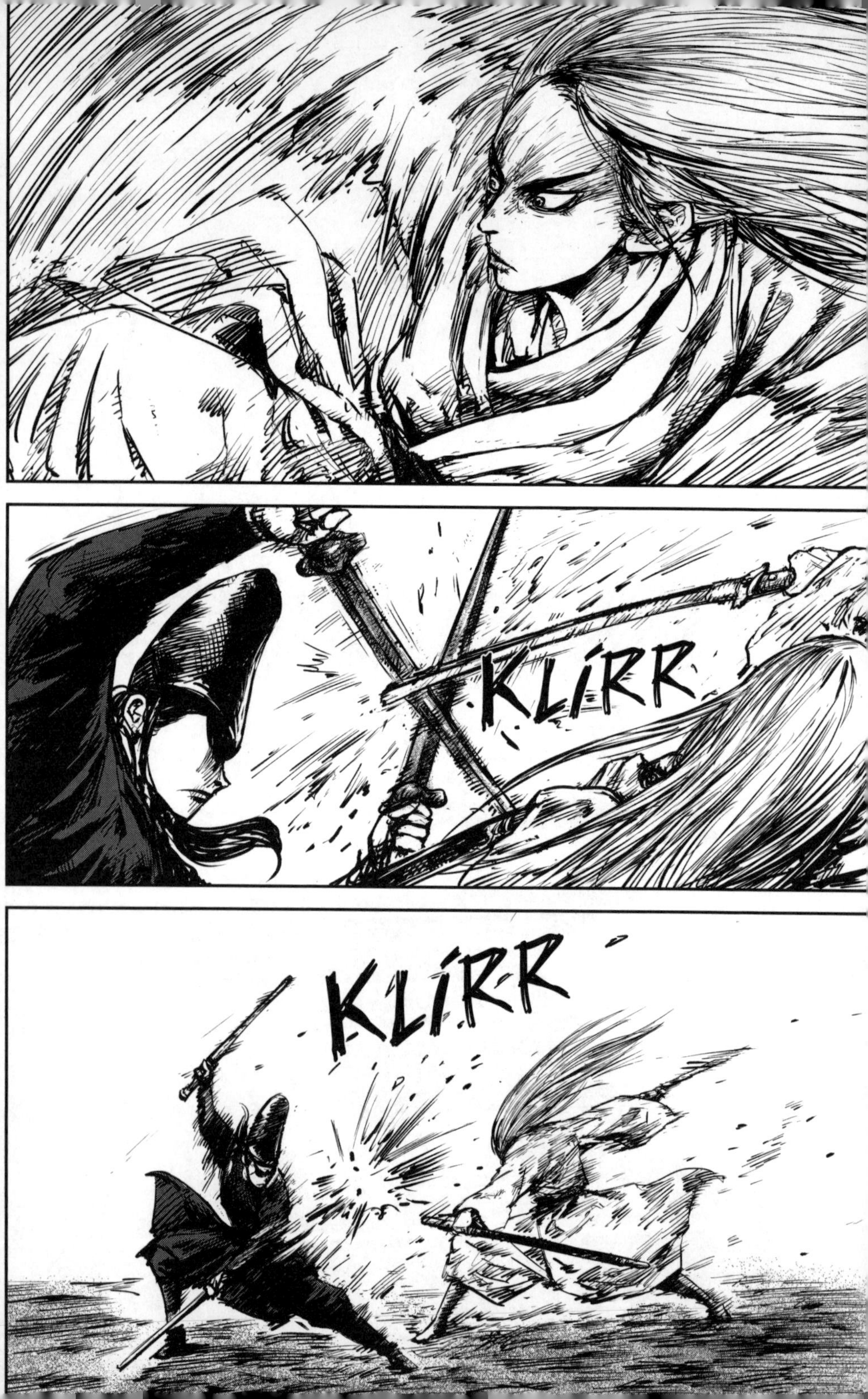
KLIRR
KLIRR

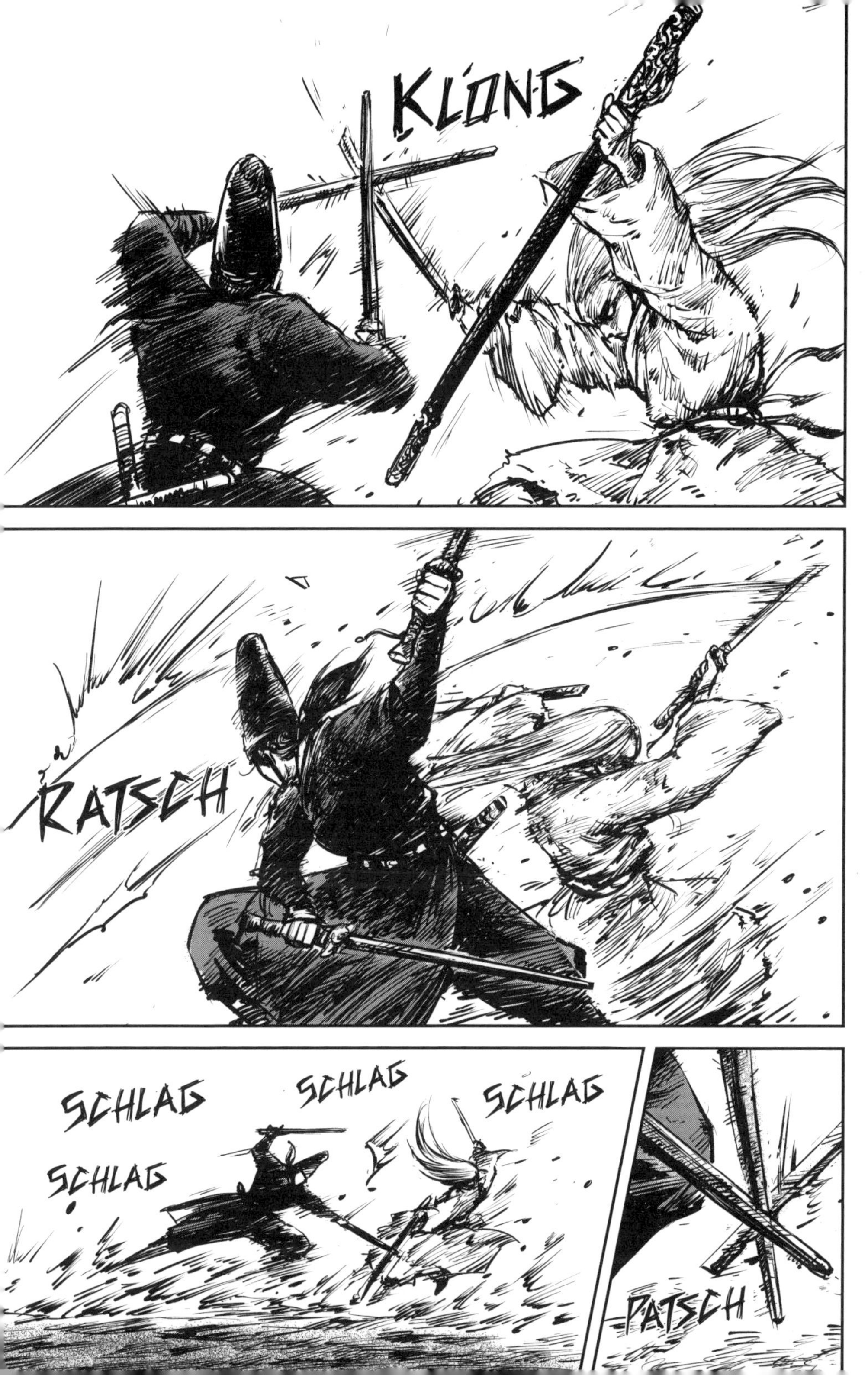
KLONG
RATSCH
SCHLAG
SCHLAG
SCHLAG
SCHLAG
PATSCH

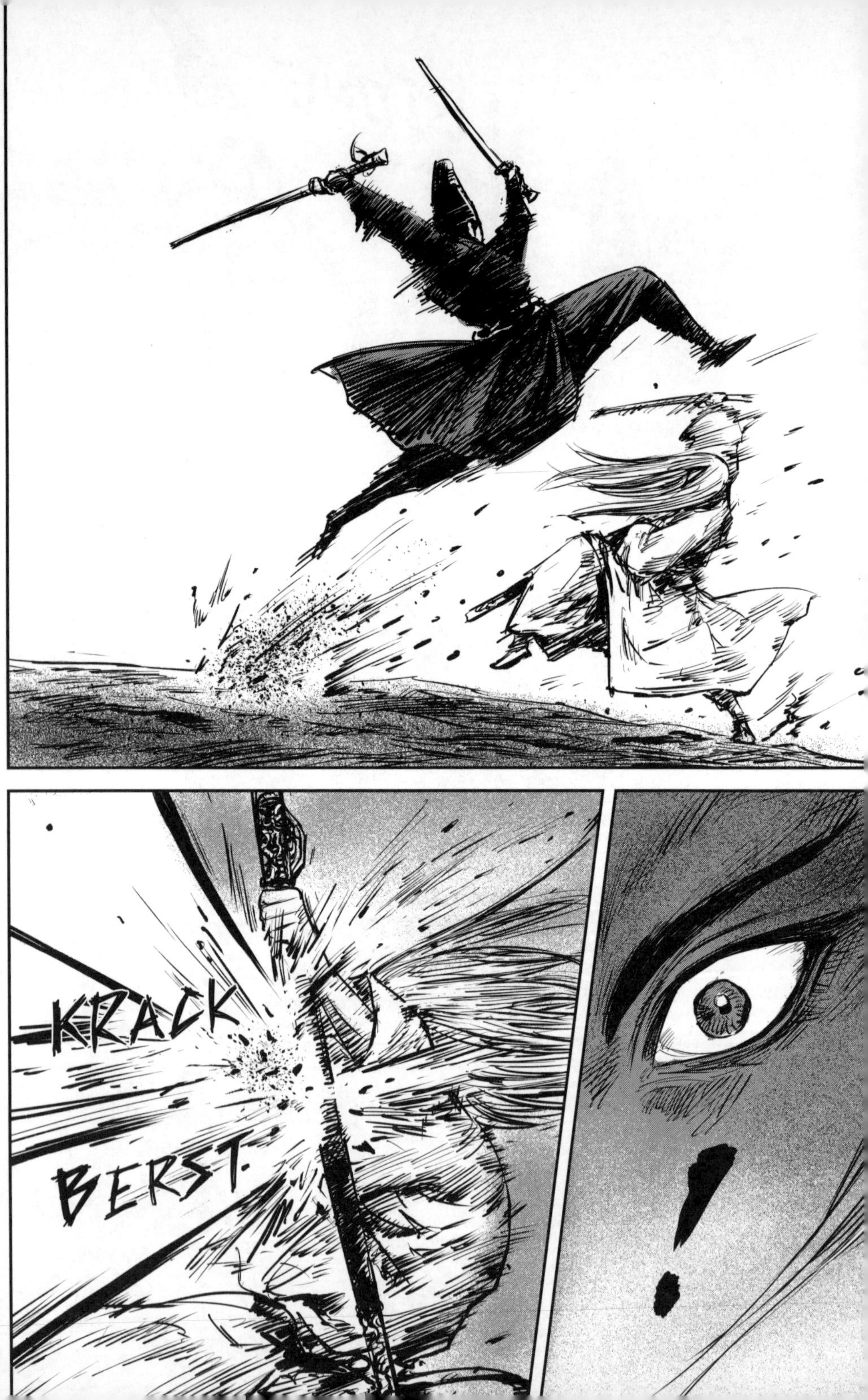
KRACK
BERST

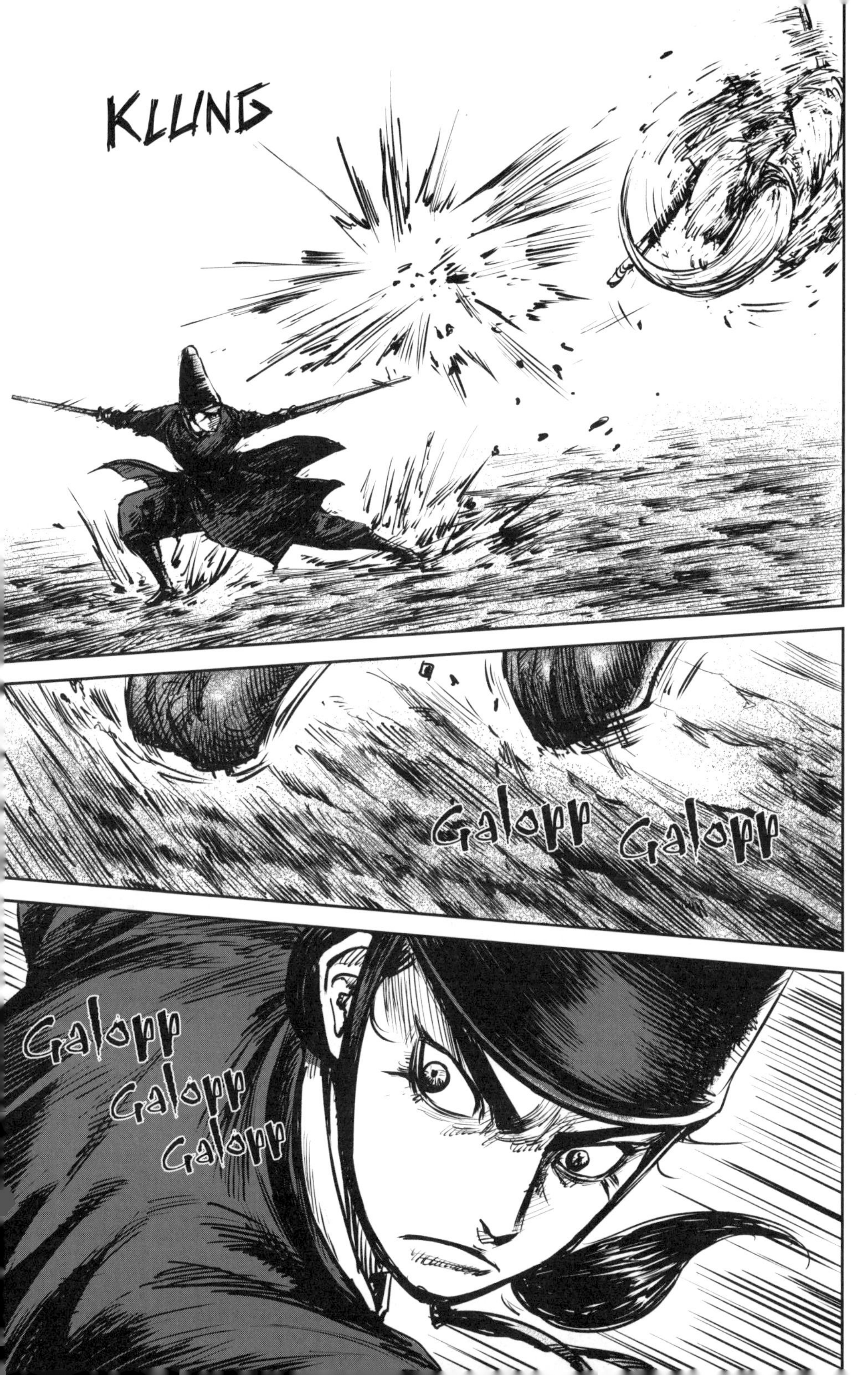
KLUNG
Galopp Galopp
Galopp
Galopp
Galopp

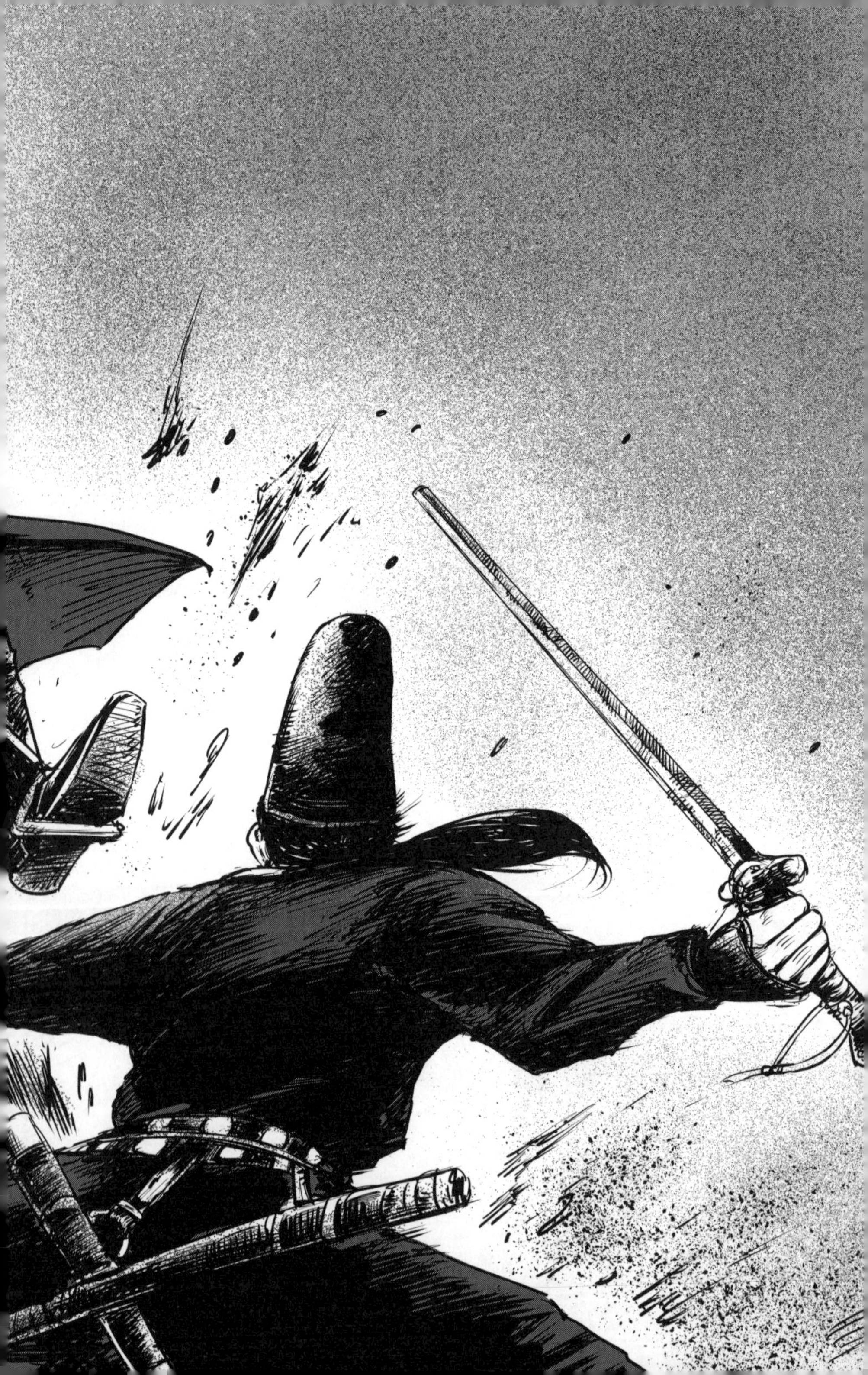

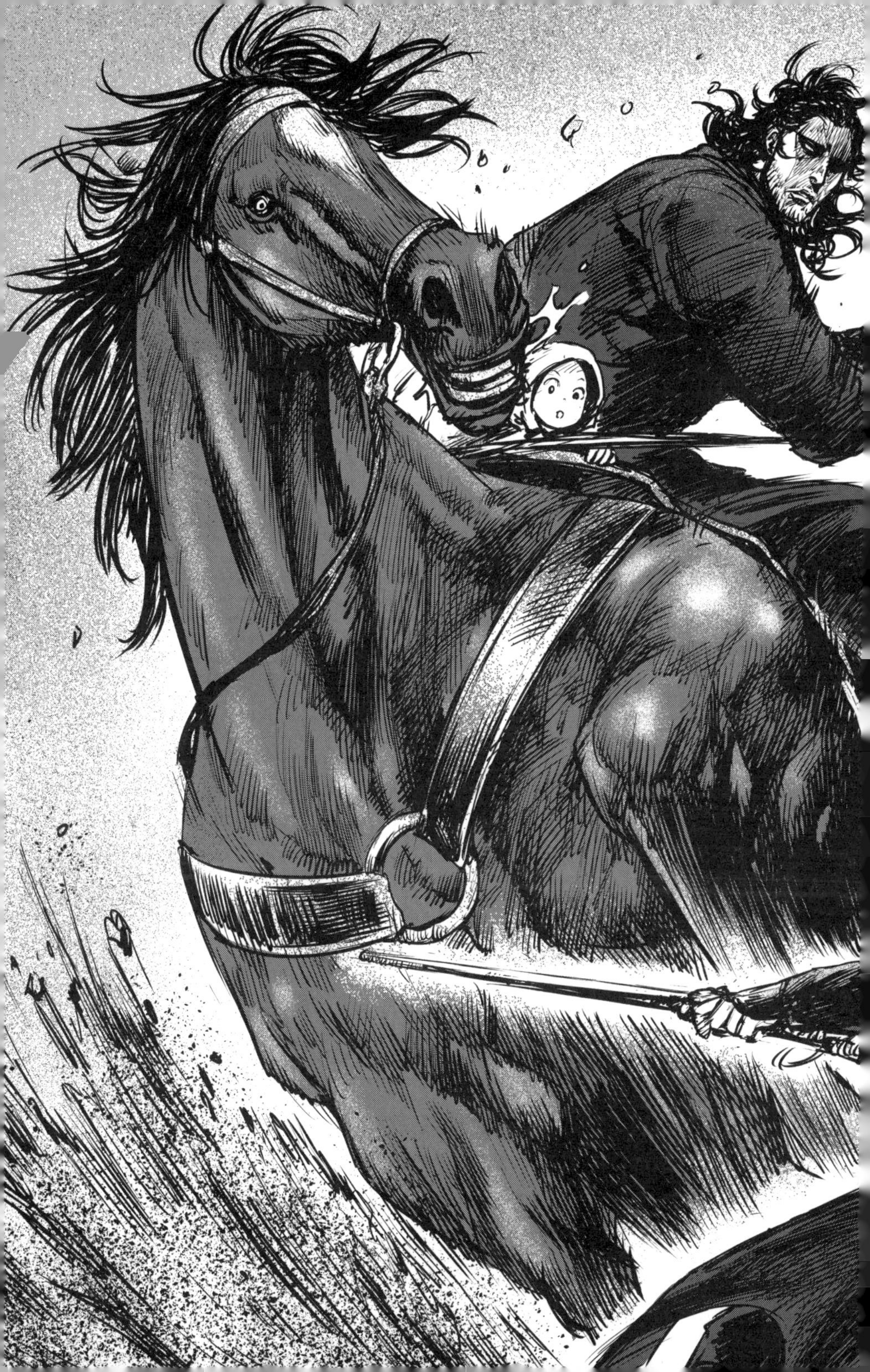

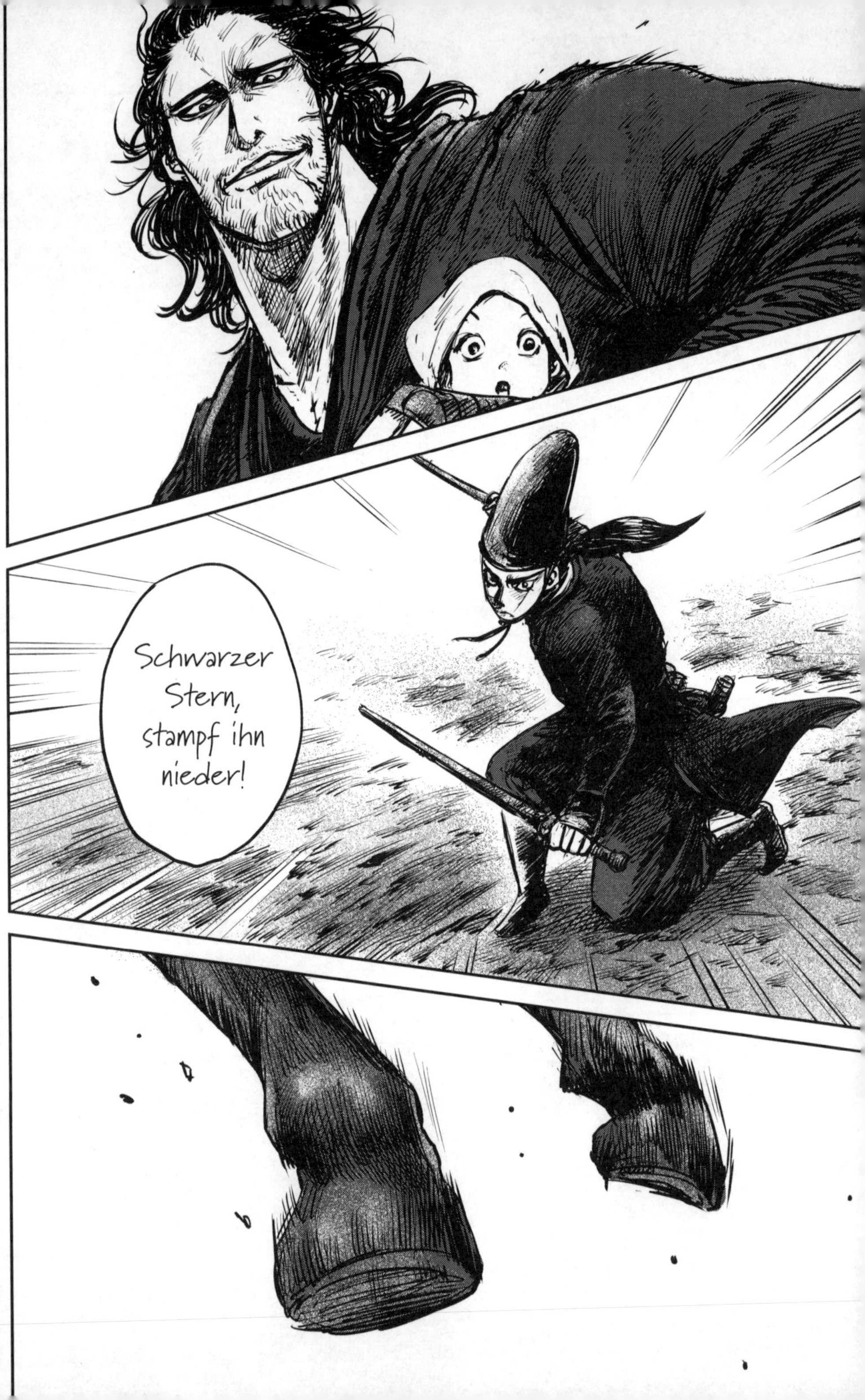
Schwarzer Stern, stampf ihn nieder!

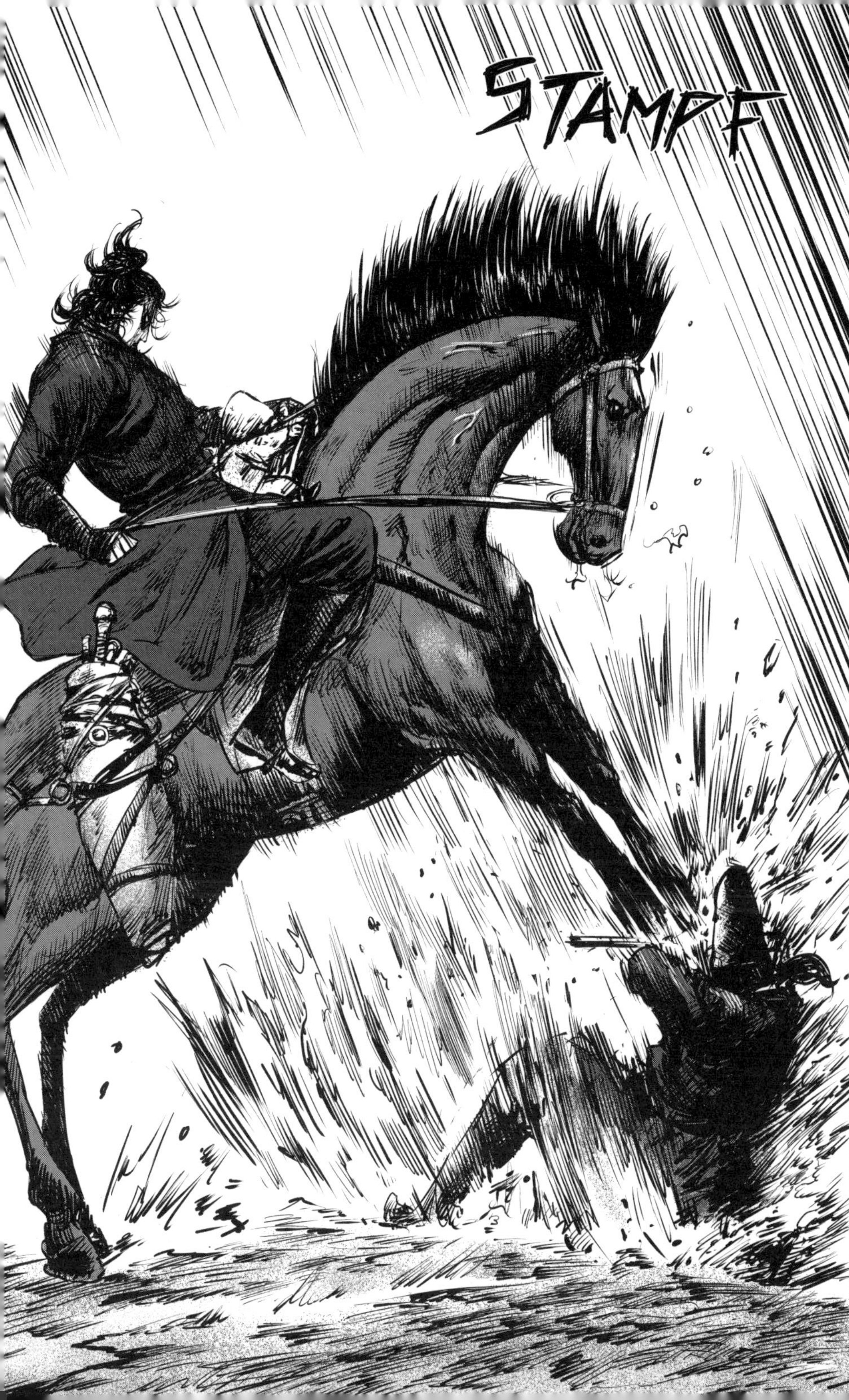
STAMPF

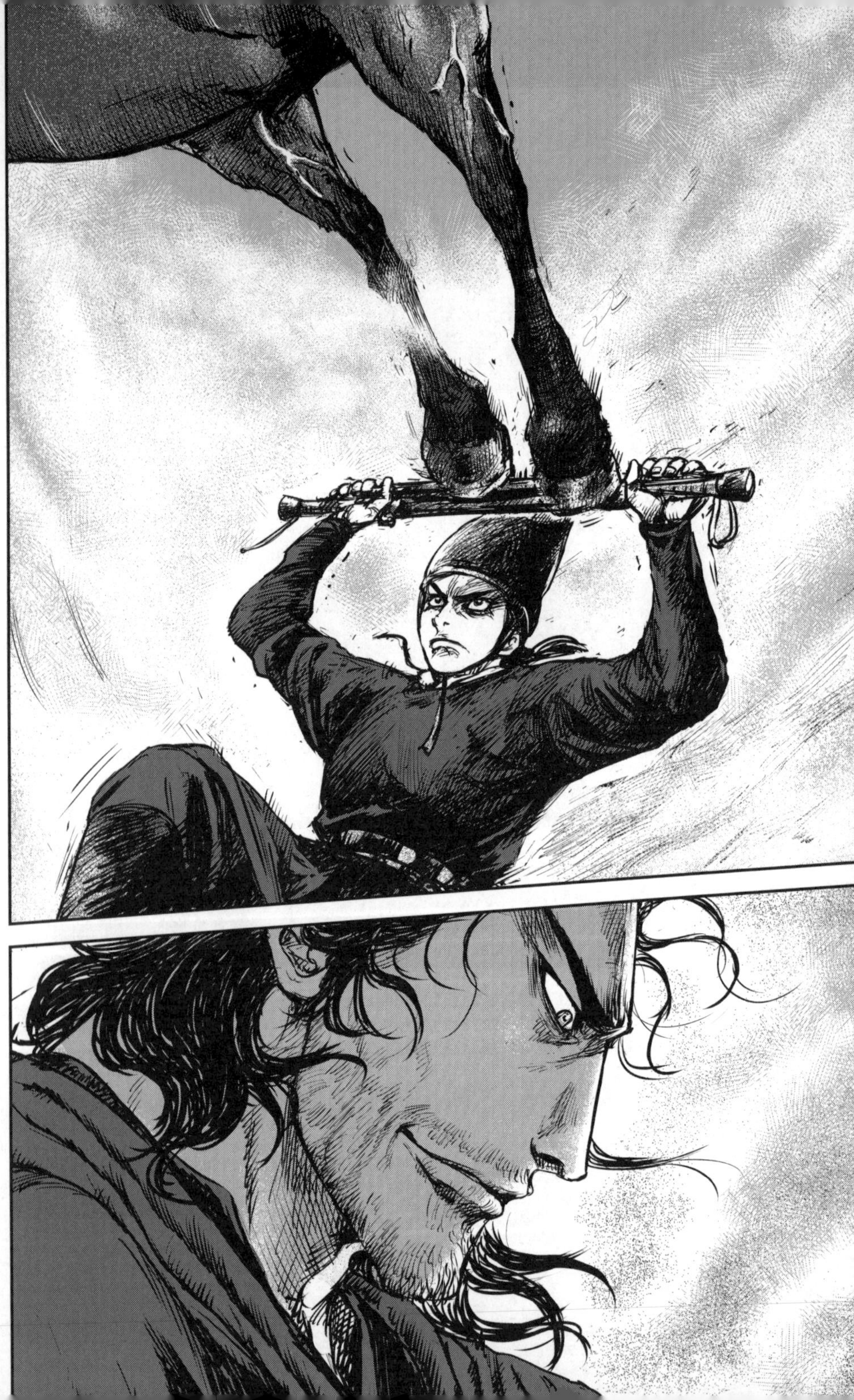

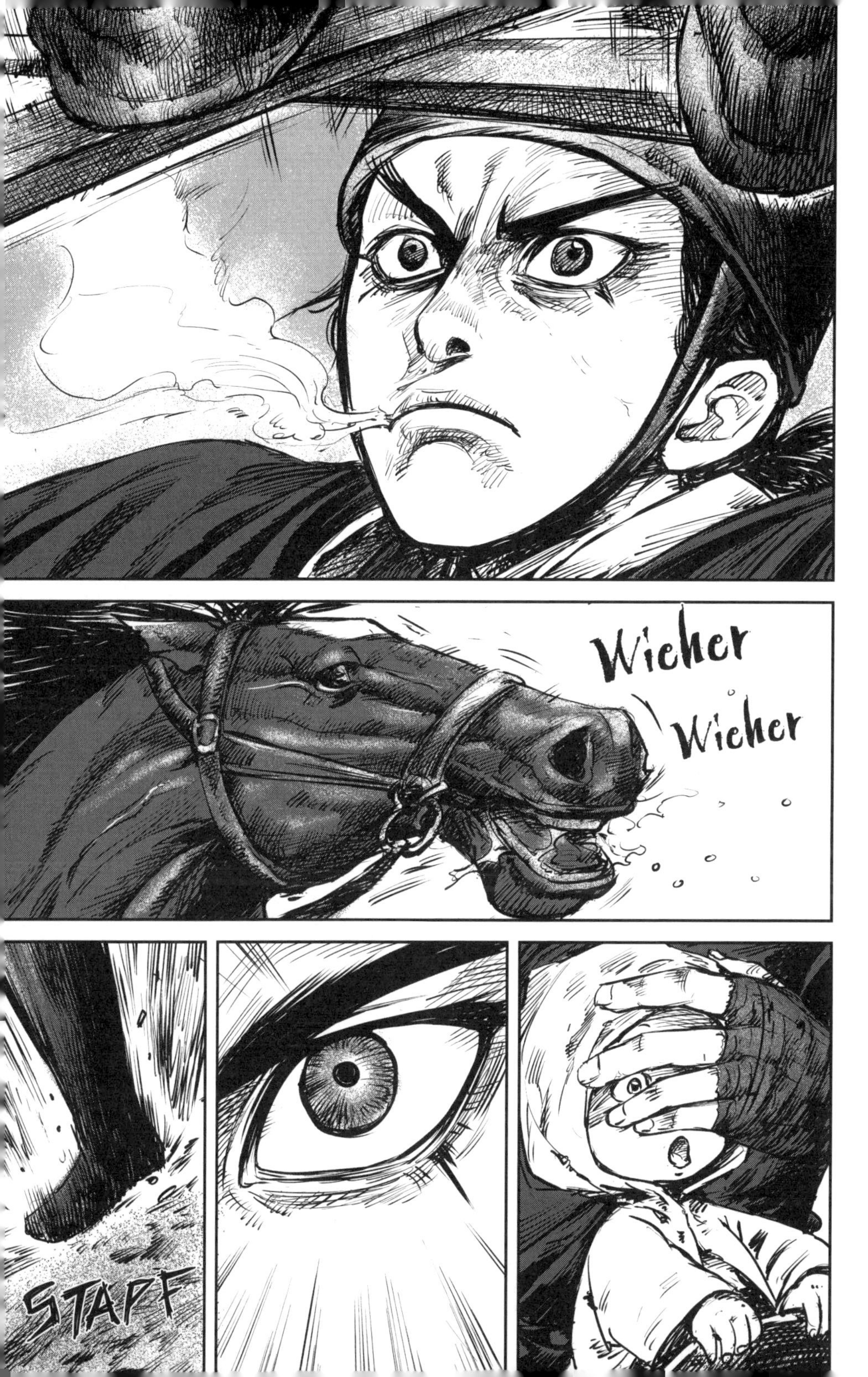
Wieher
Wieher
STAPF

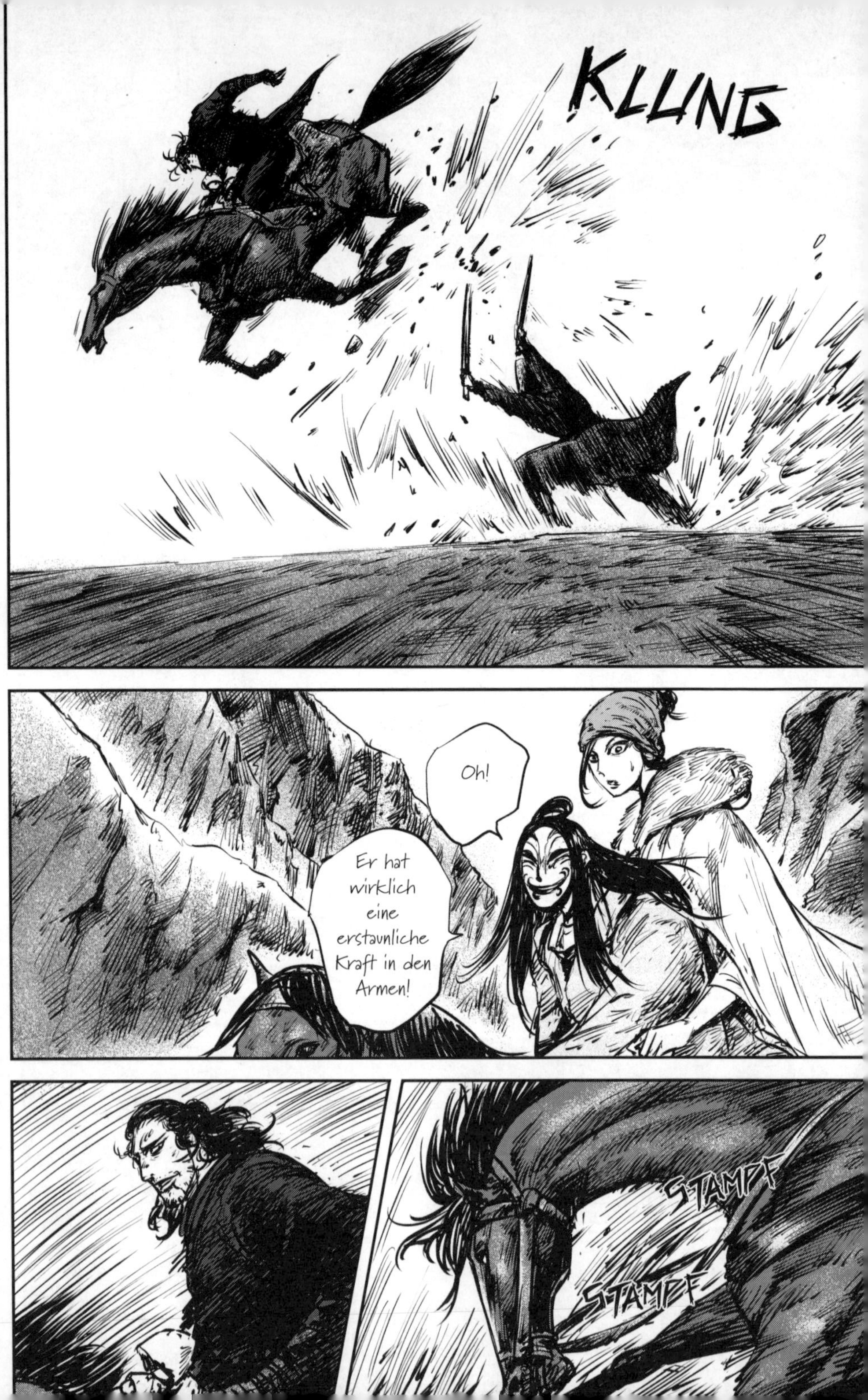
KLUNG
Oh!
Er hat wirklich eine erstaunliche Kraft in den Armen!
STAMPF
STAMPF

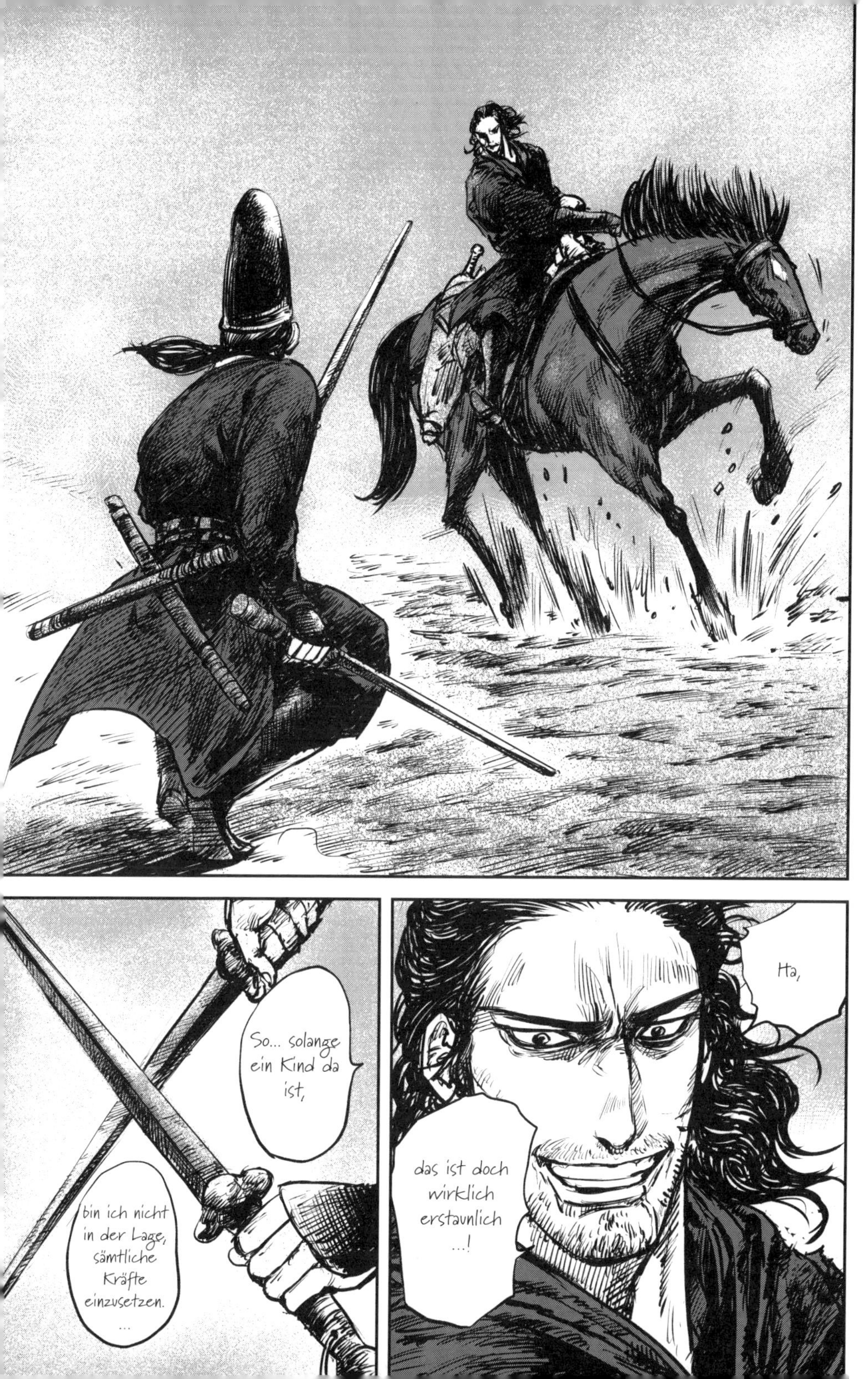
Ha,
das ist doch wirklich erstaunlich ...!
So... solange ein Kind da ist,
bin ich nicht in der Lage, sämtliche Kräfte einzusetzen. ...

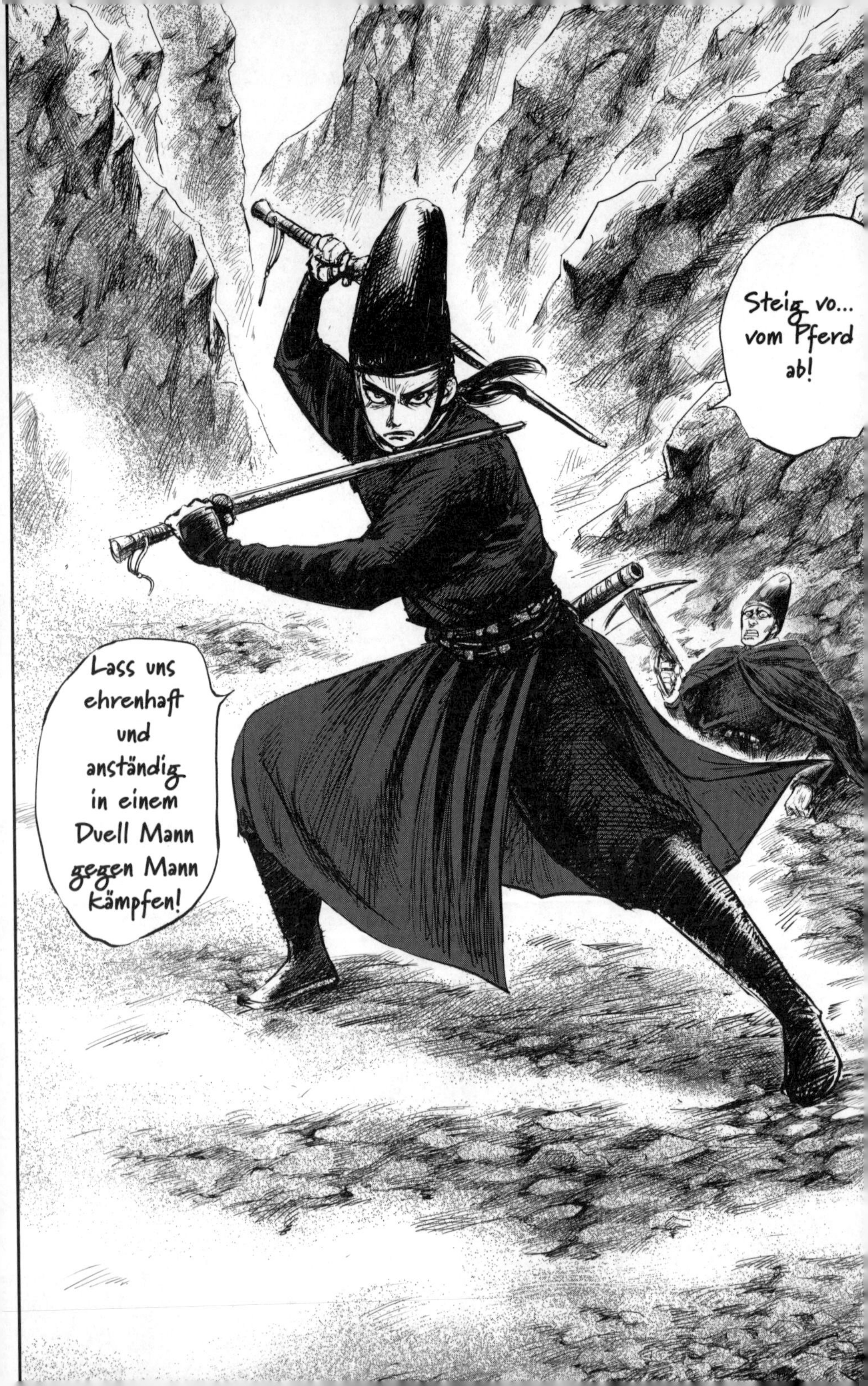
Steig vo... vom Pferd ab!
Lass uns ehrenhaft und anständig in einem Duell Mann gegen Mann kämpfen!

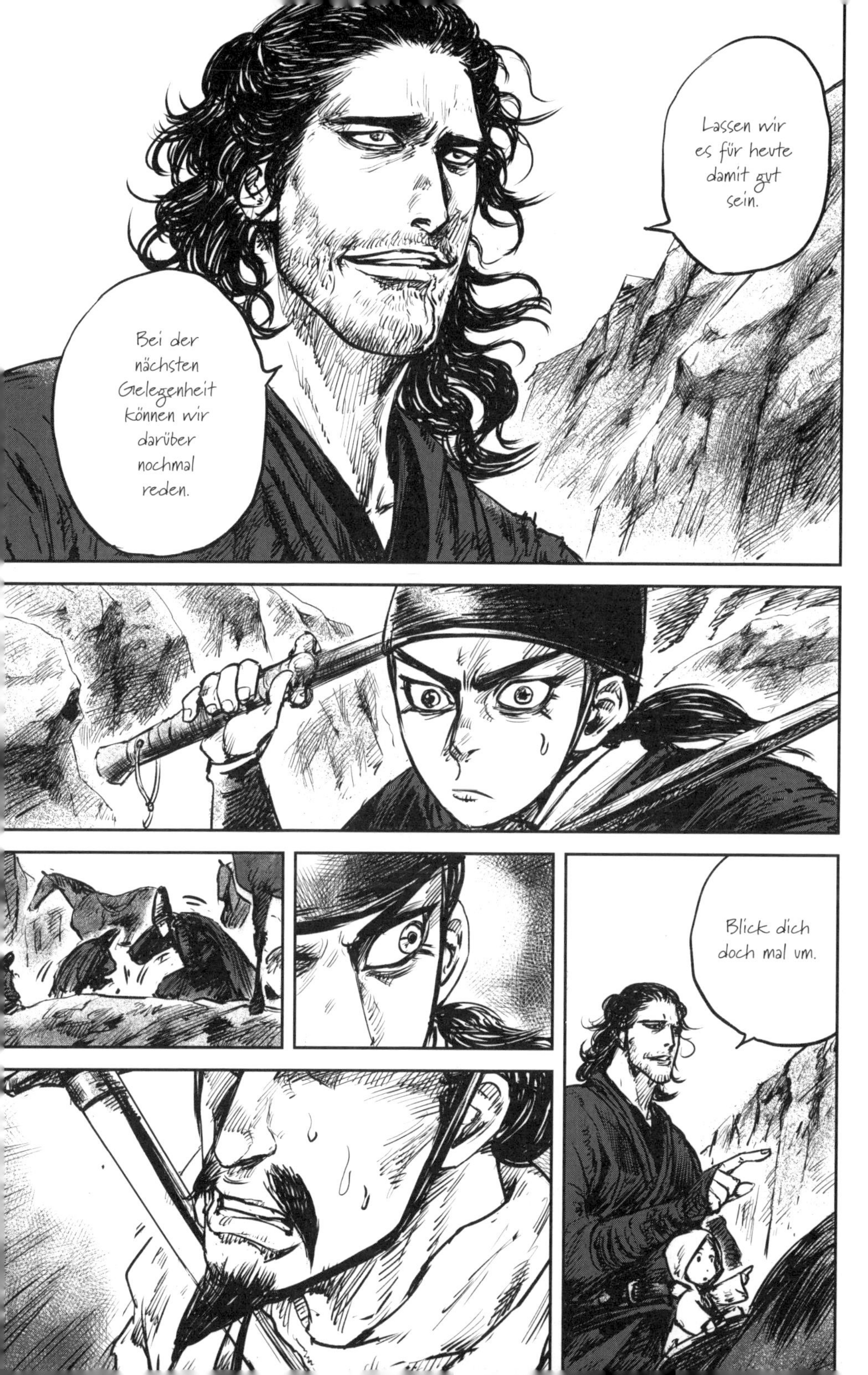
Lassen wir es für heute damit gut sein.
Bei der nächsten Gelegenheit können wir darüber nochmal reden.
Blick dich doch mal um.

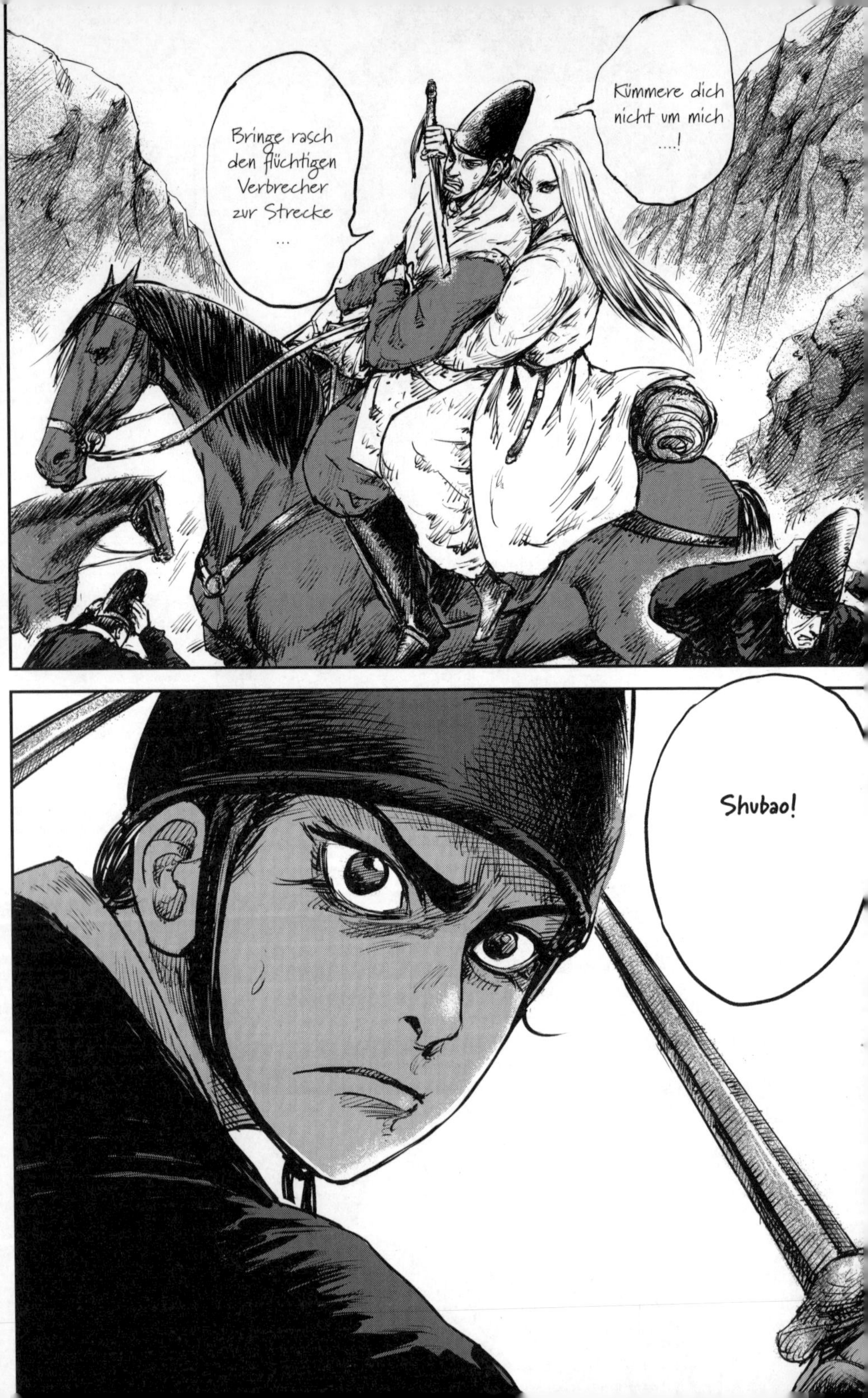
Kümmere dich nicht um mich ....!
Bringe rasch den flüchtigen Verbrecher zur Strecke ...
Shubao!

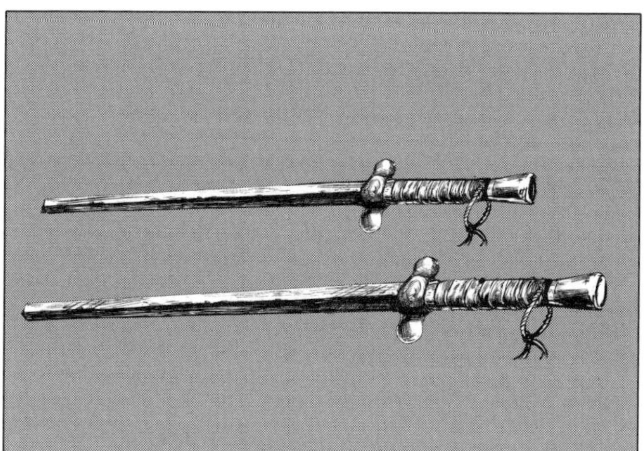

Vierkantiger Streitkolben

Ein Streitkolben aus dem chinesischen Altertum: Eine kurze Waffe ohne Klinge mit vier Kanten, sie wird im Chinesischen als „Jian (锏)“ bezeichnet.

Dritter Akt:
Die Unterwelt

Kapitel 54:
Zweifaches Kupfer

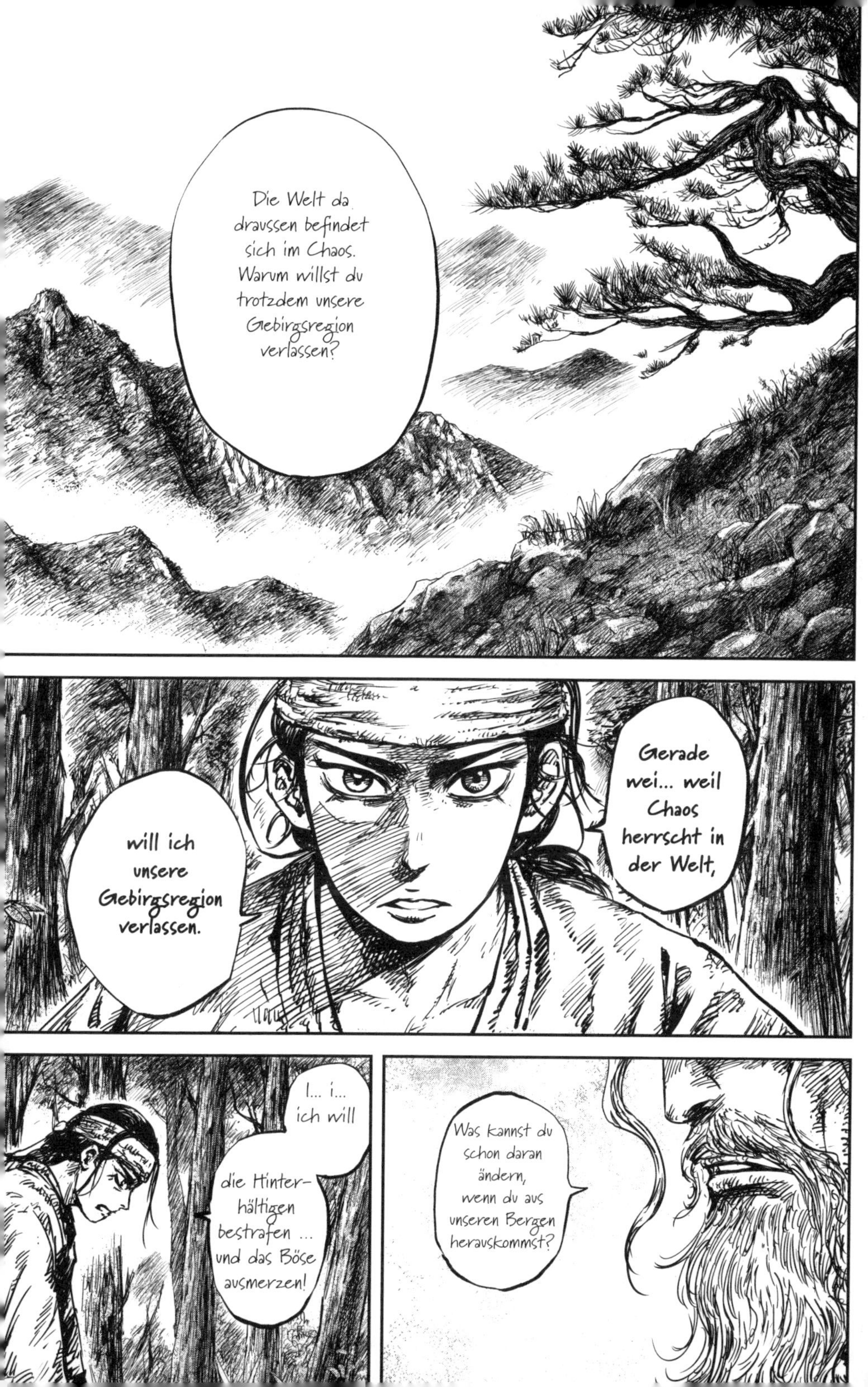
Die Welt da draussen befindet sich im Chaos. Warum willst du trotzdem unsere Gebirgsregion verlassen?
Gerade wei... weil Chaos herrscht in der Welt,
will ich unsere Gebirgsregion verlassen.
Was kannst du schon daran ändern, wenn du aus unseren Bergen herauskommst?
I... i... ich will
die Hinter-hältigen bestrafen ... und das Böse ausmerzen!

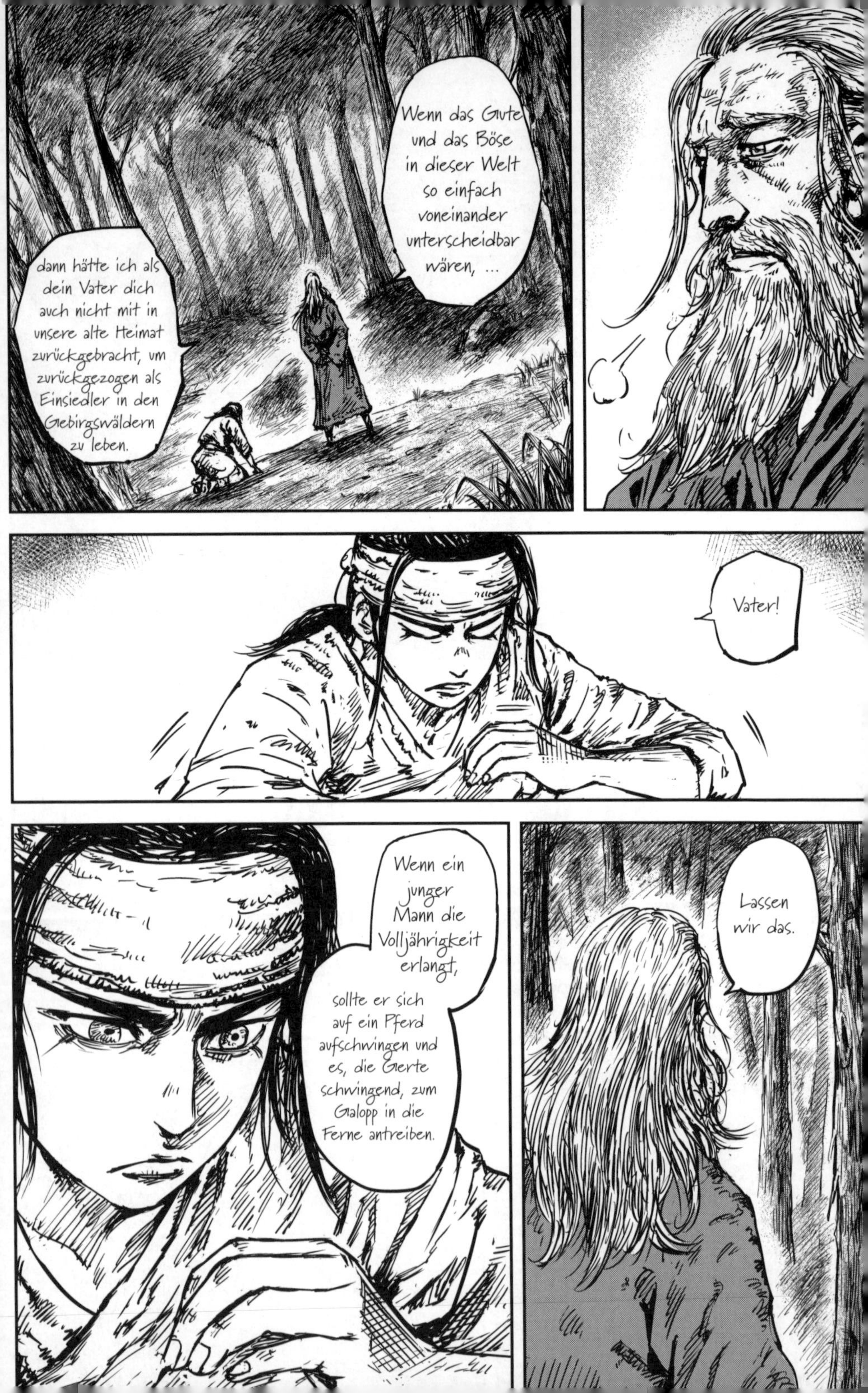
Wenn das Gute und das Böse in dieser Welt so einfach voneinander unterscheidbar wären, ...
dann hätte ich als dein Vater dich auch nicht mit in unsere alte Heimat zurückgebracht, um zurückgezogen als Einsiedler in den Gebirgswäldern zu leben.
Vater!
Lassen wir das.
Wenn ein junger Mann die Volljährigkeit erlangt,
sollte er sich auf ein Pferd aufschwingen und es, die Gerte schwingend, zum Galopp in die Ferne antreiben.

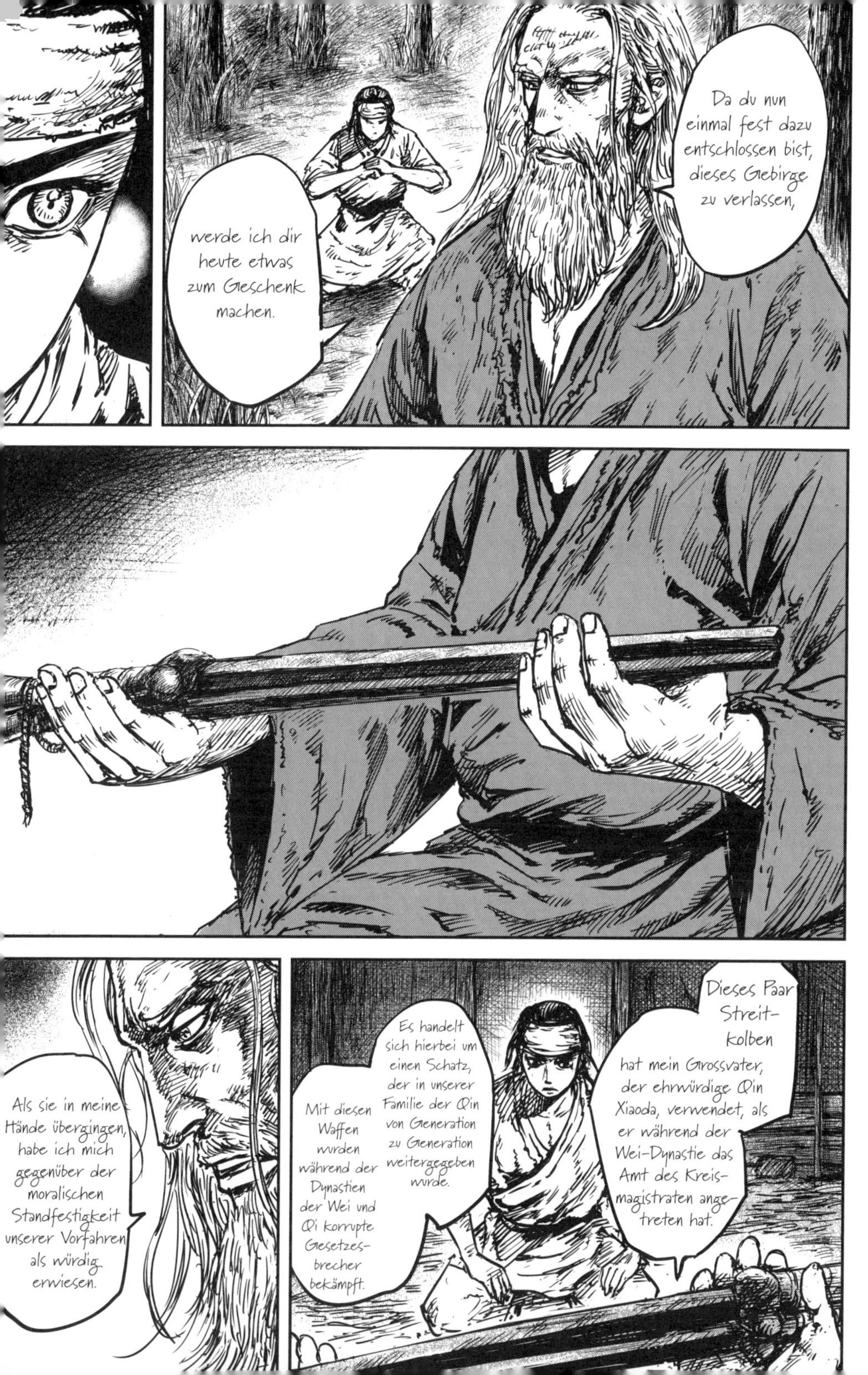
Da du nun einmal fest dazu entschlossen bist, dieses Gebirge zu verlassen,
werde ich dir heute etwas zum Geschenk machen.
Dieses Paar Streitkolben hat mein Grossvater, der ehrwürdige Qin Xiaoda, verwendet, als er während der Wei-Dynastie das Amt des Kreismagistraten angetreten hat.
Es handelt sich hierbei um einen Schatz, der in unserer Familie der Qin von Generation zu Generation weitergegeben wurde.
Mit diesen Waffen wurden während der Dynastien der Wei und Qi korrupte Gesetzesbrecher bekämpft.
Als sie in meine Hände übergingen, habe ich mich gegenüber der moralischen Standfestigkeit unserer Vorfahren als würdig erwiesen.

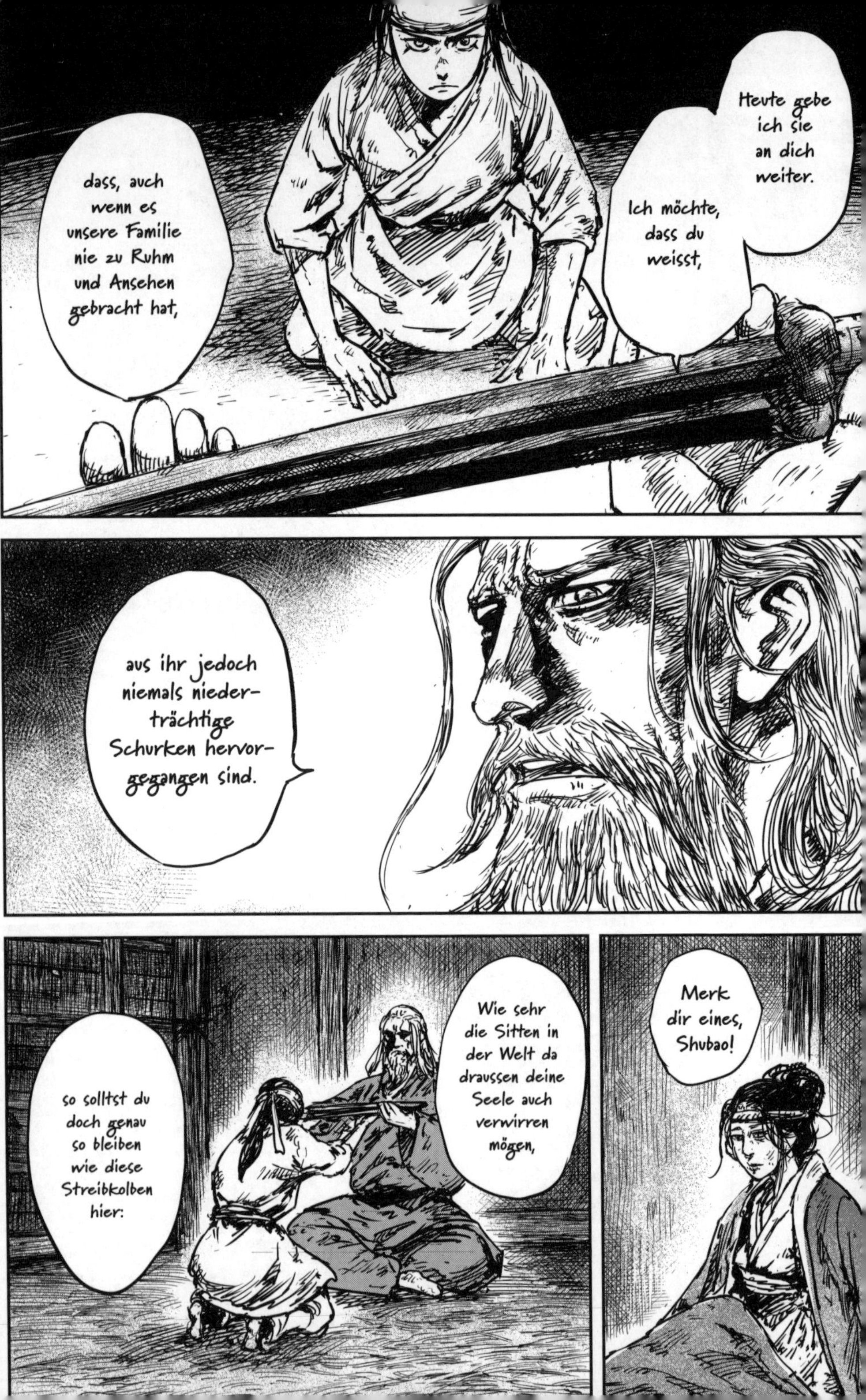
Heute gebe ich sie an dich weiter.
Ich möchte, dass du weisst,
dass, auch wenn es unsere Familie nie zu Ruhm und Ansehen gebracht hat,
aus ihr jedoch niemals nieder-trächtige Schurken hervor-gegangen sind.
Merk dir eines, Shubao!
Wie sehr die Sitten in der Welt da draussen deine Seele auch verwirren mögen,
so solltst du doch genau so bleiben wie diese Streibkolben hier:

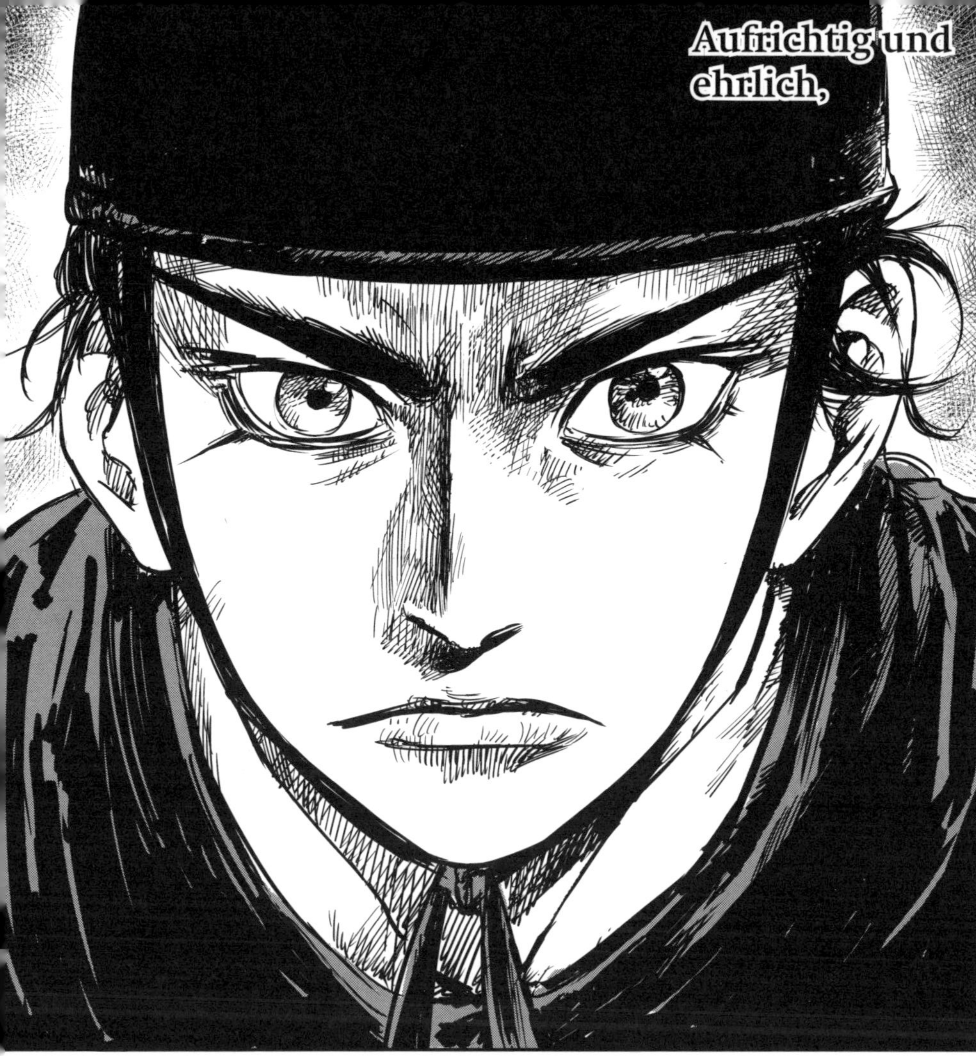
Aufrichtig und
ehrlich,
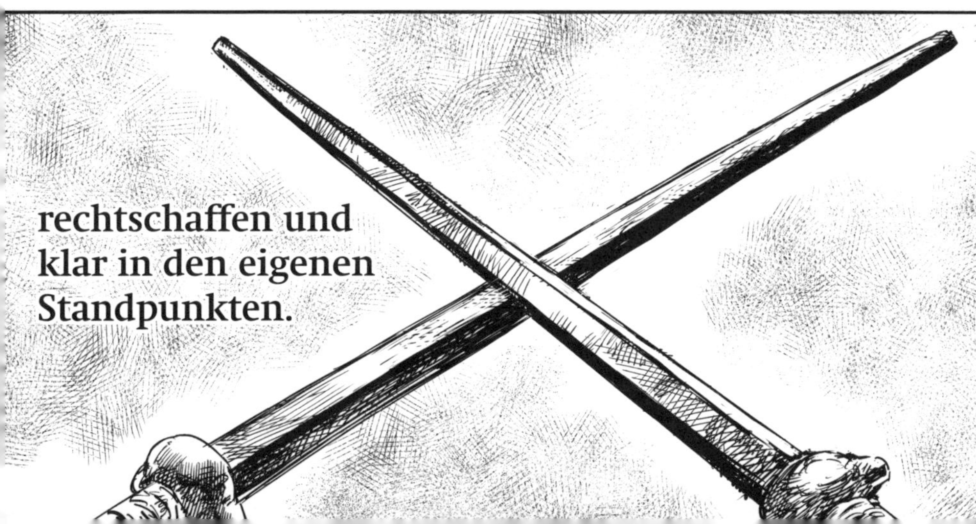
rechtschaffen und
klar in den eigenen
Standpunkten.

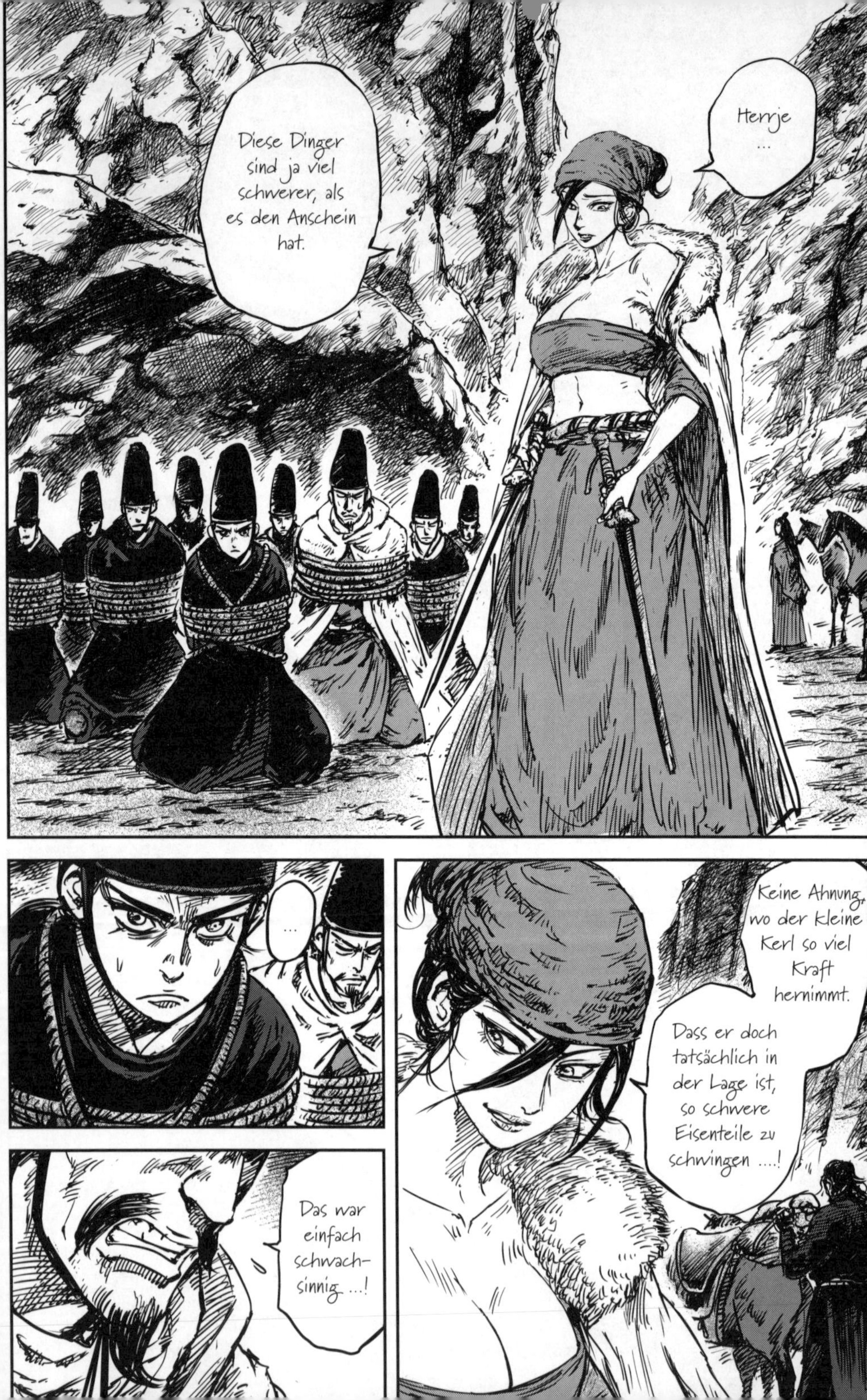

Herrje ...
Diese Dinger sind ja viel schwerer, als es den Anschein hat.
Keine Ahnung, wo der kleine Kerl so viel Kraft hernimmt.
Dass er doch tatsächlich in der Lage ist, so schwere Eisenteile zu schwingen ...!
...
Das war einfach schwachsinnig ...!

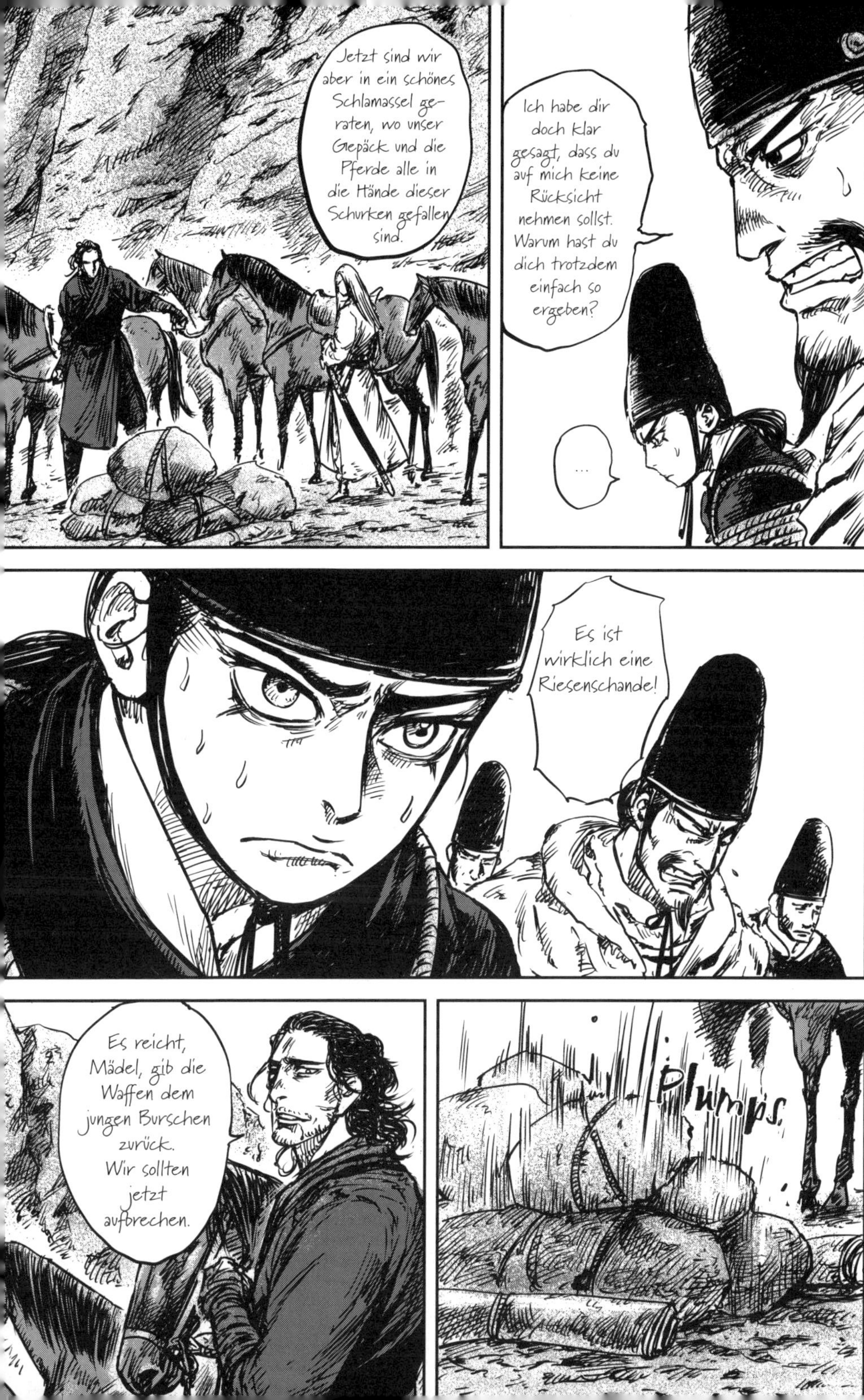
Jetzt sind wir aber in ein schönes Schlamassel geraten, wo unser Gepäck und die Pferde alle in die Hände dieser Schurken gefallen sind.
Ich habe dir doch klar gesagt, dass du auf mich keine Rücksicht nehmen sollst. Warum hast du dich trotzdem einfach so ergeben?
…
Es ist wirklich eine Riesenschande!
Es reicht, Mädel, gib die Waffen dem jungen Burschen zurück. Wir sollten jetzt aufbrechen.
Plumps.

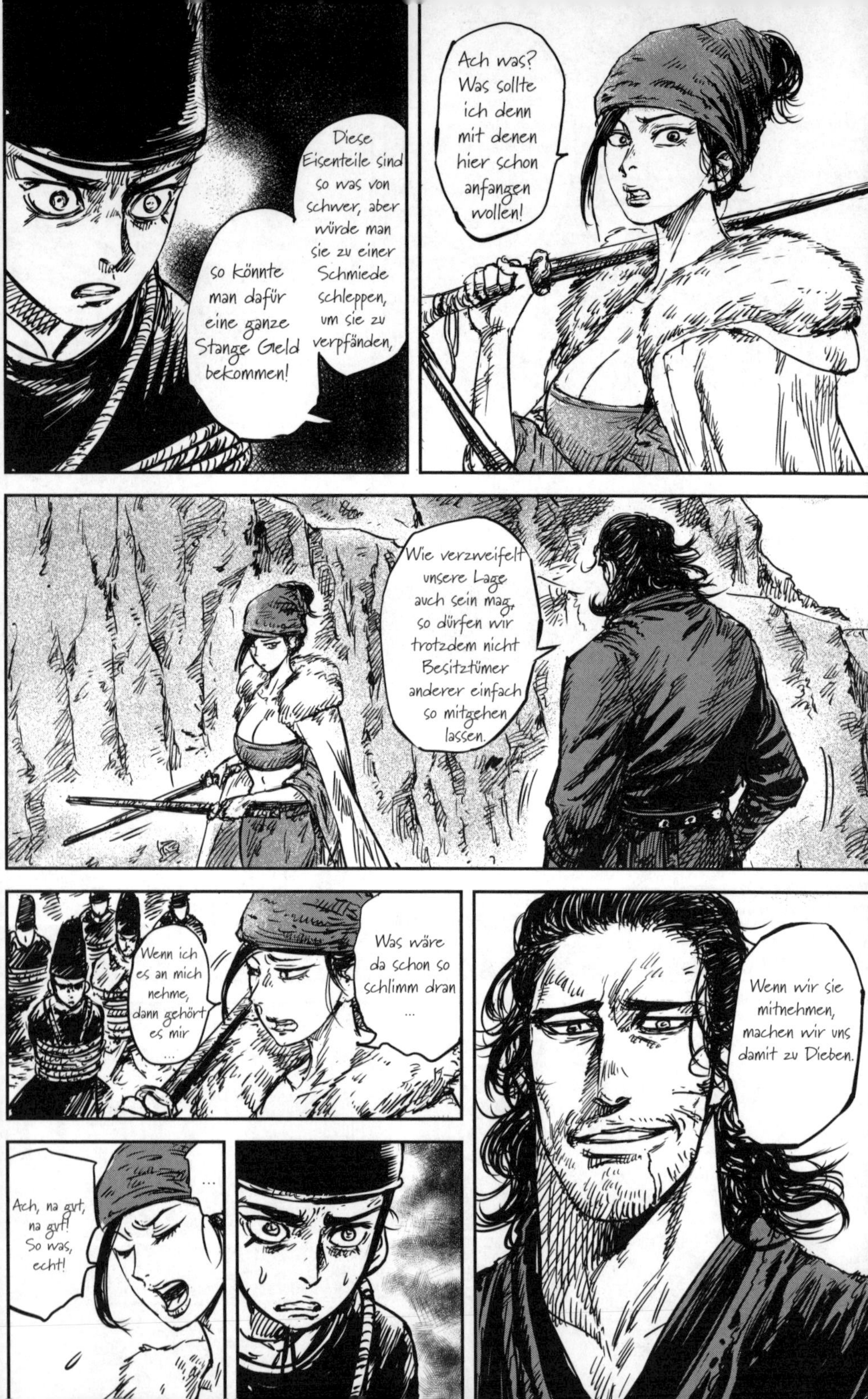
Ach was? Was sollte ich denn mit denen hier schon anfangen wollen!
Diese Eisenteile sind so was von schwer, aber würde man sie zu einer Schmiede schleppen, um sie zu verpfänden,
so könnte man dafür eine ganze Stange Geld bekommen!
Wie verzweifelt unsere Lage auch sein mag, so dürfen wir trotzdem nicht Besitztümer anderer einfach so mitgehen lassen.
Was wäre da schon so schlimm dran ...
Wenn ich es an mich nehme, dann gehört es mir ...
Wenn wir sie mitnehmen, machen wir uns damit zu Dieben.
...
Ach, na gut, na gut! So was, echt!

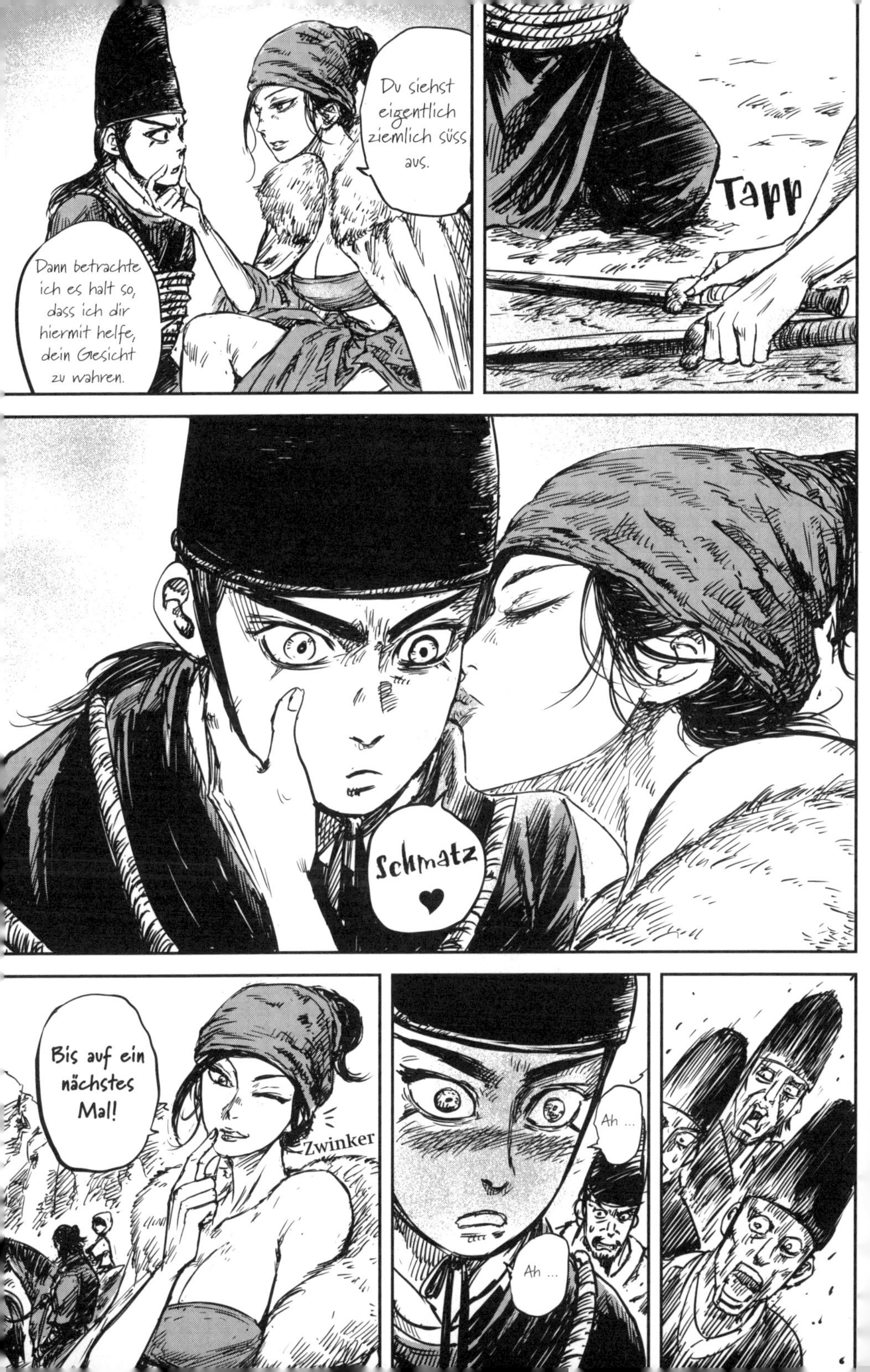
Du siehst eigentlich ziemlich süss aus.
Dann betrachte ich es halt so, dass ich dir hiermit helfe, dein Gesicht zu wahren.
Tapp
Schmatz ♥
Bis auf ein nächstes Mal!
Zwinker
Ah ...
Ah ...

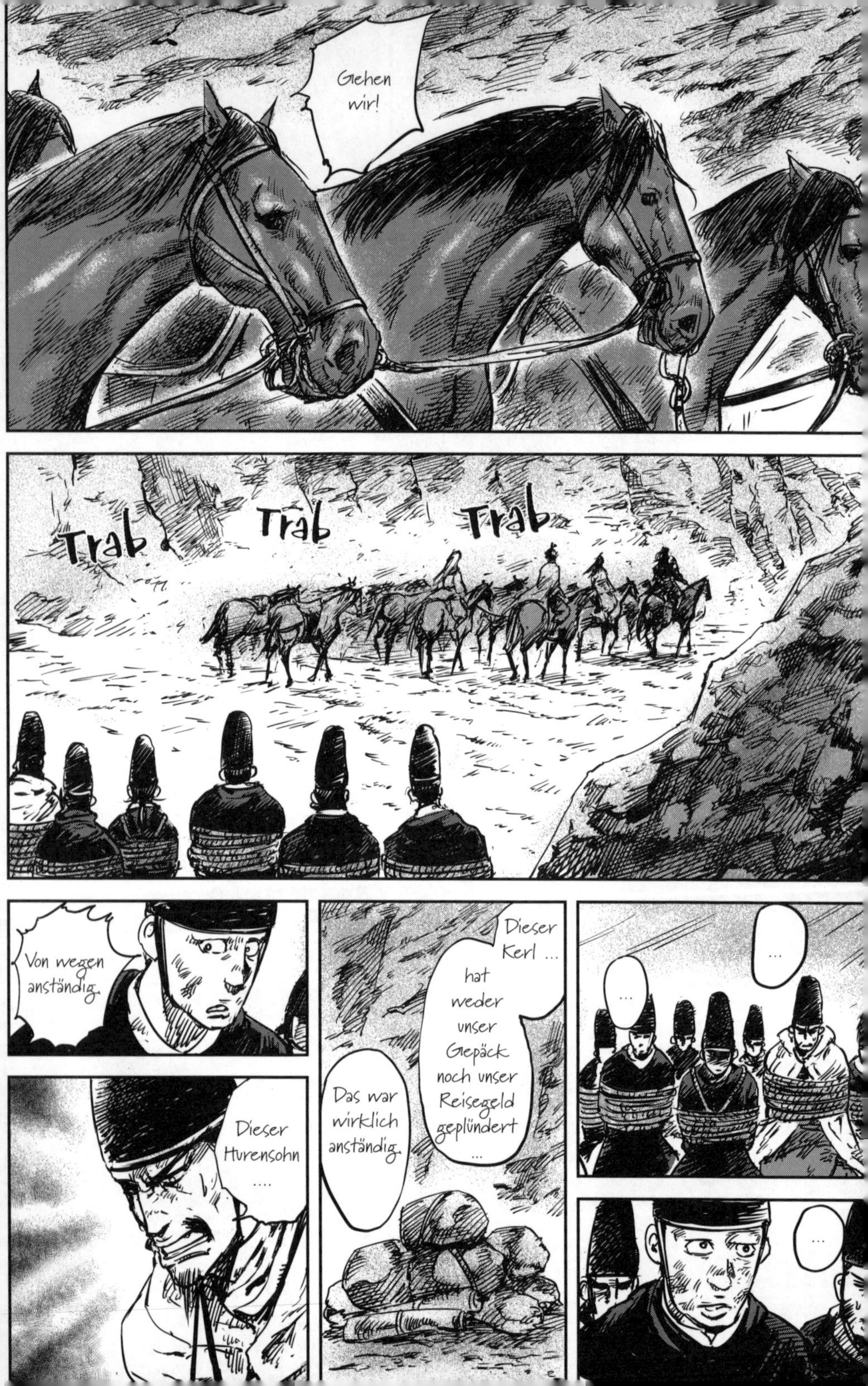

Gehen wir!
Trab Trab Trab
…
…
Dieser Kerl … hat weder unser Gepäck noch unser Reisegeld geplündert …
Das war wirklich anständig.
Von wegen anständig.
…
Dieser Hurensohn ….

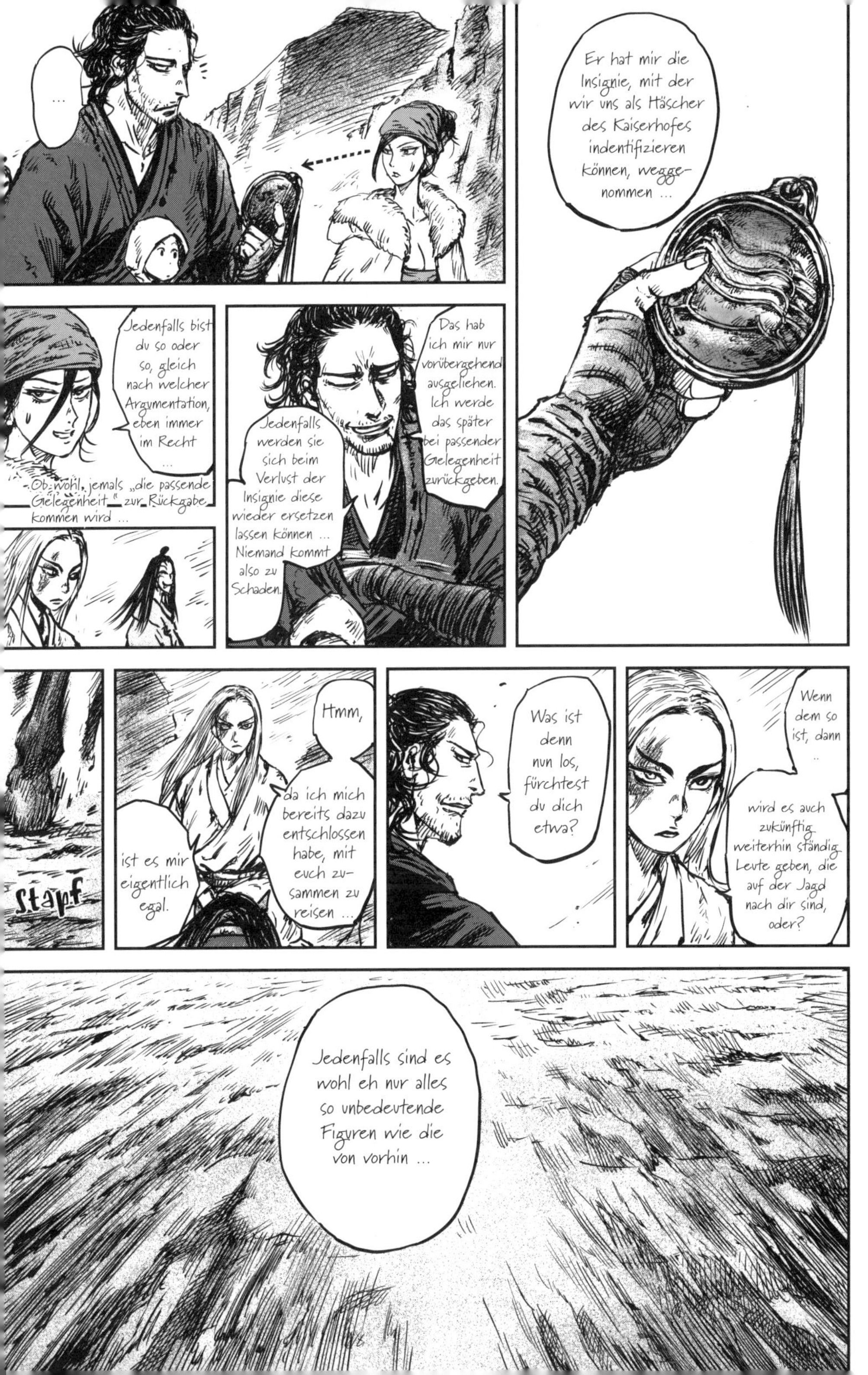
…
Er hat mir die Insignie, mit der wir uns als Häscher des Kaiserhofes indentifizieren können, weggenommen …
Jedenfalls bist du so oder so, gleich nach welcher Argumentation, eben immer im Recht …
Das hab ich mir nur vorübergehend ausgeliehen. Ich werde das später bei passender Gelegenheit zurückgeben.
Jedenfalls werden sie sich beim Verlust der Insignie diese wieder ersetzen lassen können … Niemand kommt also zu Schaden.
Ob wohl jemals „die passende Gelegenheit" zur Rückgabe kommen wird …
Stapf
Hmm,
da ich mich bereits dazu entschlossen habe, mit euch zusammen zu reisen …
ist es mir eigentlich egal.
Was ist denn nun los, fürchtest du dich etwa?
Wenn dem so ist, dann …
wird es auch zukünftig weiterhin ständig Leute geben, die auf der Jagd nach dir sind, oder?
Jedenfalls sind es wohl eh nur alles so unbedeutende Figuren wie die von vorhin …

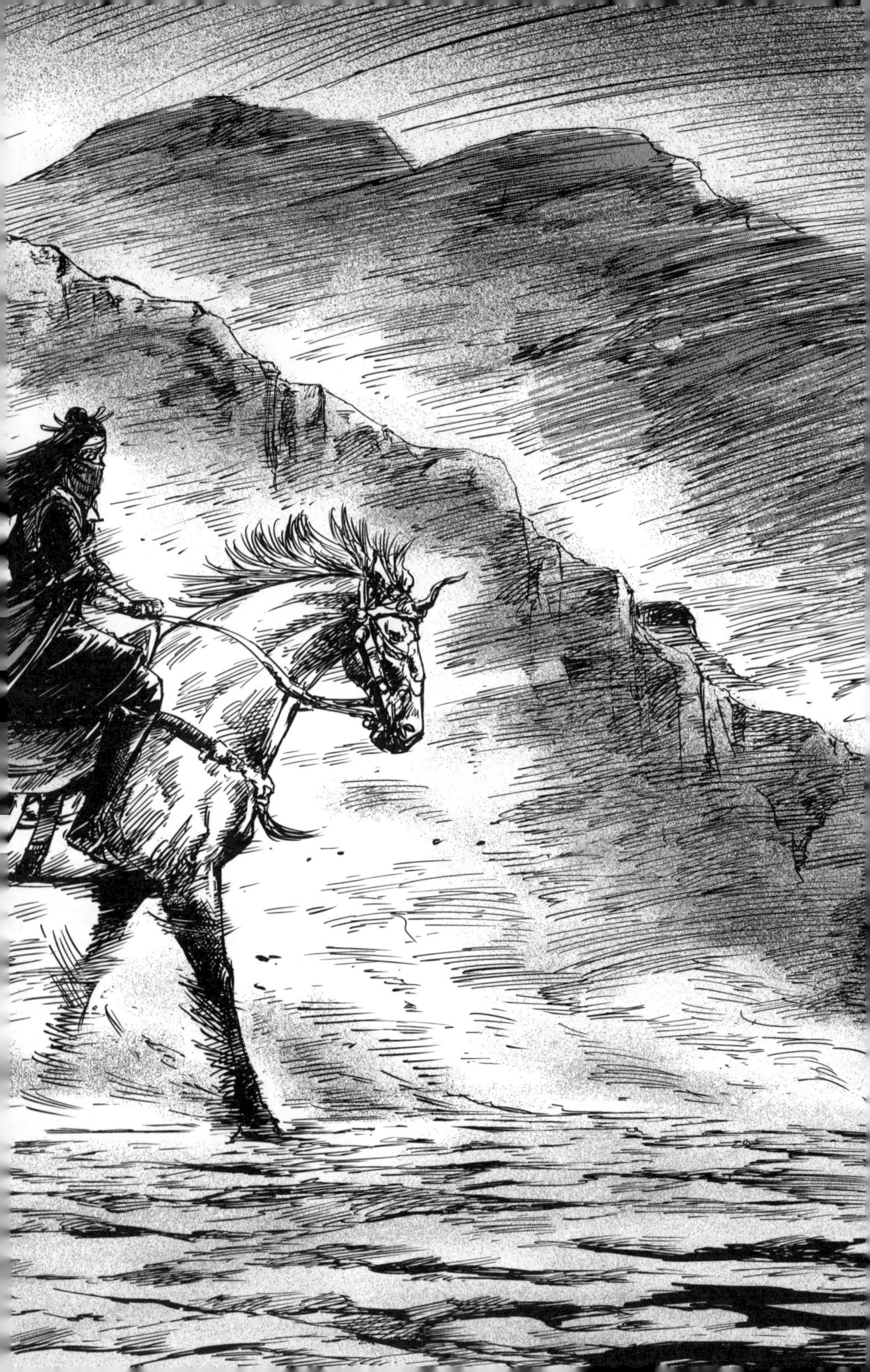

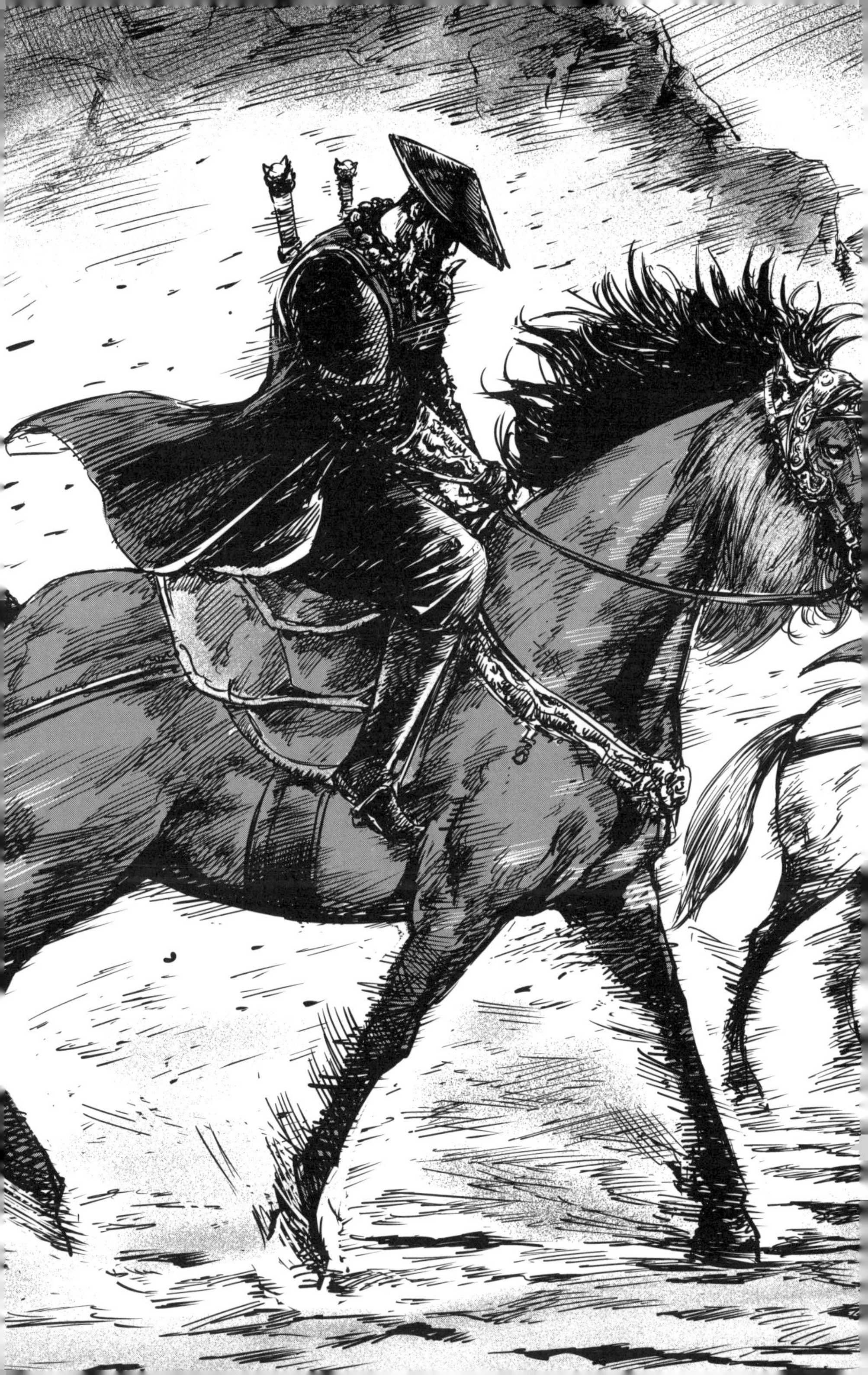

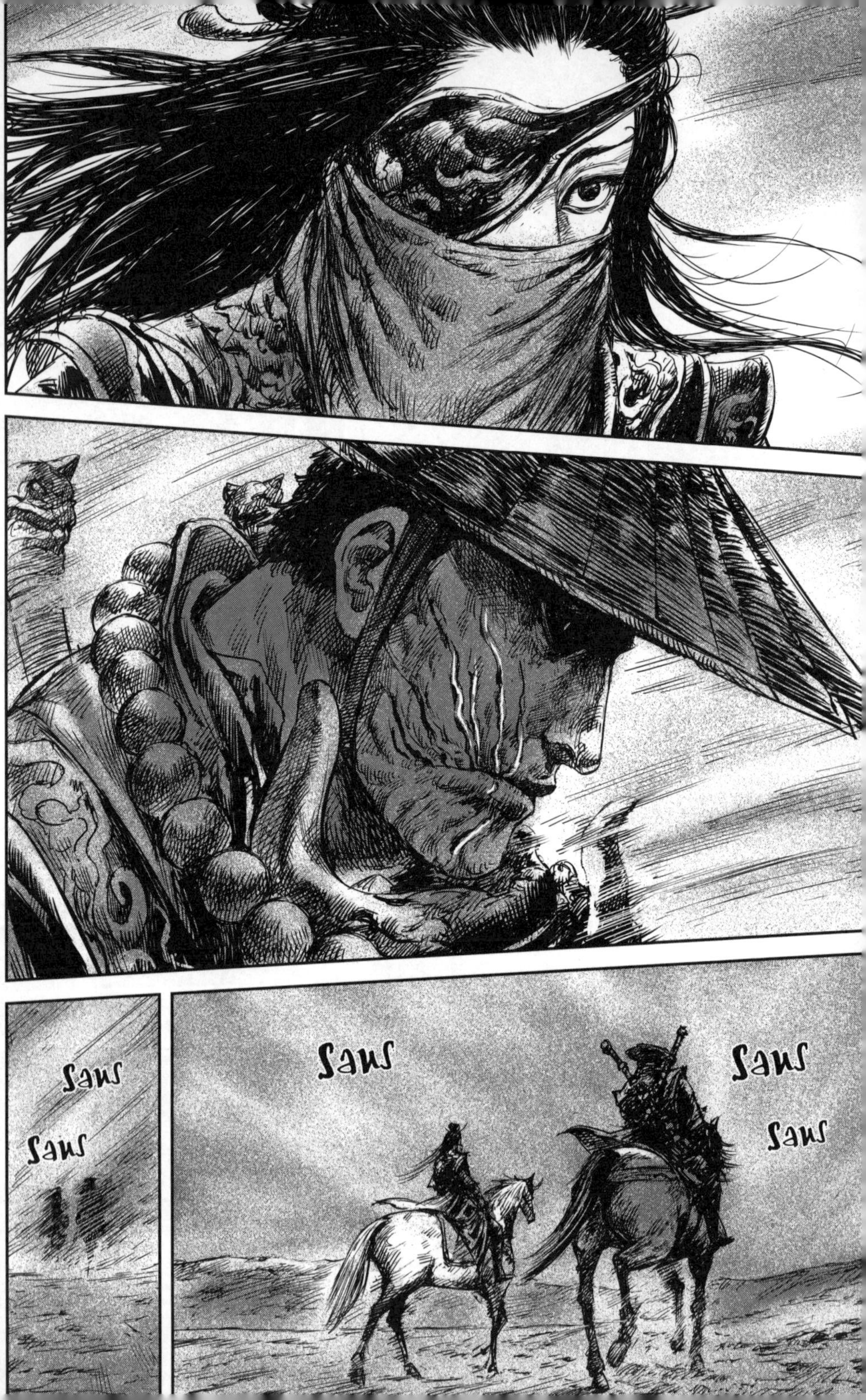
Saus
Saus
Saus
Saus
Saus

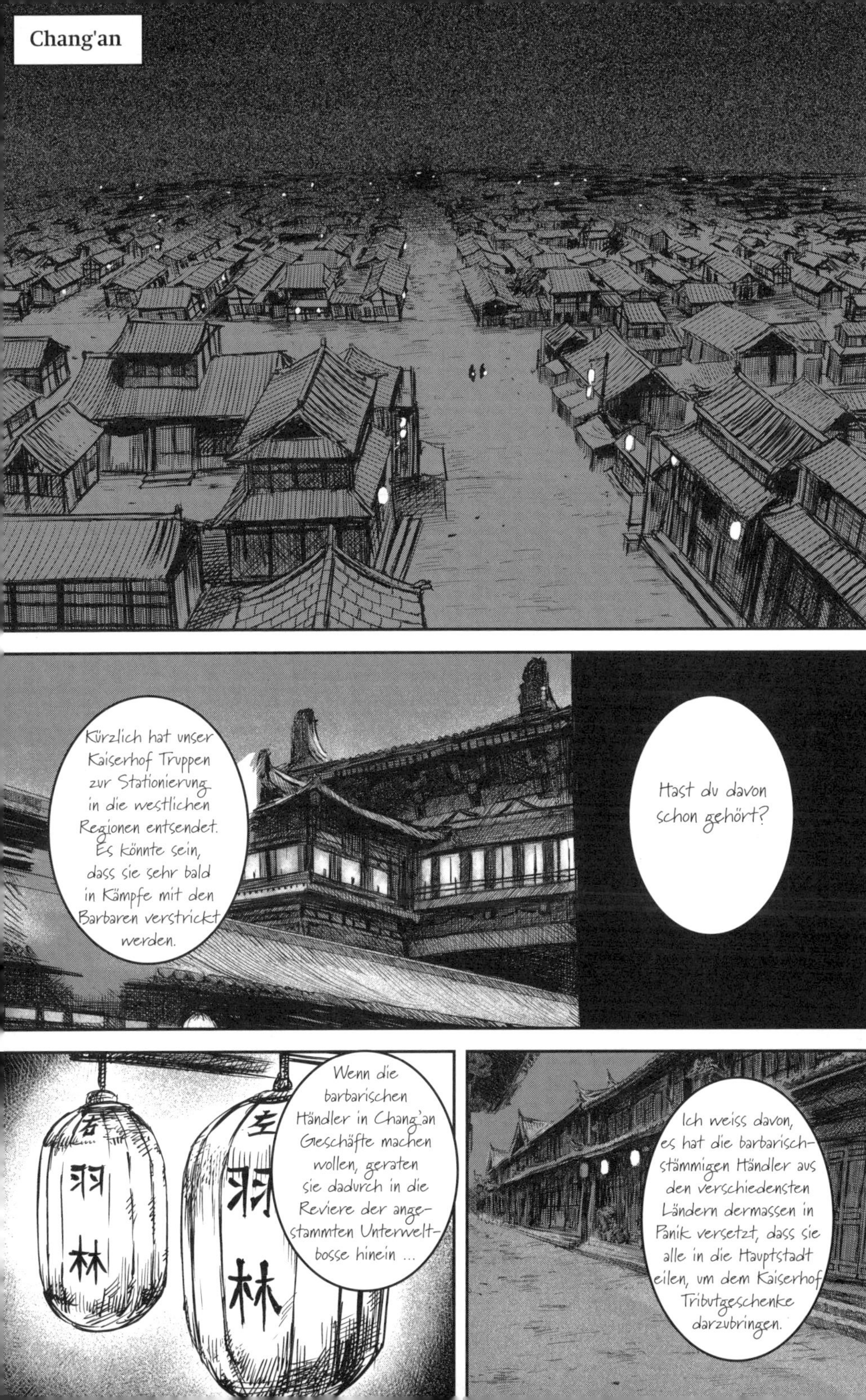
Chang'an
Hast du davon schon gehört?
Kürzlich hat unser Kaiserhof Truppen zur Stationierung in die westlichen Regionen entsendet. Es könnte sein, dass sie sehr bald in Kämpfe mit den Barbaren verstrickt werden.
Ich weiss davon, es hat die barbarisch-stämmigen Händler aus den verschiedensten Ländern dermassen in Panik versetzt, dass sie alle in die Hauptstadt eilen, um dem Kaiserhof Tributgeschenke darzubringen.
Wenn die barbarischen Händler in Chang'an Geschäfte machen wollen, geraten sie dadurch in die Reviere der angestammten Unterweltbosse hinein ...
羽林
羽林

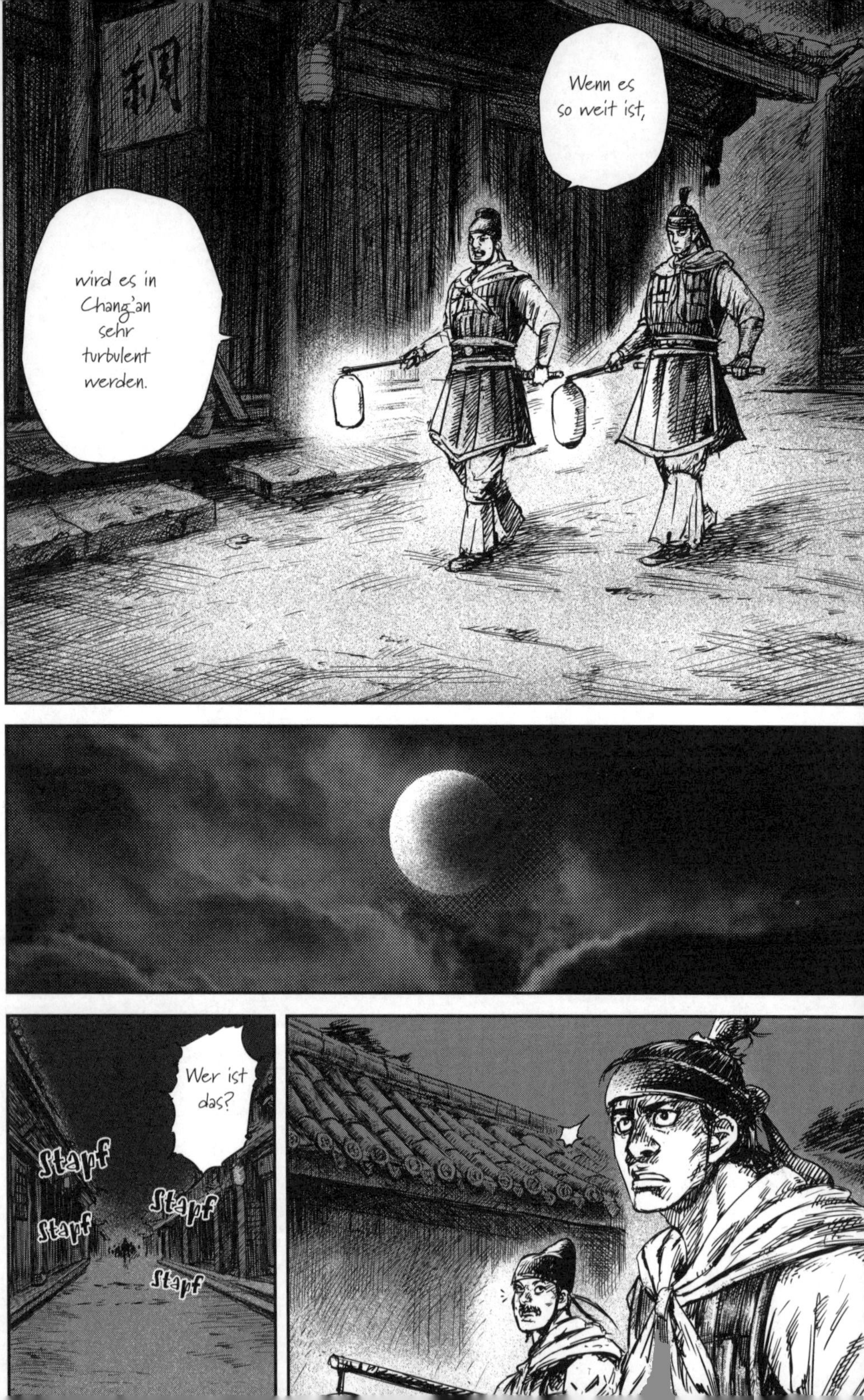
Wenn es so weit ist,
wird es in Chang'an sehr turbulent werden.
Wer ist das?
Stapf
Stapf
Stapf
Stapf

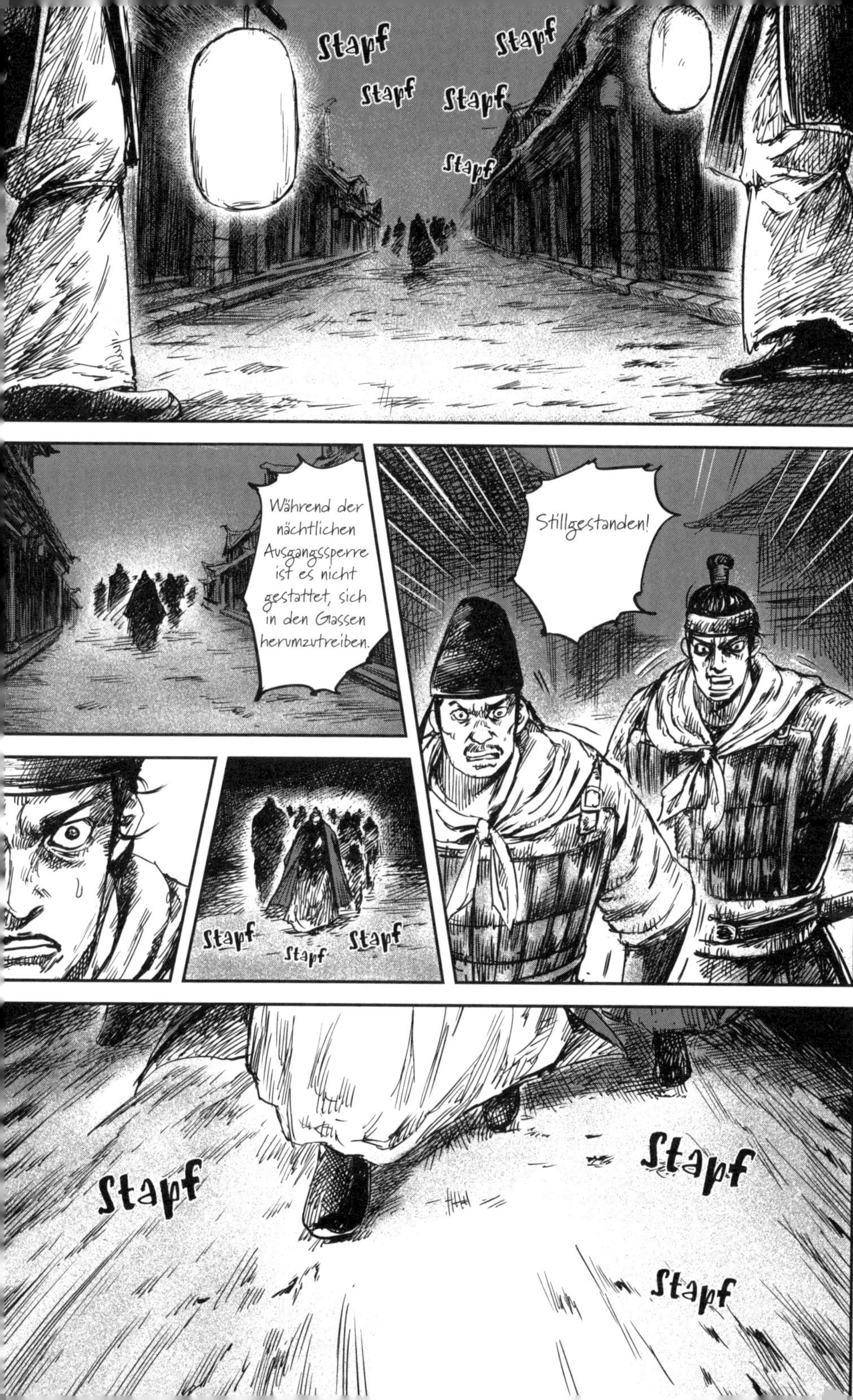
Stapf
Stapf
Stapf
Stapf
Stapf
Stillgestanden!
Während der nächtlichen Ausgangssperre ist es nicht gestattet, sich in den Gassen herumzutreiben.
Stapf
Stapf
Stapf
Stapf
Stapf
Stapf

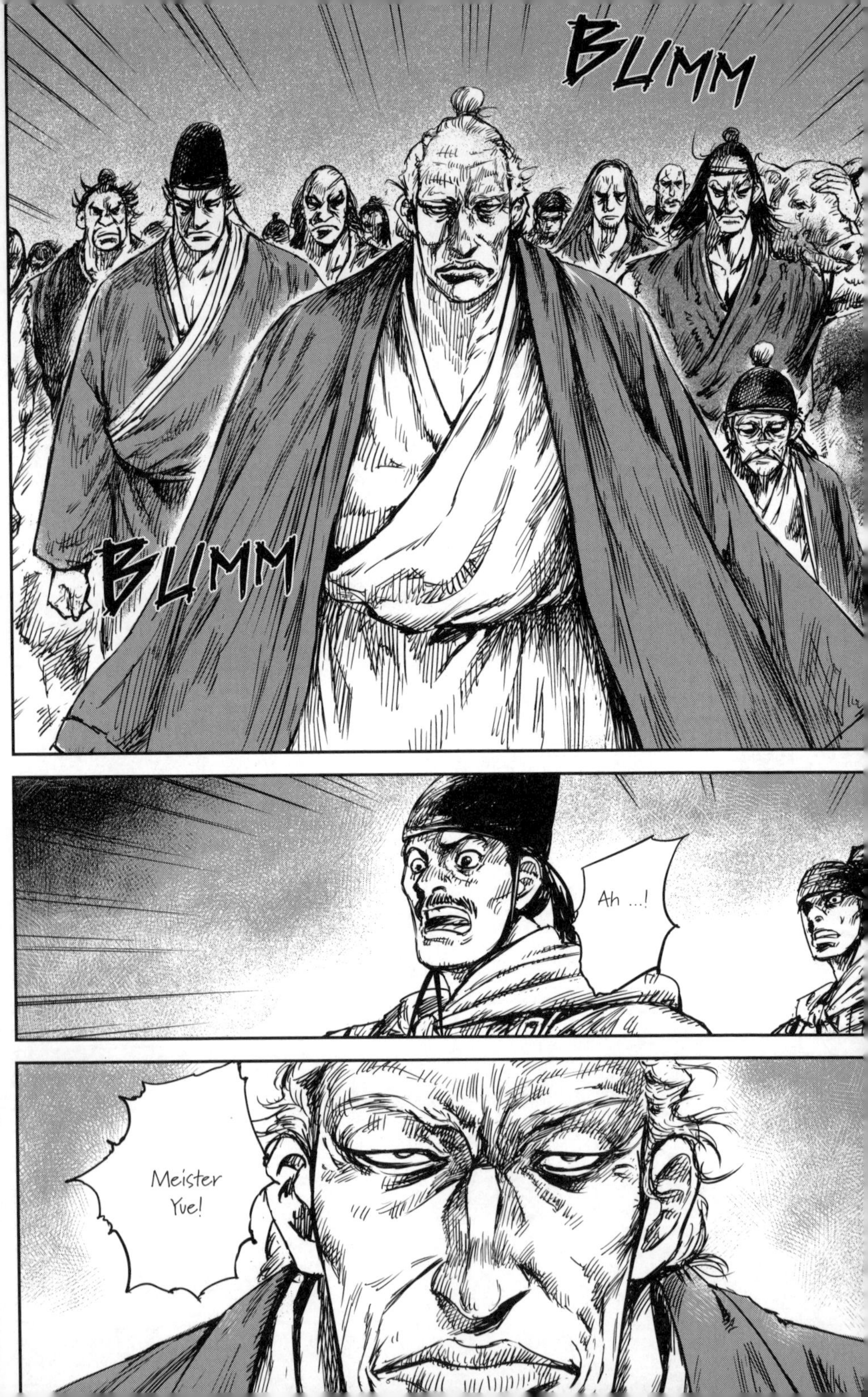
BUMM
BUMM
Ah ...!
Meister Yue!

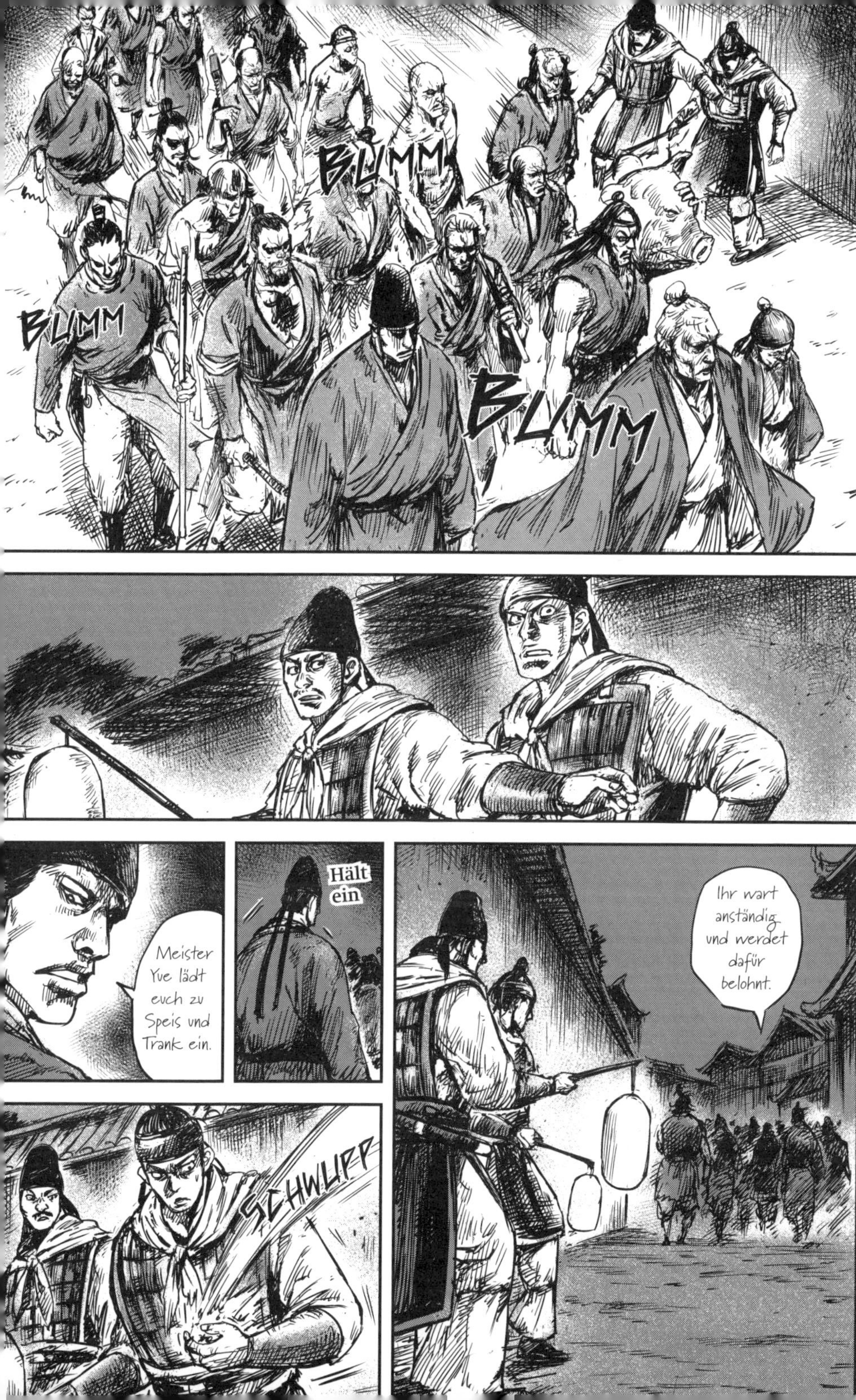
BUMM
BUMM
BUMM
Meister Yue lädt euch zu Speis und Trank ein.
Hält ein
Ihr wart anständig und werdet dafür belohnt.
SCHWUPP

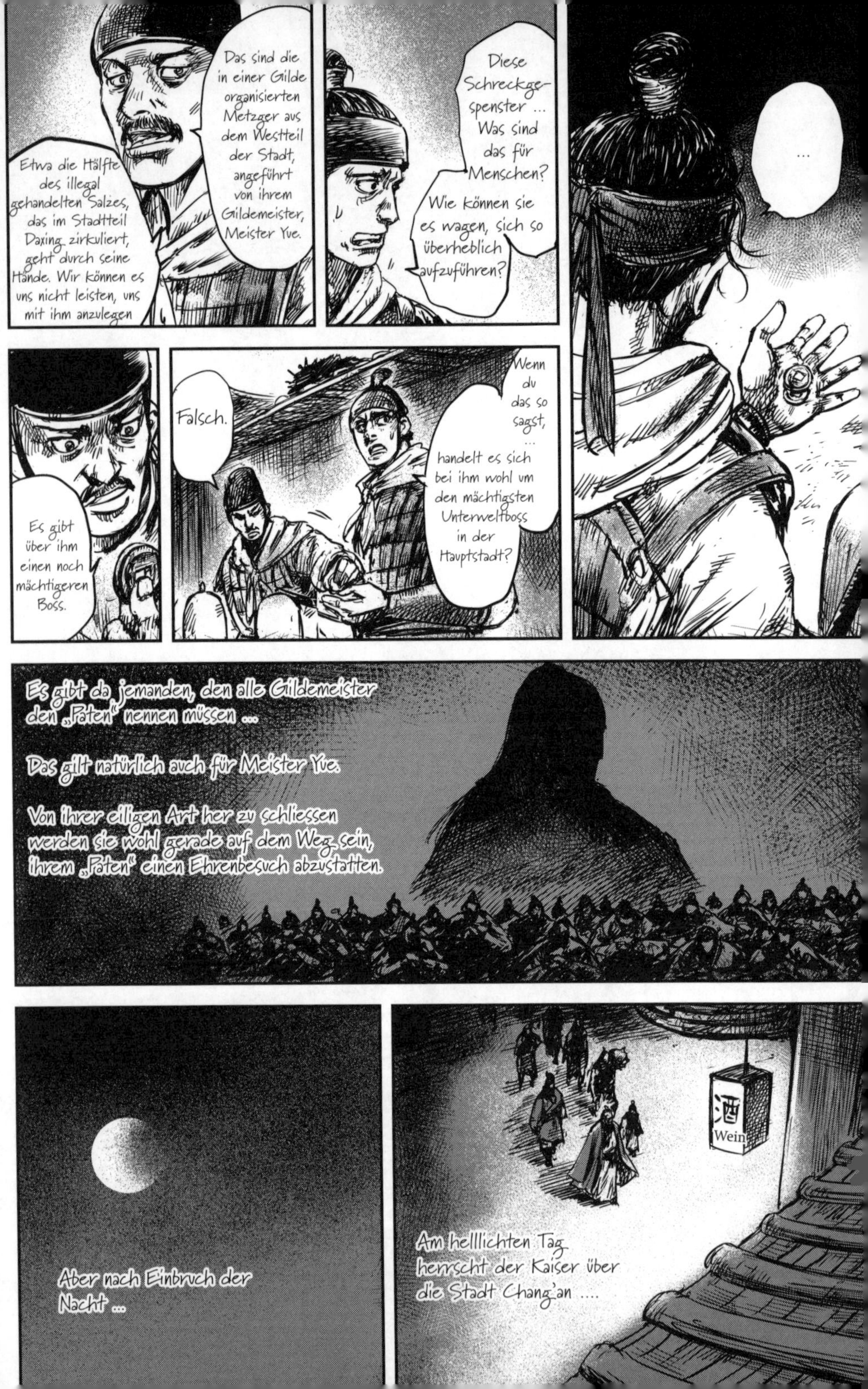
Etwa die Hälfte des illegal gehandelten Salzes, das im Stadtteil Daxing zirkuliert, geht durch seine Hände. Wir können es uns nicht leisten, uns mit ihm anzulegen
Das sind die in einer Gilde organisierten Metzger aus dem Westteil der Stadt, angeführt von ihrem Gildemeister, Meister Yue.
Diese Schreckgespenster ... Was sind das für Menschen?
Wie können sie es wagen, sich so überheblich aufzuführen?
...
Wenn du das so sagst, ...
handelt es sich bei ihm wohl um den mächtigsten Unterweltboss in der Hauptstadt?
Falsch.
Es gibt über ihm einen noch mächtigeren Boss.
Es gibt da jemanden, den alle Gildemeister den „Paten" nennen müssen ...
Das gilt natürlich auch für Meister Yue.
Von ihrer eiligen Art her zu schliessen werden sie wohl gerade auf dem Weg sein, ihrem „Paten" einen Ehrenbesuch abzustatten.
酒
Wein
Am helllichten Tag herrscht der Kaiser über die Stadt Chang'an ....
Aber nach Einbruch der Nacht ...

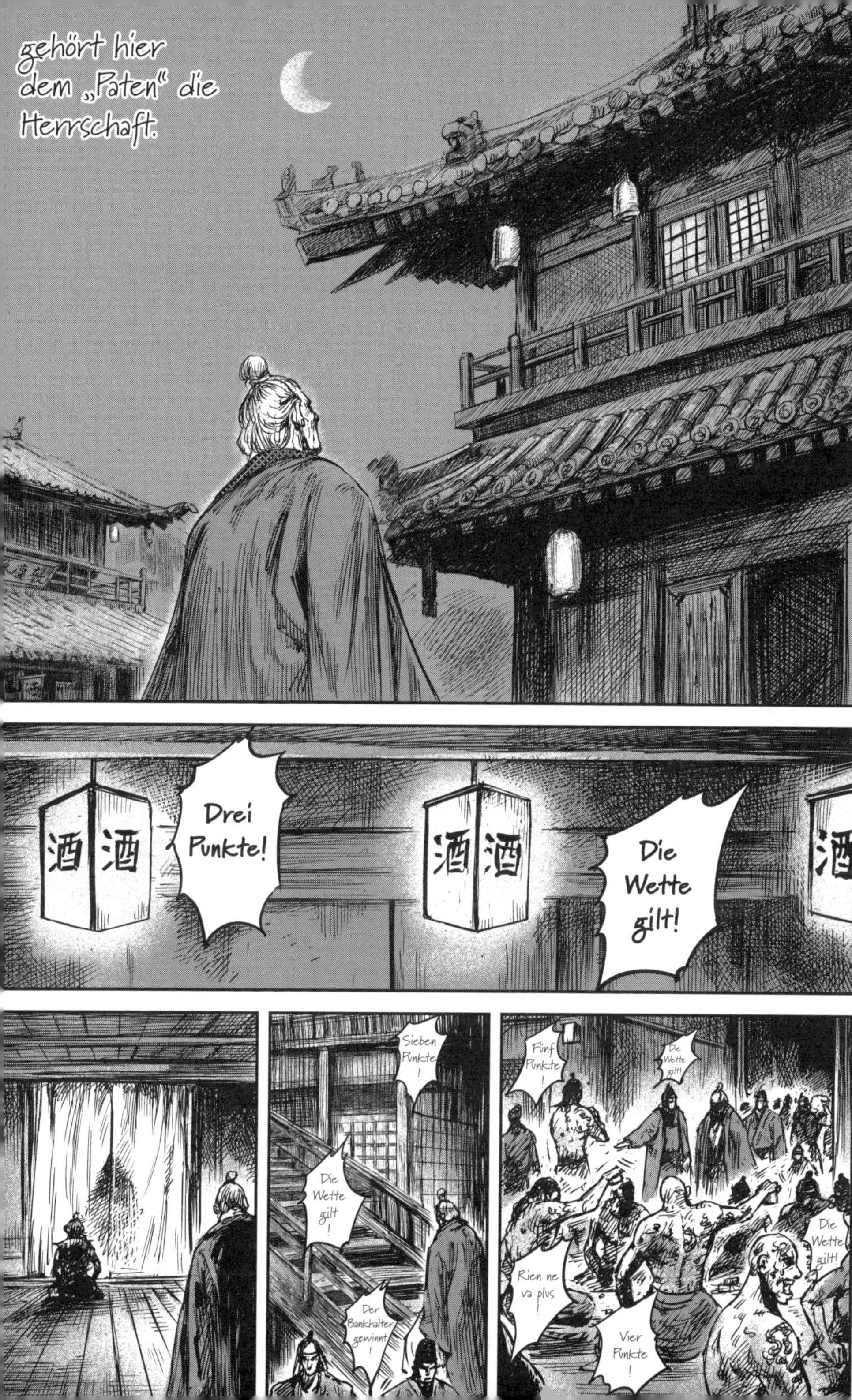
gehört hier dem „Paten“ die Herrschaft.
酒 酒
Drei Punkte!
酒 酒
Die Wette gilt!
酒
Sieben Punkte!
Die Wette gilt!
Der Bankhalter gewinnt!
Fünf Punkte!
Die Wette gilt!
Rien ne va plus!
Vier Punkte!
Die Wette gilt!

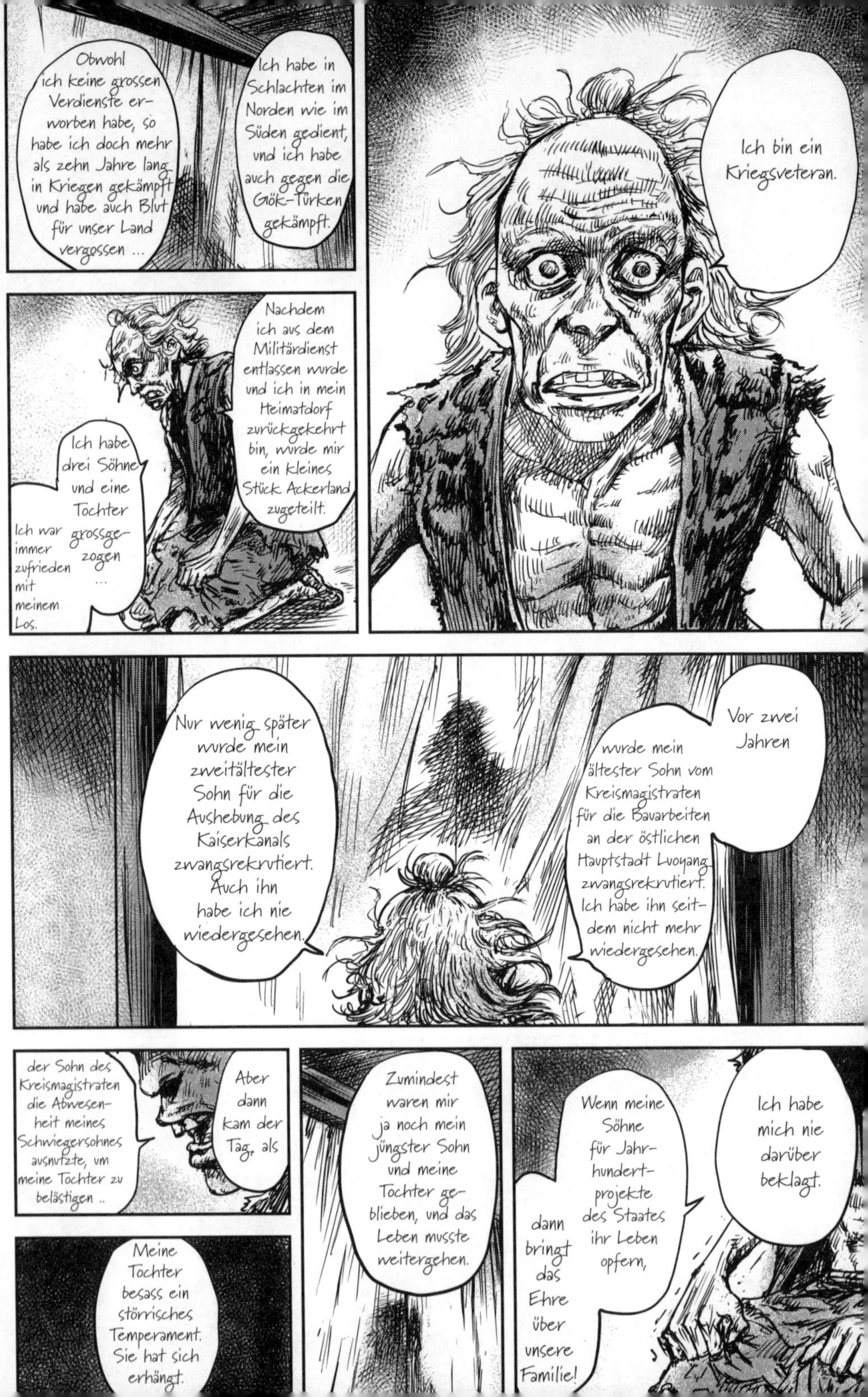
Ich bin ein Kriegsveteran.
Ich habe in Schlachten im Norden wie im Süden gedient, und ich habe auch gegen die Gök-Türken gekämpft.
Obwohl ich keine grossen Verdienste erworben habe, so habe ich doch mehr als zehn Jahre lang in Kriegen gekämpft und habe auch Blut für unser Land vergossen ...
Nachdem ich aus dem Militärdienst entlassen wurde und ich in mein Heimatdorf zurückgekehrt bin, wurde mir ein kleines Stück Ackerland zugeteilt.
Ich habe drei Söhne und eine Tochter grossgezogen ...
Ich war immer zufrieden mit meinem Los.
Vor zwei Jahren
wurde mein ältester Sohn vom Kreismagistraten für die Bauarbeiten an der östlichen Hauptstadt Luoyang zwangsrekrutiert. Ich habe ihn seitdem nicht mehr wiedergesehen.
Nur wenig später wurde mein zweitältester Sohn für die Aushebung des Kaiserkanals zwangsrekrutiert. Auch ihn habe ich nie wiedergesehen.
Ich habe mich nie darüber beklagt.
Wenn meine Söhne für Jahrhundertprojekte des Staates ihr Leben opfern,
dann bringt das Ehre über unsere Familie!
Zumindest waren mir ja noch mein jüngster Sohn und meine Tochter geblieben, und das Leben musste weitergehen.
Aber dann kam der Tag, als
der Sohn des Kreismagistraten die Abwesenheit meines Schwiegersohnes ausnutzte, um meine Tochter zu belästigen ..
Meine Tochter besass ein störrisches Temperament. Sie hat sich erhängt.

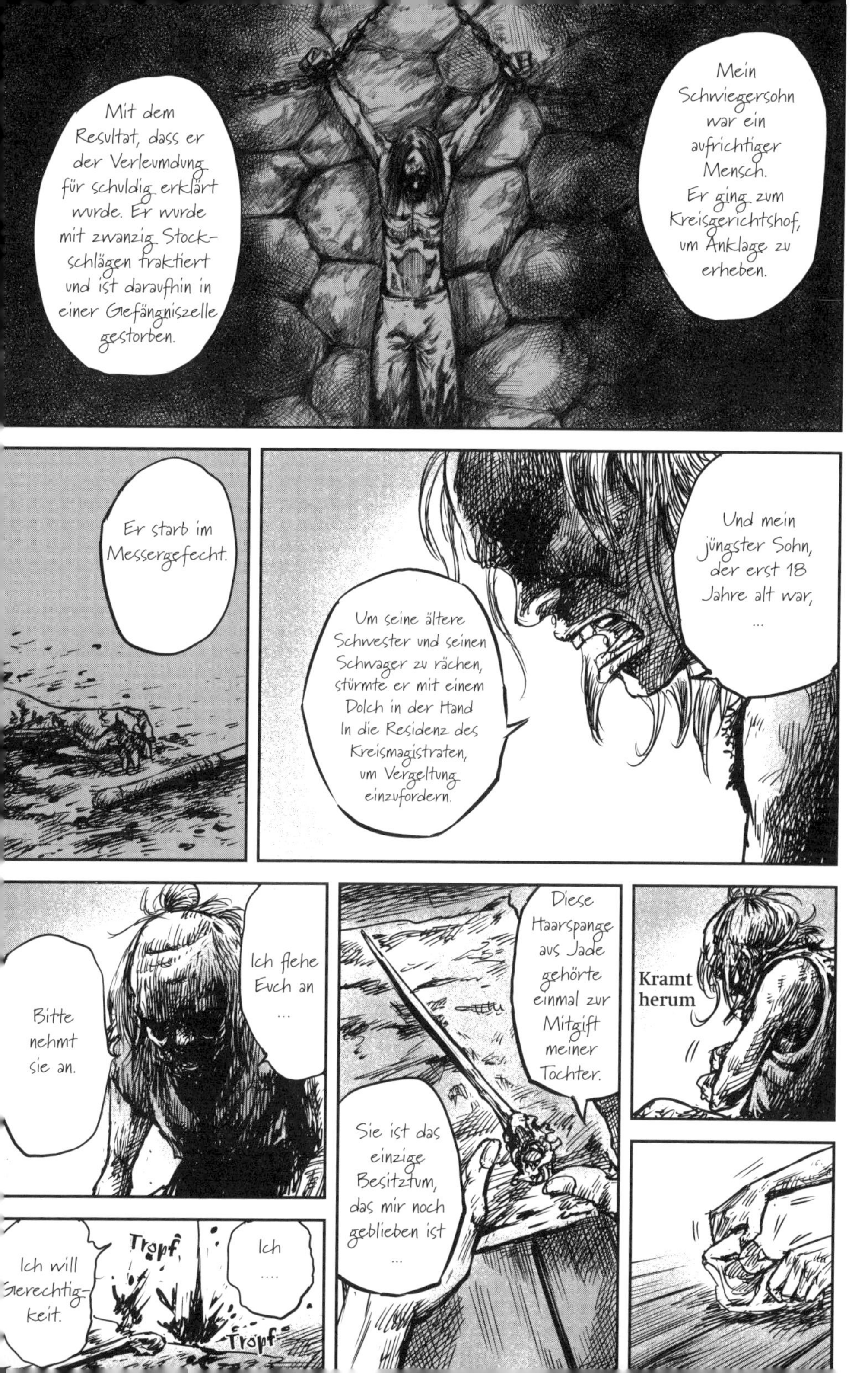
Mein Schwiegersohn war ein aufrichtiger Mensch. Er ging zum Kreisgerichtshof, um Anklage zu erheben.
Mit dem Resultat, dass er der Verleumdung für schuldig erklärt wurde. Er wurde mit zwanzig Stockschlägen traktiert und ist daraufhin in einer Gefängniszelle gestorben.
Und mein jüngster Sohn, der erst 18 Jahre alt war, …
Um seine ältere Schwester und seinen Schwager zu rächen, stürmte er mit einem Dolch in der Hand In die Residenz des Kreismagistraten, um Vergeltung einzufordern.
Er starb im Messergefecht.
Kramt herum
Diese Haarspange aus Jade gehörte einmal zur Mitgift meiner Tochter.
Sie ist das einzige Besitztum, das mir noch geblieben ist …
Ich flehe Euch an …
Bitte nehmt sie an.
Ich ….
Tropf
Tropf
Ich will Gerechtigkeit.

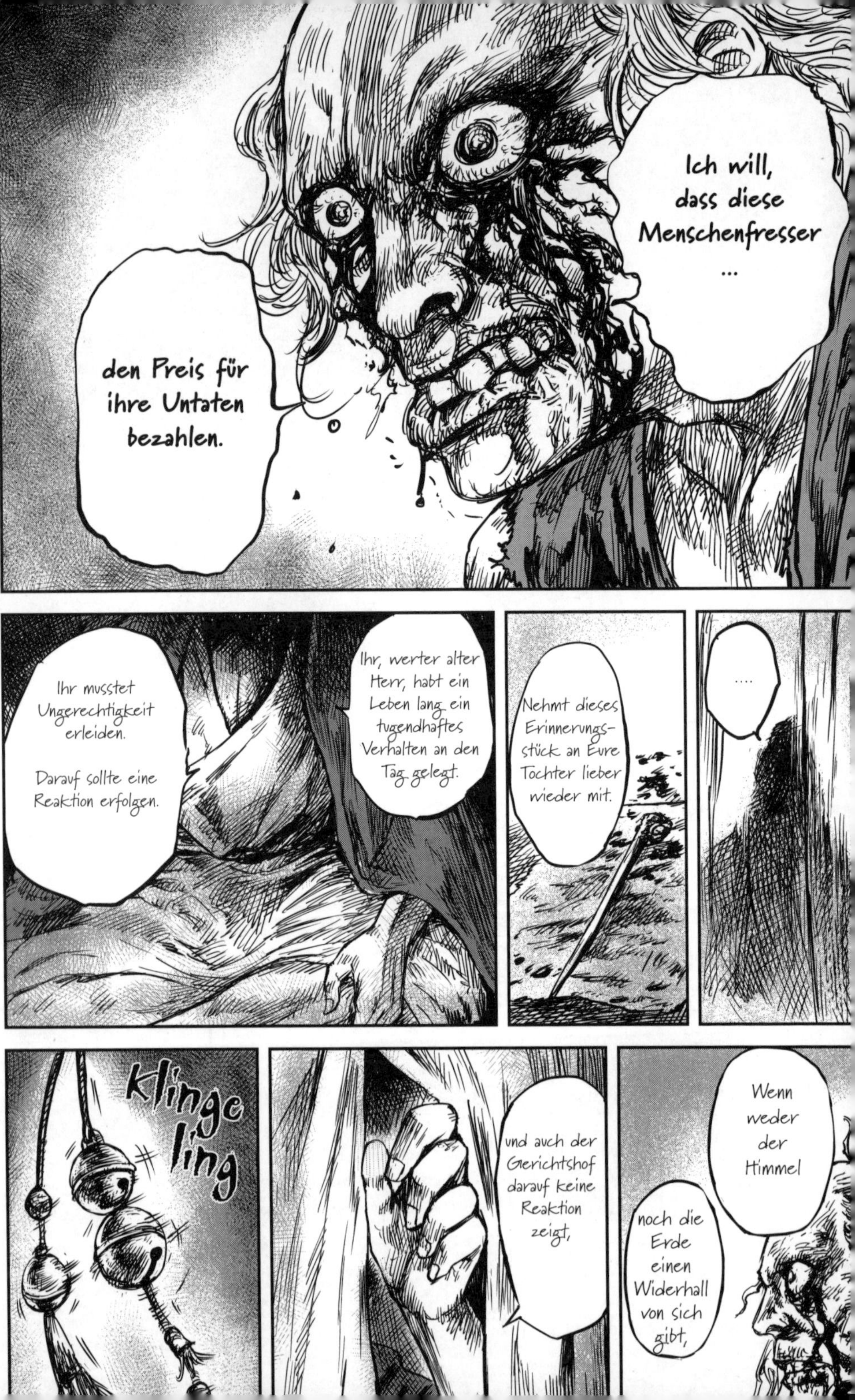
Ich will, dass diese Menschenfresser ...
den Preis für ihre Untaten bezahlen.
Ihr musstet Ungerechtigkeit erleiden.
Darauf sollte eine Reaktion erfolgen.
Ihr, werter alter Herr, habt ein Leben lang ein tugendhaftes Verhalten an den Tag gelegt.
Nehmt dieses Erinnerungsstück an Eure Tochter lieber wieder mit.
....
Klinge ling
Wenn weder der Himmel
noch die Erde einen Widerhall von sich gibt,
und auch der Gerichtshof darauf keine Reaktion zeigt,

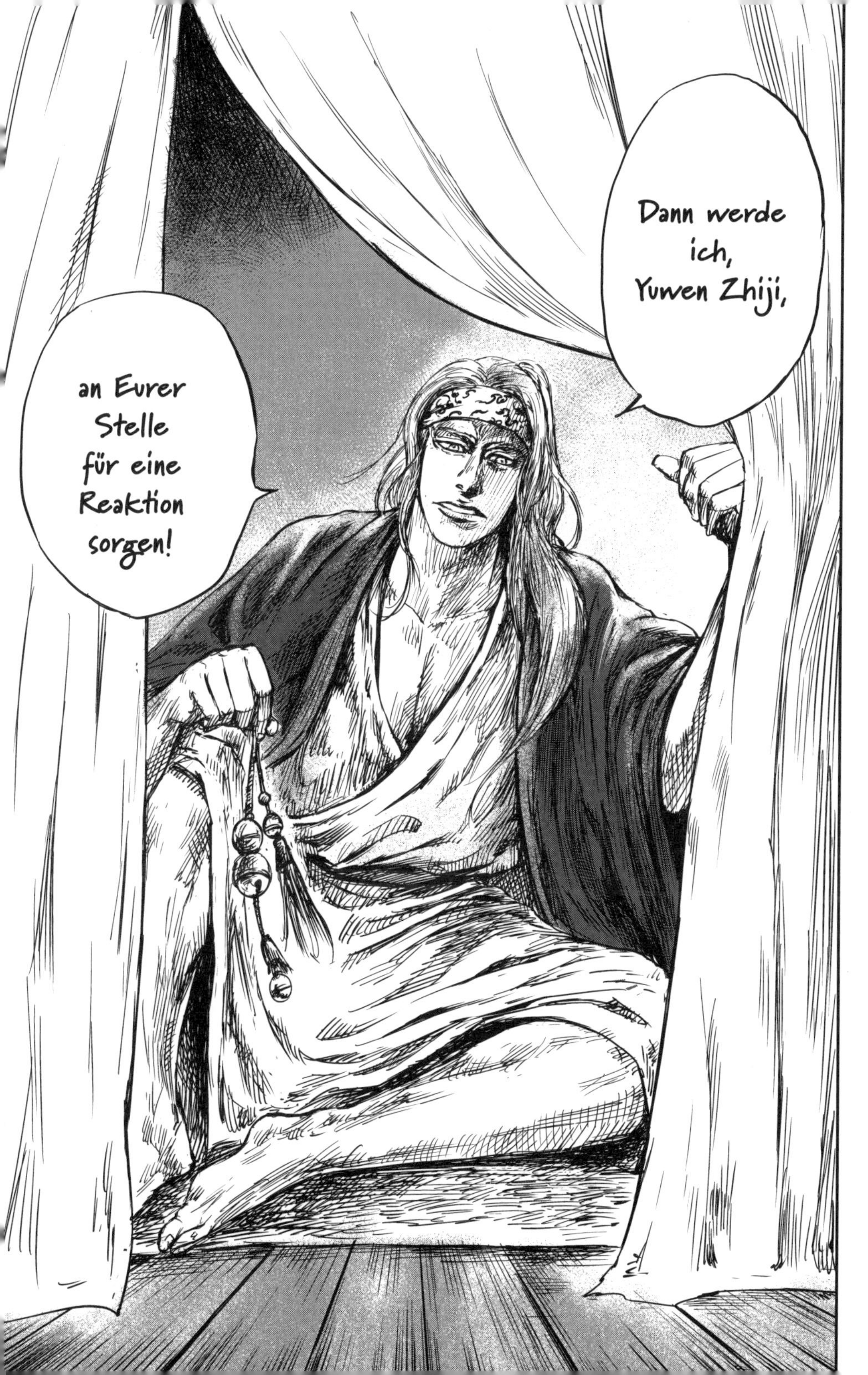
Dann werde ich, Yuwen Zhiji,
an Eurer Stelle für eine Reaktion sorgen!

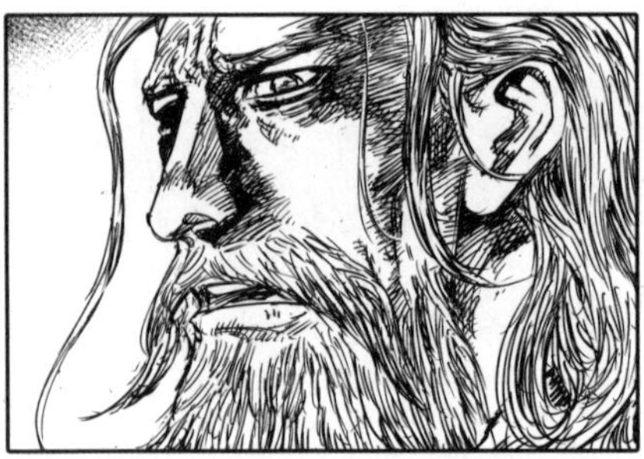

Die Grabinschrift verzeichnet, dass Qin Shubaos Vater Qin Ai hiess und den Ehrennamen Ji Yang trug.
Qi Ais Grossvater hiess Xiao Da und war Kreismagistrat, sein Vater wiederum hiess Qin Fangtai und diente als Chronist am Hof des Königs Wangning im Reiche Qi während der Nördlichen Dynastien. Es lassen sich drei Generationen der Familie nachweisen, die als Beamte gedient haben.
Als Qin Ai zwanzig Jahre alt war, wurde er ein Militärattaché der Nördlichen Qi-Dynastie. Nach der Zerstörung von Qi durch die Nördliche Zhou-Dynastie lebte er zurückgezogen in seiner Heimatstadt Licheng, Präfektur Qi (Jinan, Provinz Shandong). Als die Zhou-Dynastie von der Sui-Dynastie abgelöst wurde und das Kriegschaos allgegenwärtig war, wurde Qin Ai immer wieder in Staatsämter berufen und für Beamtenposten vorgeschlagen, aber Qin Ai schlug diese Berufungen stets aus. Er verbrachte mehrere Jahrzehnte lang als Einsiedler.

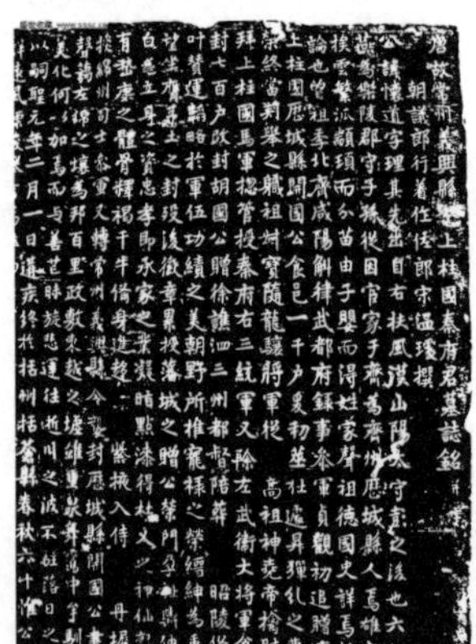

Grabinschrift auf dem Grabstein des Qin Ai
Ausgegraben im Jahr 1995 in Jinan in der Provinz Shandong.
(Auszug aus: „Aus sämtlichen Dynastien stammende Grabinschriften aus Jinan", Kommission für Kulturgeschichte der Stadtverwaltung von Jinan, 2002)

Dritter Akt:
Die Unterwelt

Kapitel 55:
Der Pate

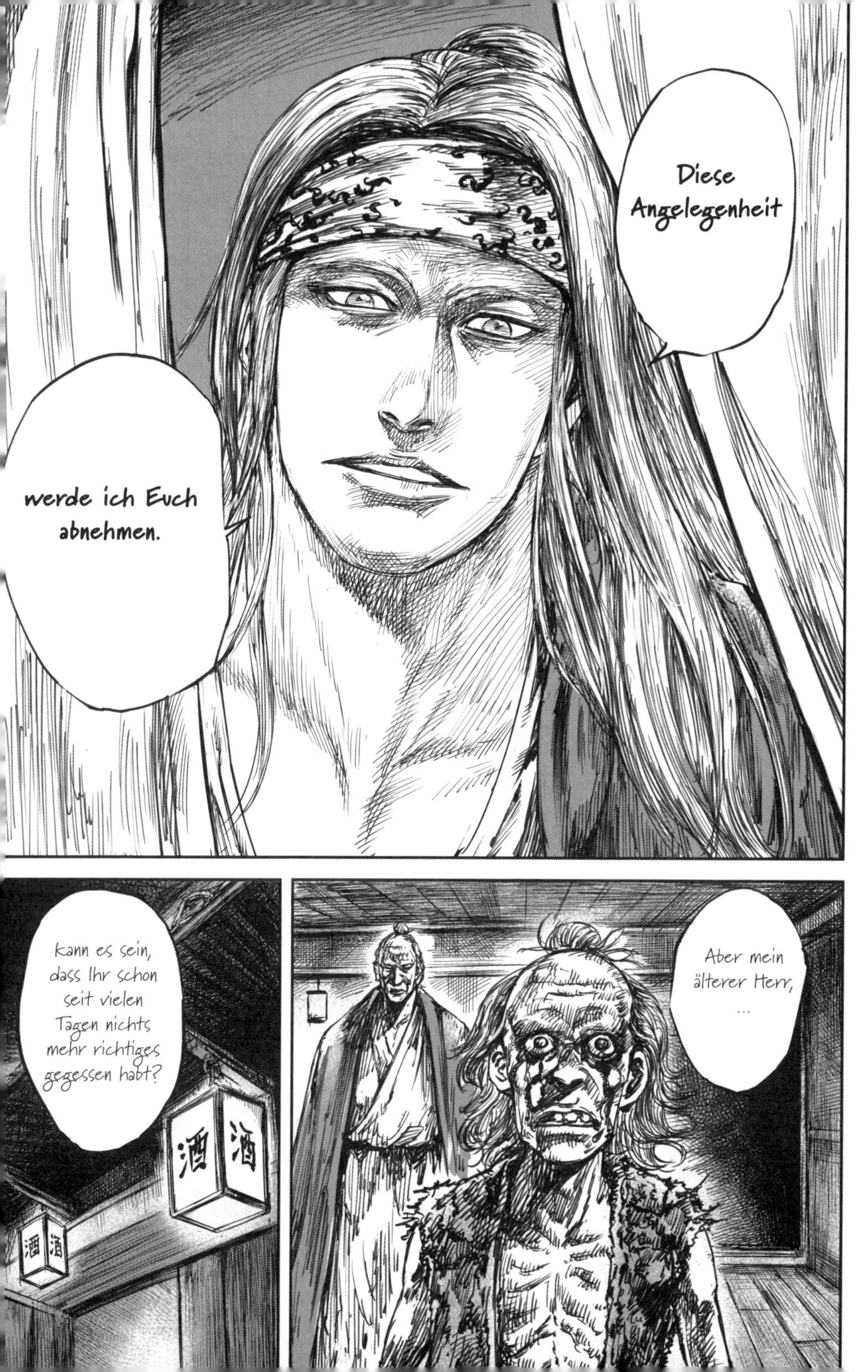
Diese Angelegenheit
werde ich Euch abnehmen.
Aber mein älterer Herr, …
Kann es sein, dass Ihr schon seit vielen Tagen nichts mehr richtiges gegessen habt?
酒 酒
酒 酒

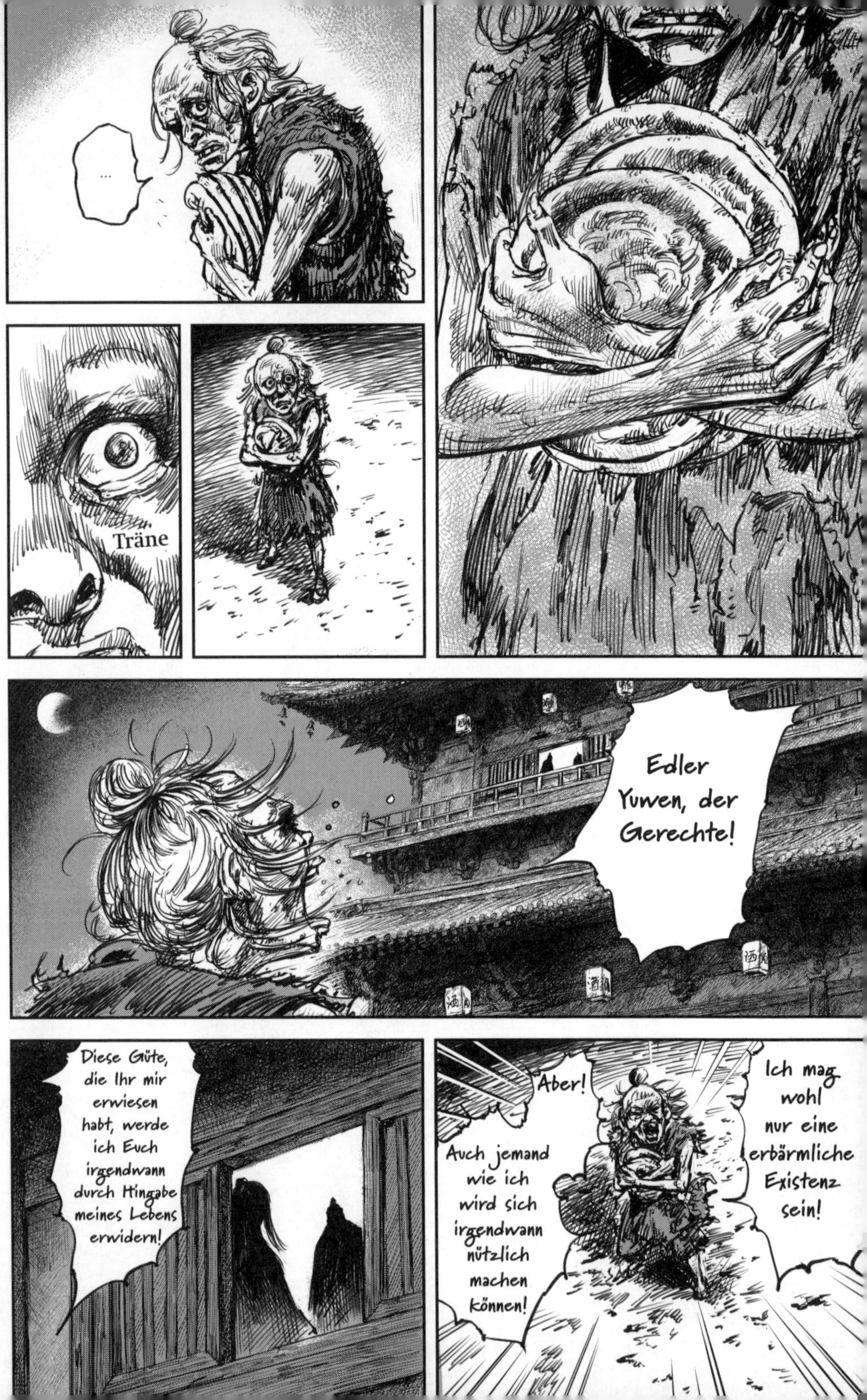
...
Träne
Edler Yuwen, der Gerechte!
Diese Güte, die Ihr mir erwiesen habt, werde ich Euch irgendwann durch Hingabe meines Lebens erwidern!
Ich mag wohl nur eine erbärmliche Existenz sein!
Aber!
Auch jemand wie ich wird sich irgendwann nützlich machen können!

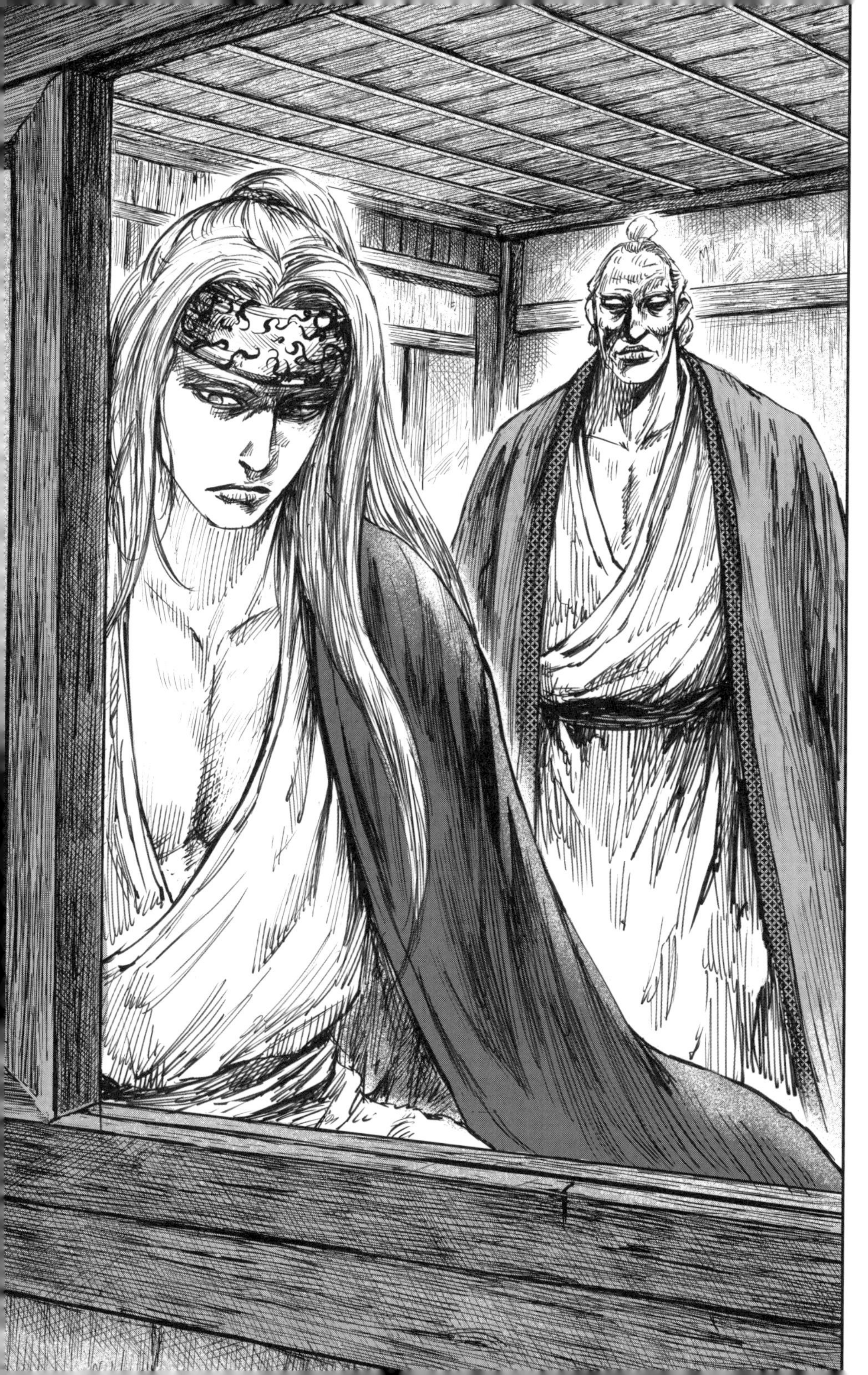

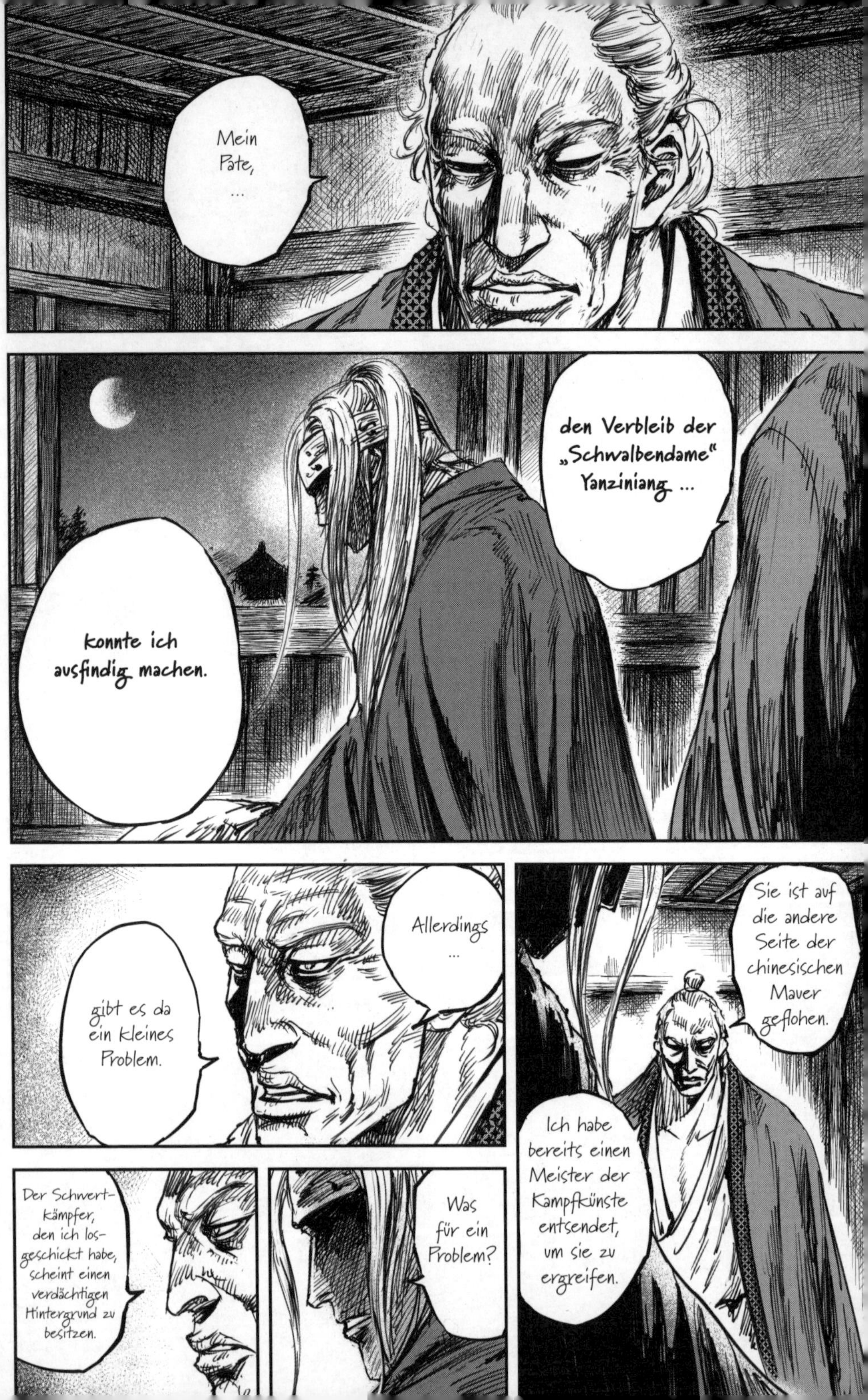
Mein Pate, ...
den Verbleib der „Schwalbendame“ Yanziniang ...
konnte ich ausfindig machen.
Sie ist auf die andere Seite der chinesischen Mauer geflohen.
Ich habe bereits einen Meister der Kampfkünste entsendet, um sie zu ergreifen.
Allerdings ...
gibt es da ein kleines Problem.
Was für ein Problem?
Der Schwertkämpfer, den ich losgeschickt habe, scheint einen verdächtigen Hintergrund zu besitzen.

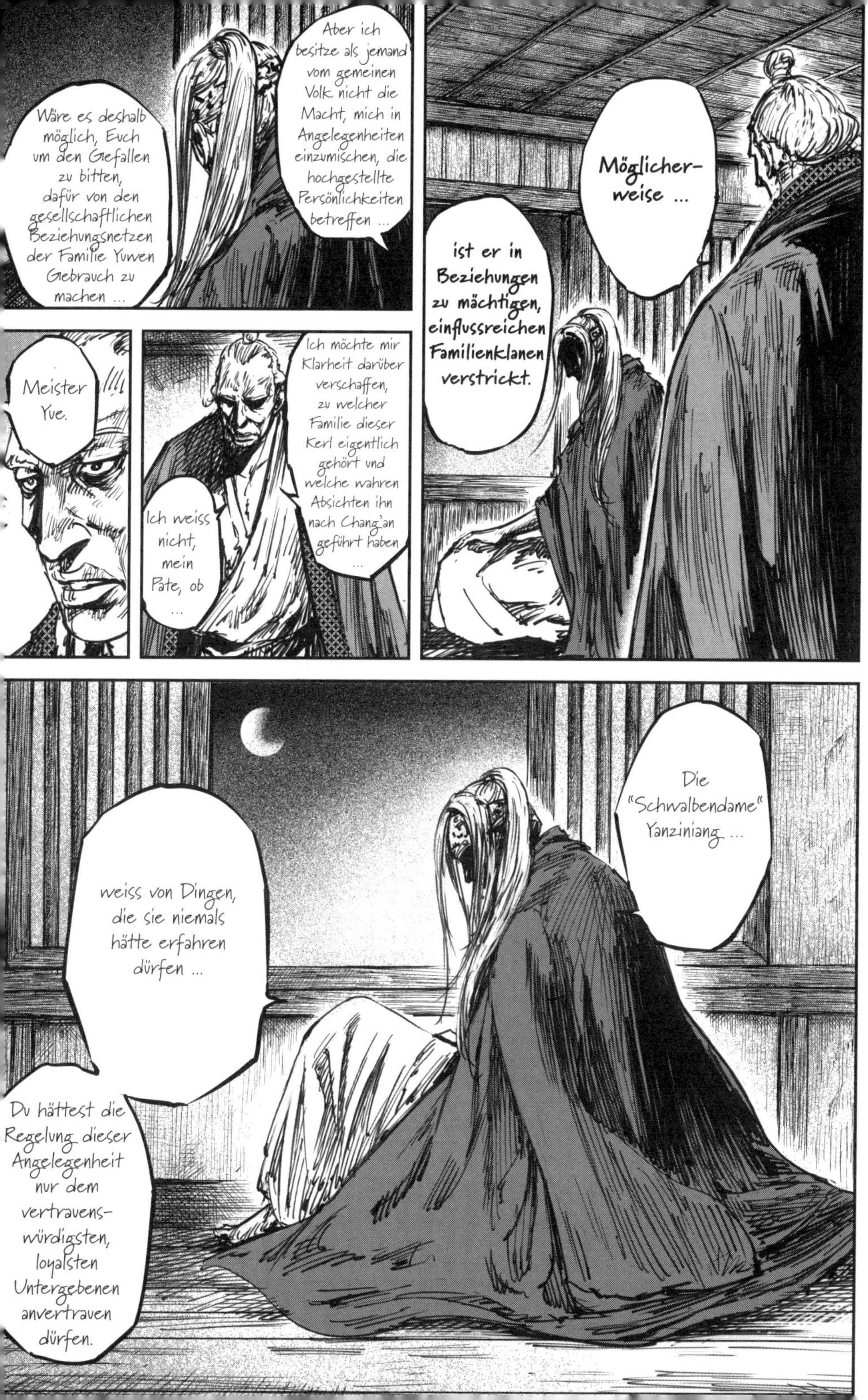

Ich möchte mir Klarheit darüber verschaffen, zu welcher Familie dieser Kerl eigentlich gehört und welche wahren Absichten ihn nach Chang'an geführt haben ...
Ich weiss nicht, mein Pate, ob ...
Möglicherweise ...
ist er in Beziehungen zu mächtigen, einflussreichen Familienklanen verstrickt.
Aber ich besitze als jemand vom gemeinen Volk nicht die Macht, mich in Angelegenheiten einzumischen, die hochgestellte Persönlichkeiten betreffen ...
Wäre es deshalb möglich, Euch um den Gefallen zu bitten, dafür von den gesellschaftlichen Beziehungsnetzen der Familie Yuwen Gebrauch zu machen ...
Meister Yue.
Die "Schwalbendame" Yanziniang ...
weiss von Dingen, die sie niemals hätte erfahren dürfen ...
Du hättest die Regelung dieser Angelegenheit nur dem vertrauenswürdigsten, loyalsten Untergebenen anvertrauen dürfen.

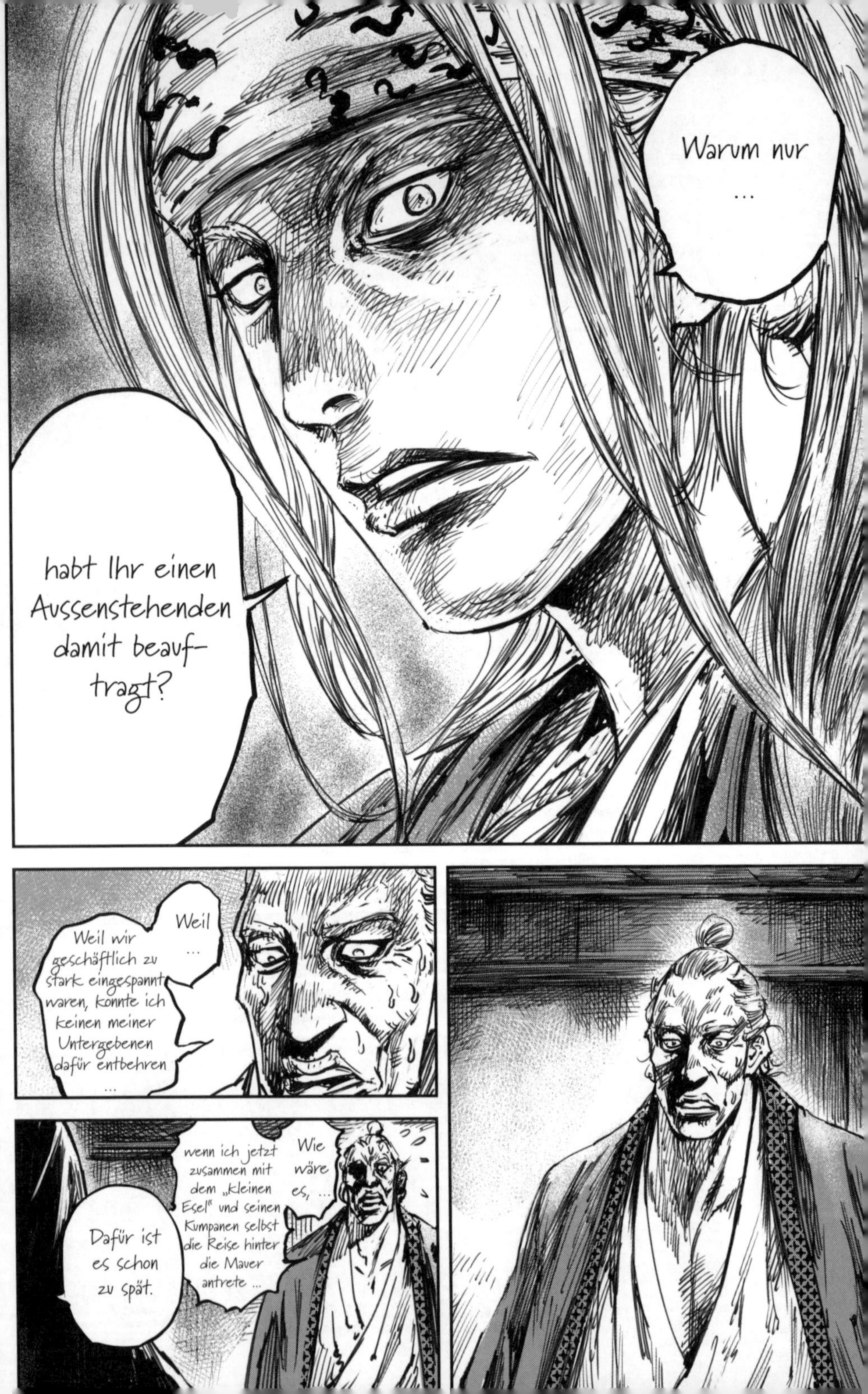

Warum nur …
habt Ihr einen Aussenstehenden damit beauftragt?
Weil …
Weil wir geschäftlich zu stark eingespannt waren, konnte ich keinen meiner Untergebenen dafür entbehren …
Wie wäre es, …
wenn ich jetzt zusammen mit dem „kleinen Esel“ und seinen Kumpanen selbst die Reise hinter die Mauer antrete …
Dafür ist es schon zu spät.

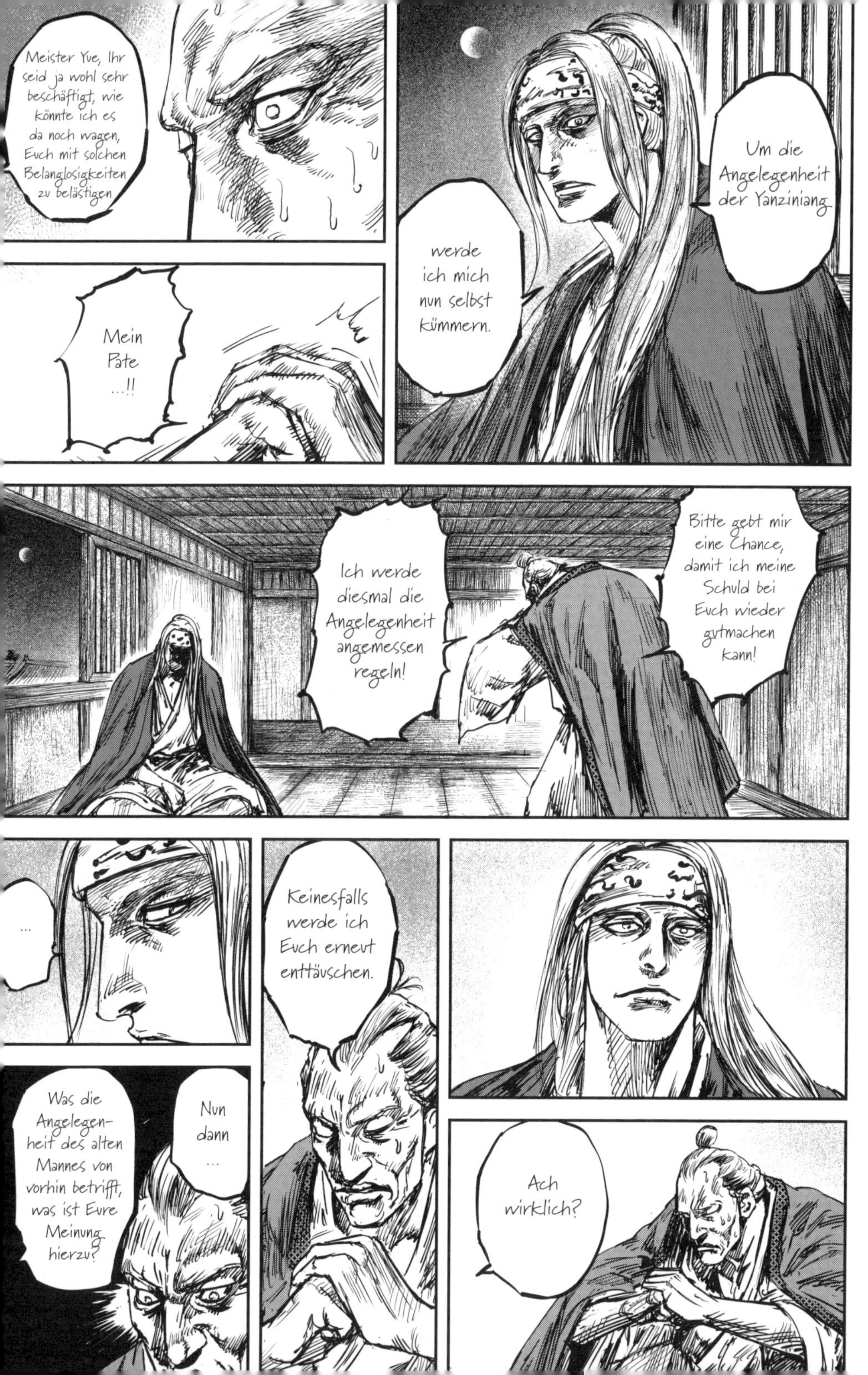
Meister Yue, Ihr seid ja wohl sehr beschäftigt, wie könnte ich es da noch wagen, Euch mit solchen Belanglosigkeiten zu belästigen
Um die Angelegenheit der Yanziniang
werde ich mich nun selbst kümmern.
Mein Pate ...!!
Ich werde diesmal die Angelegenheit angemessen regeln!
Bitte gebt mir eine Chance, damit ich meine Schuld bei Euch wieder gutmachen kann!
...
Keinesfalls werde ich Euch erneut enttäuschen.
Nun dann ...
Was die Angelegenheit des alten Mannes von vorhin betrifft, was ist Eure Meinung hierzu?
Ach wirklich?

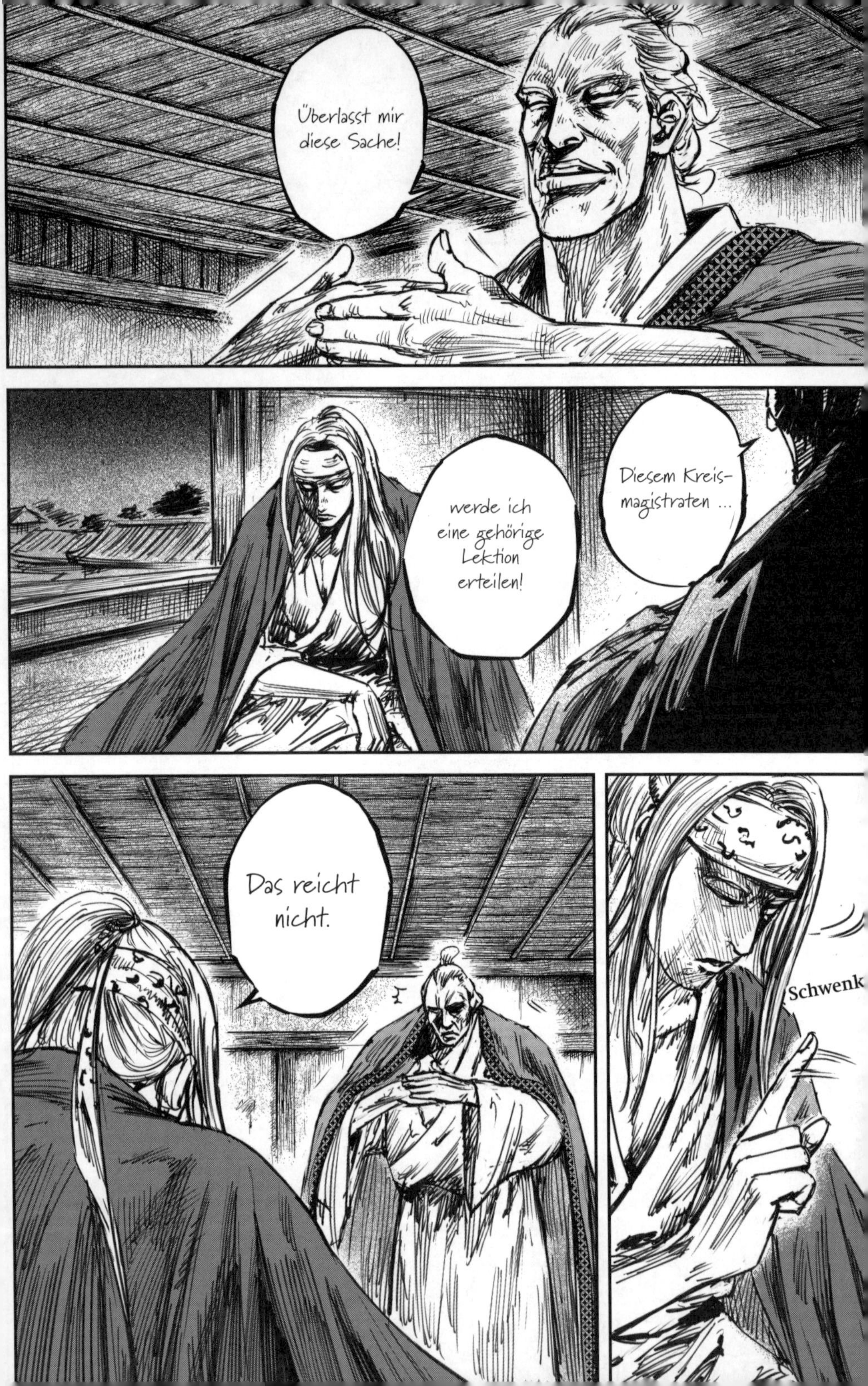
Überlasst mir diese Sache!
Diesem Kreis-magistraten ...
werde ich eine gehörige Lektion erteilen!
Das reicht nicht.
Schwenk

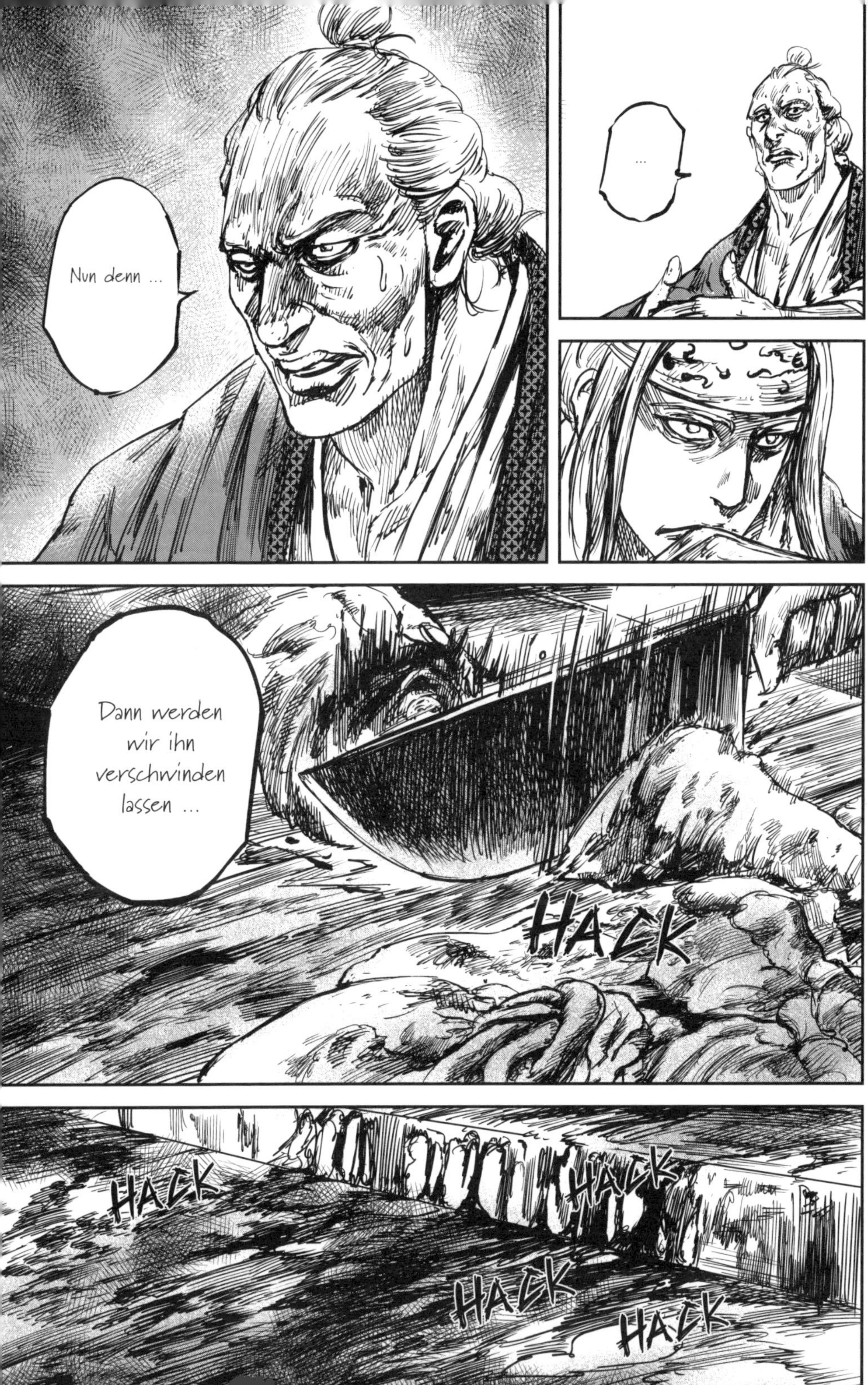
...
Nun denn ...
Dann werden wir ihn verschwinden lassen ...
HACK
HACK
HACK
HACK
HACK

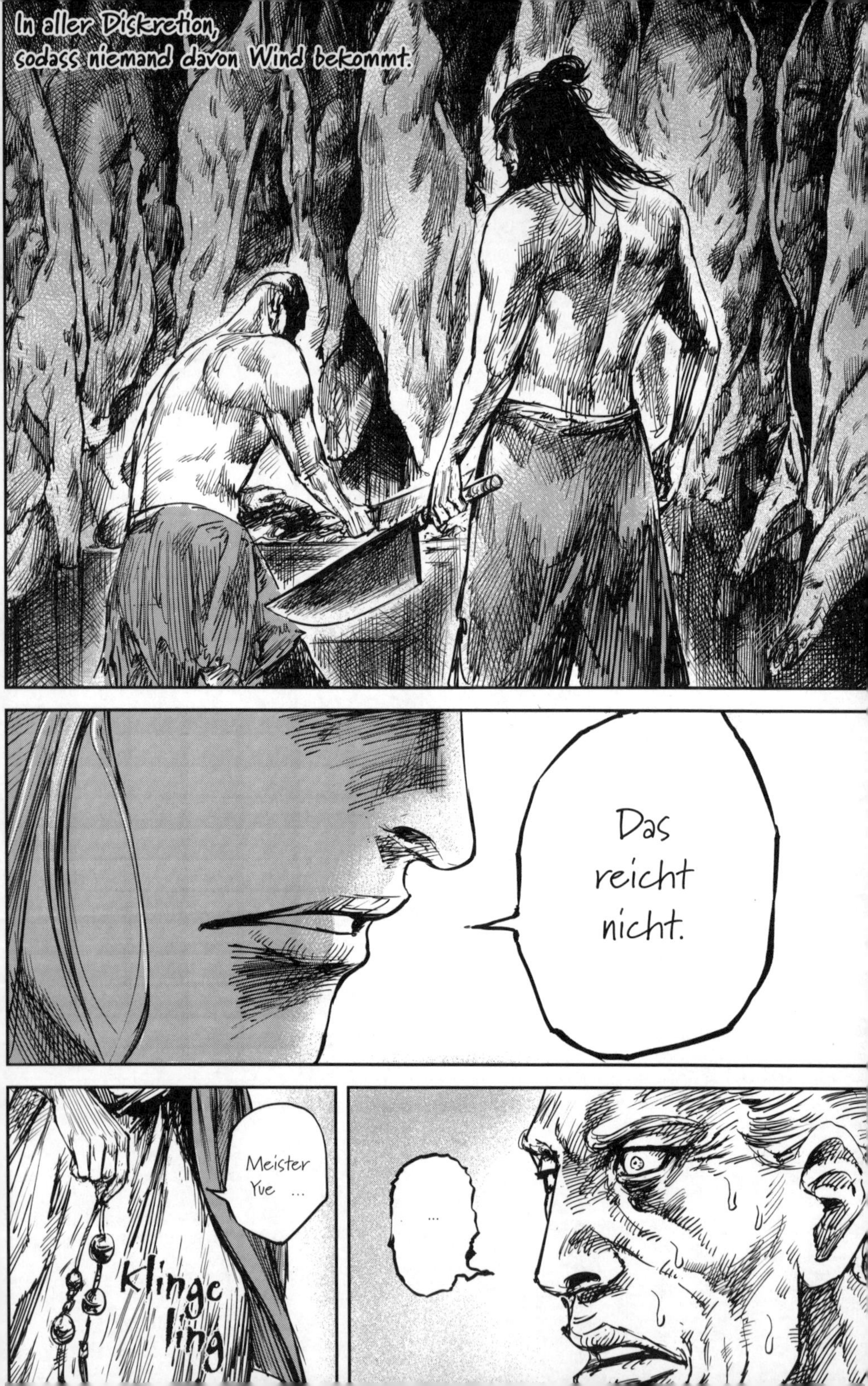
In aller Diskretion,
sodass niemand davon Wind bekommt.
Das reicht nicht.
Meister Yue ...
...
klinge ling

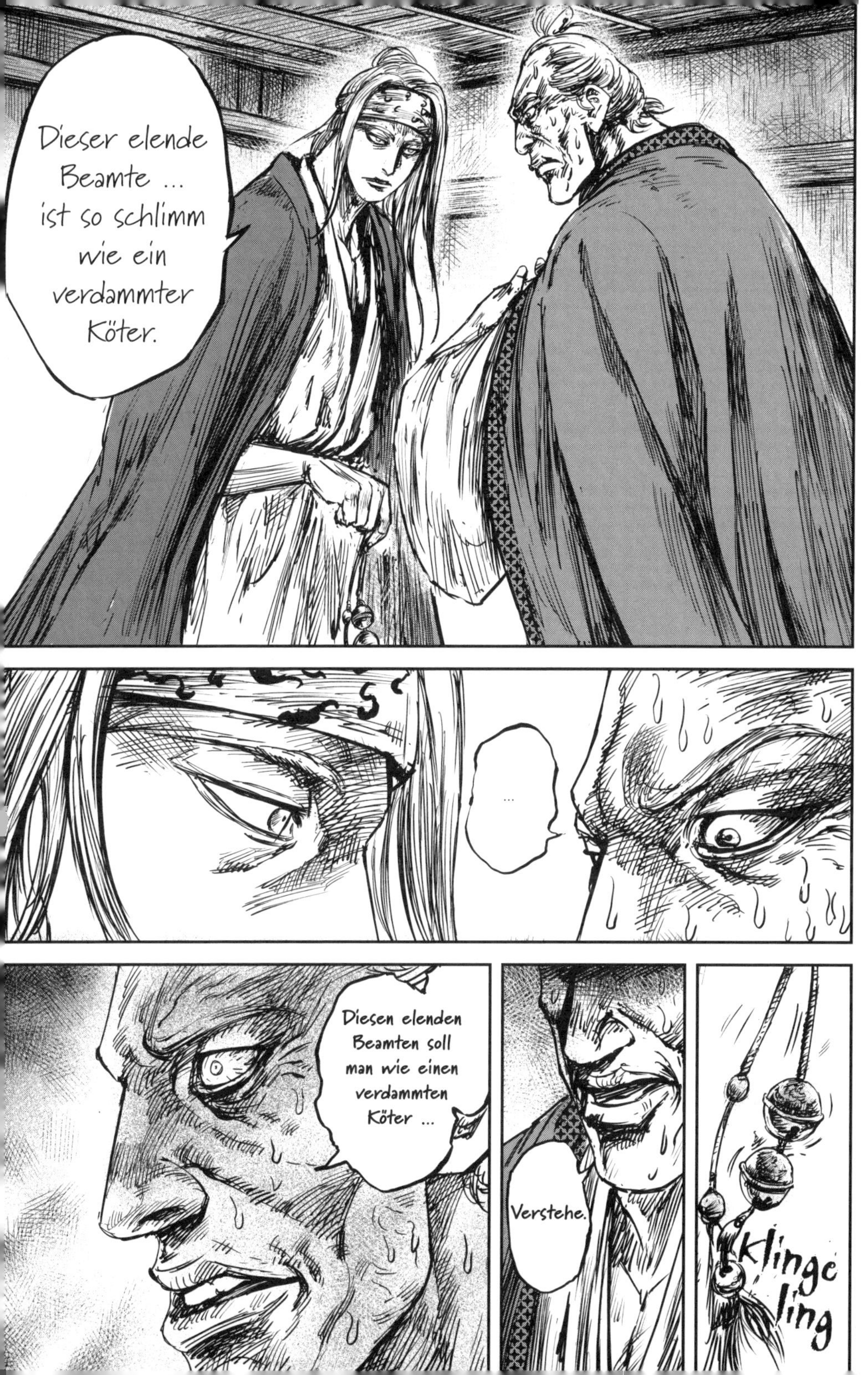
Dieser elende Beamte ... ist so schlimm wie ein verdammter Köter.
...
Diesen elenden Beamten soll man wie einen verdammten Köter ...
Verstehe.
klingeling

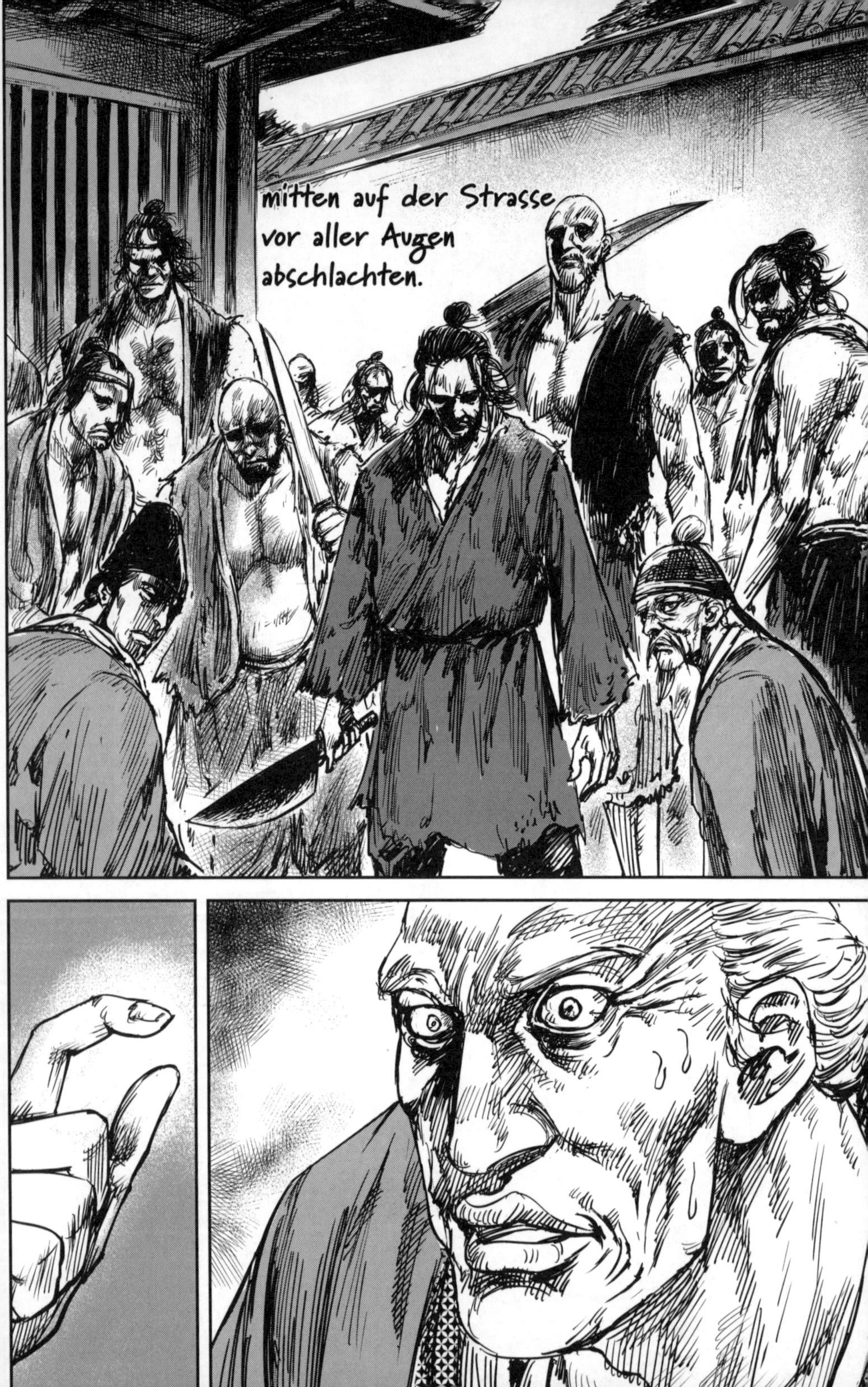
mitten auf der Strasse
vor aller Augen
abschlachten.

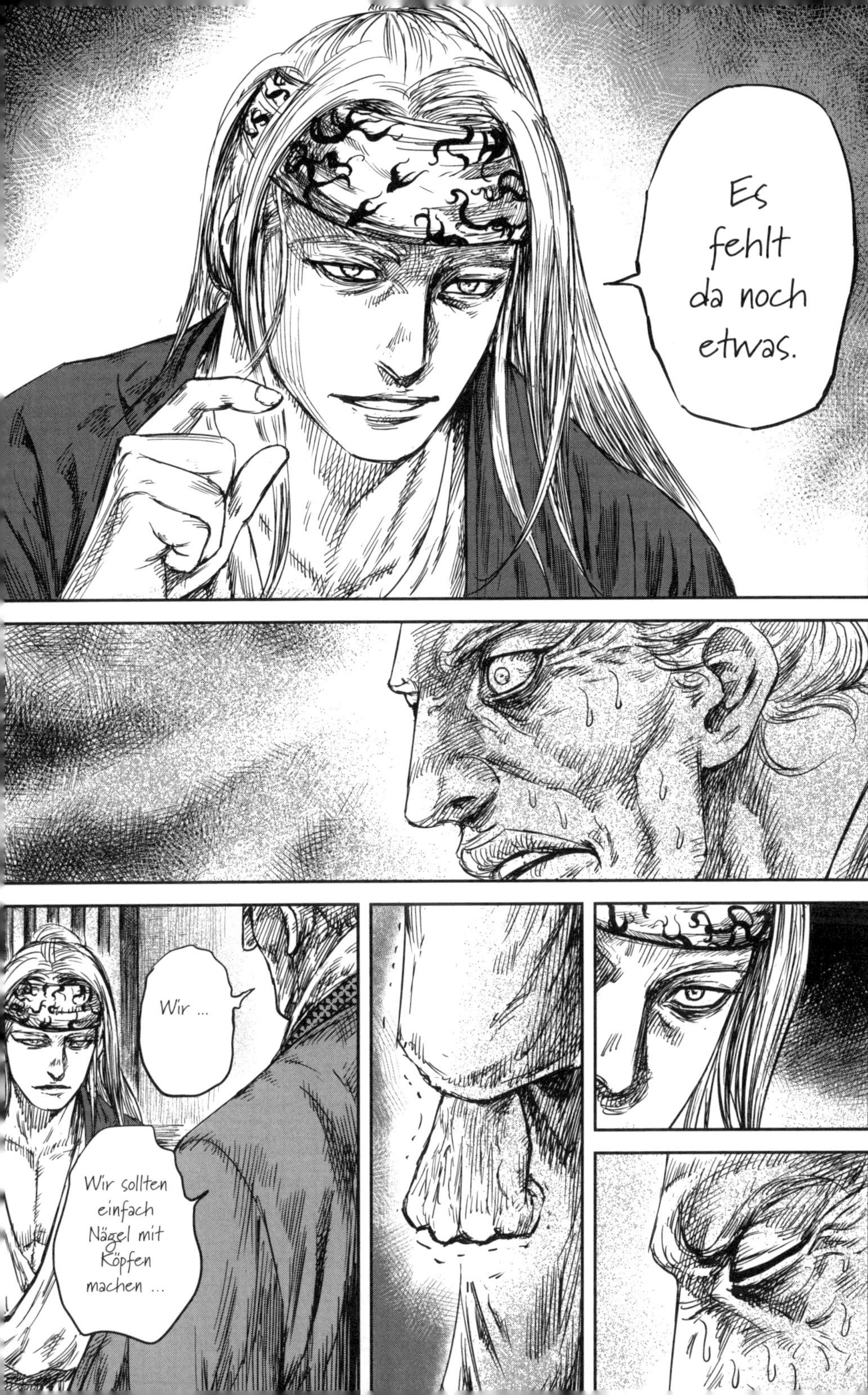
Es fehlt da noch etwas.
Wir ...
Wir sollten einfach Nägel mit Köpfen machen ...

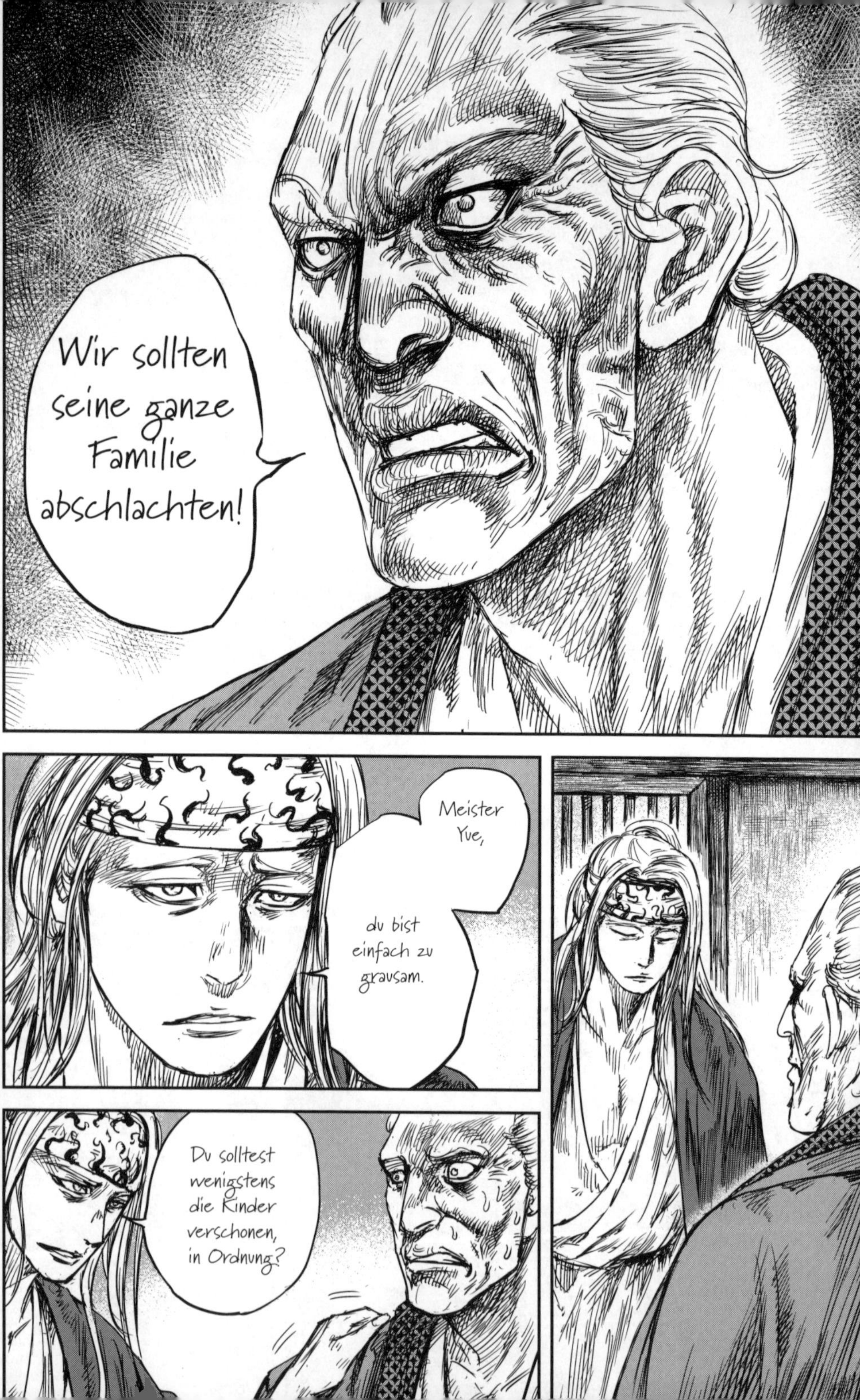
Wir sollten seine ganze Familie abschlachten!
Meister Yue,
du bist einfach zu grausam.
Du solltest wenigstens die Kinder verschonen, in Ordnung?

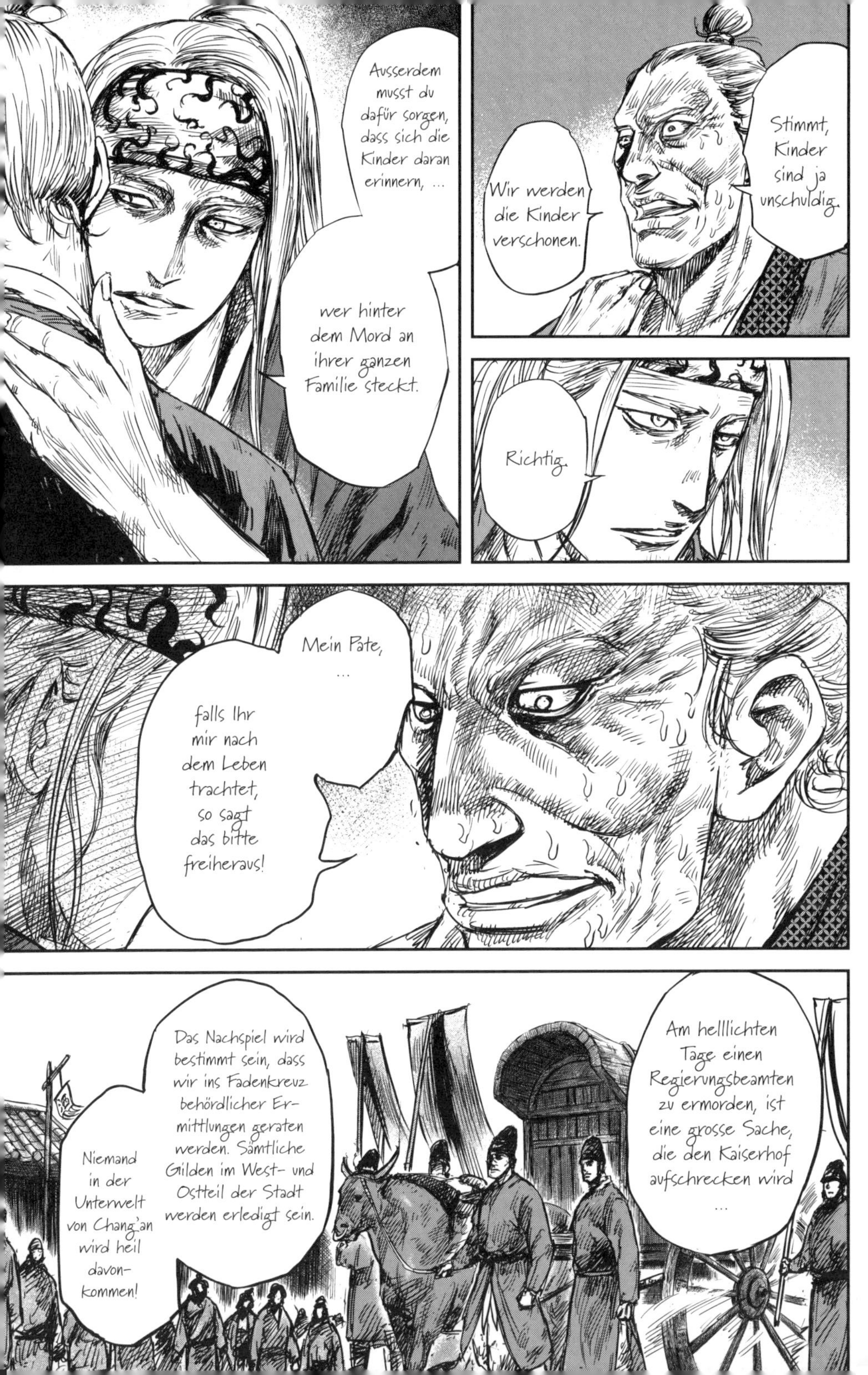
Ausserdem musst du dafür sorgen, dass sich die Kinder daran erinnern, …
wer hinter dem Mord an ihrer ganzen Familie steckt.
Stimmt, Kinder sind ja unschuldig.
Wir werden die Kinder verschonen.
Richtig.
Mein Pate, …
falls Ihr mir nach dem Leben trachtet, so sagt das bitte freiheraus!
Am helllichten Tage einen Regierungsbeamten zu ermorden, ist eine grosse Sache, die den Kaiserhof aufschrecken wird …
Das Nachspiel wird bestimmt sein, dass wir ins Fadenkreuz behördlicher Ermittlungen geraten werden. Sämtliche Gilden im West- und Ostteil der Stadt werden erledigt sein.
Niemand in der Unterwelt von Chang'an wird heil davonkommen!

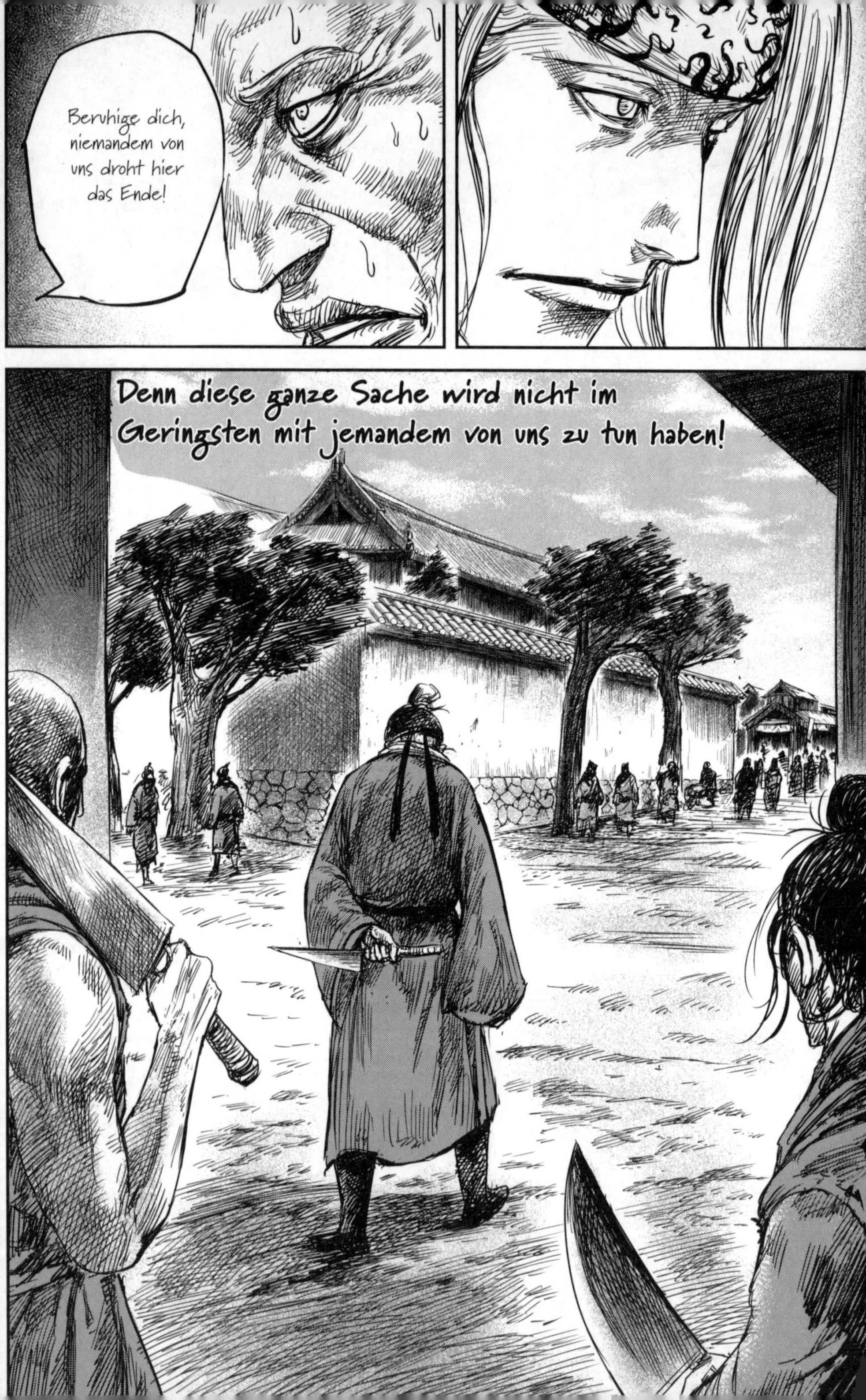
Beruhige dich, niemandem von uns droht hier das Ende!
Denn diese ganze Sache wird nicht im Geringsten mit jemandem von uns zu tun haben!

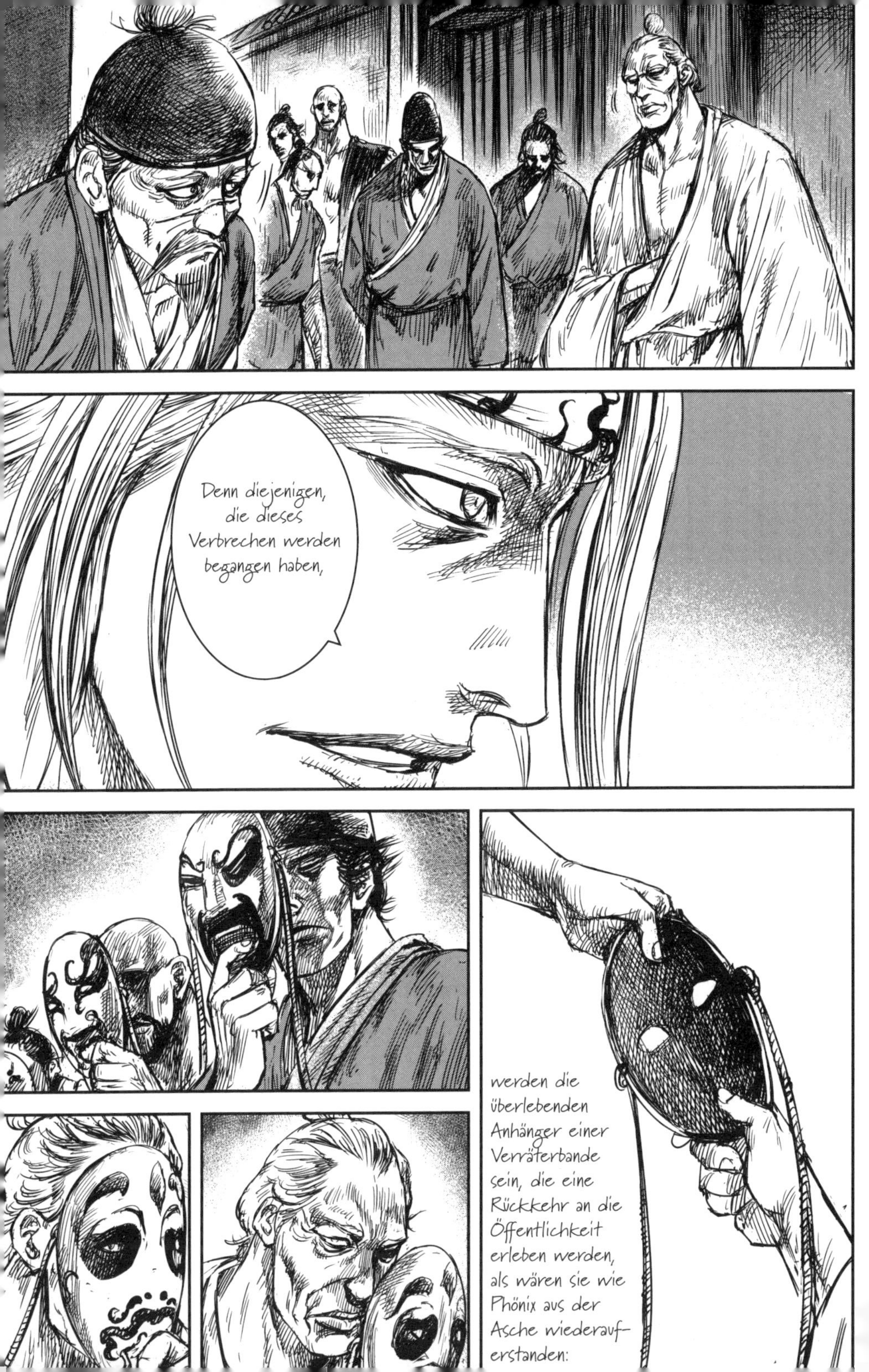
Denn diejenigen, die dieses Verbrechen werden begangen haben,
werden die überlebenden Anhänger einer Verräterbande sein, die eine Rückkehr an die Öffentlichkeit erleben werden, als wären sie wie Phönix aus der Asche wiederauferstanden:

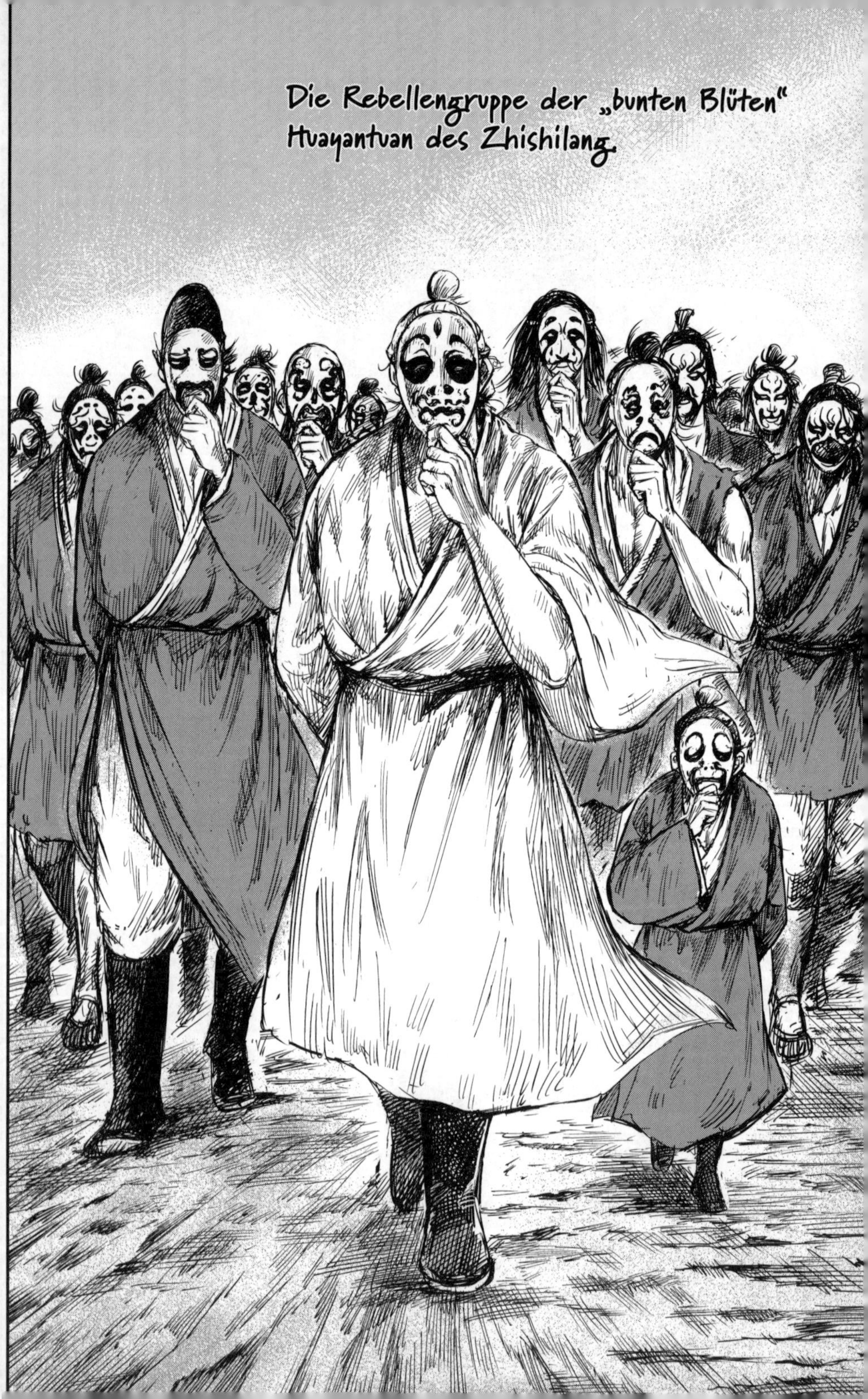
Die Rebellengruppe der „bunten Blüten"
Huayantuan des Zhishilang.

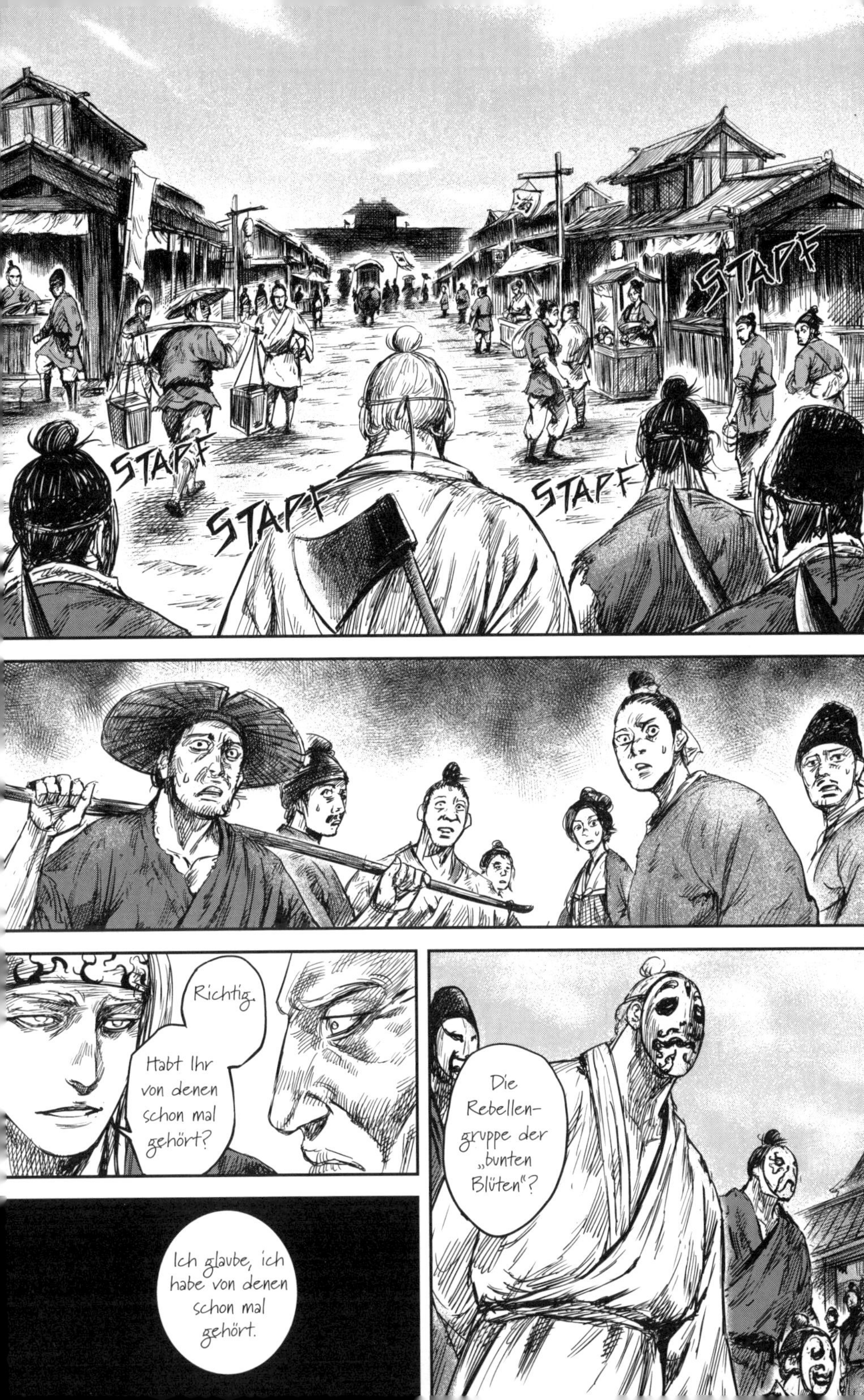
STAPF
STAPF
STAPF
STAPF
Die Rebellengruppe der „bunten Blüten"?
Richtig.
Habt Ihr von denen schon mal gehört?
Ich glaube, ich habe von denen schon mal gehört.

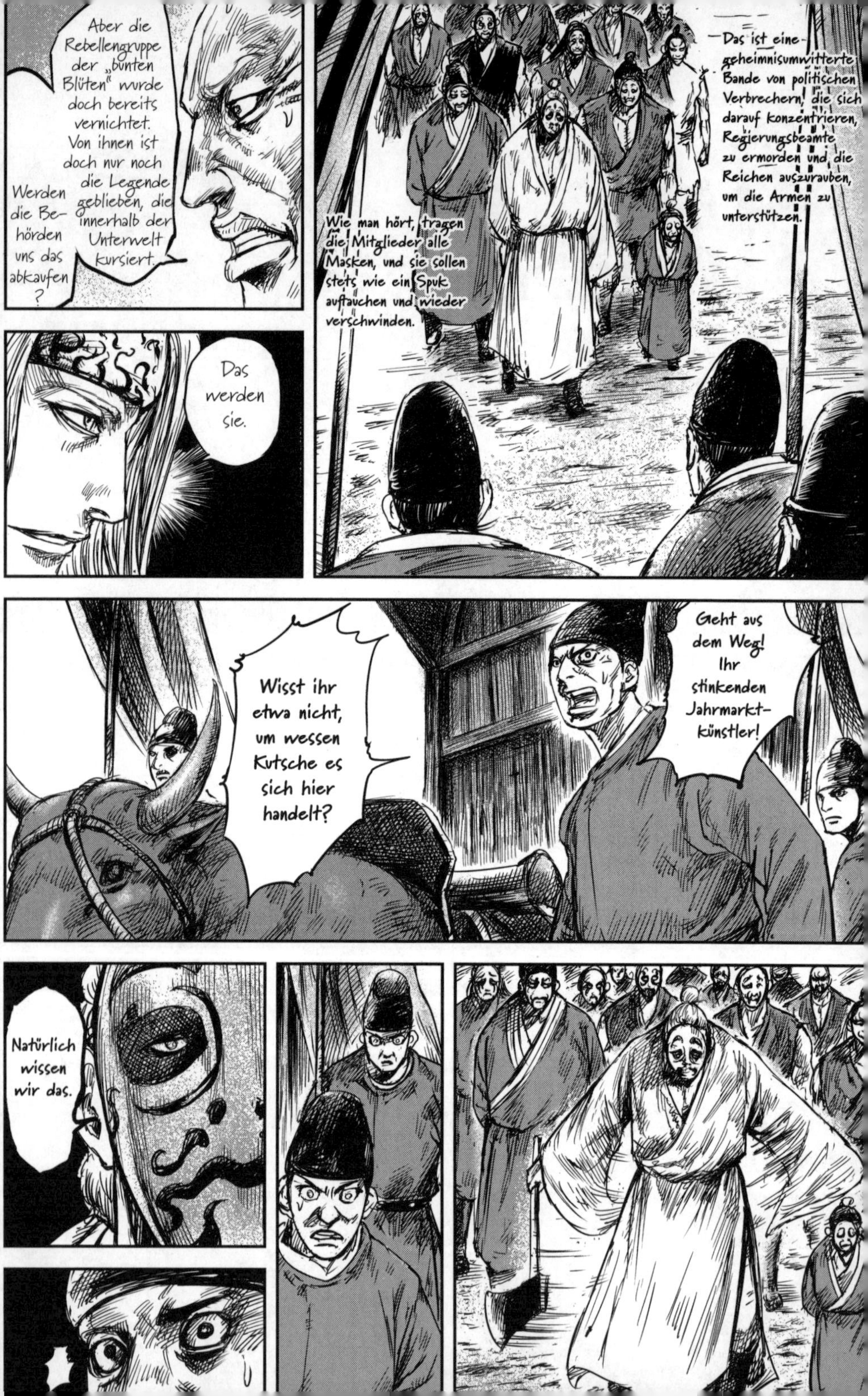

Aber die Rebellengruppe der „bunten Blüten" wurde doch bereits vernichtet. Von ihnen ist doch nur noch die Legende geblieben, die innerhalb der Unterwelt kursiert.
Werden die Behörden uns das abkaufen?
Das ist eine geheimnisumwitterte Bande von politischen Verbrechern, die sich darauf konzentrieren, Regierungsbeamte zu ermorden und die Reichen auszurauben, um die Armen zu unterstützen.
Wie man hört, tragen die Mitglieder alle Masken, und sie sollen stets wie ein Spuk auftauchen und wieder verschwinden.
Das werden sie.
Geht aus dem Weg! Ihr stinkenden Jahrmarkt-künstler!
Wisst ihr etwa nicht, um wessen Kutsche es sich hier handelt?
Natürlich wissen wir das.

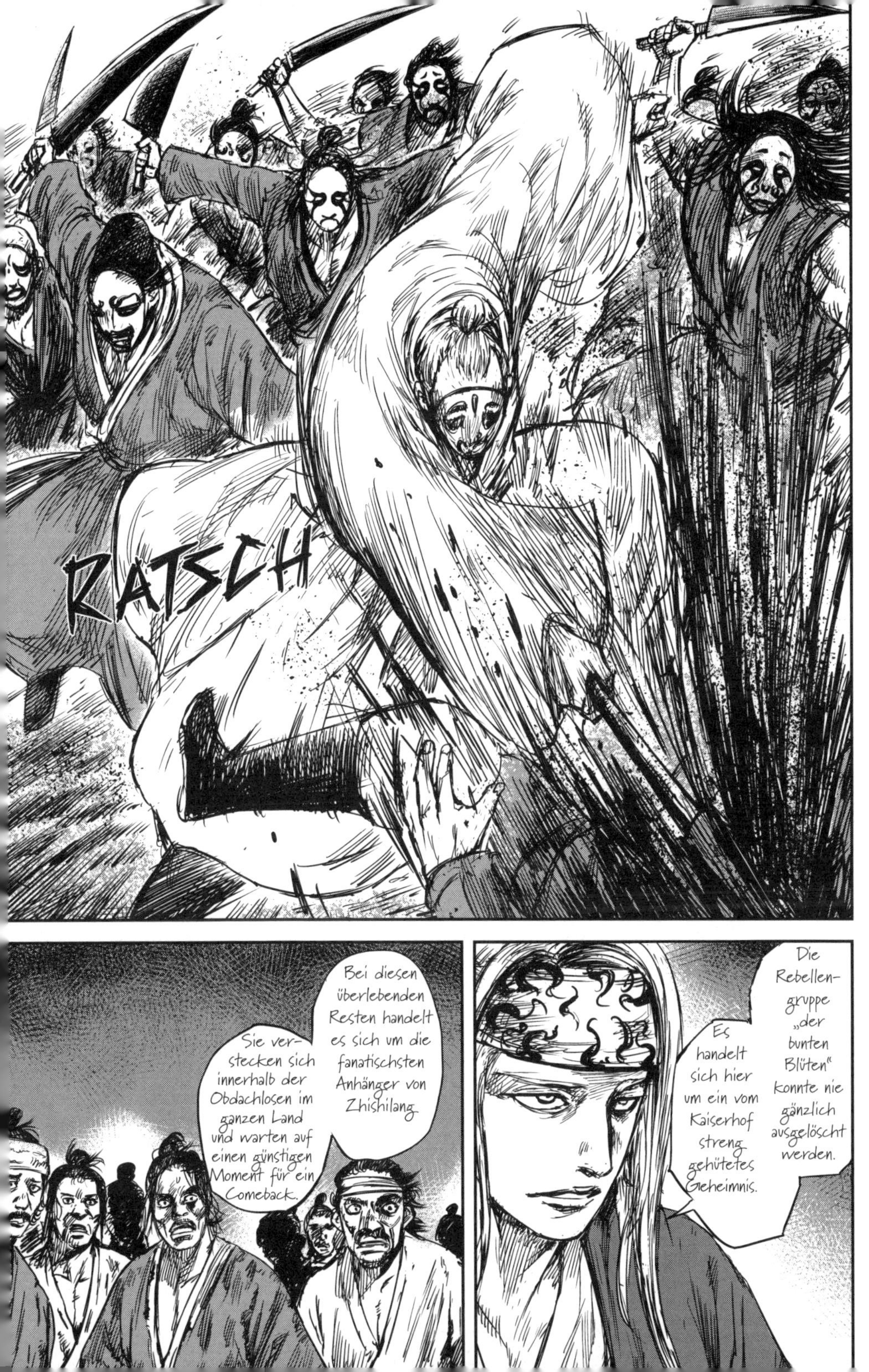
RATSCH
Die Rebellengruppe „der bunten Blüten" konnte nie gänzlich ausgelöscht werden.
Es handelt sich hier um ein vom Kaiserhof streng gehütetes Geheimnis.
Bei diesen überlebenden Resten handelt es sich um die fanatischsten Anhänger von Zhishilang.
Sie verstecken sich innerhalb der Obdachlosen im ganzen Land und warten auf einen günstigen Moment für ein Comeback.

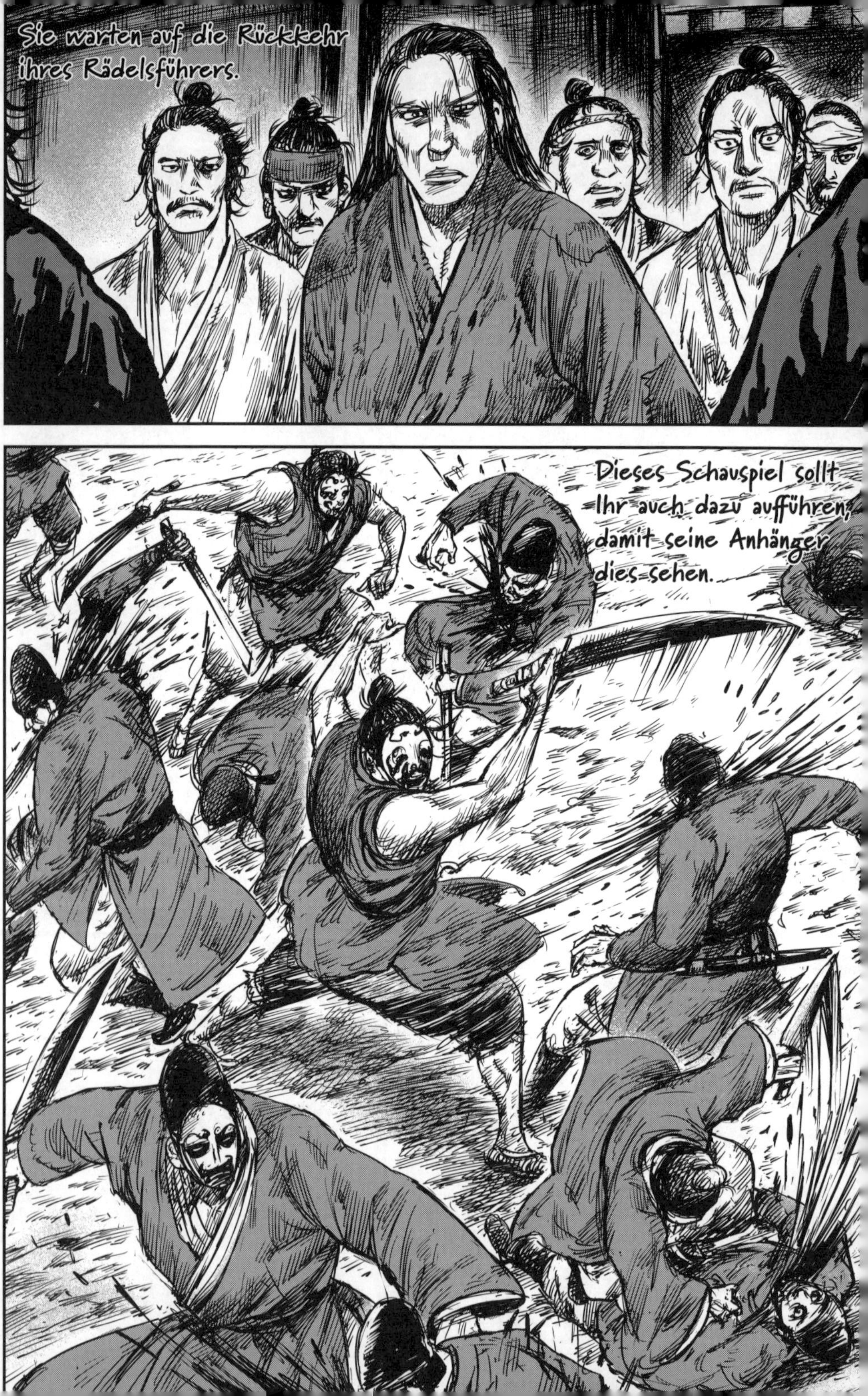
Sie warten auf die Rückkehr ihres Rädelsführers.
Dieses Schauspiel sollt Ihr auch dazu aufführen, damit seine Anhänger dies sehen.

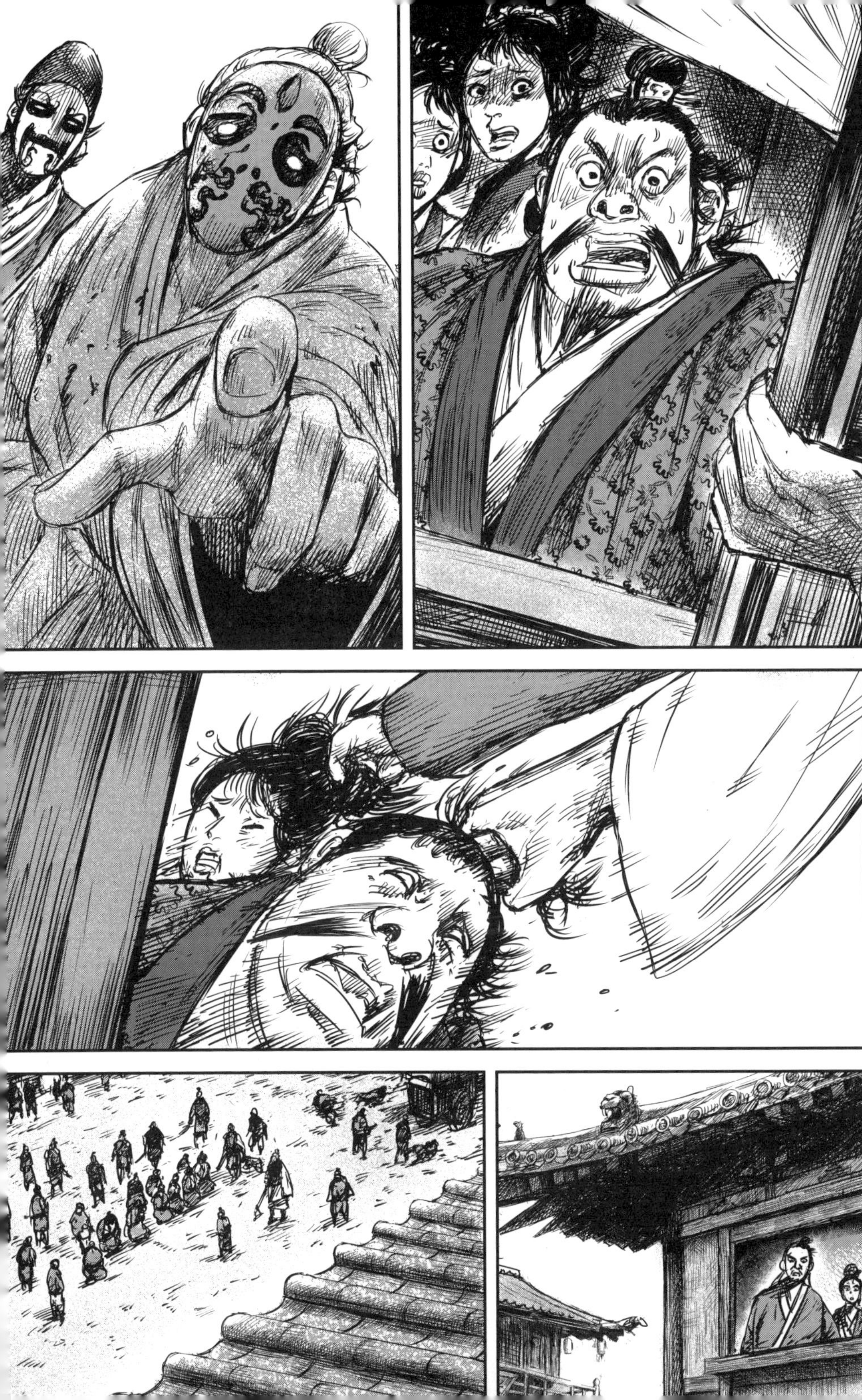

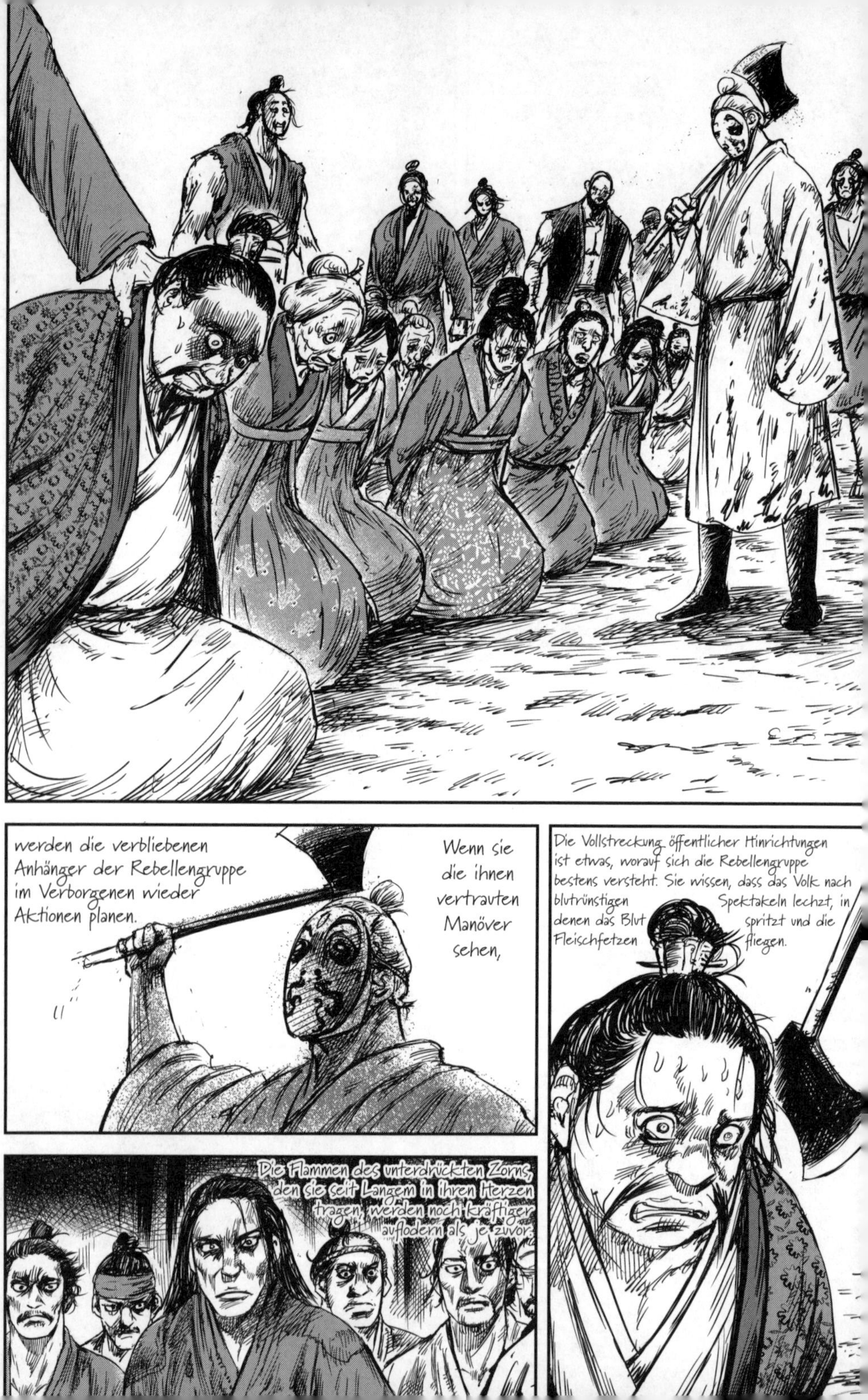
Die Vollstreckung öffentlicher Hinrichtungen ist etwas, worauf sich die Rebellengruppe bestens versteht. Sie wissen, dass das Volk nach blutrünstigen Spektakeln lechzt, in denen das Blut spritzt und die Fleischfetzen fliegen.
Wenn sie die ihnen vertrauten Manöver sehen,
werden die verbliebenen Anhänger der Rebellengruppe im Verborgenen wieder Aktionen planen.
Die Flammen des unterdrückten Zorns, den sie seit Langem in ihren Herzen tragen, werden noch kräftiger auflodern als je zuvor.

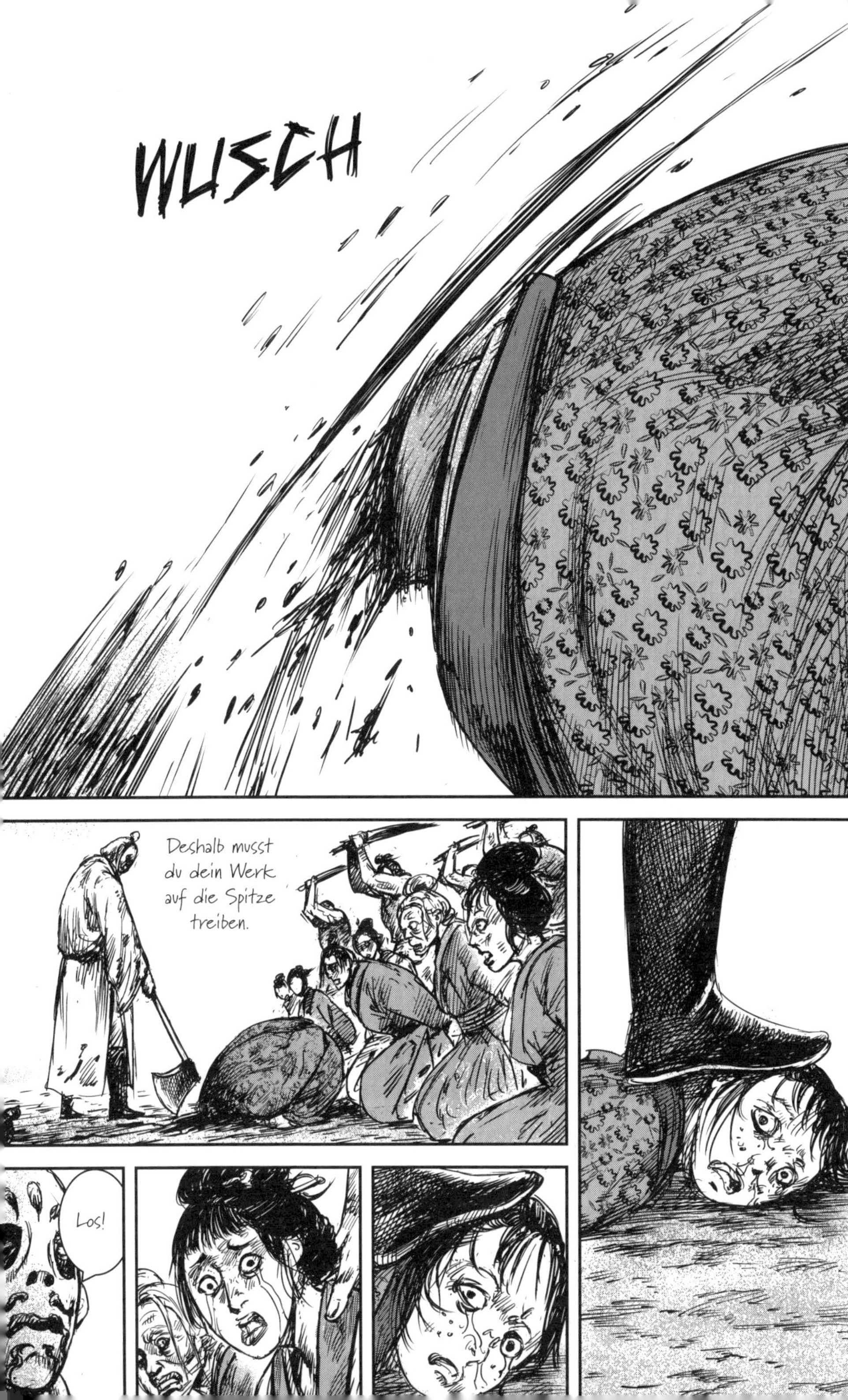
WUSCH
Deshalb musst du dein Werk auf die Spitze treiben.
Los!

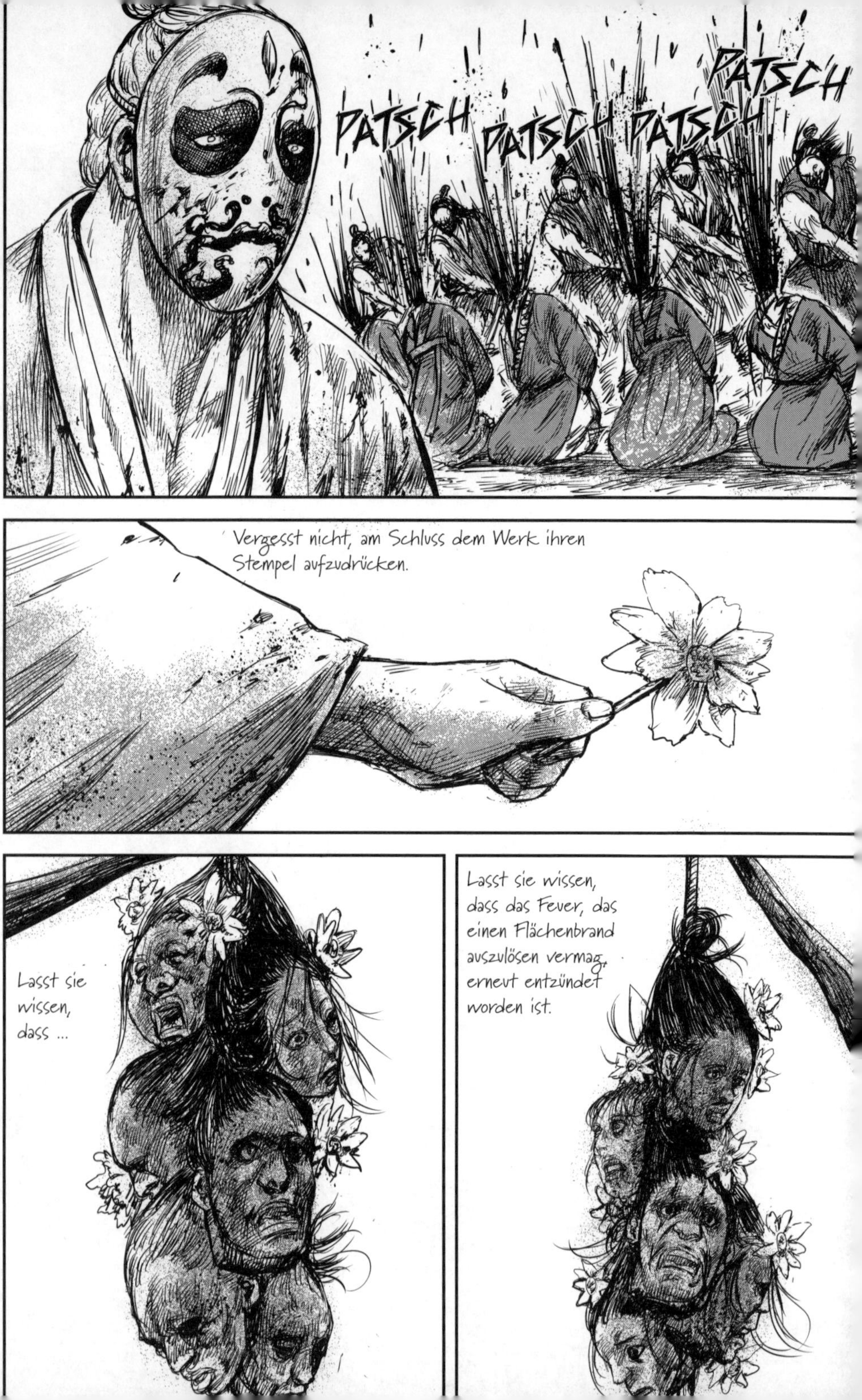
PATSCH
PATSCH
PATSCH
PATSCH
Vergesst nicht, am Schluss dem Werk ihren Stempel aufzudrücken.
Lasst sie wissen, dass das Feuer, das einen Flächenbrand auszulösen vermag, erneut entzündet worden ist.
Lasst sie wissen, dass ...

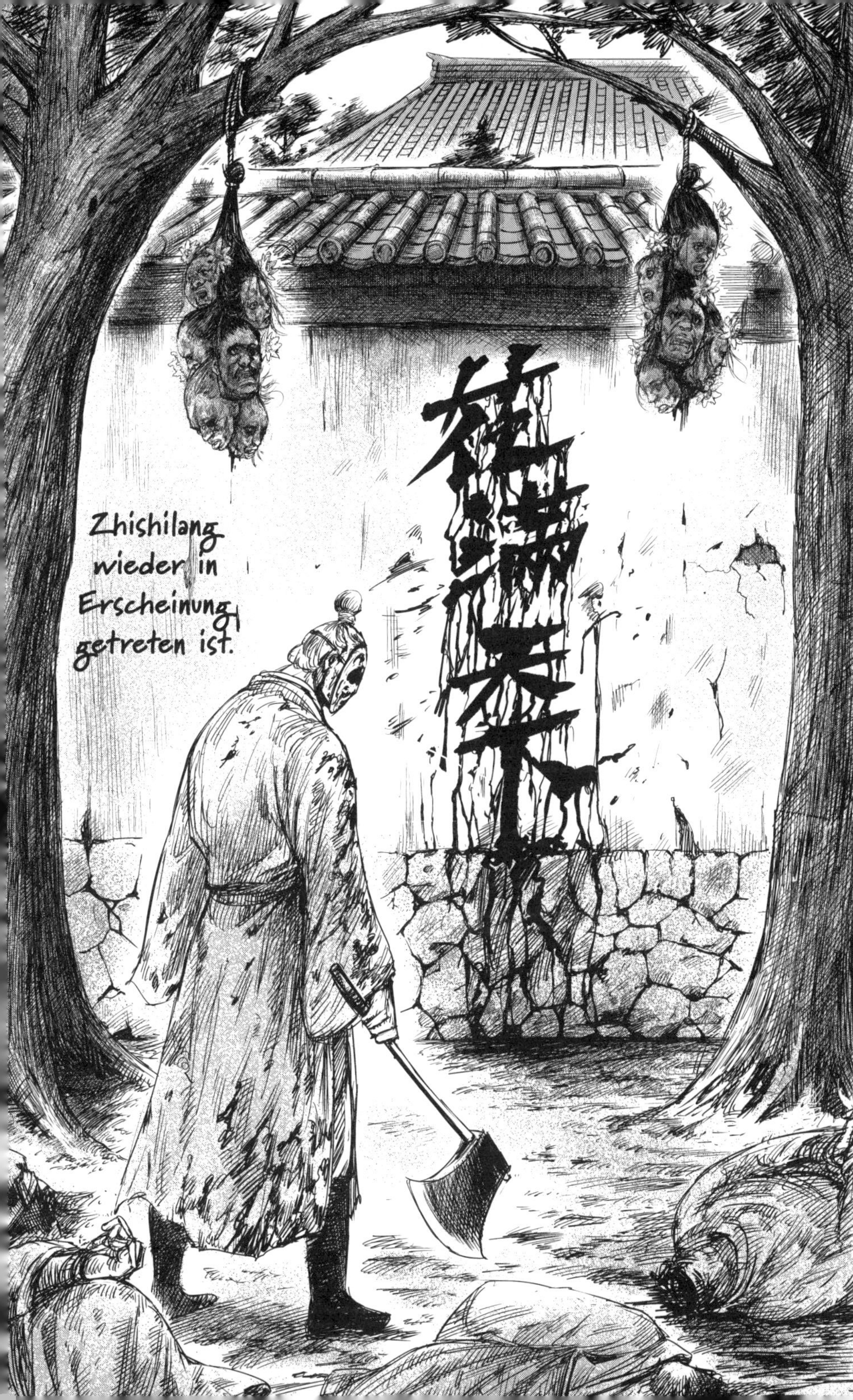
Zhishilang wieder in Erscheinung getreten ist.

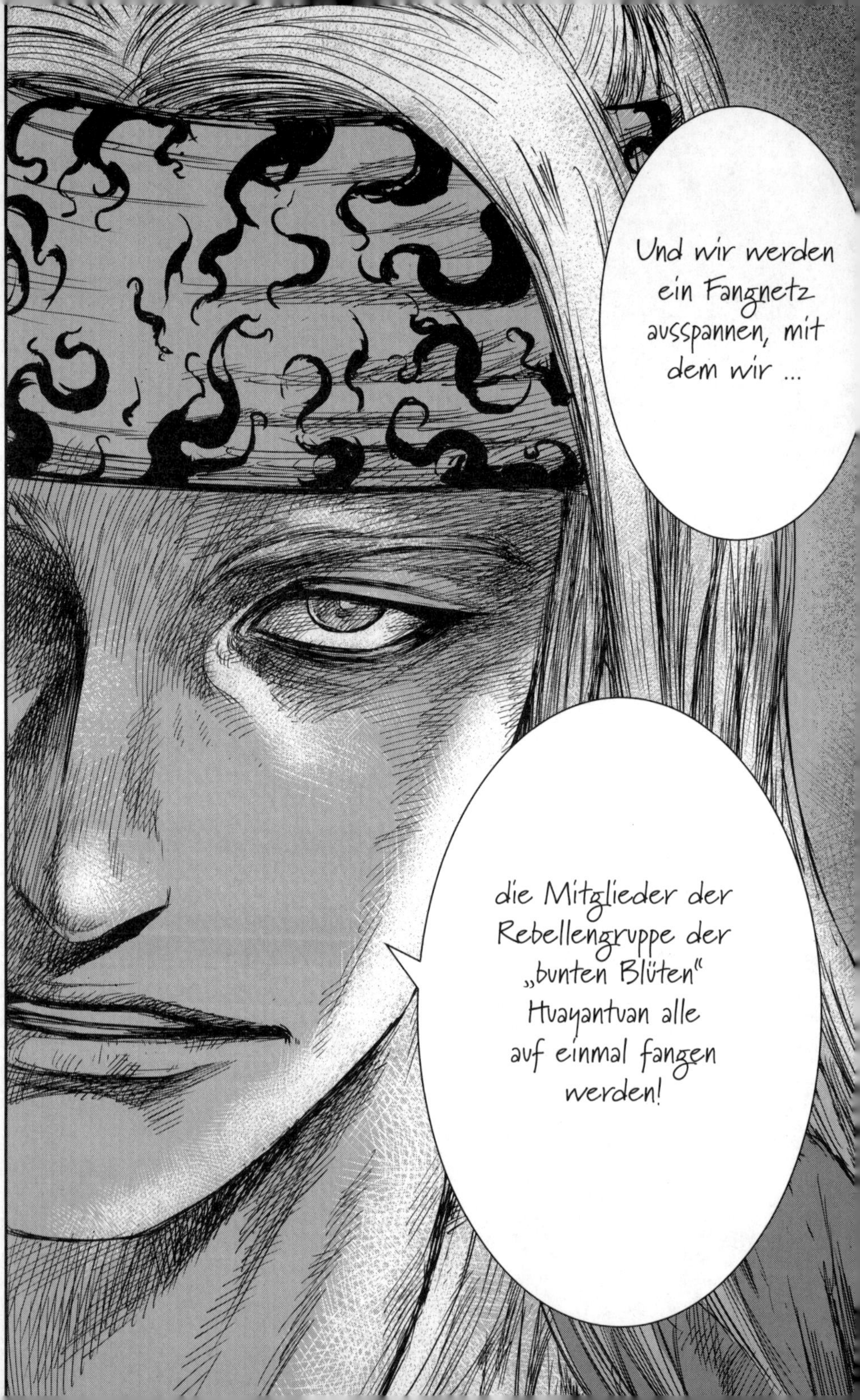
Und wir werden ein Fangnetz ausspannen, mit dem wir ...
die Mitglieder der Rebellengruppe der „bunten Blüten“ Huayantuan alle auf einmal fangen werden!

klinge
ling

Zhiji war schon in seinen jungen Jahren eigensinnig und grausam, und suchte stets Streit mit anderen.

Bei den Kumpanen, mit denen er sich umgab, handelte es sich alles um streitlustige Raufbolde. Sie gaben sich allen möglichen Ausschweifungen hin und schreckten vor keiner Untat zurück.

Quelle:
Geschichte der Sui-Dynastie:
Biographie Nr. 51:
Zhiji, der jüngere Bruder des Yuwen Huaji

Dritter Akt:
Die Unterwelt

Kapitel 56:
Die Familie der Yuwen

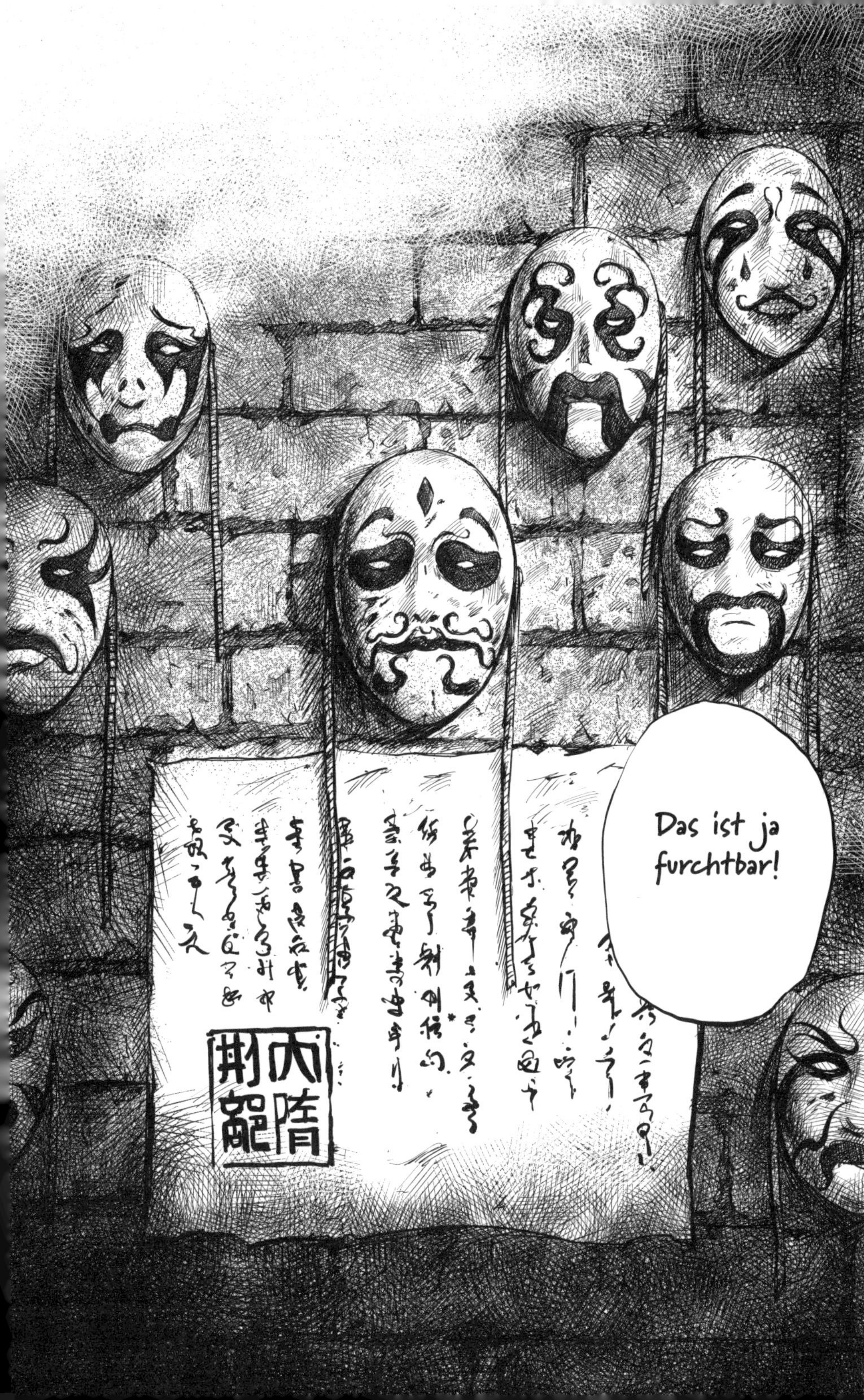
Das ist ja furchtbar!

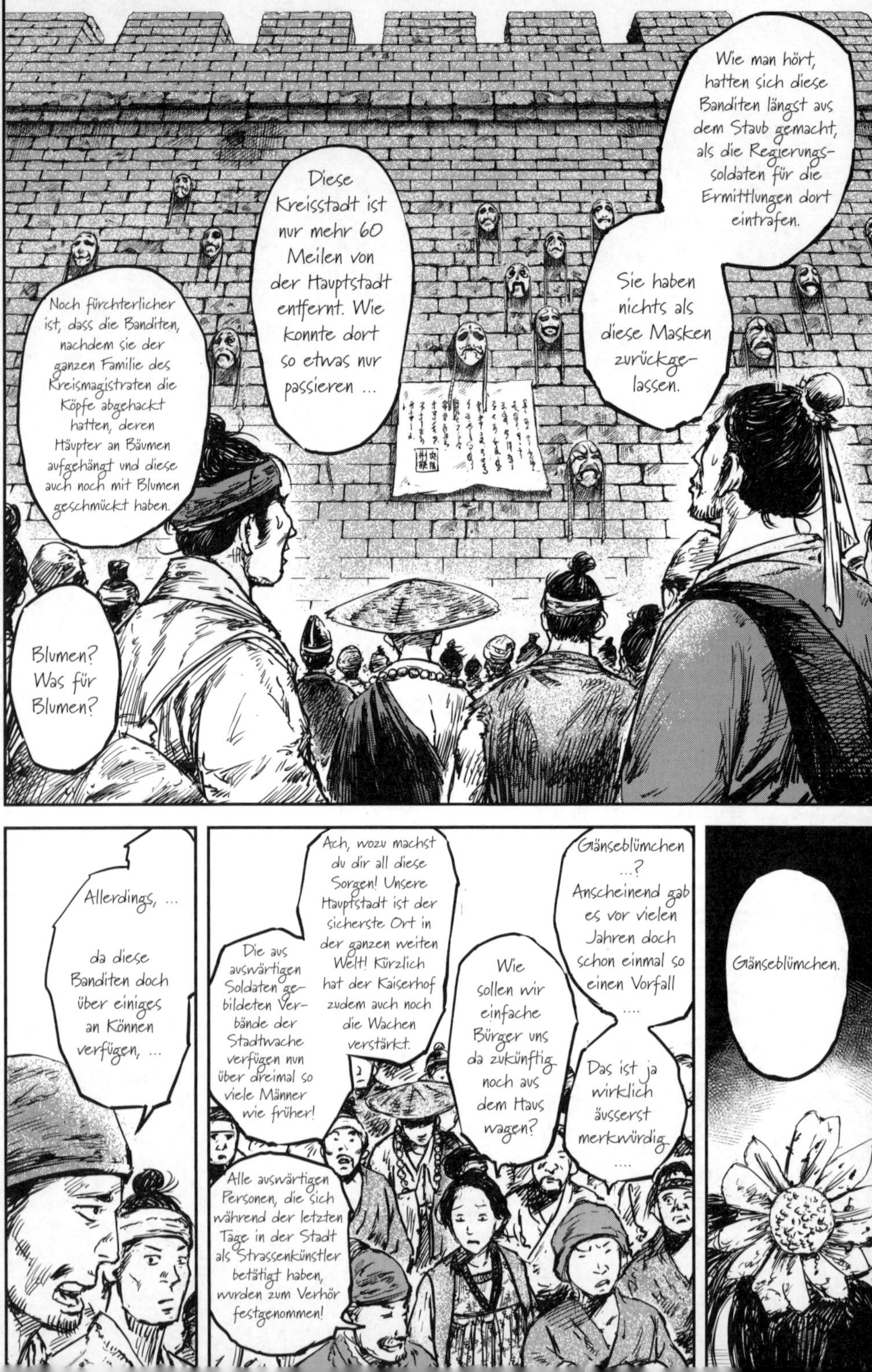

Diese Kreisstadt ist nur mehr 60 Meilen von der Hauptstadt entfernt. Wie konnte dort so etwas nur passieren ...
Wie man hört, hatten sich diese Banditen längst aus dem Staub gemacht, als die Regierungs-soldaten für die Ermittlungen dort eintrafen.
Sie haben nichts als diese Masken zurückge-lassen.
Noch fürchterlicher ist, dass die Banditen, nachdem sie der ganzen Familie des Kreismagistraten die Köpfe abgehackt hatten, deren Häupter an Bäumen aufgehängt und diese auch noch mit Blumen geschmückt haben.
Blumen? Was für Blumen?
Allerdings, ...
da diese Banditen doch über einiges an Können verfügen, ...
Ach, wozu machst du dir all diese Sorgen! Unsere Hauptstadt ist der sicherste Ort in der ganzen weiten Welt! Kürzlich hat der Kaiserhof zudem auch noch die Wachen verstärkt.
Die aus auswärtigen Soldaten ge-bildeten Ver-bände der Stadtwache verfügen nun über dreimal so viele Männer wie früher!
Alle auswärtigen Personen, die sich während der letzten Tage in der Stadt als Strassenkünstler betätigt haben, wurden zum Verhör festgenommen!
Wie sollen wir einfache Bürger uns da zukünftig noch aus dem Haus wagen?
Gänseblümchen ...? Anscheinend gab es vor vielen Jahren doch schon einmal so einen Vorfall ....
Das ist ja wirklich äusserst merkwürdig ....
Gänseblümchen.

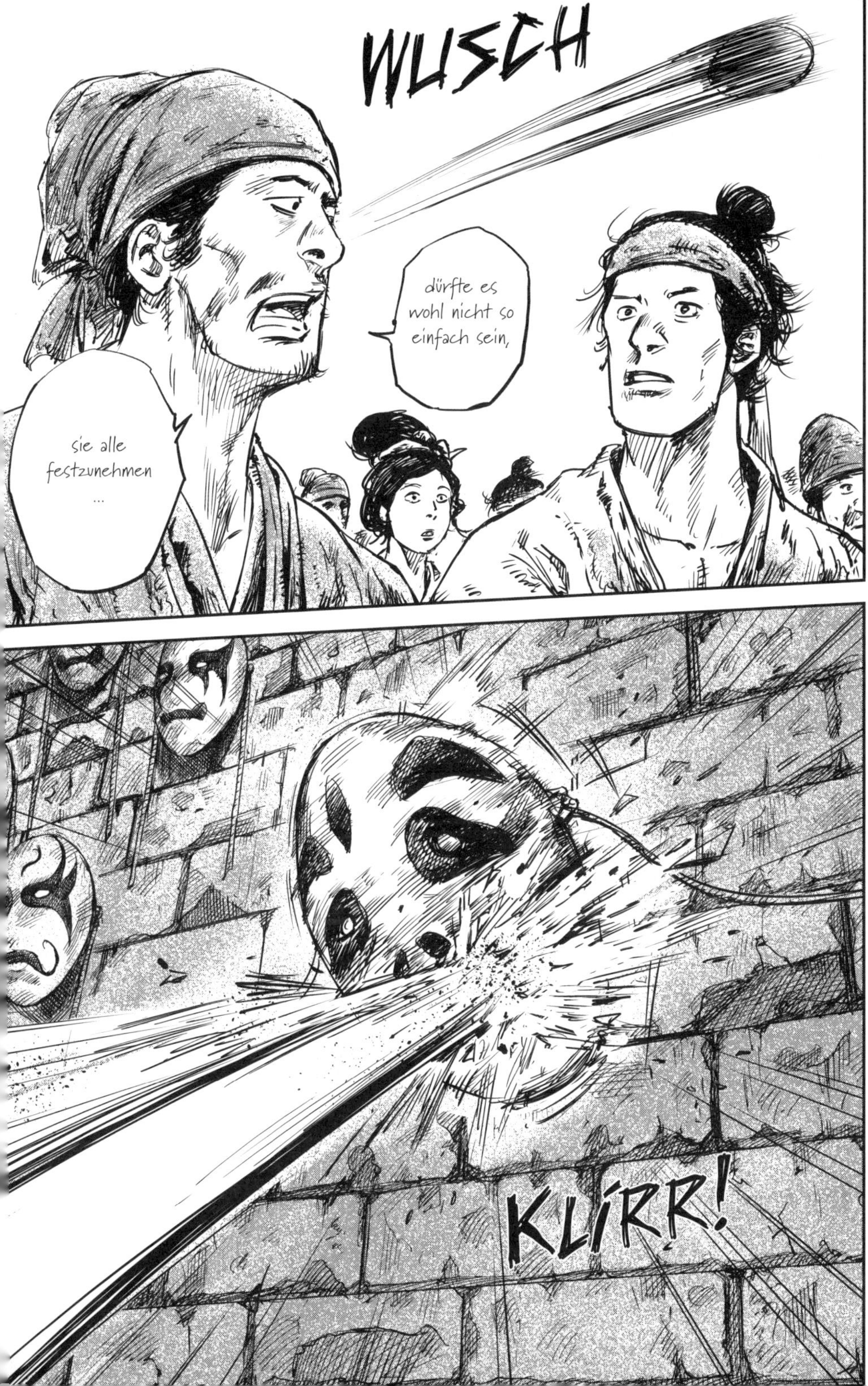
WUSCH
dürfte es wohl nicht so einfach sein,
sie alle festzunehmen ...
KLIRR!

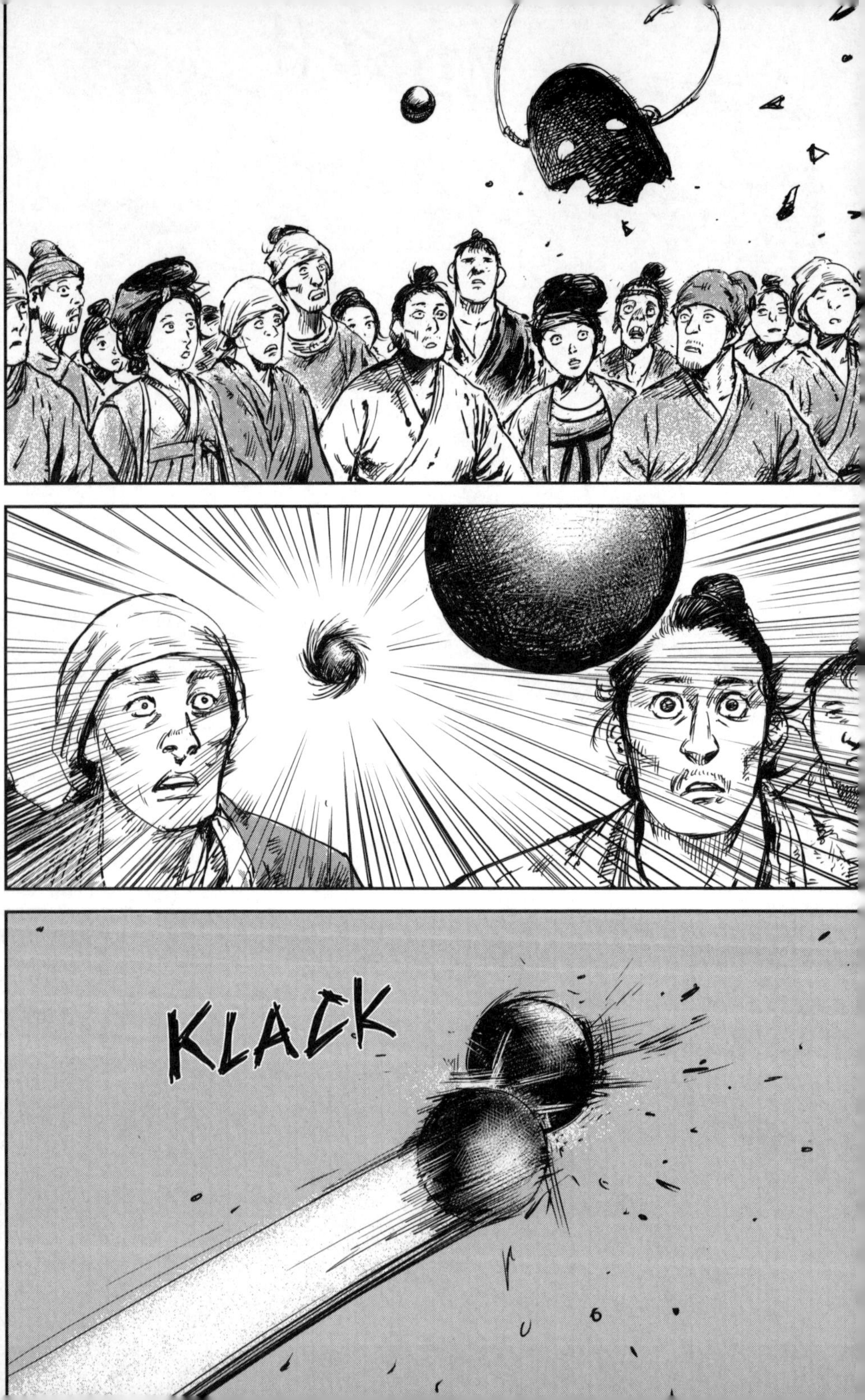
KLACK

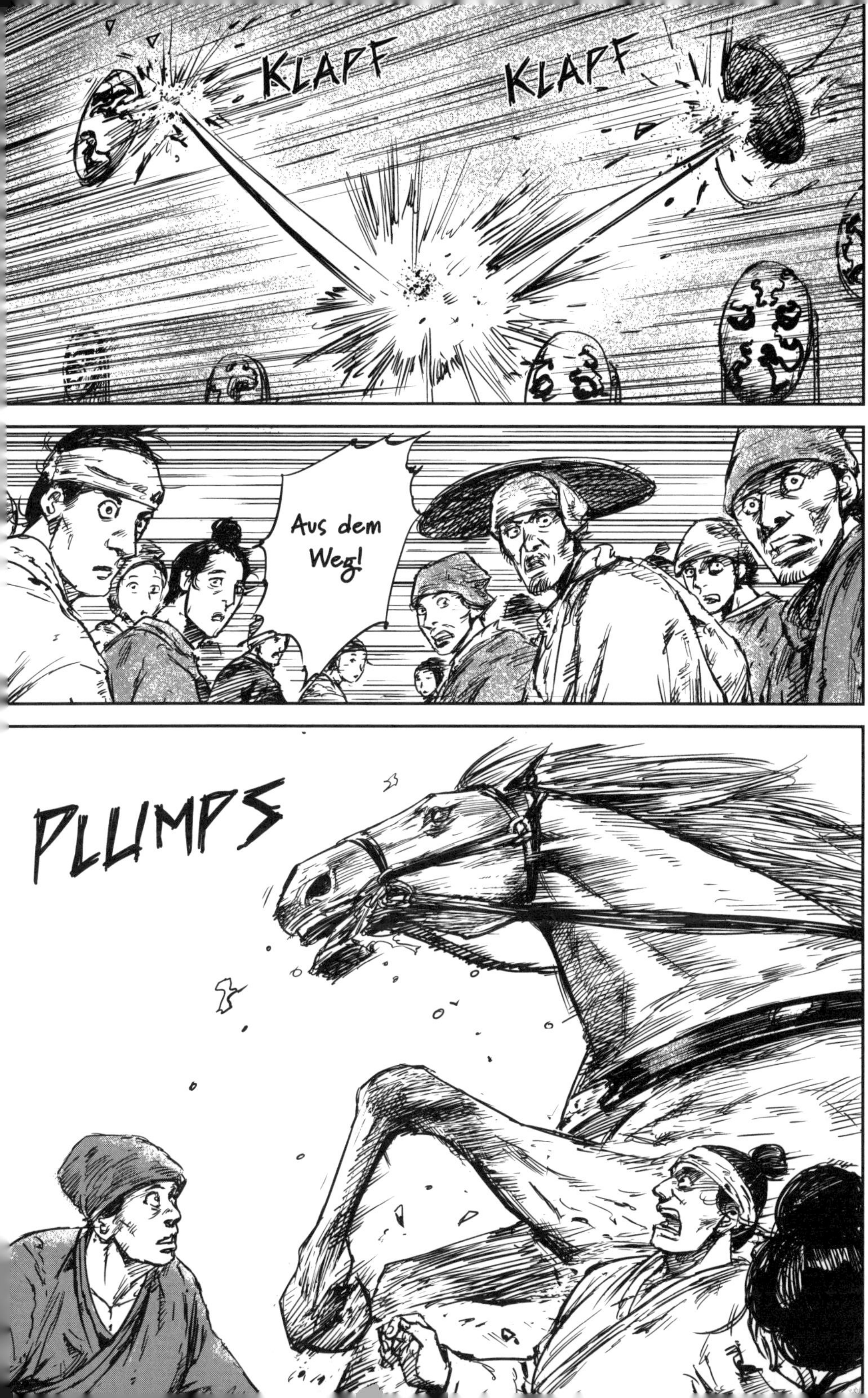
KLAPF
KLAPF
Aus dem Weg!
PLUMPS

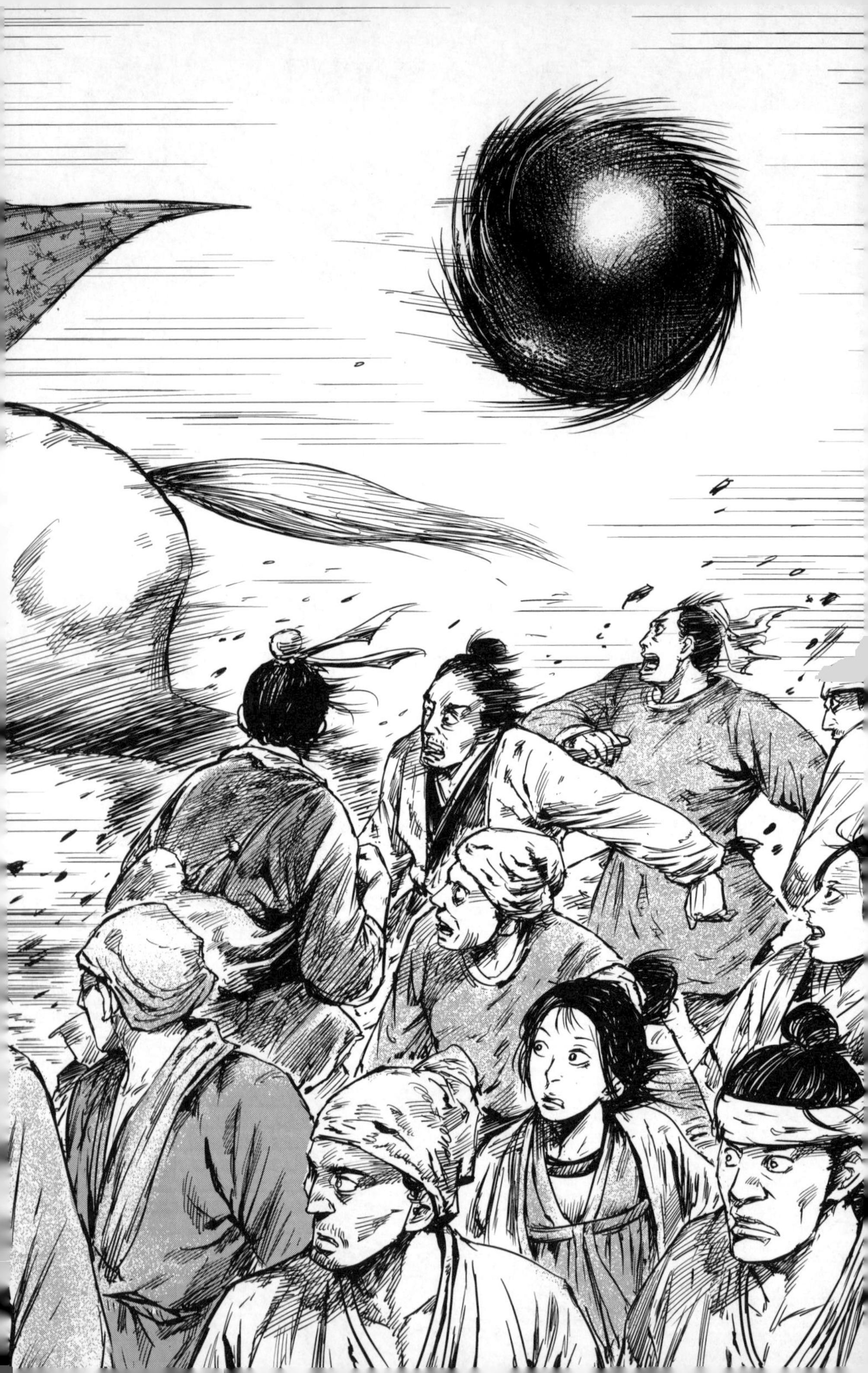

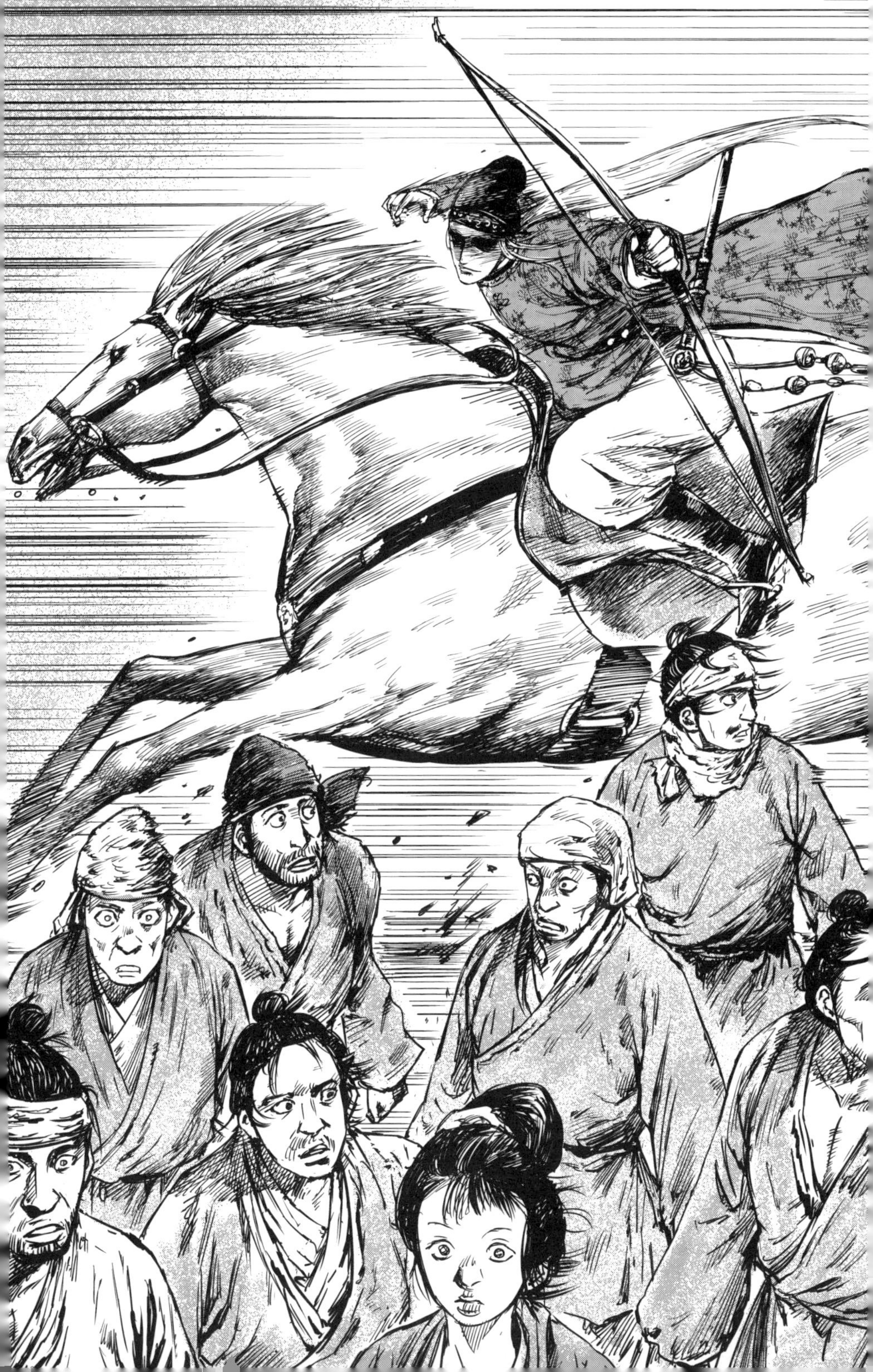

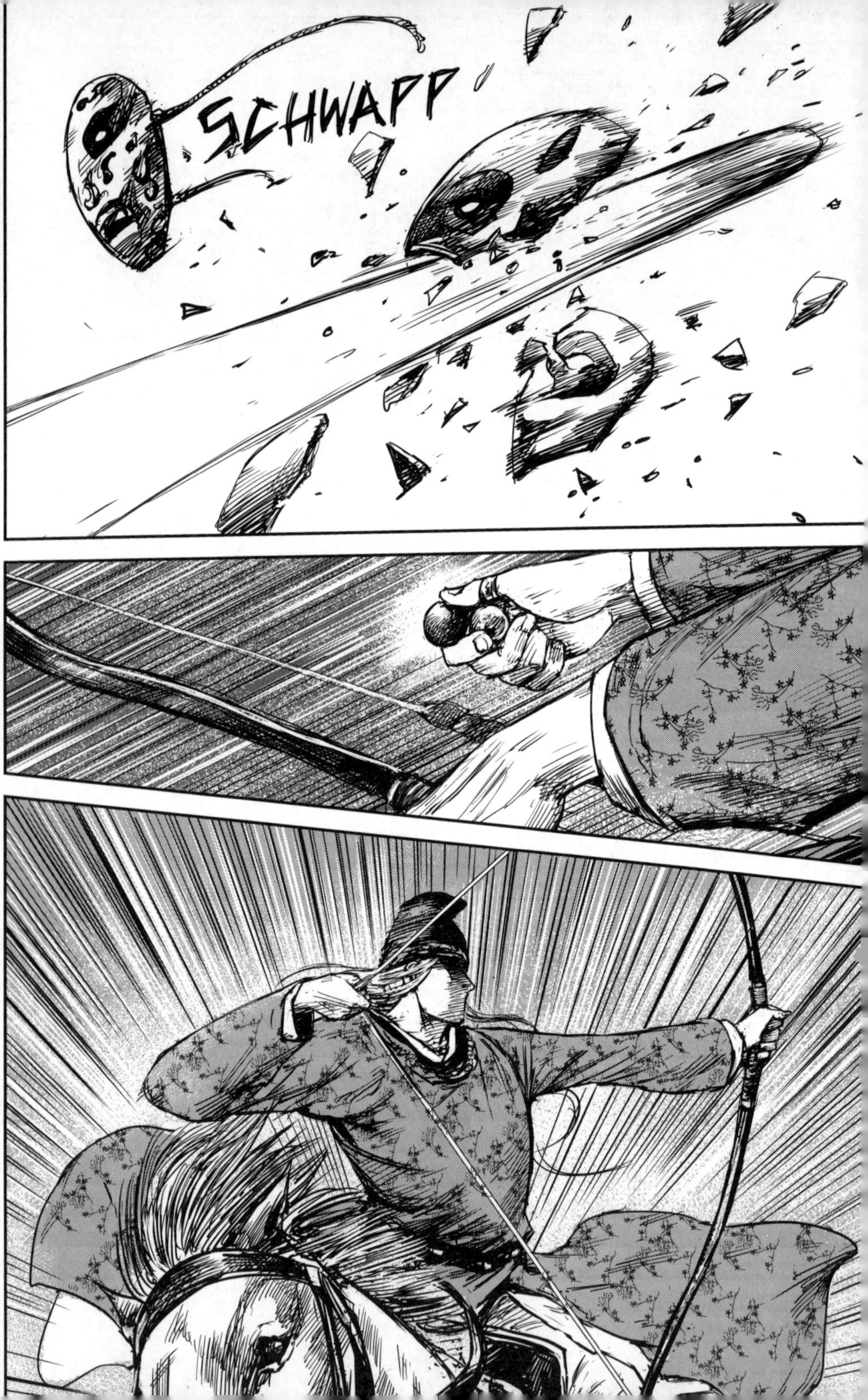
SCHWAPP

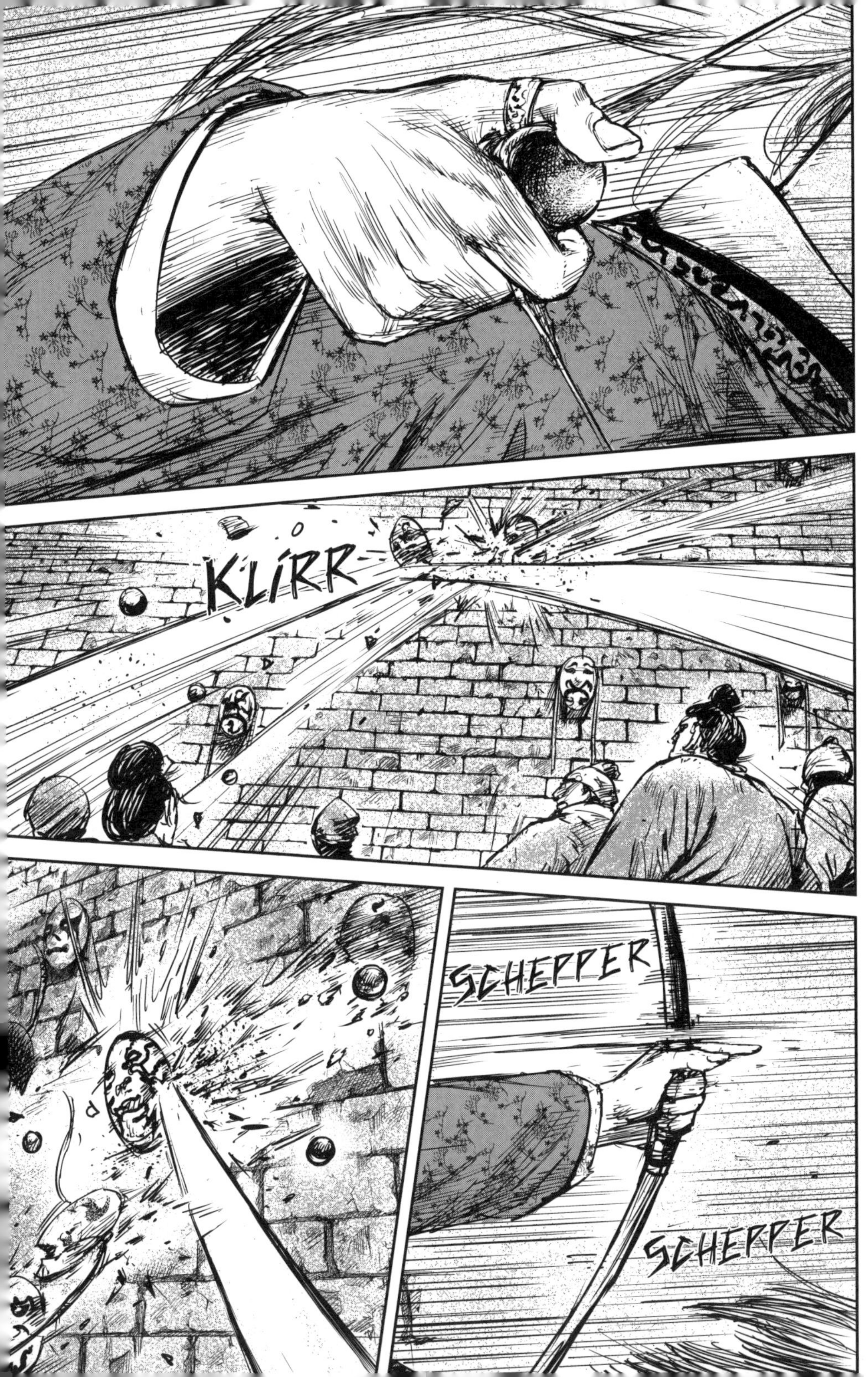
KLIRR
SCHEPPER
SCHEPPER

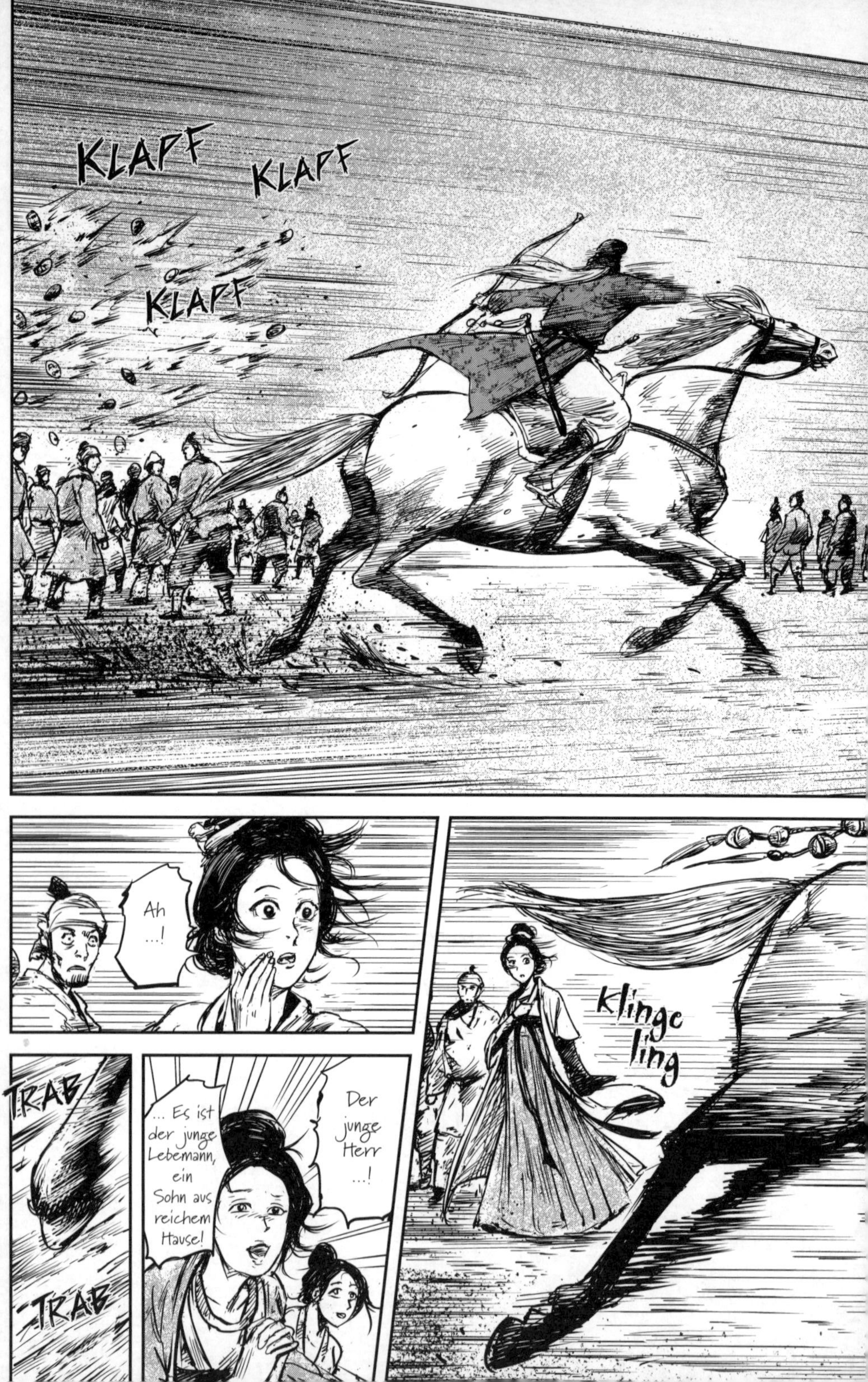
KLAPF
KLAPF
KLAPF
Ah ...!
Klingeling
Der junge Herr ...!
... Es ist der junge Lebemann, ein Sohn aus reichem Hause!
TRAB
TRAB

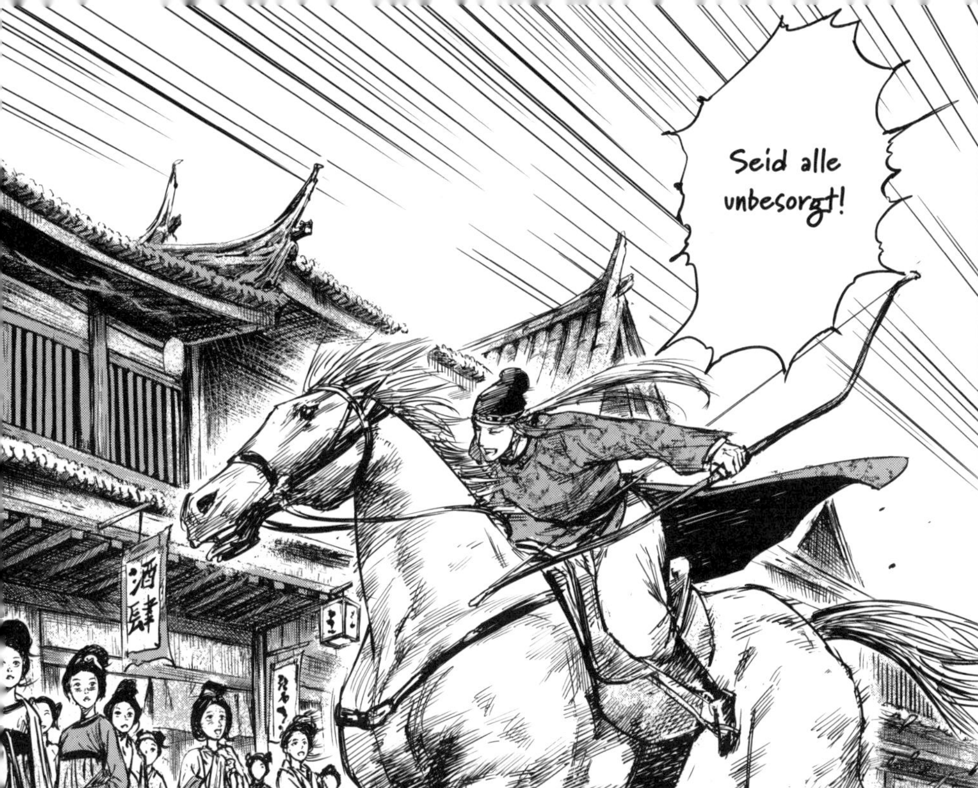

Aufschrift auf Schild oben : Weinschenke

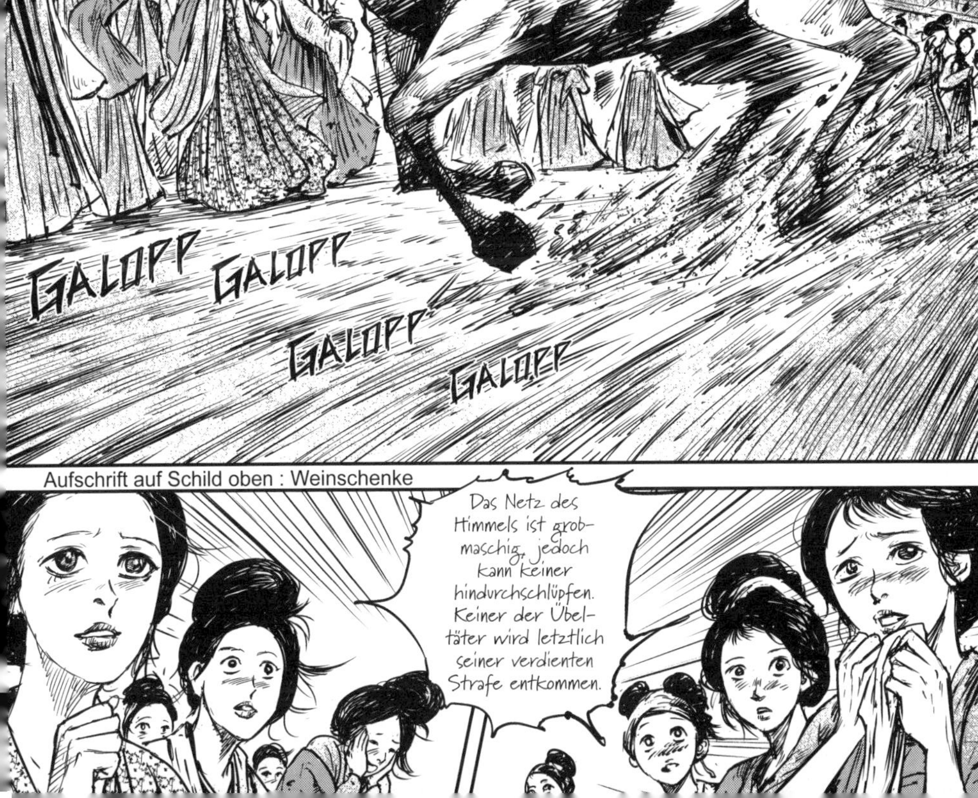

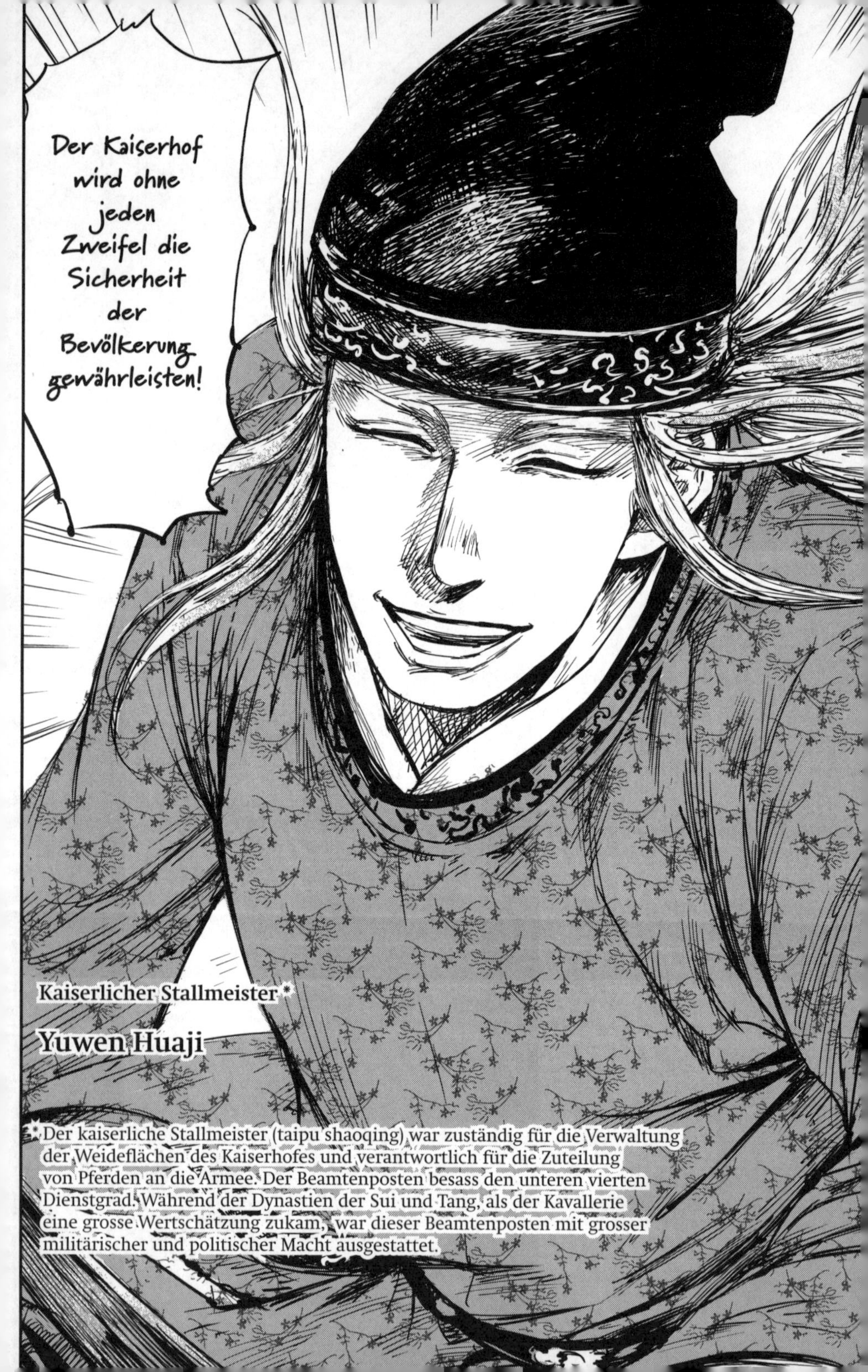
Der Kaiserhof wird ohne jeden Zweifel die Sicherheit der Bevölkerung gewährleisten!
Kaiserlicher Stallmeister*
Yuwen Huaji
*Der kaiserliche Stallmeister (taipu shaoqing) war zuständig für die Verwaltung der Weideflächen des Kaiserhofes und verantwortlich für die Zuteilung von Pferden an die Armee. Der Beamtenposten besass den unteren vierten Dienstgrad. Während der Dynastien der Sui und Tang, als der Kavallerie eine grosse Wertschätzung zukam, war dieser Beamtenposten mit grosser militärischer und politischer Macht ausgestattet.

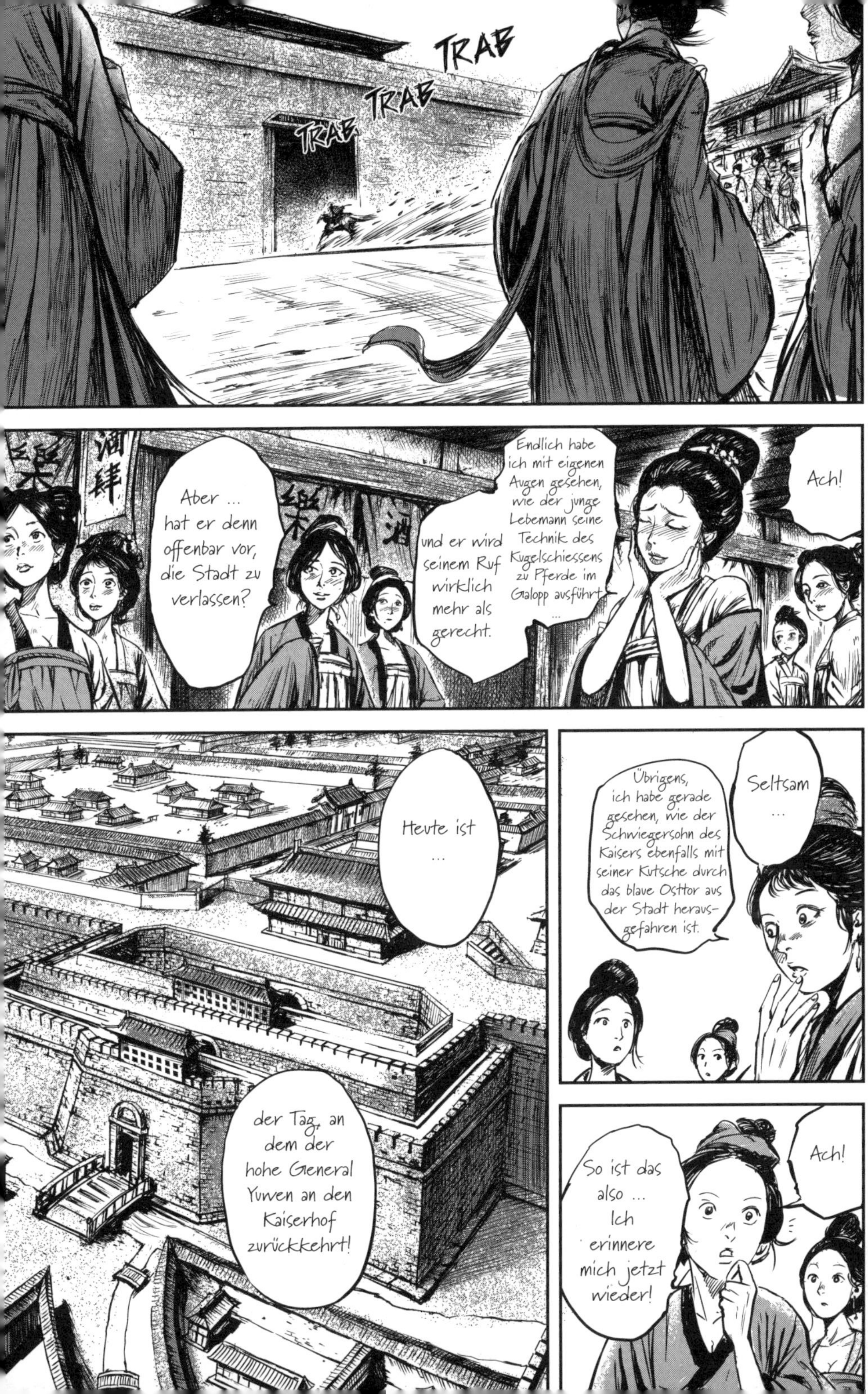
TRAB
TRAB
TRAB
Aber … hat er denn offenbar vor, die Stadt zu verlassen?
und er wird seinem Ruf wirklich mehr als gerecht.
Endlich habe ich mit eigenen Augen gesehen, wie der junge Lebemann seine Technik des Kugelschiessens zu Pferde im Galopp ausführt …
Ach!
Heute ist …
der Tag, an dem der hohe General Yuwen an den Kaiserhof zurückkehrt!
Seltsam …
Übrigens, ich habe gerade gesehen, wie der Schwiegersohn des Kaisers ebenfalls mit seiner Kutsche durch das blaue Osttor aus der Stadt herausgefahren ist.
Ach!
So ist das also … Ich erinnere mich jetzt wieder!

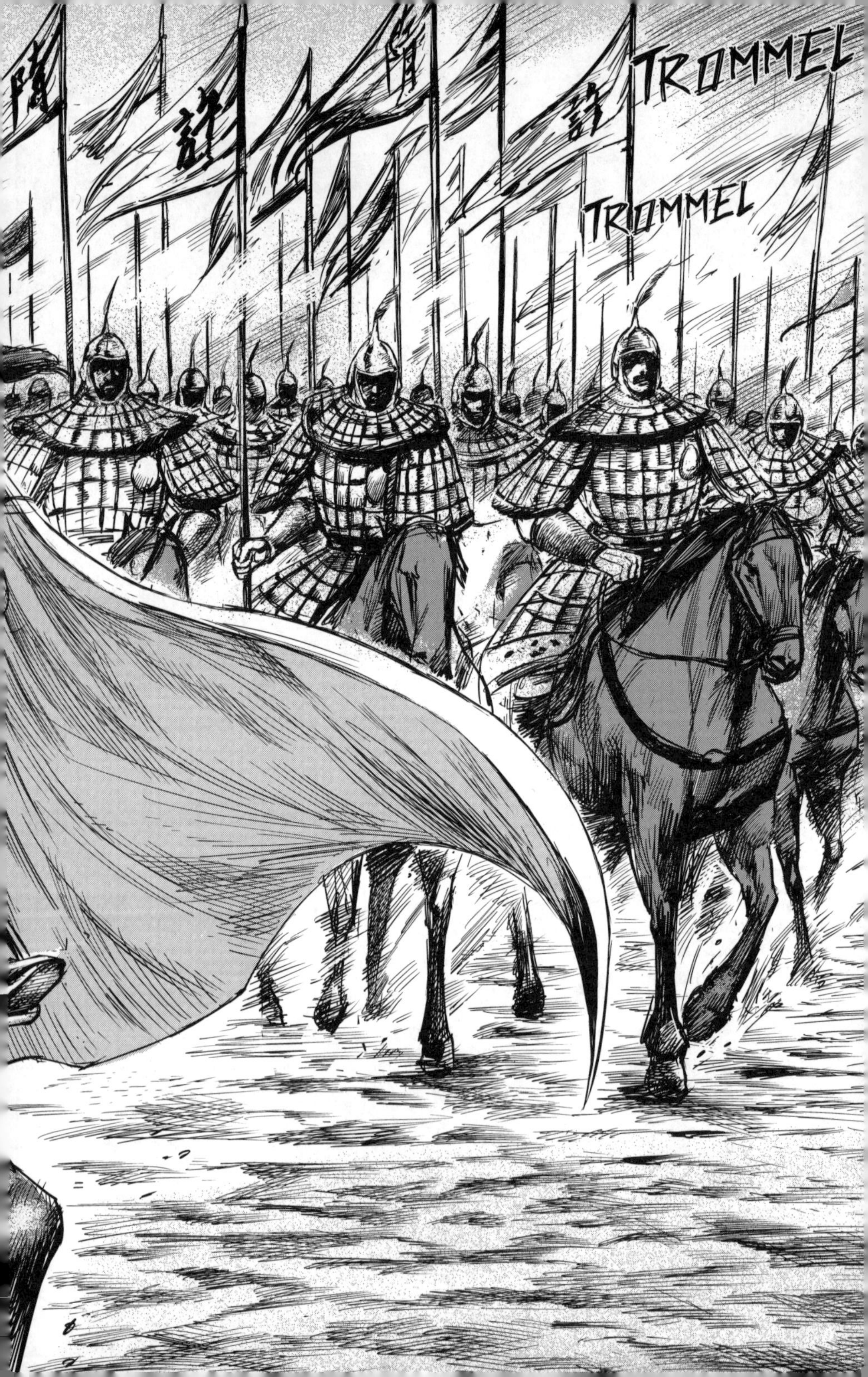
TROMMEL
TROMMEL

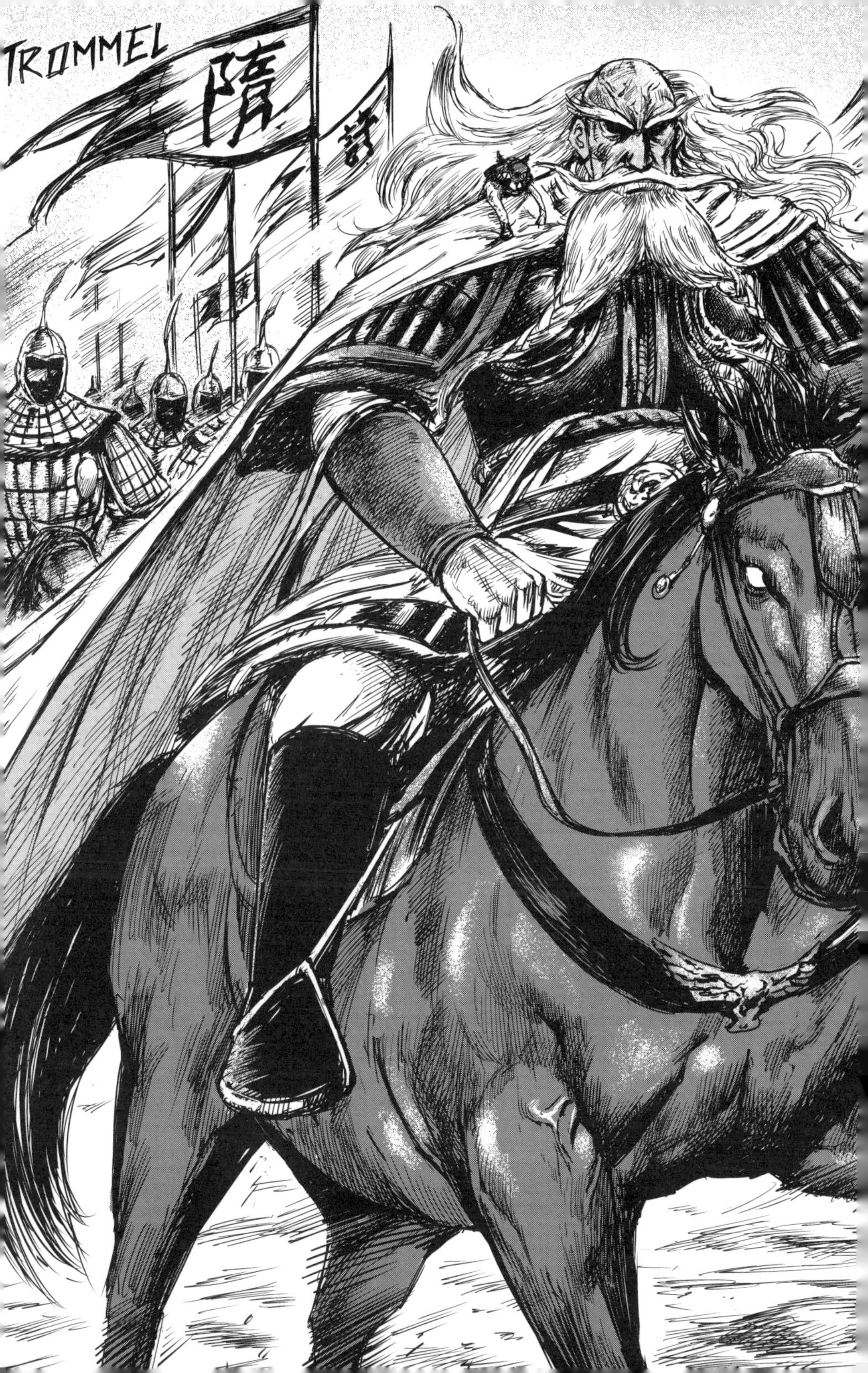
TROMMEL
隋
許

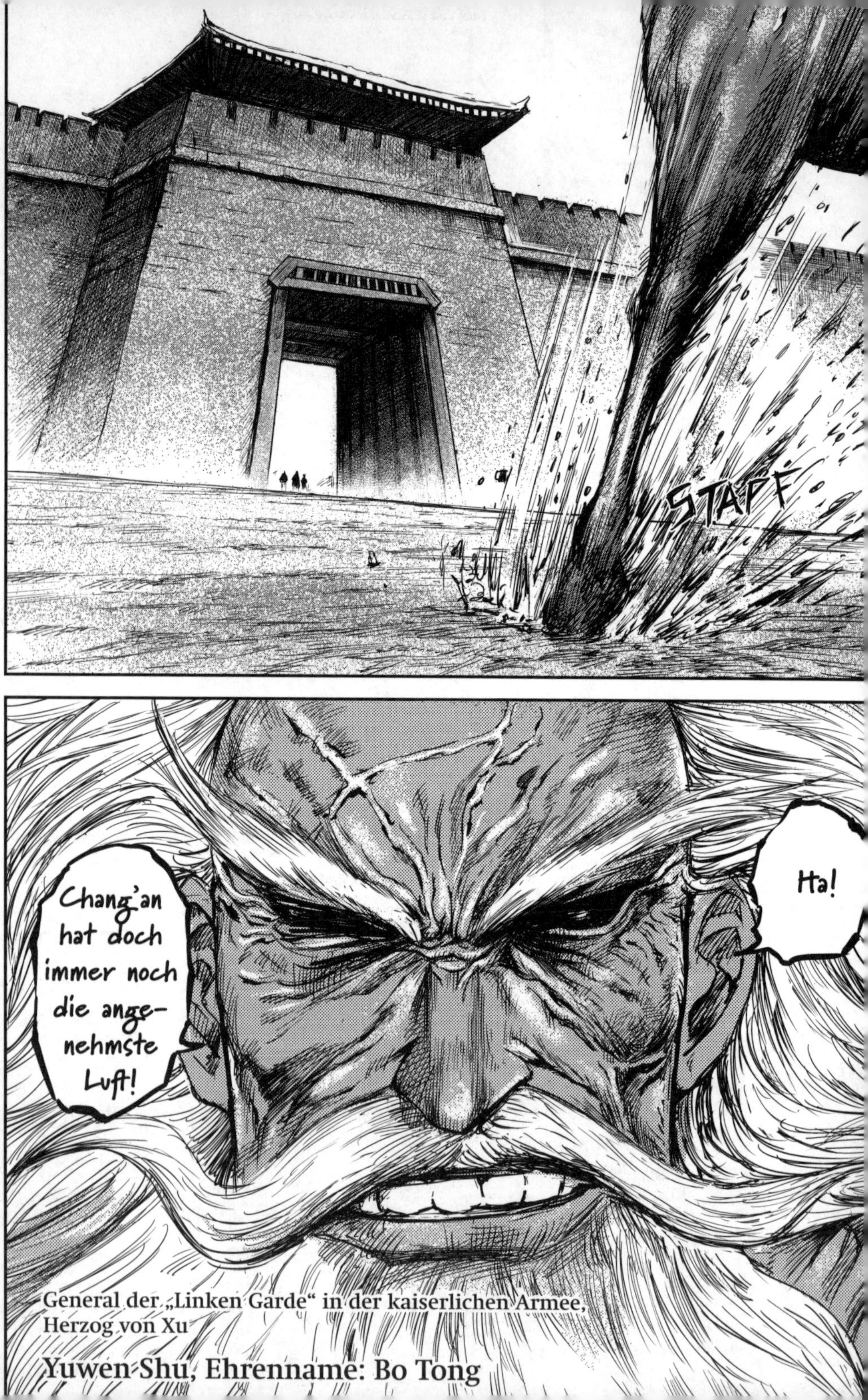
STAPF
Ha!
Chang'an hat doch immer noch die ange-nehmste Luft!
General der „Linken Garde“ in der kaiserlichen Armee, Herzog von Xu
Yuwen Shu, Ehrenname: Bo Tong

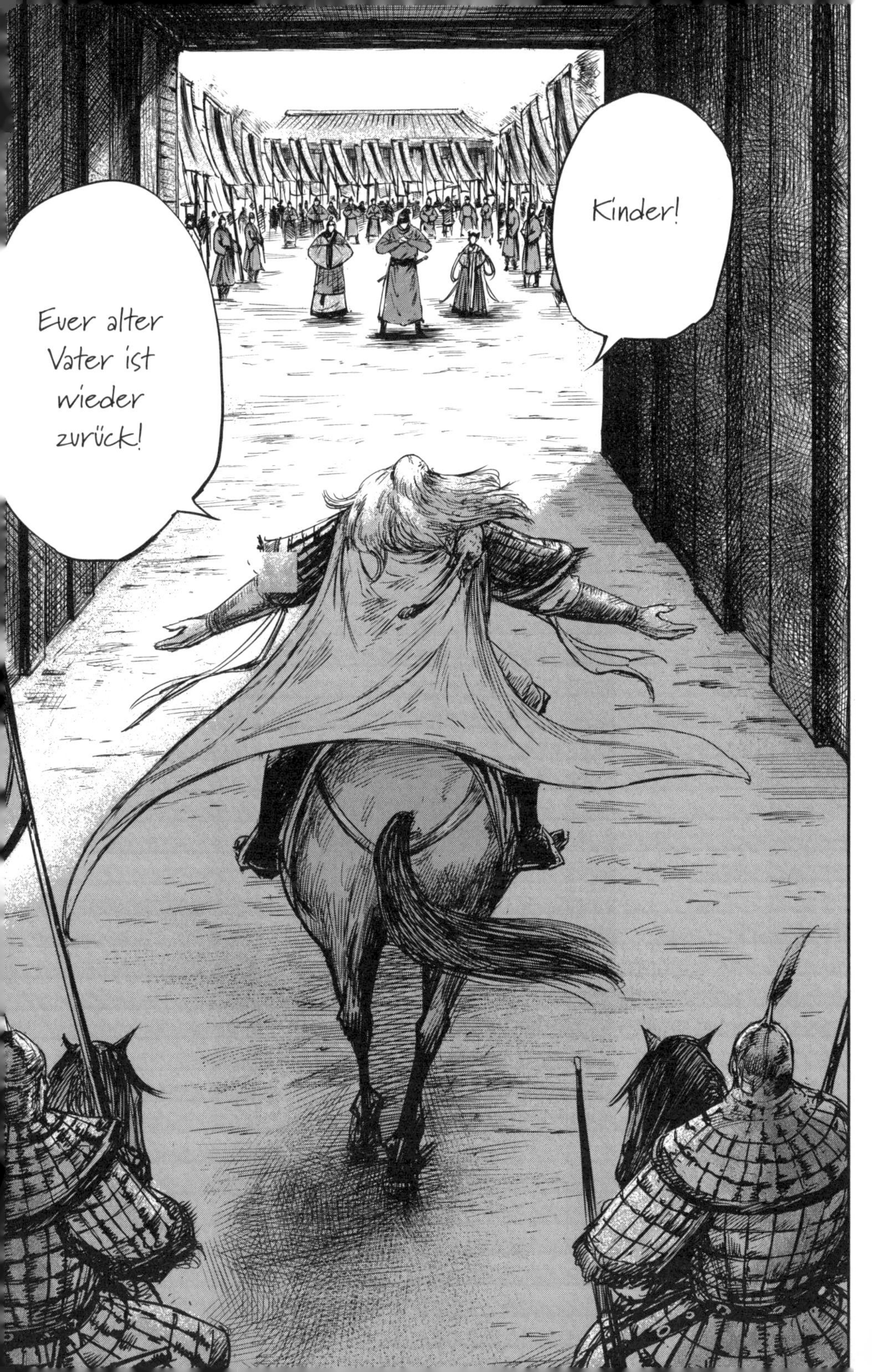
Kinder!
Euer alter Vater ist wieder zurück!

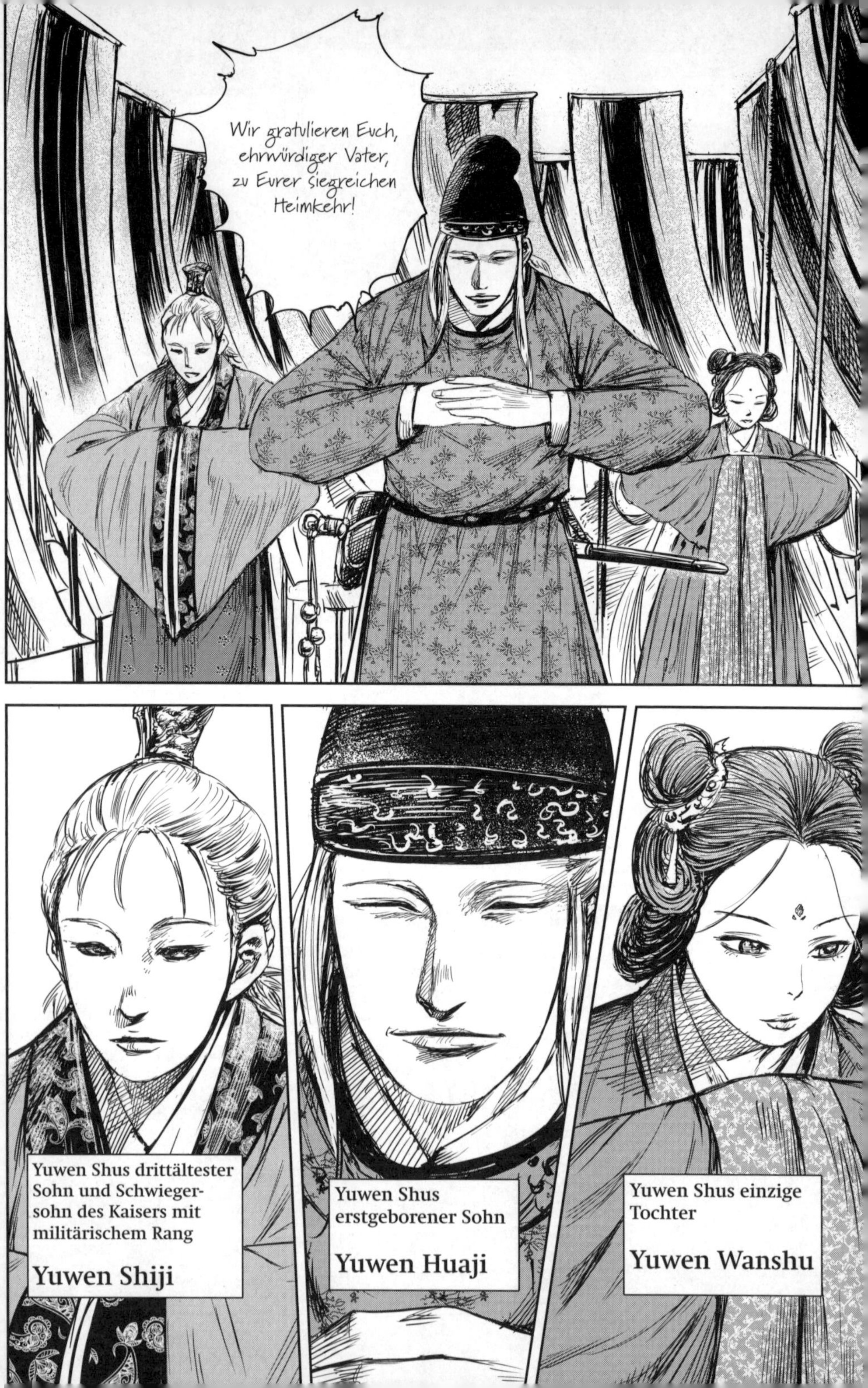
Wir gratulieren Euch, ehrwürdiger Vater, zu Eurer siegreichen Heimkehr!
Yuwen Shus drittältester Sohn und Schwiegersohn des Kaisers mit militärischem Rang
Yuwen Shiji
Yuwen Shus erstgeborener Sohn
Yuwen Huaji
Yuwen Shus einzige Tochter
Yuwen Wanshu

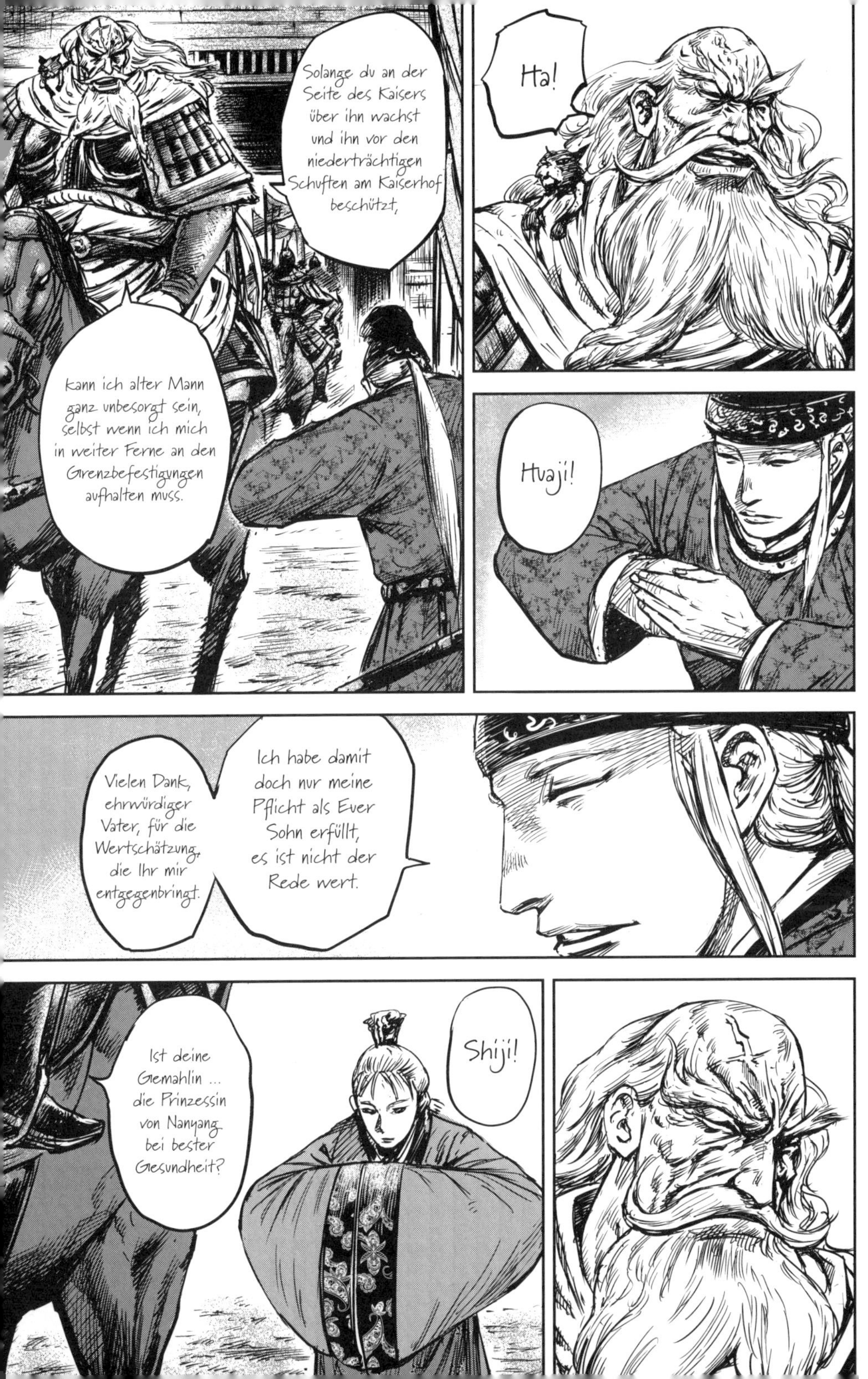
Solange du an der Seite des Kaisers über ihn wachst und ihn vor den niederträchtigen Schuften am Kaiserhof beschützt,
kann ich alter Mann ganz unbesorgt sein, selbst wenn ich mich in weiter Ferne an den Grenzbefestigungen aufhalten muss.
Ha!
Huaji!
Vielen Dank, ehrwürdiger Vater, für die Wertschätzung, die Ihr mir entgegenbringt.
Ich habe damit doch nur meine Pflicht als Euer Sohn erfüllt, es ist nicht der Rede wert.
Ist deine Gemahlin … die Prinzessin von Nanyang bei bester Gesundheit?
Shiji!

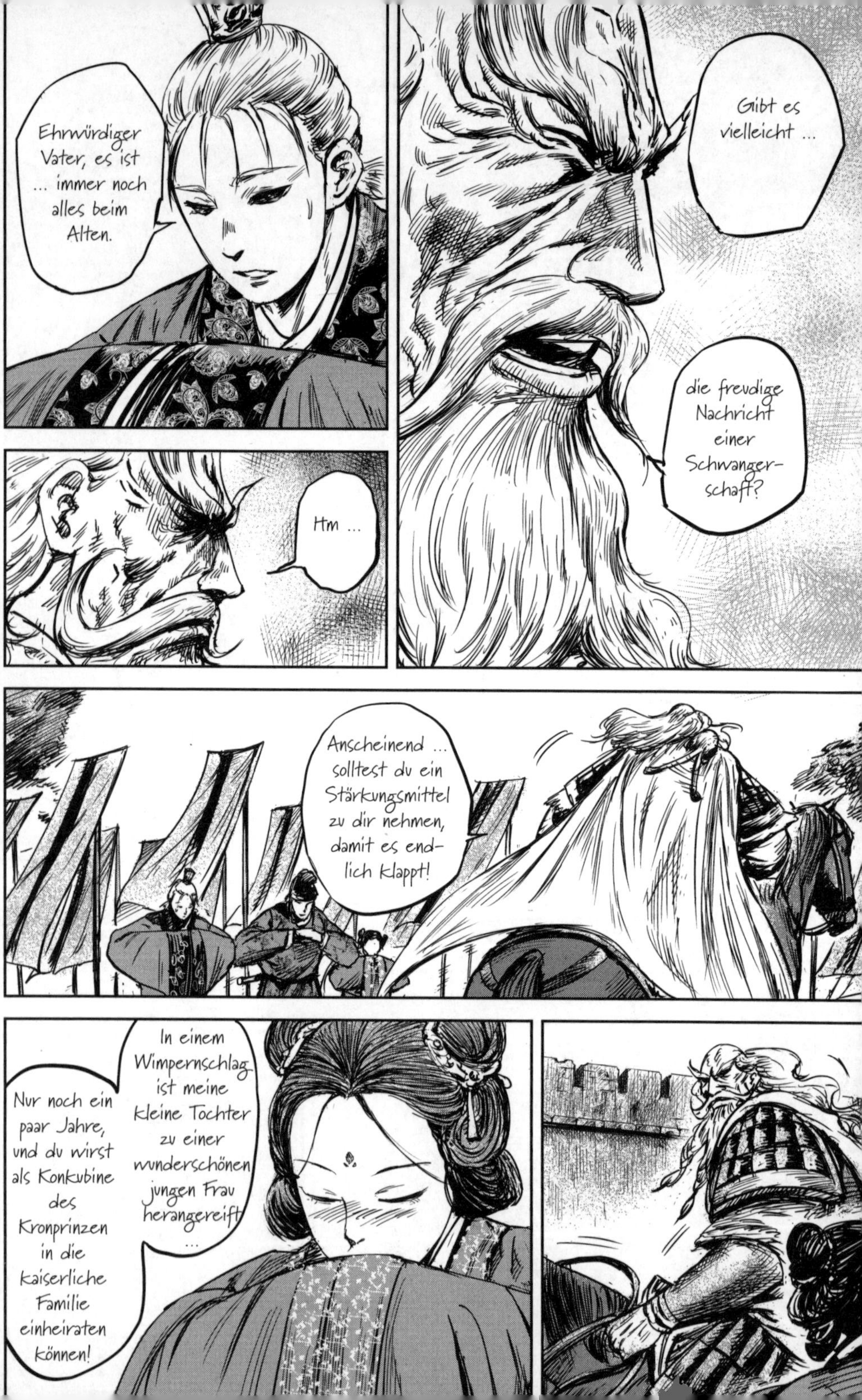
Ehrwürdiger Vater, es ist ... immer noch alles beim Alten.
Gibt es vielleicht ...
die freudige Nachricht einer Schwangerschaft?
Hm ...
Anscheinend ... solltest du ein Stärkungsmittel zu dir nehmen, damit es endlich klappt!
In einem Wimpernschlag ist meine kleine Tochter zu einer wunderschönen jungen Frau herangereift ...
Nur noch ein paar Jahre, und du wirst als Konkubine des Kronprinzen in die kaiserliche Familie einheiraten können!

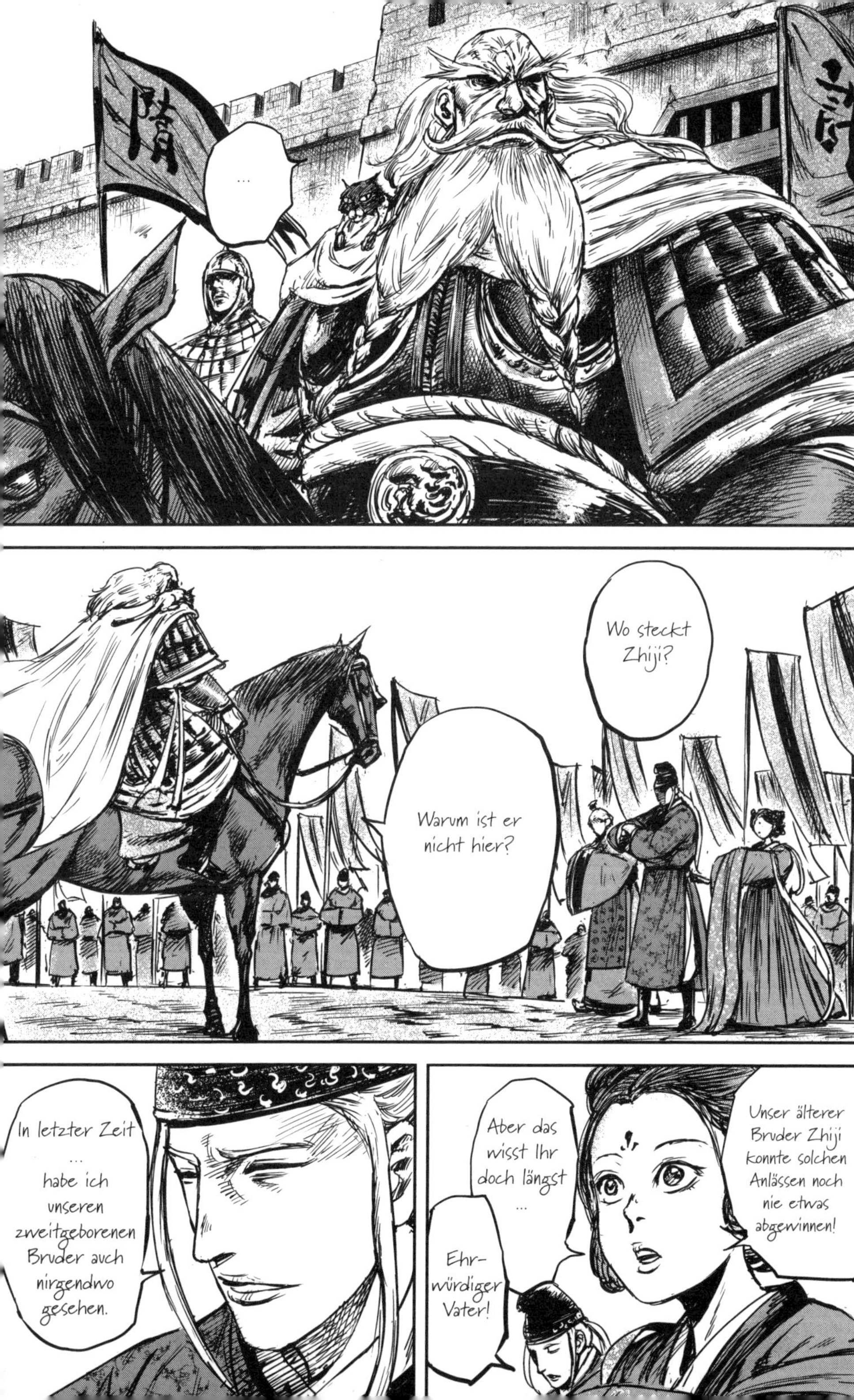
…
Wo steckt Zhiji?
Warum ist er nicht hier?
In letzter Zeit … habe ich unseren zweitgeborenen Bruder auch nirgendwo gesehen.
Unser älterer Bruder Zhiji konnte solchen Anlässen noch nie etwas abgewinnen!
Aber das wisst Ihr doch längst …
Ehr-würdiger Vater!

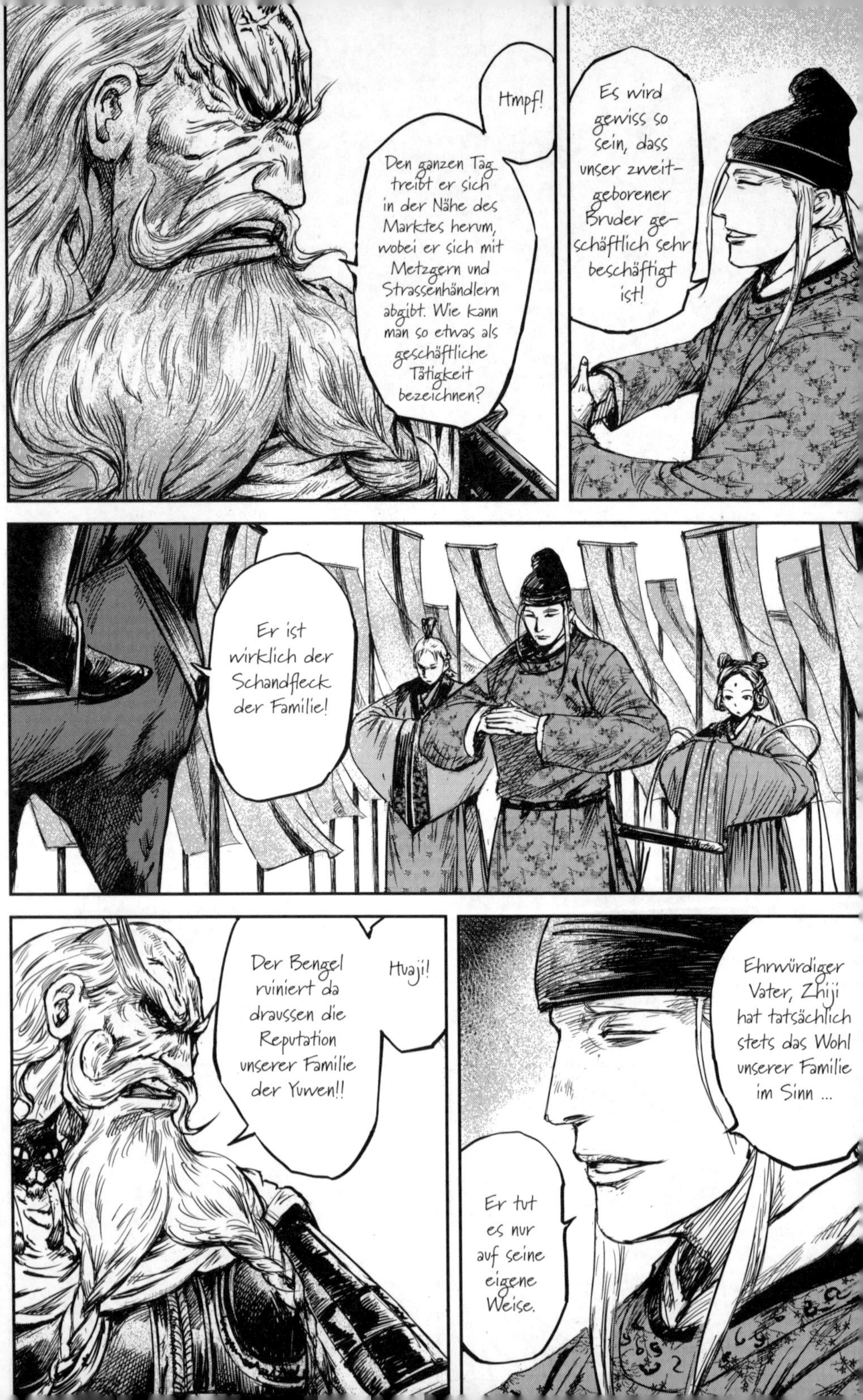
Hmpf!
Den ganzen Tag treibt er sich in der Nähe des Marktes herum, wobei er sich mit Metzgern und Strassenhändlern abgibt. Wie kann man so etwas als geschäftliche Tätigkeit bezeichnen?
Es wird gewiss so sein, dass unser zweitgeborener Bruder geschäftlich sehr beschäftigt ist!
Er ist wirklich der Schandfleck der Familie!
Huaji!
Der Bengel ruiniert da draussen die Reputation unserer Familie der Yuwen!!
Ehrwürdiger Vater, Zhiji hat tatsächlich stets das Wohl unserer Familie im Sinn ...
Er tut es nur auf seine eigene Weise.

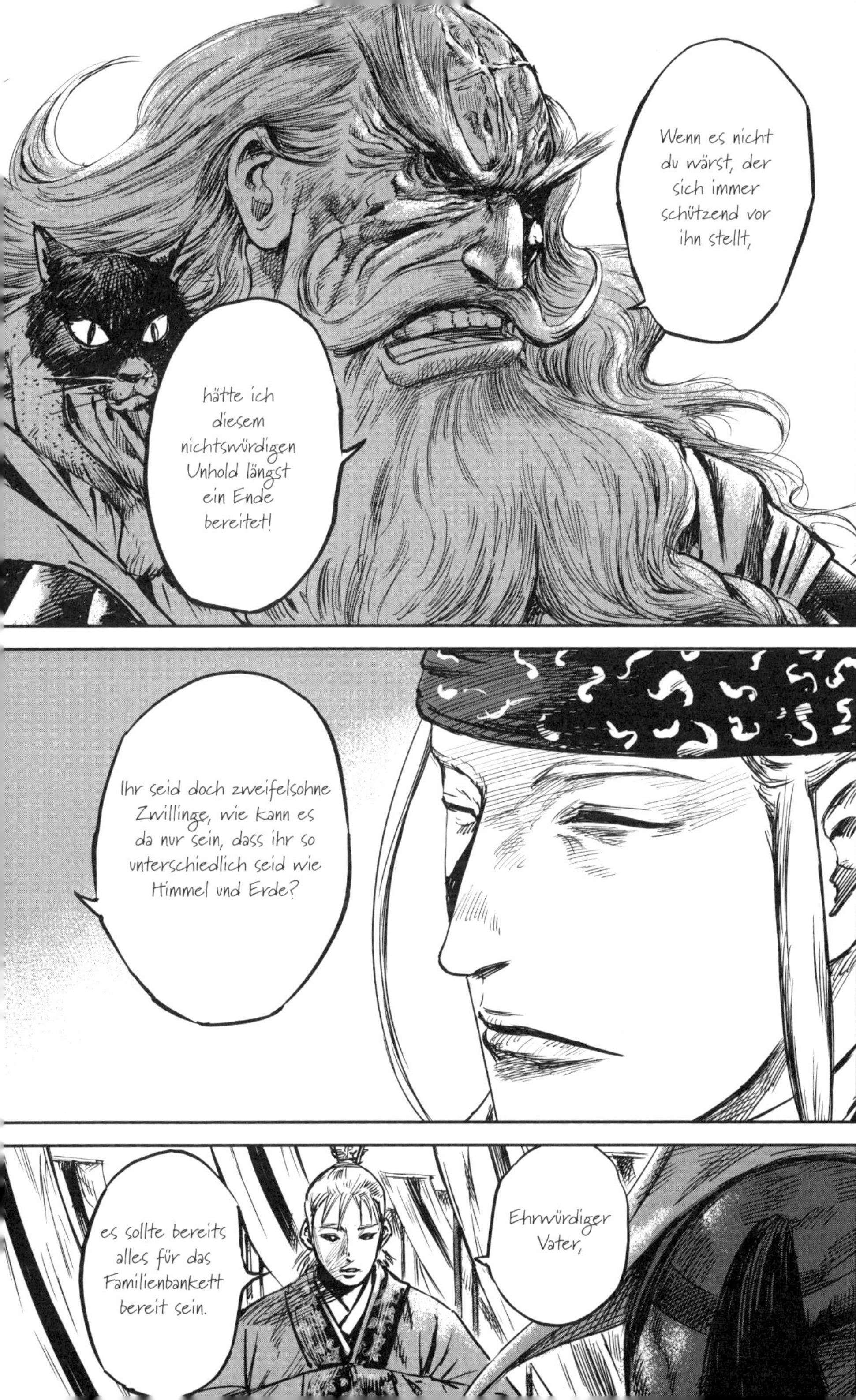
Wenn es nicht du wärst, der sich immer schützend vor ihn stellt,
hätte ich diesem nichtswürdigen Unhold längst ein Ende bereitet!
Ihr seid doch zweifelsohne Zwillinge, wie kann es da nur sein, dass ihr so unterschiedlich seid wie Himmel und Erde?
Ehrwürdiger Vater,
es sollte bereits alles für das Familienbankett bereit sein.

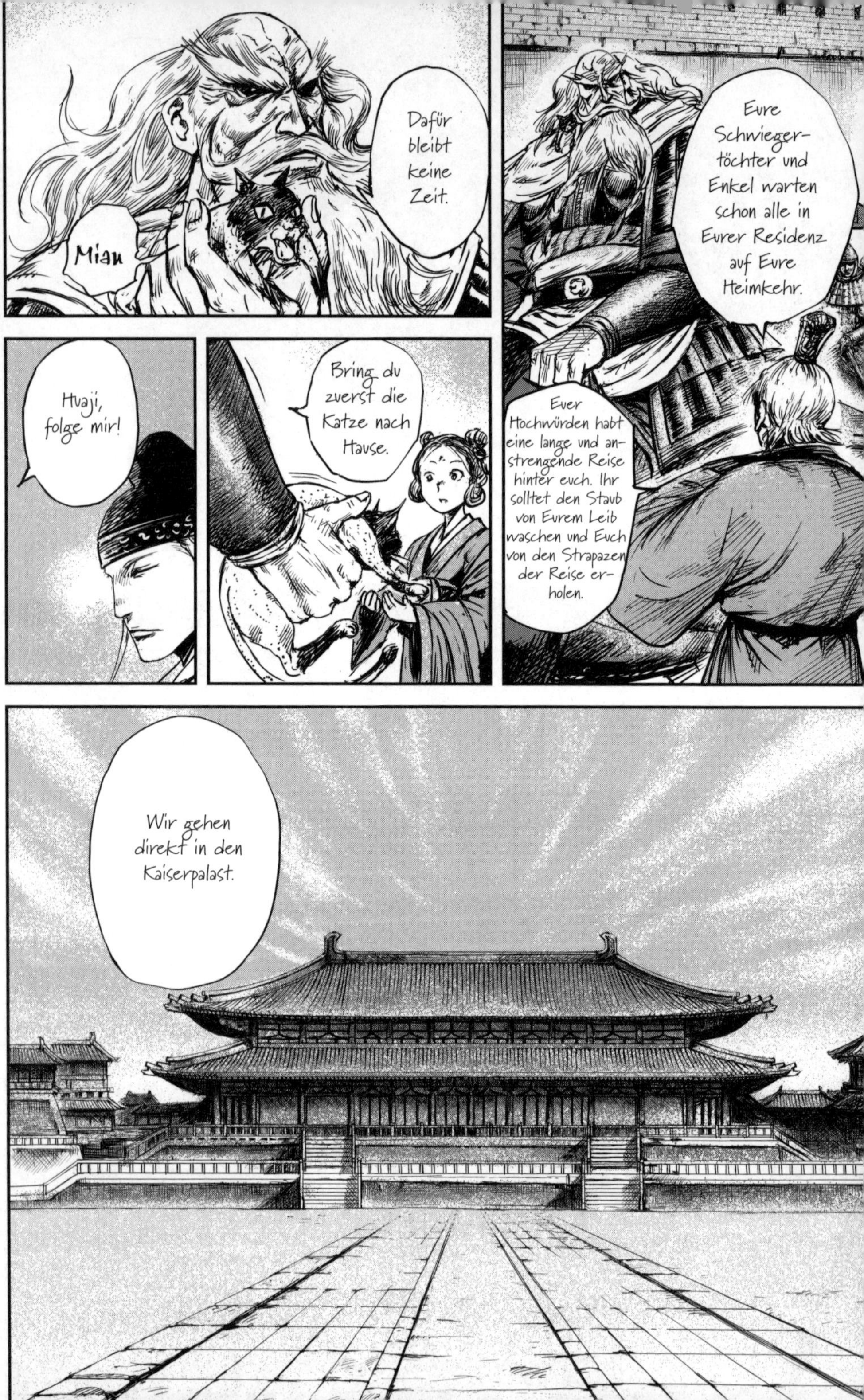
Eure Schwieger-töchter und Enkel warten schon alle in Eurer Residenz auf Eure Heimkehr.
Euer Hochwürden habt eine lange und an-strengende Reise hinter euch. Ihr solltet den Staub von Eurem Leib waschen und Euch von den Strapazen der Reise er-holen.
Dafür bleibt keine Zeit.
Miau
Bring du zuerst die Katze nach Hause.
Huaji, folge mir!
Wir gehen direkt in den Kaiserpalast.

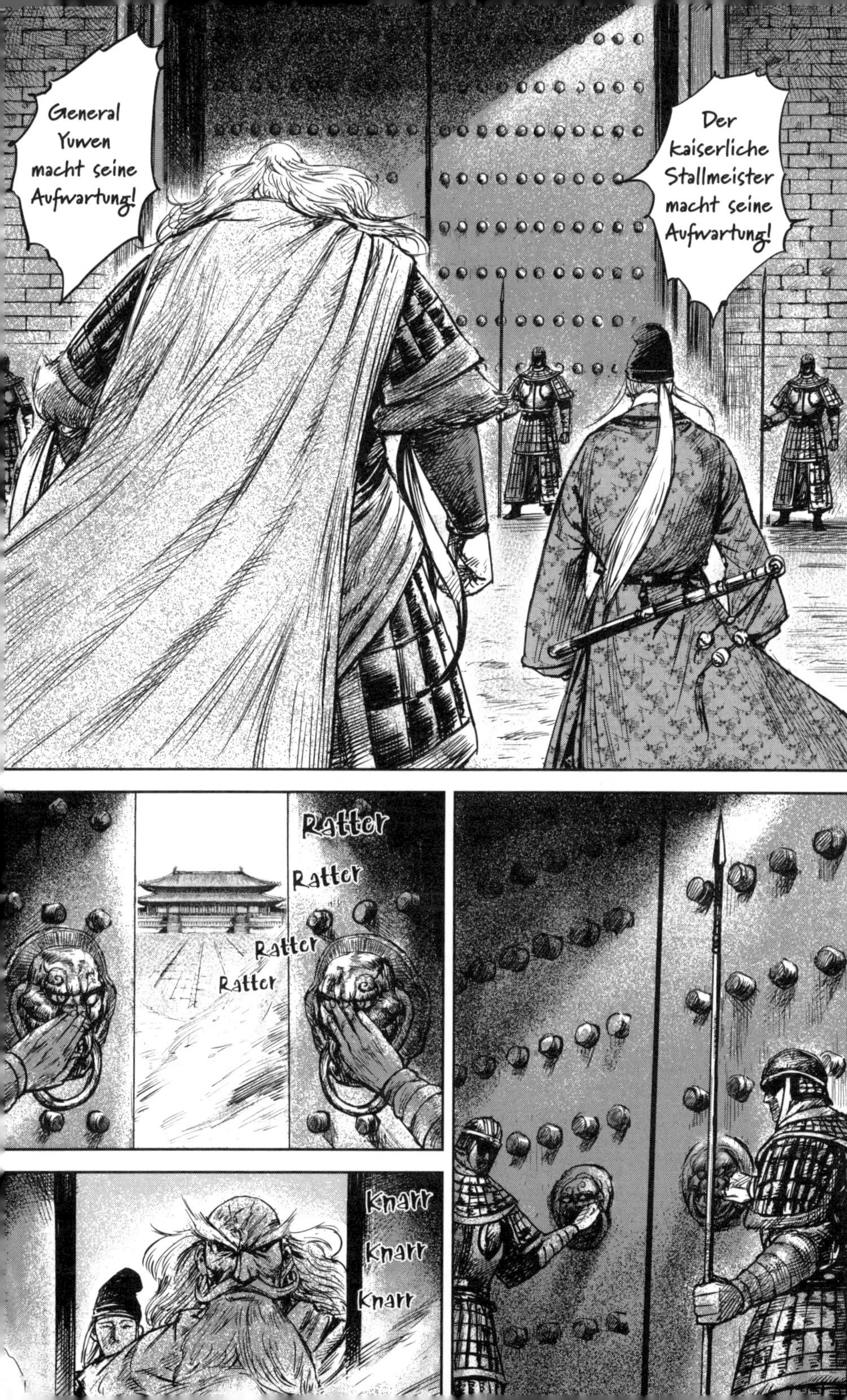
Der kaiserliche Stallmeister macht seine Aufwartung!
General Yuwen macht seine Aufwartung!
Ratter
Ratter
Ratter
Ratter
Knarr
Knarr
Knarr

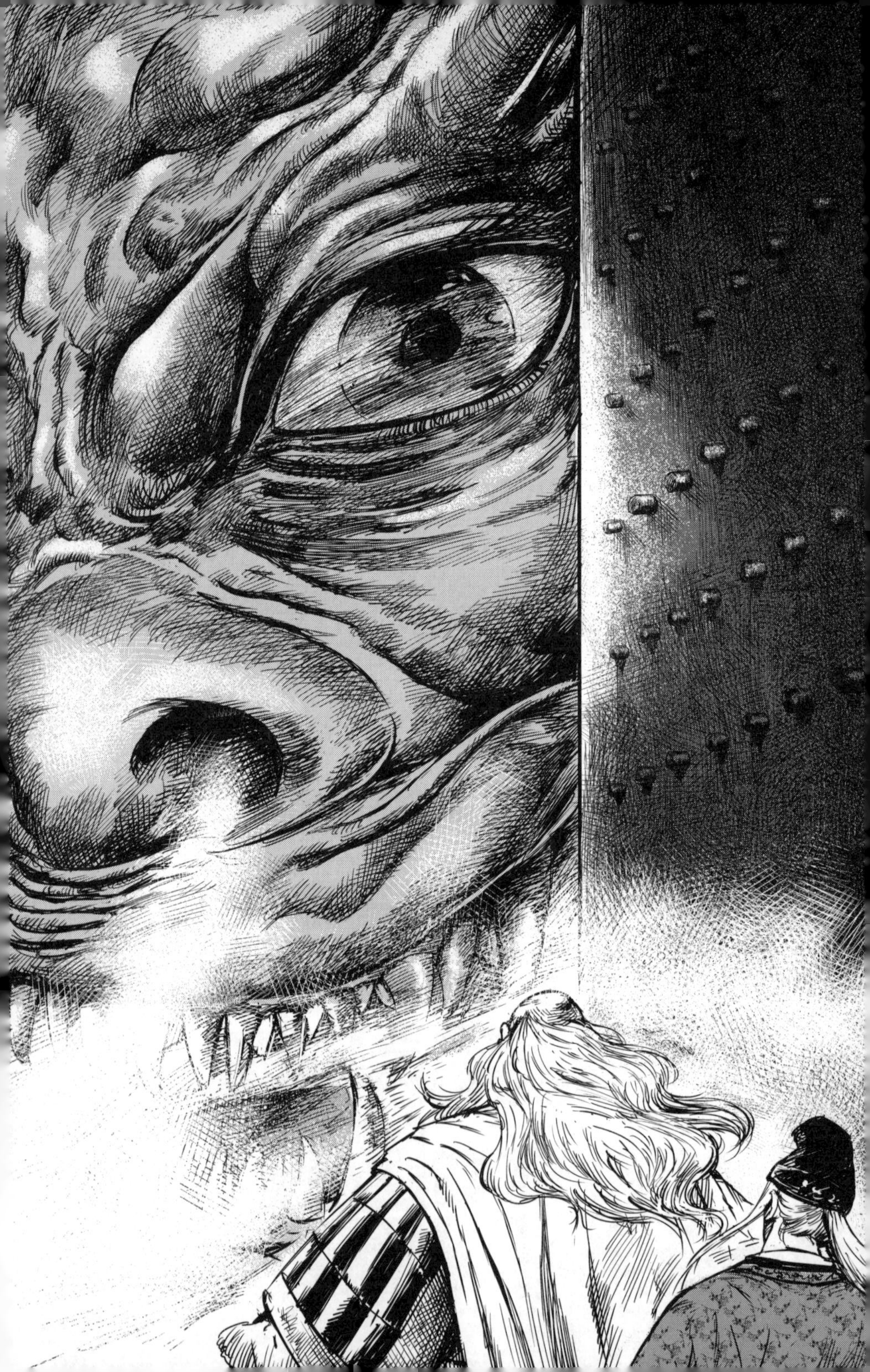

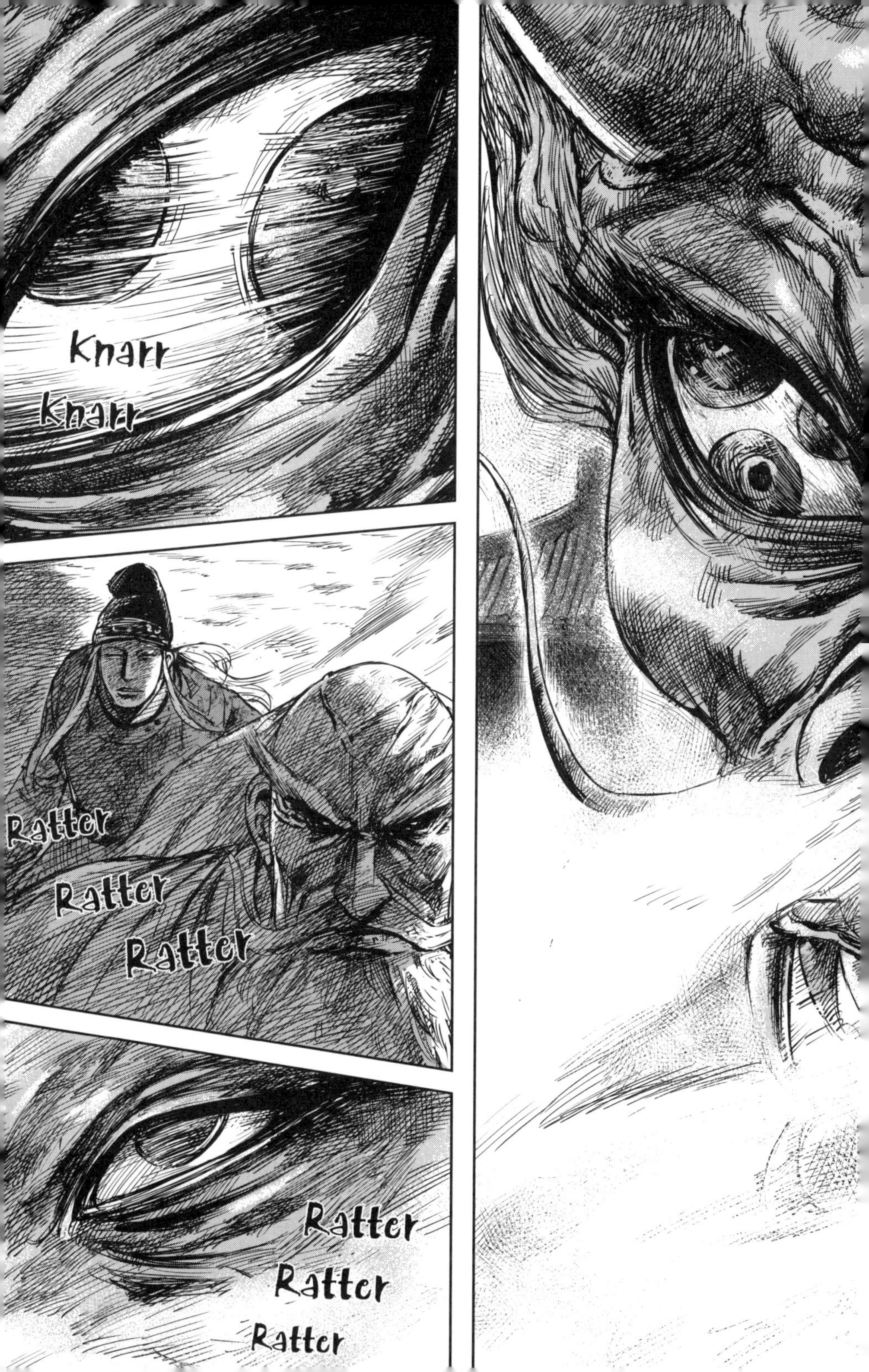
Knarr
Knarr
Ratter
Ratter
Ratter
Ratter
Ratter
Ratter

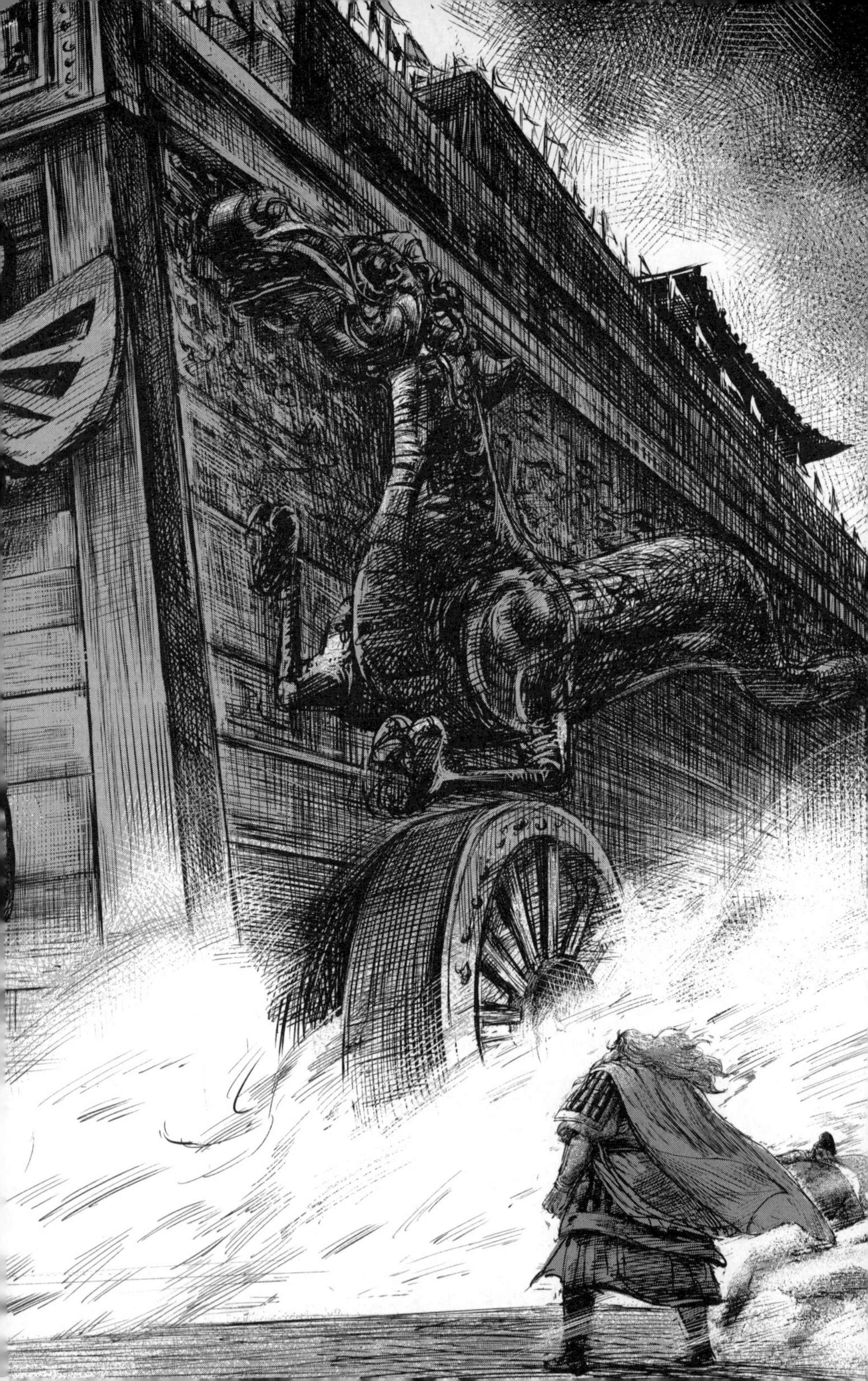

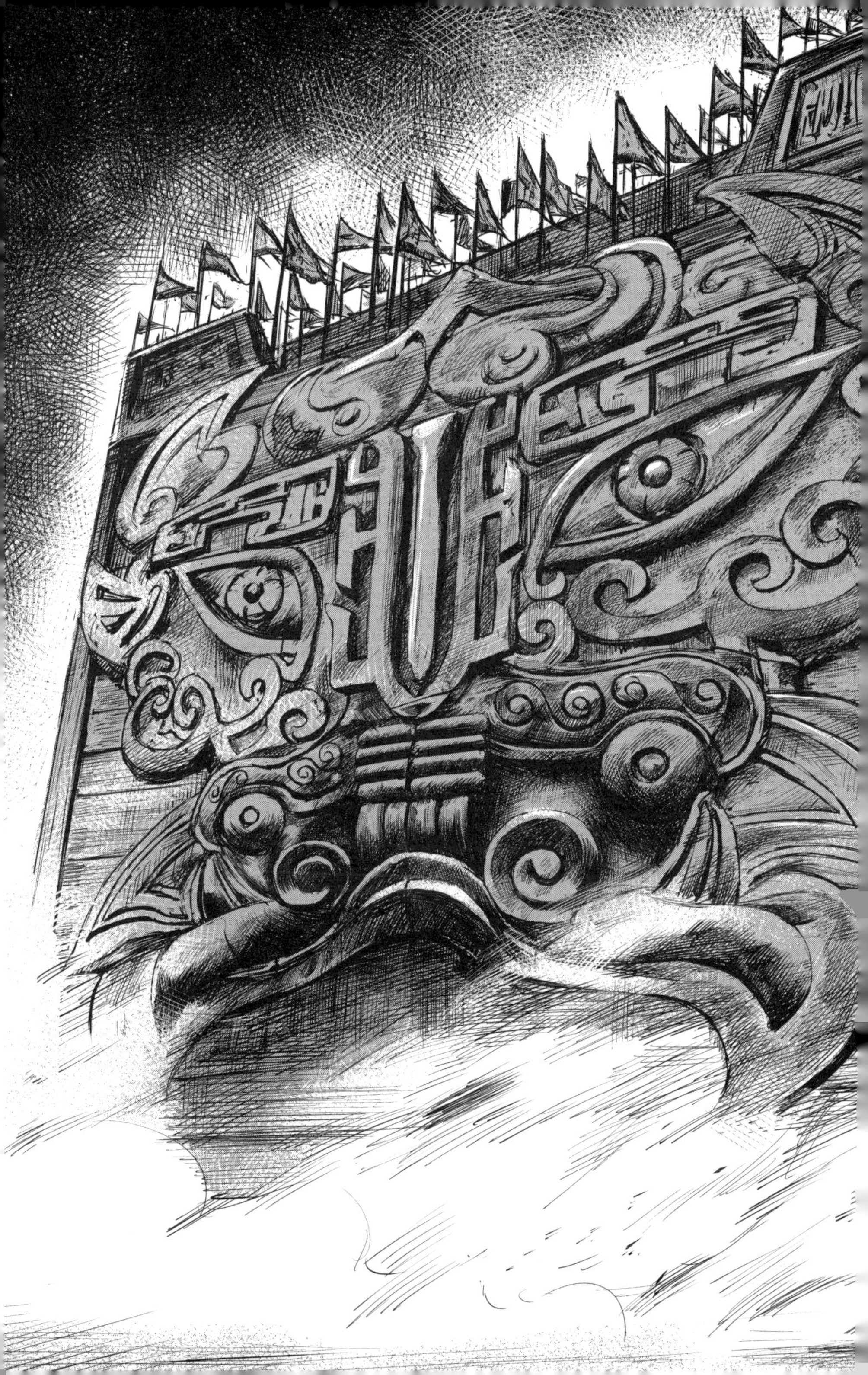

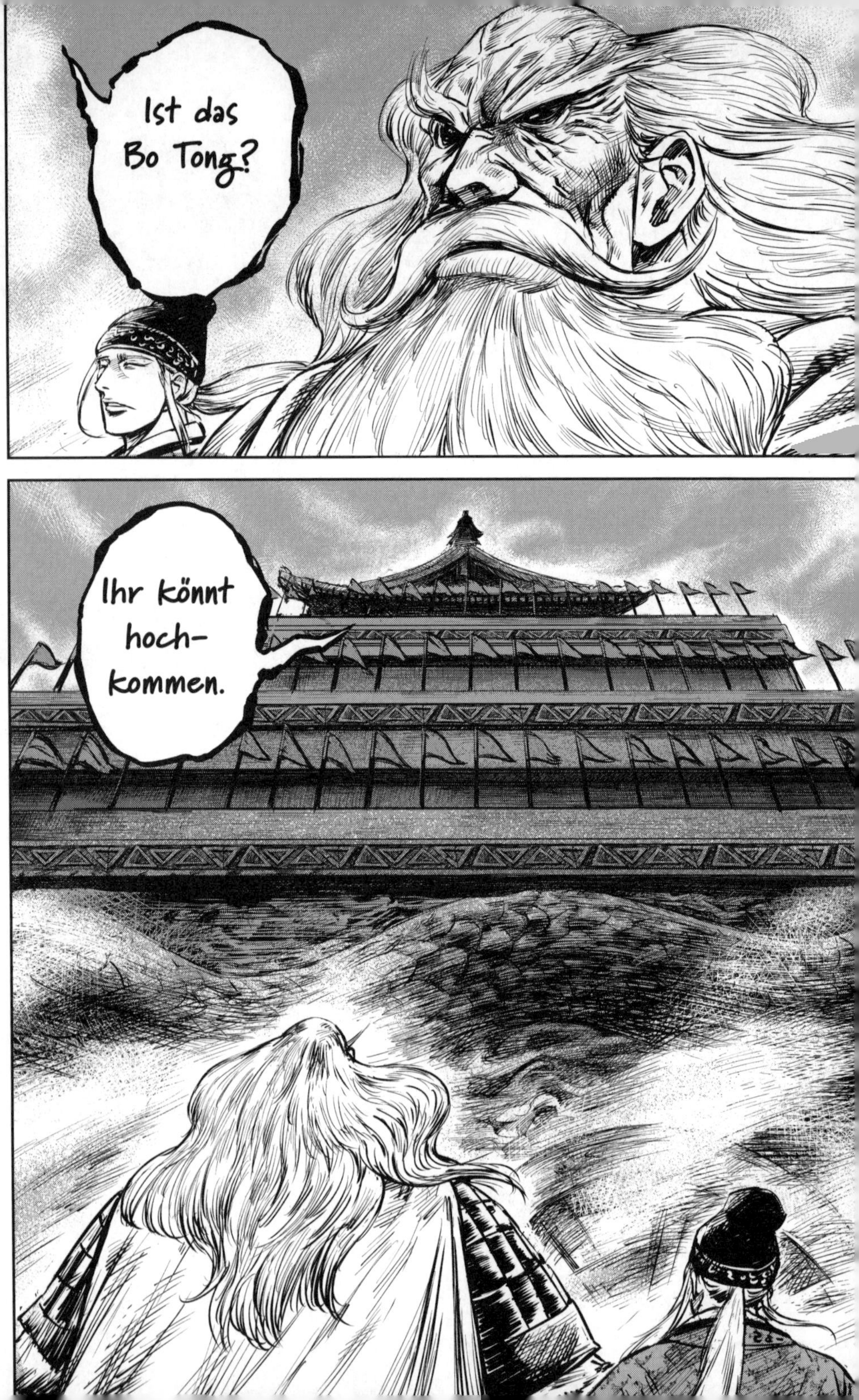
Ist das Bo Tong?
Ihr könnt hoch-kommen.

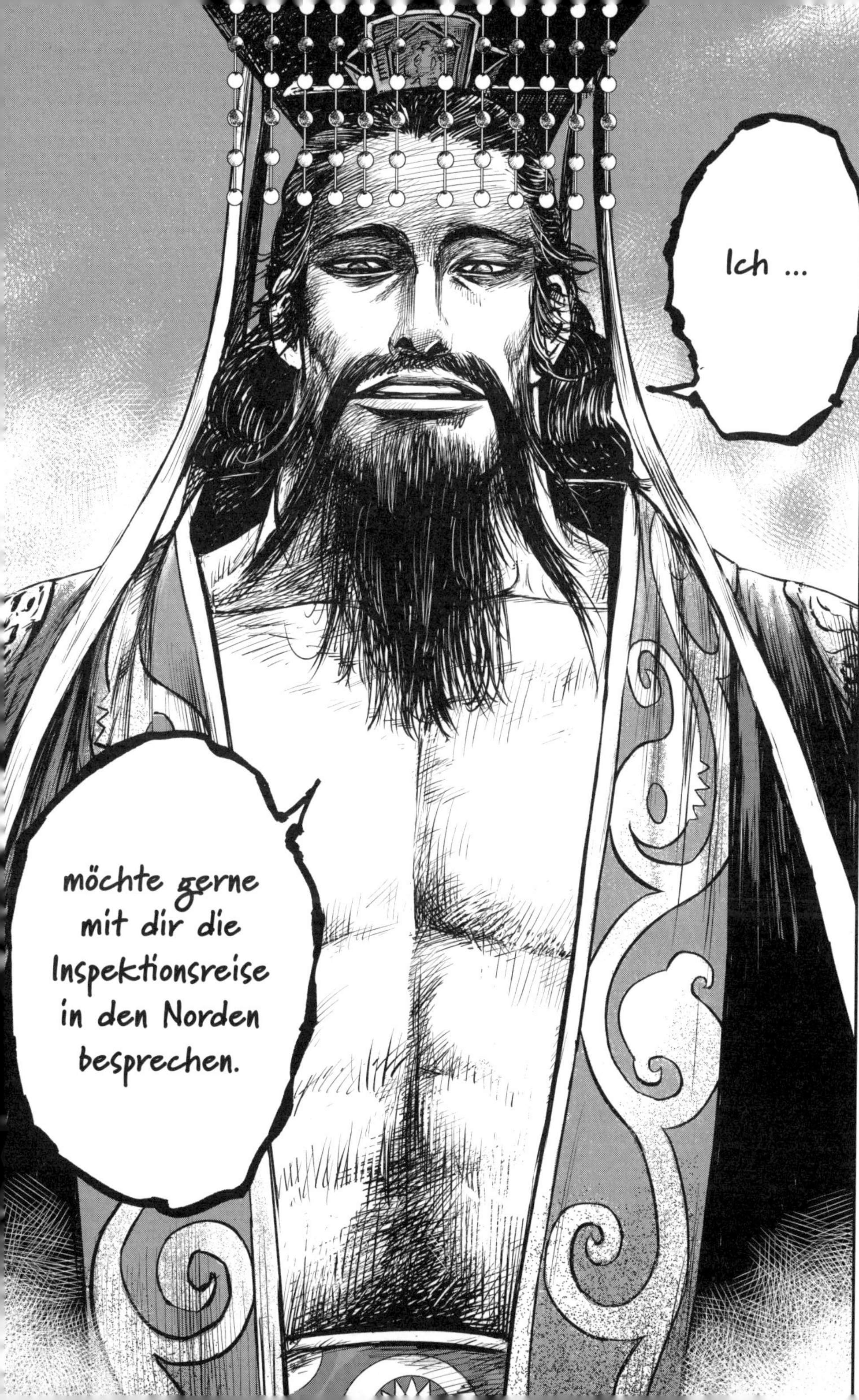
Ich …
möchte gerne mit dir die Inspektionsreise in den Norden besprechen.

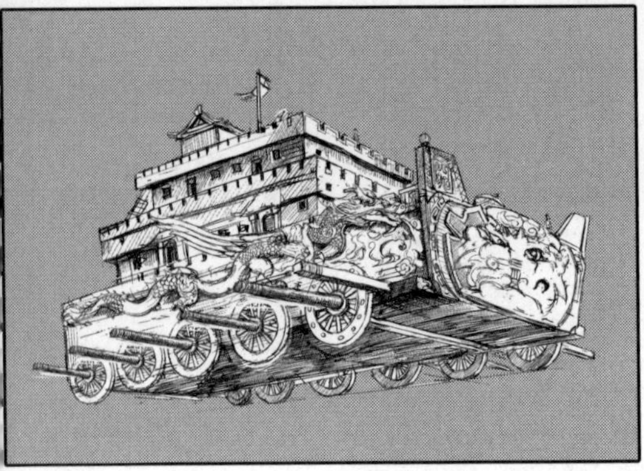

Guan feng xing dian

Im 8. Monat des dritten Jahres der Daye-Ära beauftragte der Sui-Kaiser Yang Guang den berühmten Handwerksmeister Yu Wenkai damit, ihm einen mobilen Palast auf Rädern zu bauen.

"... Dann baute er den beweglichen Palast, ... auf dem hunderte Leibwächter Platz fanden ... unten wurde eine Wagenachse mit Rächern angebracht ... der Palast liess sich flink manövrieren ... Es schien, als besässe er göttliche Kräfte."

Quelle: Geschichte der Sui-Dynastie: Biografie Nr. 33: Yu Wenkai

Fei ma xie dan

Yuan-Dynastie

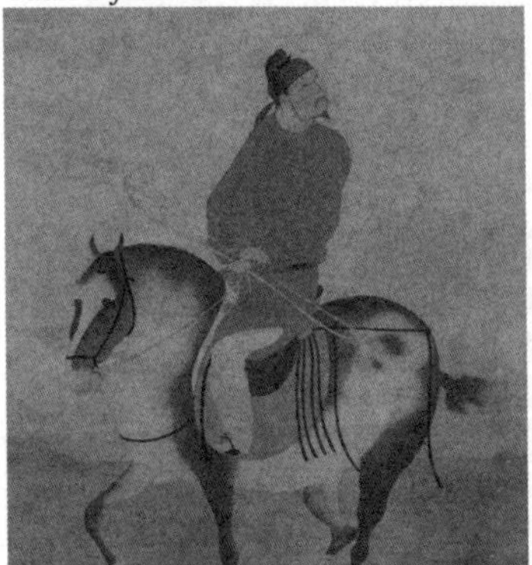

Ming-Dynastie

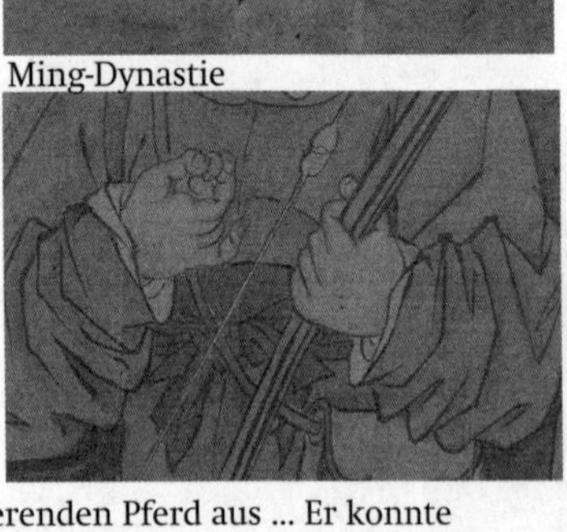

Bei der Schleuder aus dem chinesichen Altertum handelt es sich nicht um ein Kinderspielzeug, wie es uns allen vertraut ist, sondern um eine mächtige Jagdwaffe, mit der Tod oder schwere Verletzungen zugefügt werden konnten.

In historischen Dokumenten und klassischen chinesischen Romanen wird oft geschildert, wie diese Schleuder während des Rittes auf einem galoppierenden Pferd eingesetzt wurde. Dabei wurde eine Schiesstechnik angewendet, die vom Schützen absolute Virtuosität abverlangte: Nach dem ersten abgefeuerten Geschoss rapide ein zweites Geschoss abzufeuern, wobei das zweite Geschoss das erste Geschoss trifft.

Die Technik diente nicht zur Machtdemonstration und Zurschaustellung militärischer Stärke gegenüber dem einfachen Volk, sondern sie galt als ein Merkmal von Eleganz und Stil, mit dem man sich in gehobenen Kreisen unter seinesgleichen hervortun konnte.

"Huaji beherrschte die Anwendung der Schleuder vom galoppierenden Pferd aus ... Er konnte äusserst flink manövrieren ... Aus diesem Grund nannte man ihn in Chang'an den *Qingbo gongzi* – den frivolen Lebemann aus reichem Hause."

Quelle: Geschichte der Sui-Dynastie: Biografie Nr. 50: Yuwen Huaji

Dritter Akt: Die Unterwelt

Kapitel 57: Das Imperium

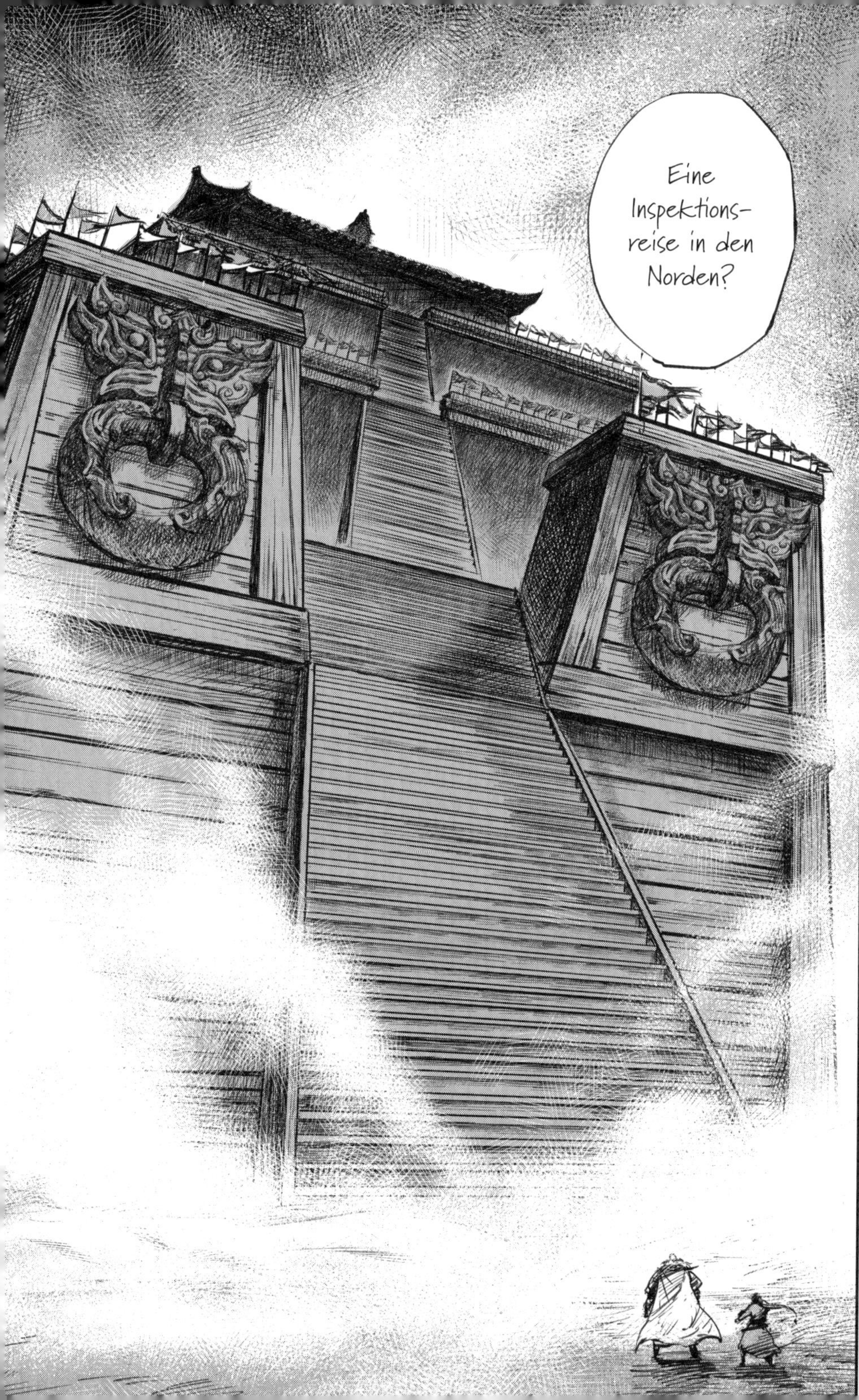
Eine Inspektions-reise in den Norden?

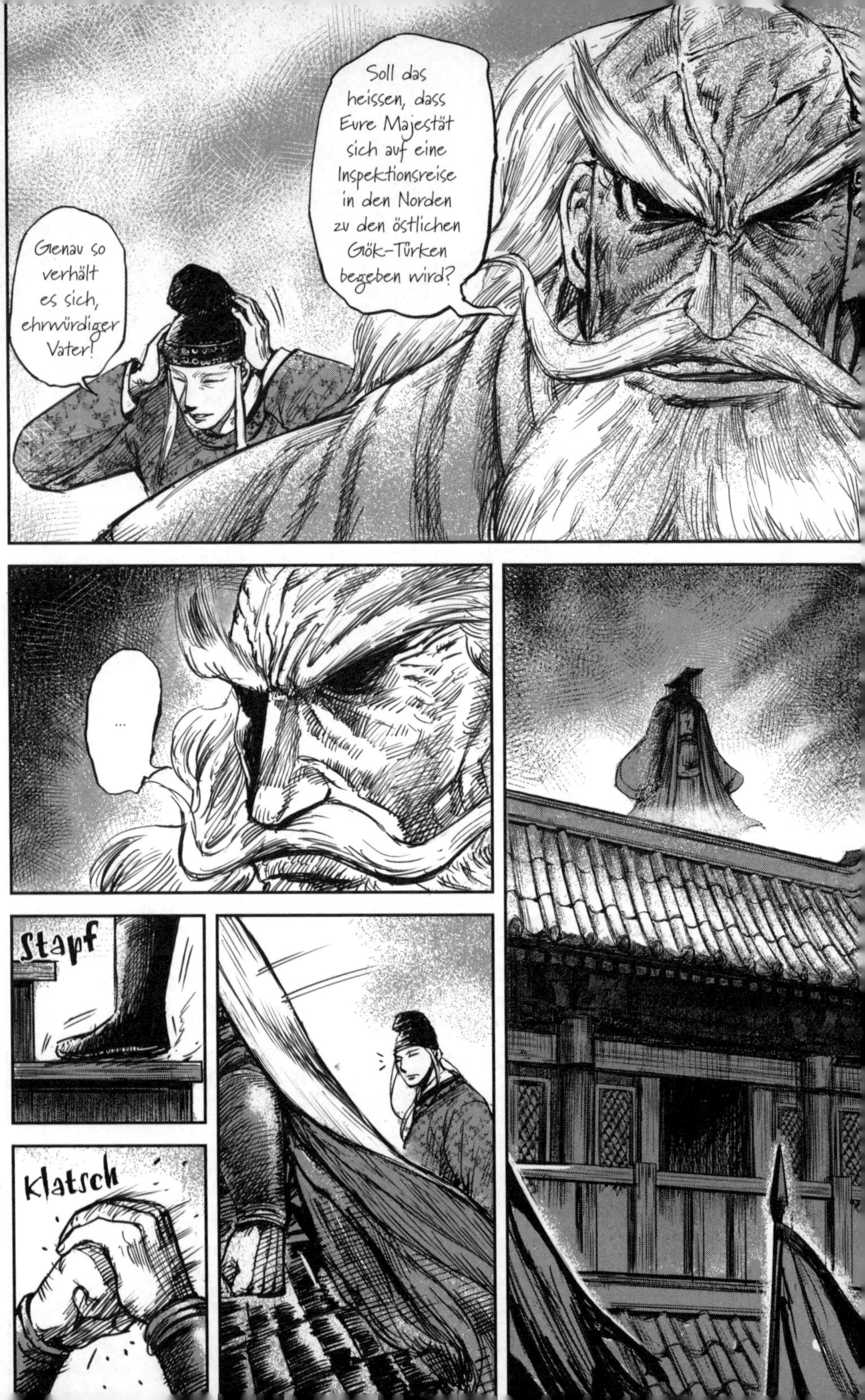
Soll das heissen, dass Eure Majestät sich auf eine Inspektionsreise in den Norden zu den östlichen Gök-Türken begeben wird?
Genau so verhält es sich, ehrwürdiger Vater!
...
Stapf
Klatsch

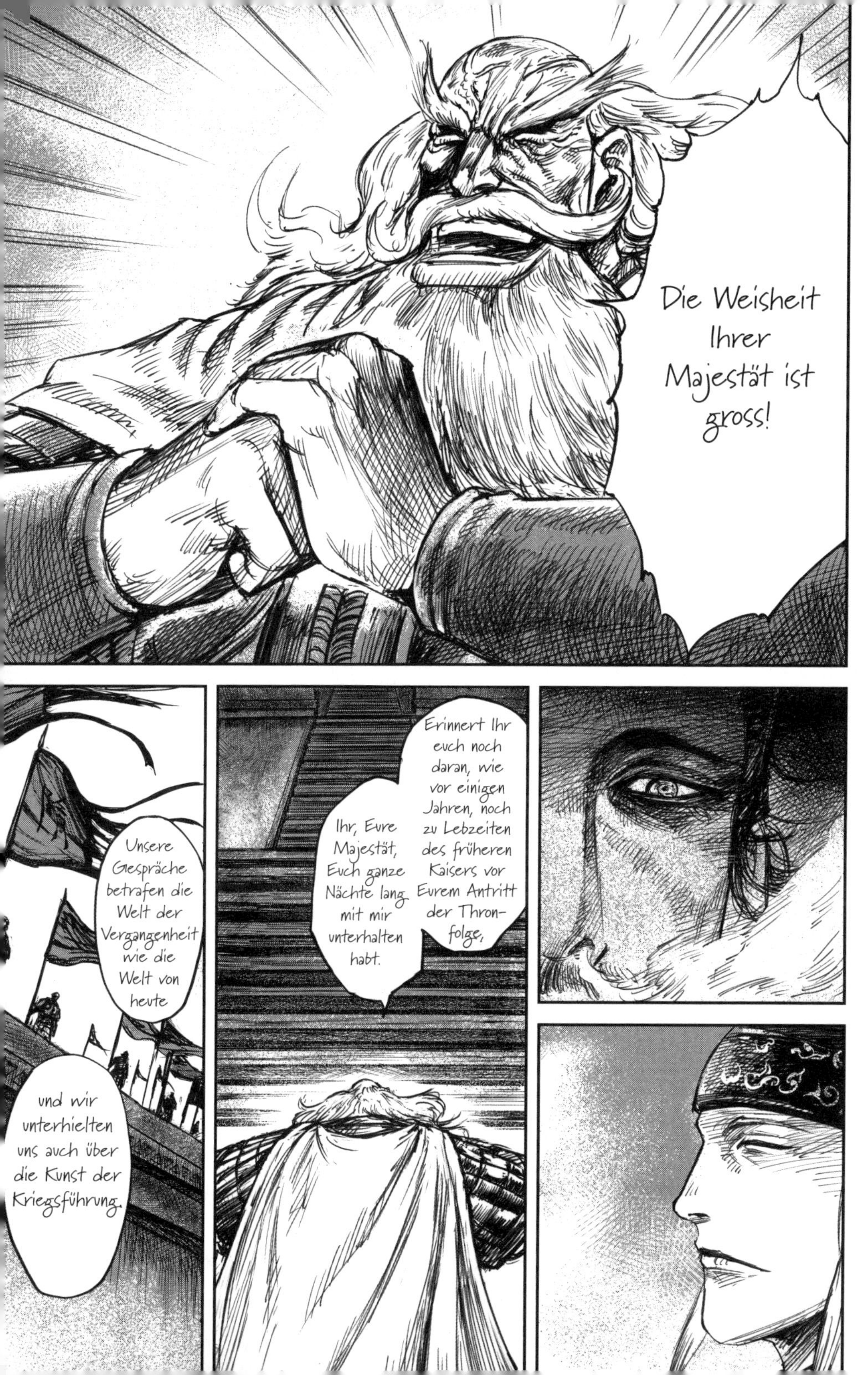
Die Weisheit Ihrer Majestät ist gross!
Erinnert Ihr euch noch daran, wie vor einigen Jahren, noch zu Lebzeiten des früheren Kaisers vor Eurem Antritt der Thronfolge,
Ihr, Eure Majestät, Euch ganze Nächte lang mit mir unterhalten habt.
Unsere Gespräche betrafen die Welt der Vergangenheit wie die Welt von heute
und wir unterhielten uns auch über die Kunst der Kriegsführung.

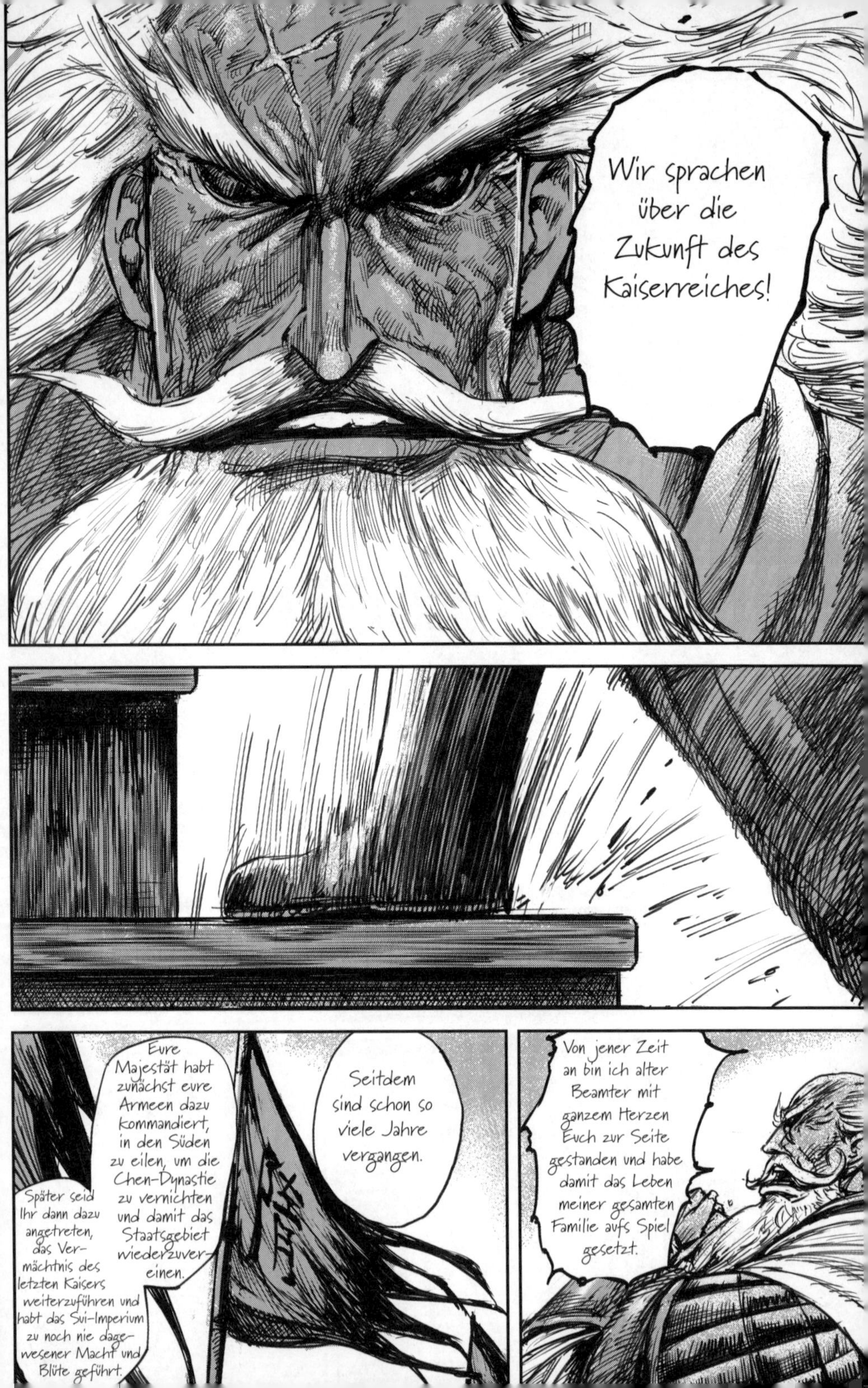
Wir sprachen über die Zukunft des Kaiserreiches!
Eure Majestät habt zunächst eure Armeen dazu kommandiert, in den Süden zu eilen, um die Chen-Dynastie zu vernichten und damit das Staatsgebiet wiederzuvereinen.
Später seid Ihr dann dazu angetreten, das Vermächtnis des letzten Kaisers weiterzuführen und habt das Sui-Imperium zu noch nie dagewesener Macht und Blüte geführt.
Seitdem sind schon so viele Jahre vergangen.
Von jener Zeit an bin ich alter Beamter mit ganzem Herzen Euch zur Seite gestanden und habe damit das Leben meiner gesamten Familie aufs Spiel gesetzt.

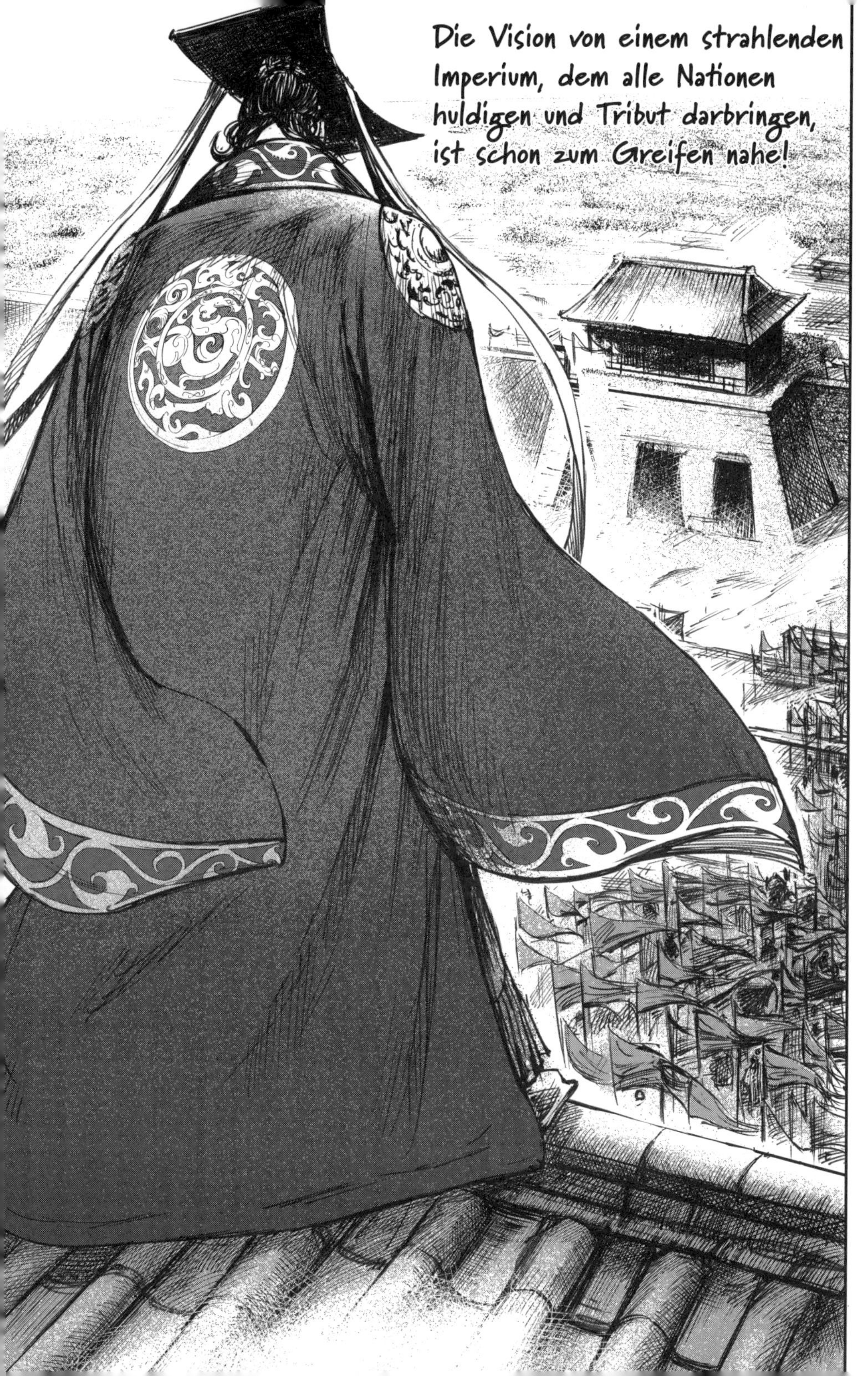
Die Vision von einem strahlenden Imperium, dem alle Nationen huldigen und Tribut darbringen, ist schon zum Greifen nahe!

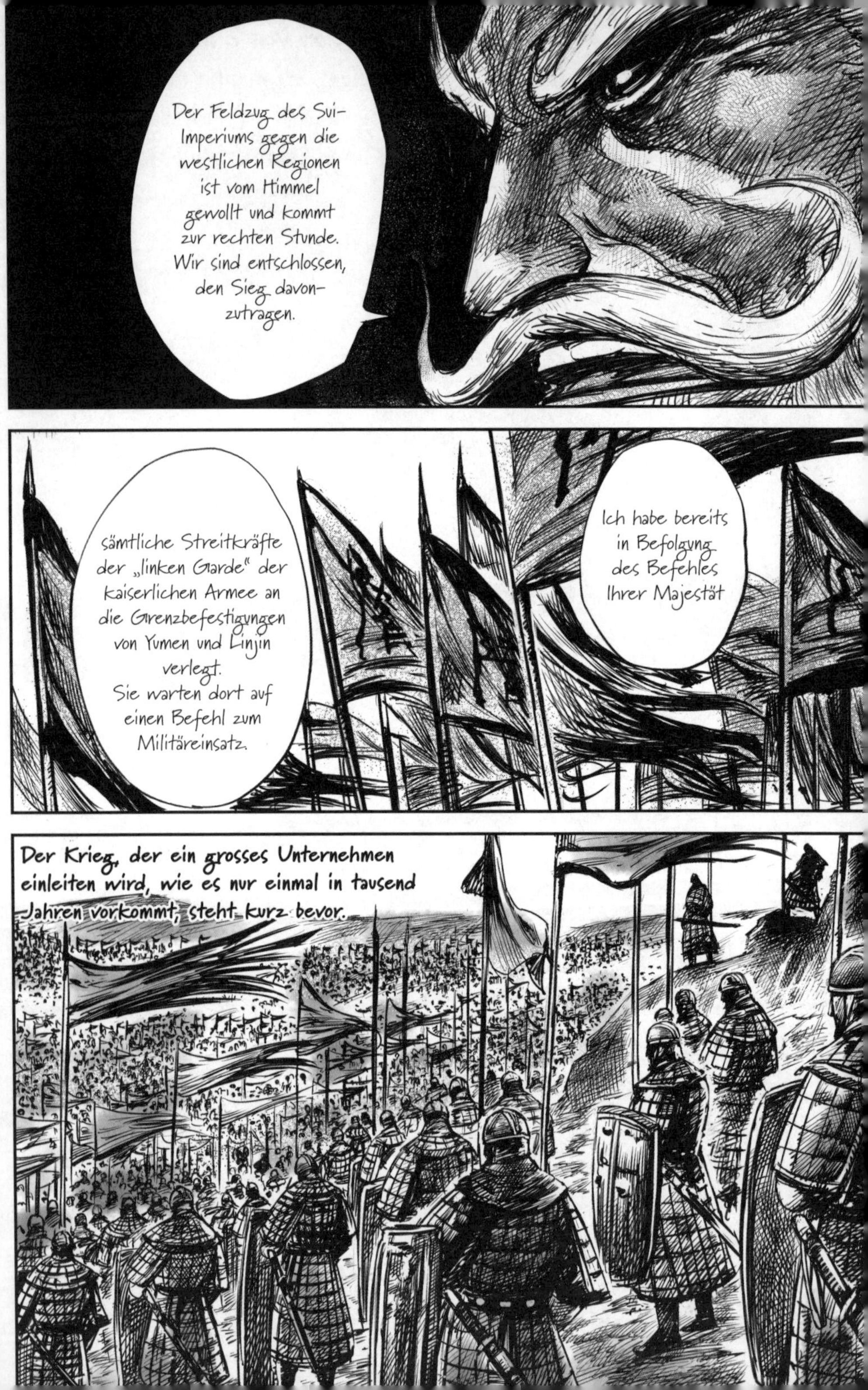

Der Feldzug des Sui-Imperiums gegen die westlichen Regionen ist vom Himmel gewollt und kommt zur rechten Stunde. Wir sind entschlossen, den Sieg davon-zutragen.
Ich habe bereits in Befolgung des Befehles Ihrer Majestät
sämtliche Streitkräfte der „linken Garde" der kaiserlichen Armee an die Grenzbefestigungen von Yumen und Linjin verlegt. Sie warten dort auf einen Befehl zum Militäreinsatz.
Der Krieg, der ein grosses Unternehmen einleiten wird, wie es nur einmal in tausend Jahren vorkommt, steht kurz bevor.

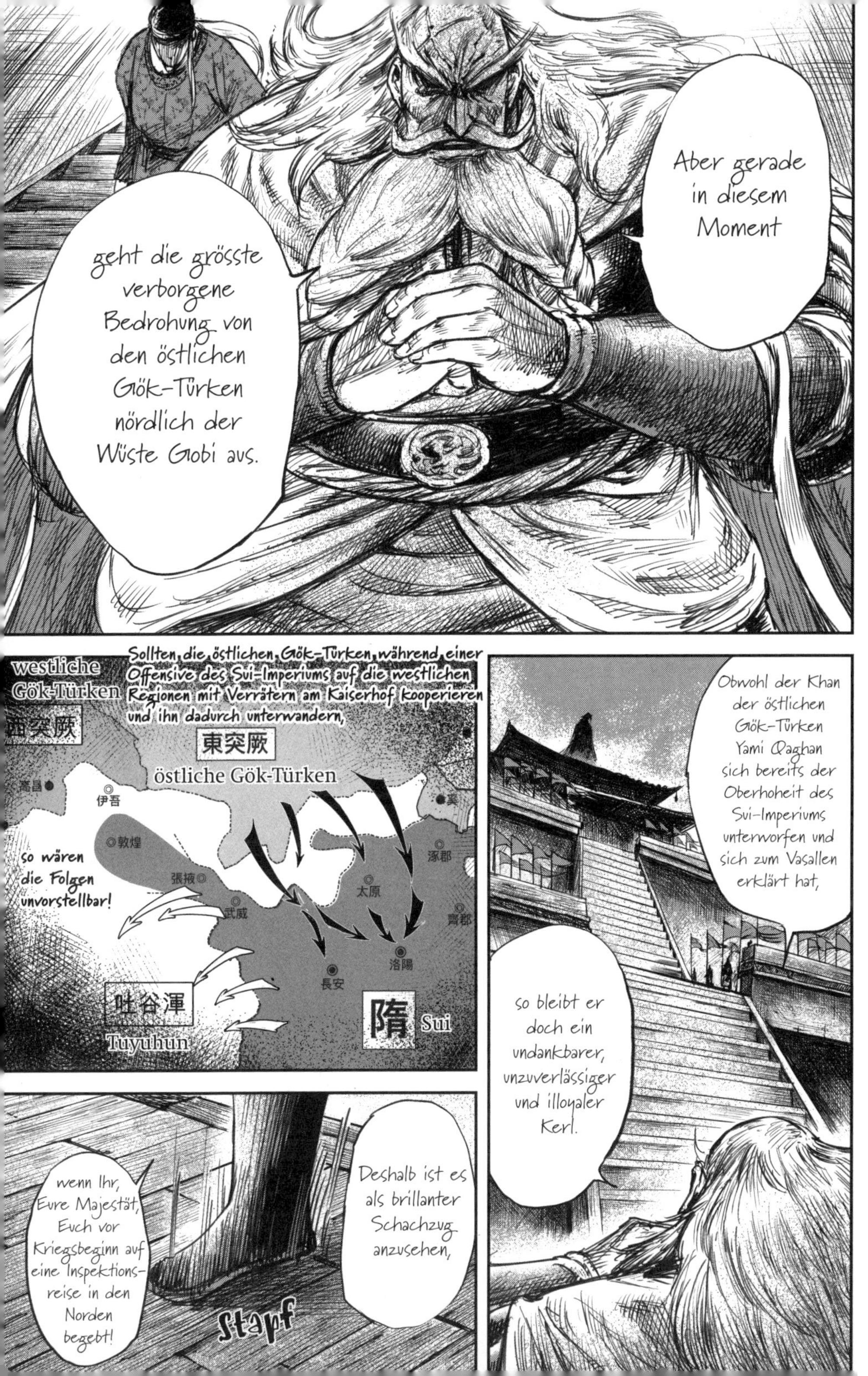
Aber gerade in diesem Moment
geht die grösste verborgene Bedrohung von den östlichen Gök-Türken nördlich der Wüste Gobi aus.
Obwohl der Khan der östlichen Gök-Türken Yami Qaghan sich bereits der Oberhoheit des Sui-Imperiums unterworfen und sich zum Vasallen erklärt hat,
so bleibt er doch ein undankbarer, unzuverlässiger und illoyaler Kerl.
Sollten die östlichen Gök-Türken während einer Offensive des Sui-Imperiums auf die westlichen Regionen mit Verrätern am Kaiserhof kooperieren und ihn dadurch unterwandern,
westliche Gök-Türken
西突厥
東突厥
östliche Gök-Türken
高昌
伊吾
敦煌
張掖
武威
太原
涿郡
齊郡
洛陽
長安
吐谷渾
Tuyuhun
隋
Sui
so wären die Folgen unvorstellbar!
Deshalb ist es als brillanter Schachzug anzusehen,
wenn Ihr, Eure Majestät, Euch vor Kriegsbeginn auf eine Inspektionsreise in den Norden begebt!
Stapf

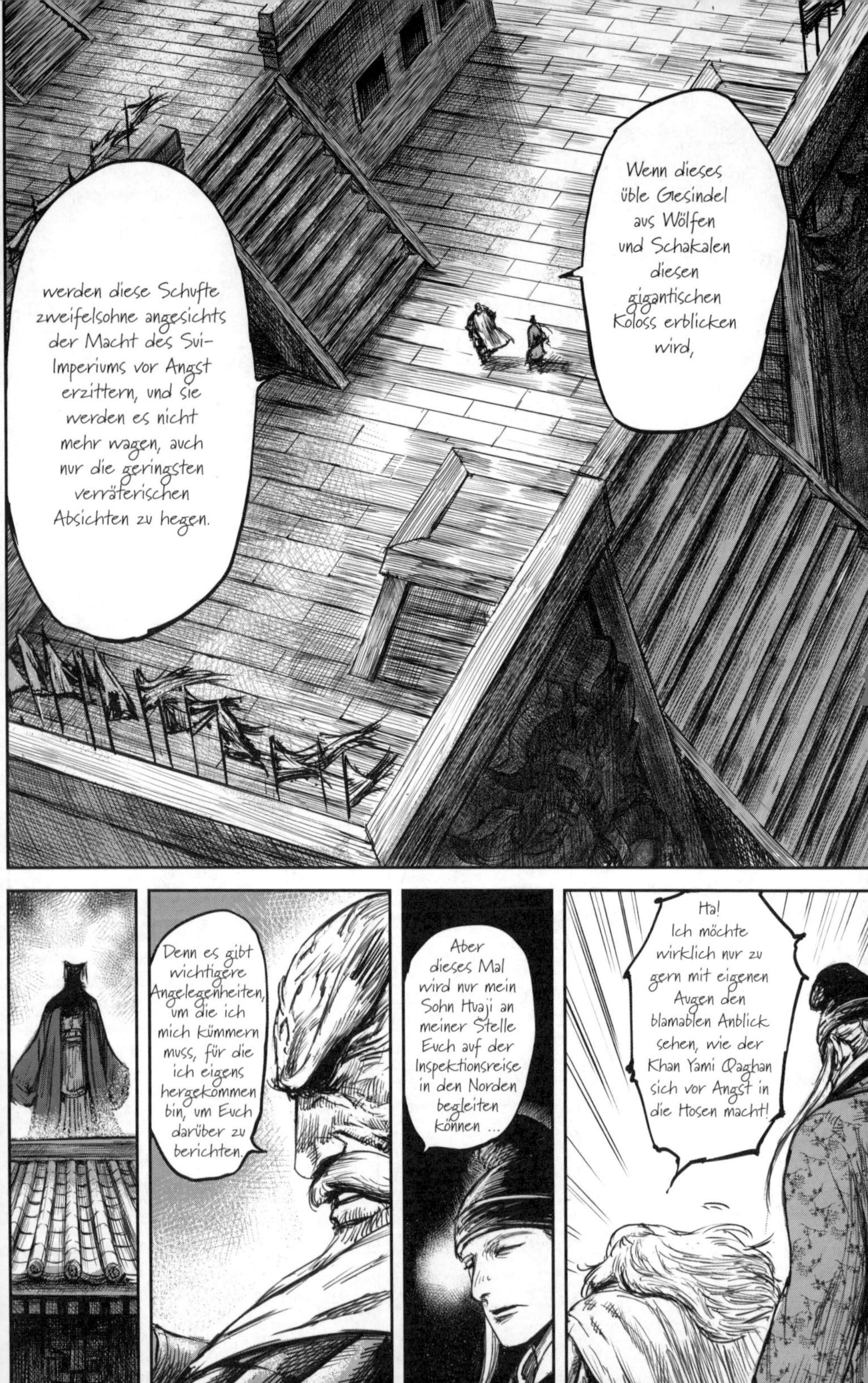
Wenn dieses üble Gesindel aus Wölfen und Schakalen diesen gigantischen Koloss erblicken wird,
werden diese Schufte zweifelsohne angesichts der Macht des Sui-Imperiums vor Angst erzittern, und sie werden es nicht mehr wagen, auch nur die geringsten verräterischen Absichten zu hegen.
Denn es gibt wichtigere Angelegenheiten, um die ich mich kümmern muss, für die ich eigens hergekommen bin, um Euch darüber zu berichten.
Aber dieses Mal wird nur mein Sohn Huaji an meiner Stelle Euch auf der Inspektionsreise in den Norden begleiten können …
Ha! Ich möchte wirklich nur zu gern mit eigenen Augen den blamablen Anblick sehen, wie der Khan Yami Qaghan sich vor Angst in die Hosen macht!

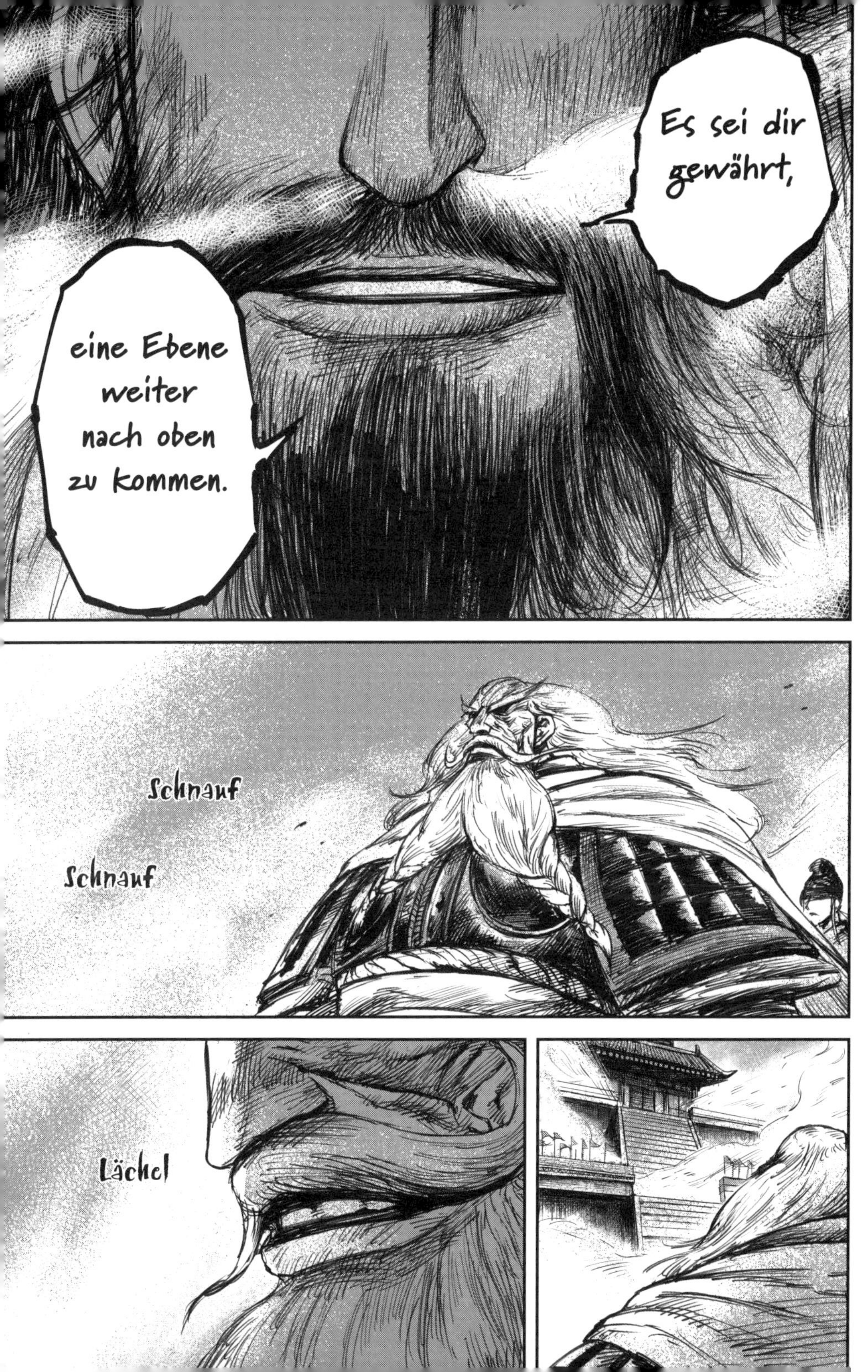
Es sei dir gewährt,
eine Ebene weiter nach oben zu kommen.
Schnauf
Schnauf
Lächel

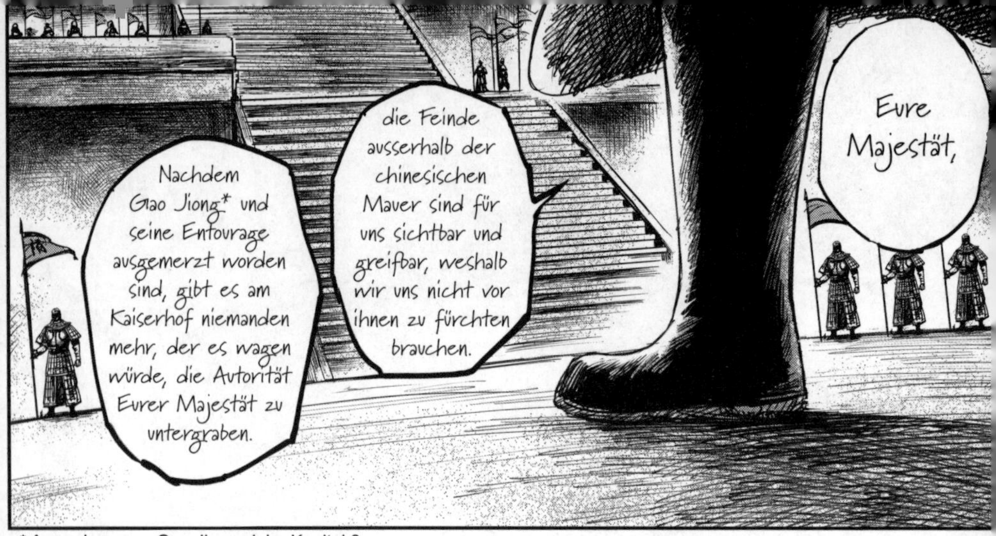

* Anmerkung: zu Gao Jiong siehe Kapitel 8.

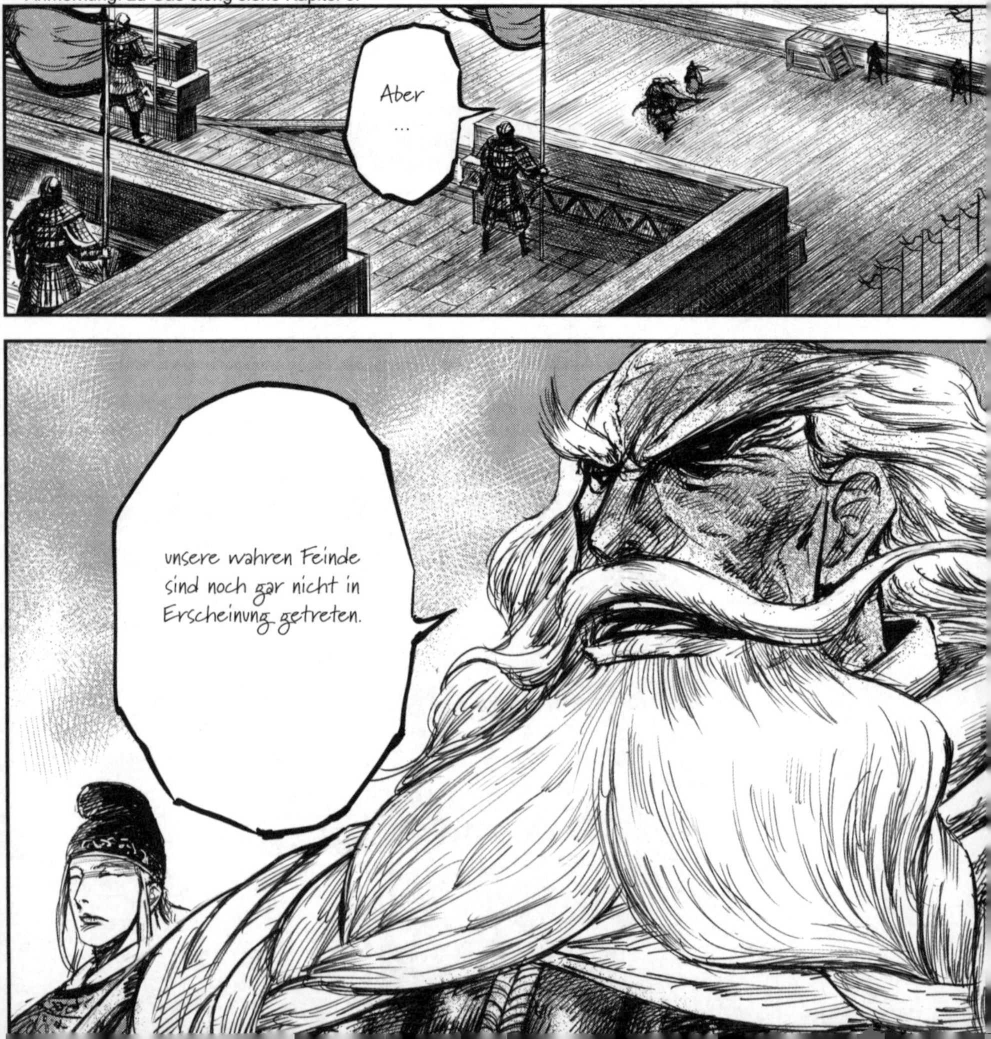

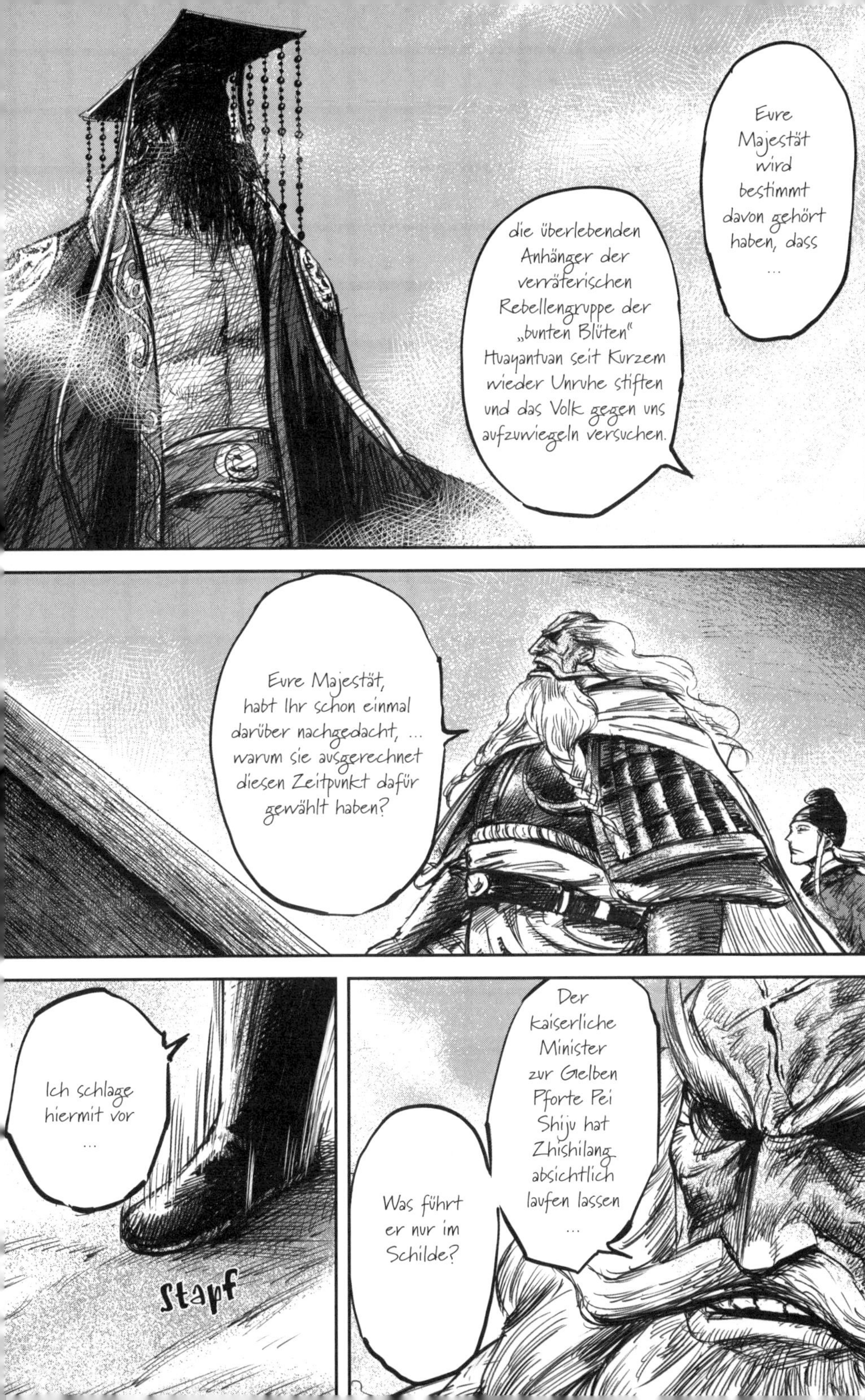
Eure Majestät wird bestimmt davon gehört haben, dass …
die überlebenden Anhänger der verräterischen Rebellengruppe der „bunten Blüten" Huayantuan seit Kurzem wieder Unruhe stiften und das Volk gegen uns aufzuwiegeln versuchen.
Eure Majestät, habt Ihr schon einmal darüber nachgedacht, … warum sie ausgerechnet diesen Zeitpunkt dafür gewählt haben?
Der kaiserliche Minister zur Gelben Pforte Pei Shiju hat Zhishilang absichtlich laufen lassen …
Was führt er nur im Schilde?
Stapf
Ich schlage hiermit vor …

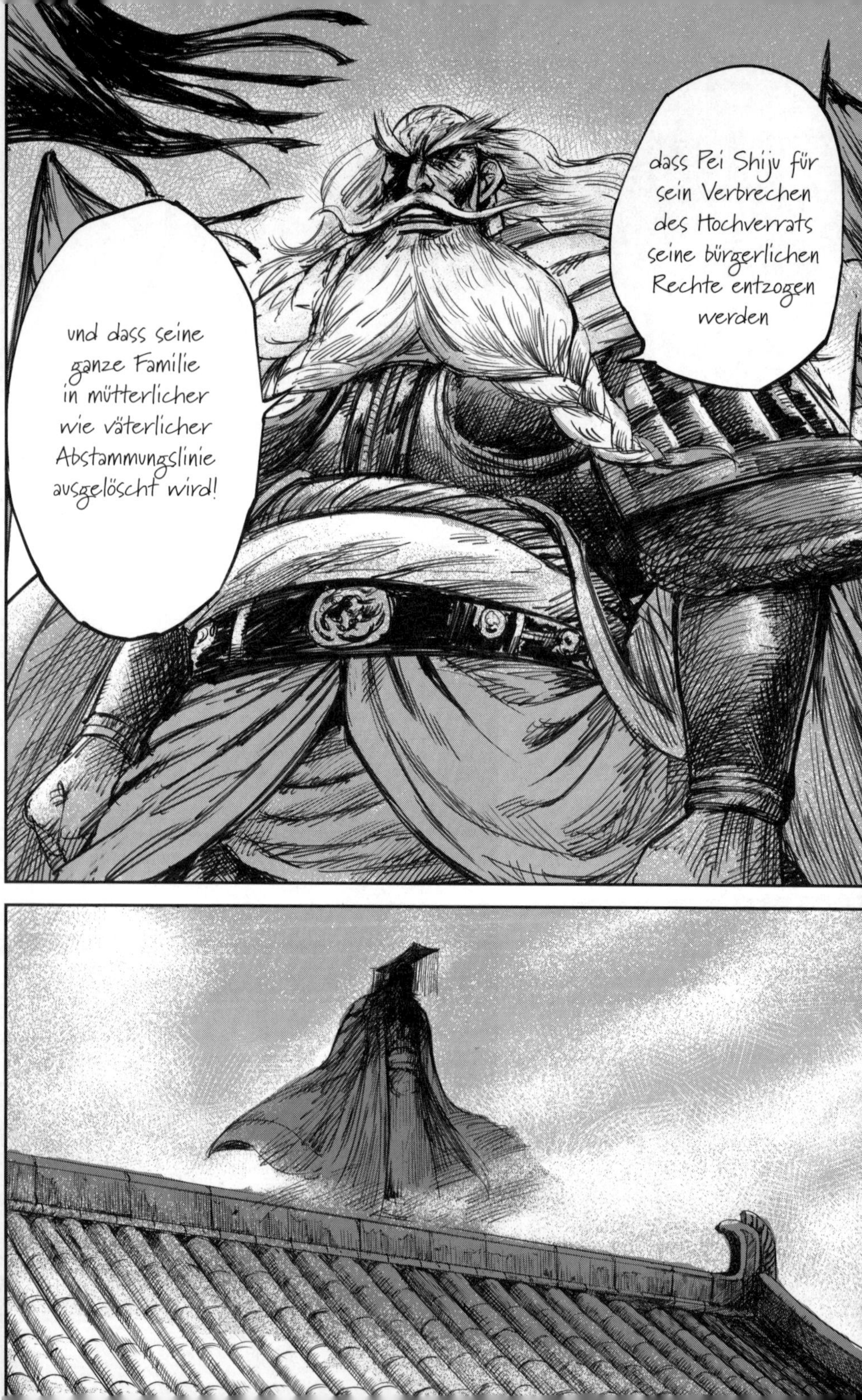
dass Pei Shiju für sein Verbrechen des Hochverrats seine bürgerlichen Rechte entzogen werden
und dass seine ganze Familie in mütterlicher wie väterlicher Abstammungslinie ausgelöscht wird!

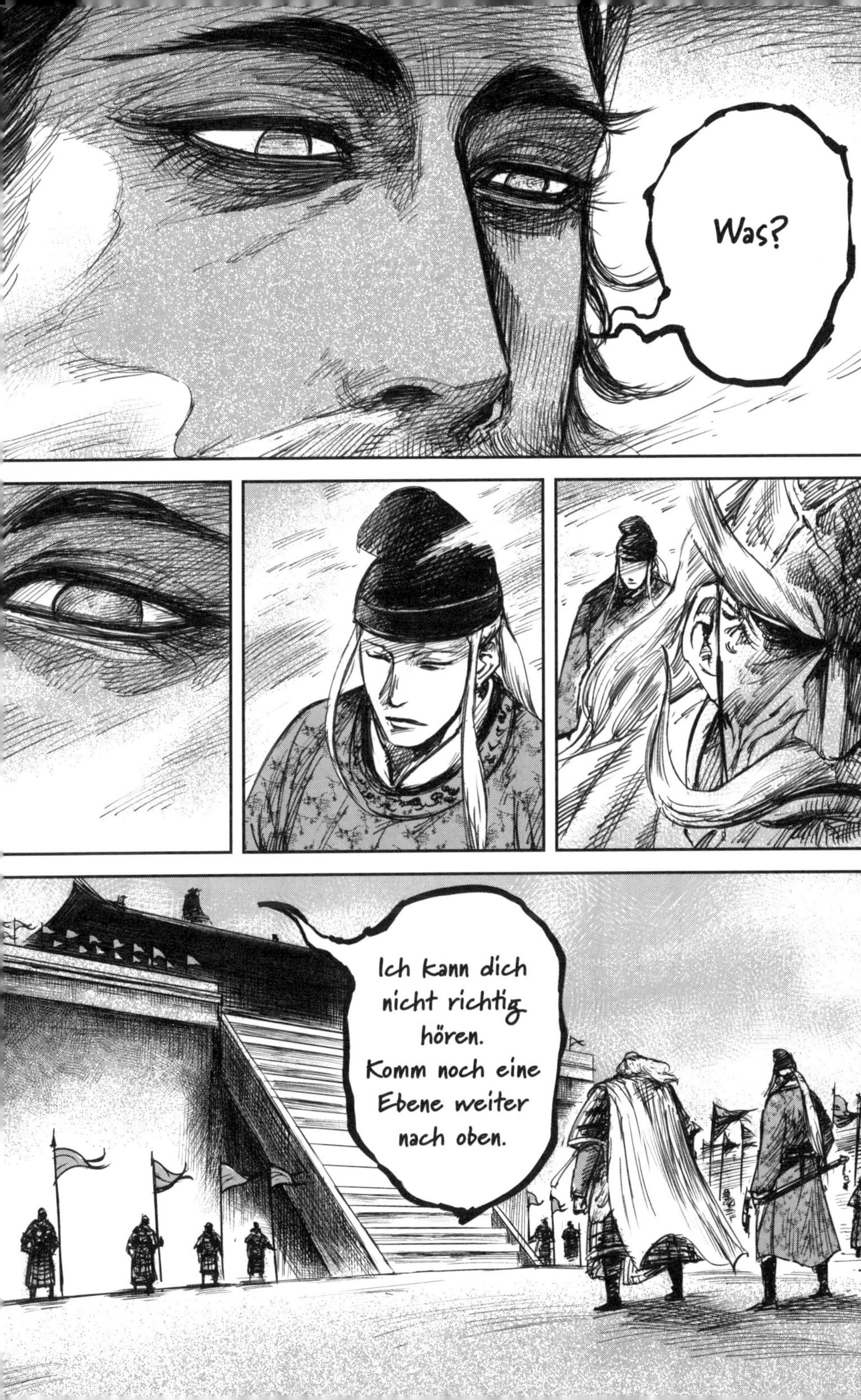
Was?
Ich kann dich nicht richtig hören. Komm noch eine Ebene weiter nach oben.

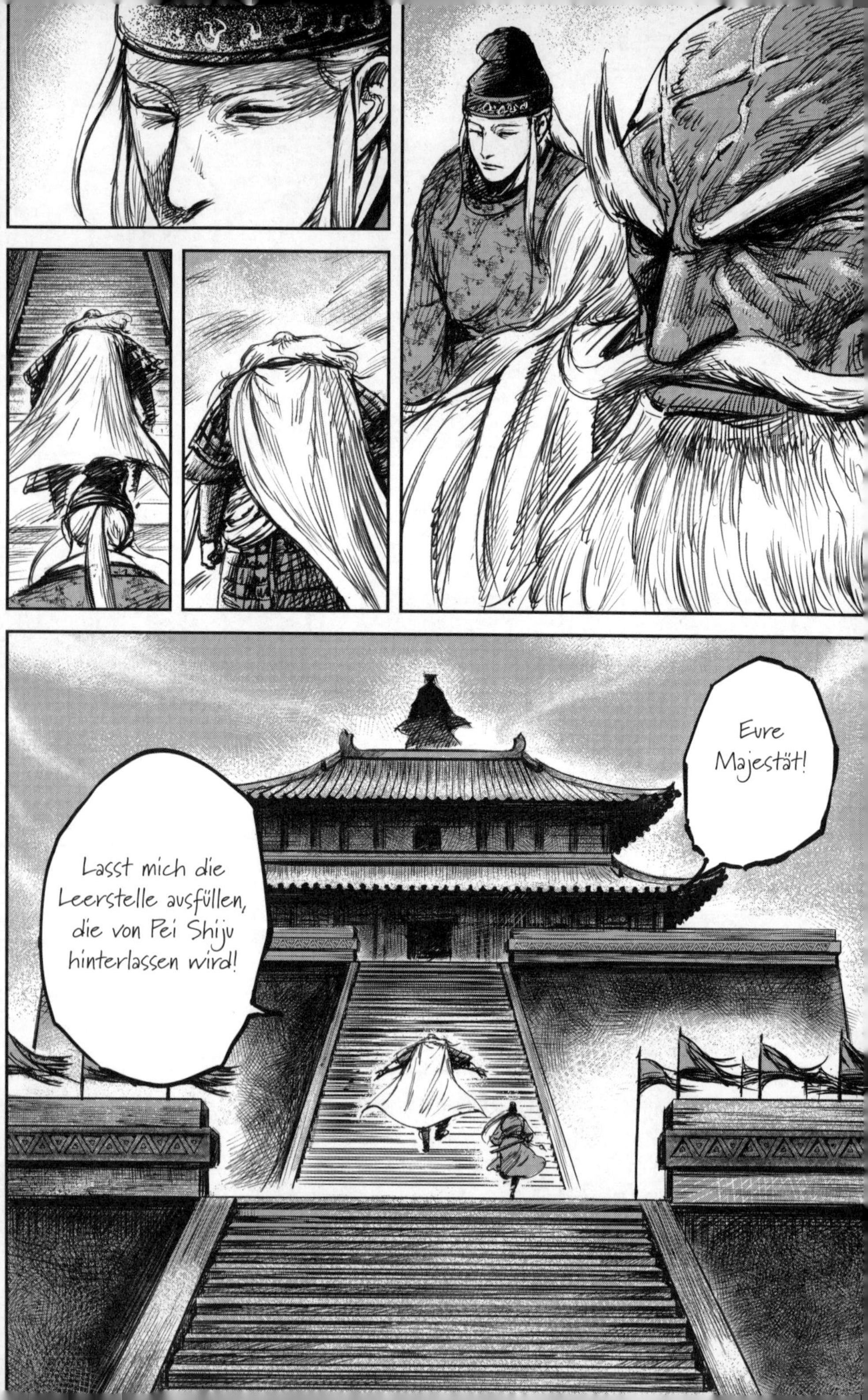
Eure Majestät!
Lasst mich die Leerstelle ausfüllen, die von Pei Shiju hinterlassen wird!

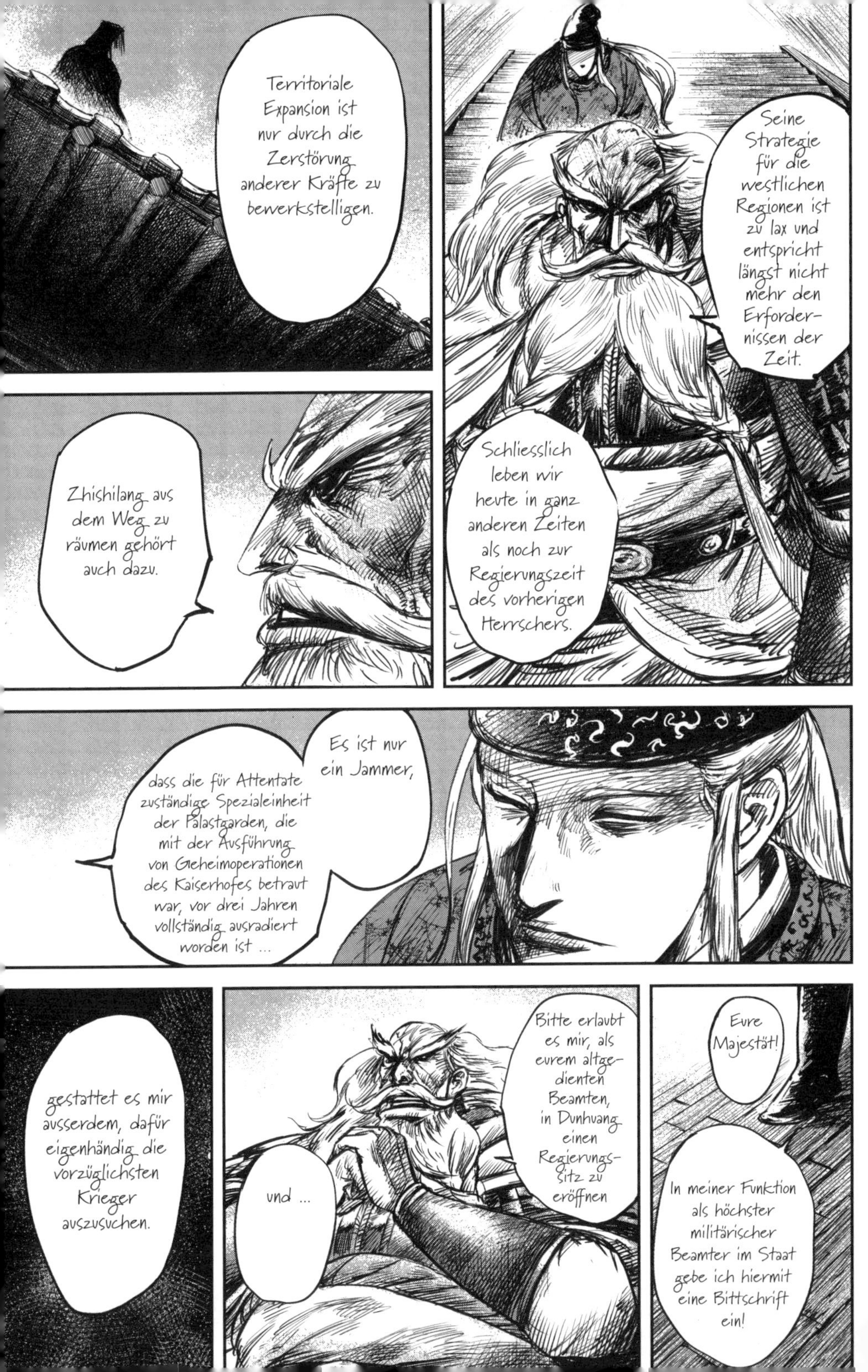
Territoriale Expansion ist nur durch die Zerstörung anderer Kräfte zu bewerkstelligen.
Seine Strategie für die westlichen Regionen ist zu lax und entspricht längst nicht mehr den Erfordernissen der Zeit.
Zhishilang aus dem Weg zu räumen gehört auch dazu.
Schliesslich leben wir heute in ganz anderen Zeiten als noch zur Regierungszeit des vorherigen Herrschers.
Es ist nur ein Jammer,
dass die für Attentate zuständige Spezialeinheit der Palastgarden, die mit der Ausführung von Geheimoperationen des Kaiserhofes betraut war, vor drei Jahren vollständig ausradiert worden ist …
Eure Majestät!
In meiner Funktion als höchster militärischer Beamter im Staat gebe ich hiermit eine Bittschrift ein!
Bitte erlaubt es mir, als eurem altgedienten Beamten, in Dunhuang einen Regierungssitz zu eröffnen
und …
gestattet es mir ausserdem, dafür eigenhändig die vorzüglichsten Krieger auszusuchen.

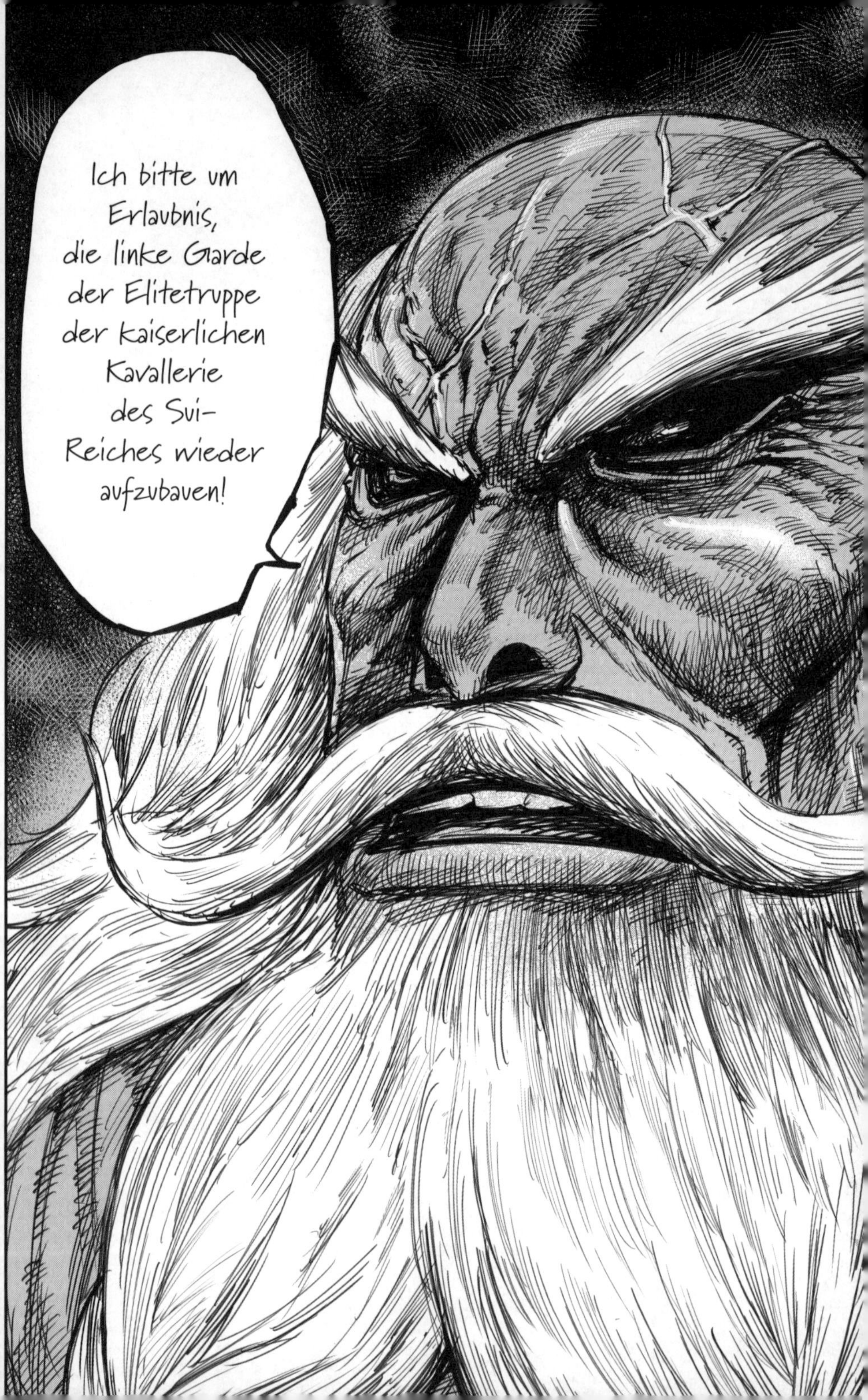
Ich bitte um Erlaubnis, die linke Garde der Elitetruppe der kaiserlichen Kavallerie des Sui-Reiches wieder aufzubauen!

開府儀同三司 Kaifu Yitong sansi

从一品官職，朝廷對功臣的最高賞賜。

Beamtentitel ersten Ranges, bei diesem Titel handelte es sich um die grösste Ehrenauszeichnung, die der Kaiserhof einem verdienstvollen Beamten verleihen konnte.

開府:官員可用自己的名義在指定地區自置幕府，部署幕僚。
儀同三司：其儀仗規格與三公三師相同。

Kaifu: Der Beamte besass die Befugnis, unter seinem eigenen Namen in einem bestimmten Gebiet ein militärisches Feldhauptquartier zu errichten und einen eigenen Stab an Militärberatern zusammenzustellen.
Yitong sansi: Die Ehrenabzeichen bzw. die zeremoniellen Waffen dieses Beamtentitels entsprachen denen der „Drei Herzöge“ und „Drei Lehrmeister“ am Kaiserhof.

Dritter Akt:
Die Unterwelt

Kapitel 58:
Die linke Garde
der kaiserlichen Elitekavallerie

融聚胡漢之驍勇精銳，
不論出身，不念舊惡

In ihr waren die Tapferkeit und die Exzellenz
von Han-Chinesen und Barbaren vereint.

Die soziale Herkunft war unwichtig,
auch zählte nicht, was jemand früher verbrochen haben mochte.

秘密選拔十三死士，
以神獸為號，暗殺
肅清天子之敵

Unter strengster Geheimhaltung wurden 13 todesmutige Krieger ausgewählt.
Man verlieh ihnen die Namen von Fabelwesen.
Ihre Aufgabe: Die Feinde des Himmelssohns durch Attentate zu liquidieren,

在黑暗深處
捍衛帝王之光榮

Aus dem Schatten heraus
verteidigten sie die Ehre des Kaisers.

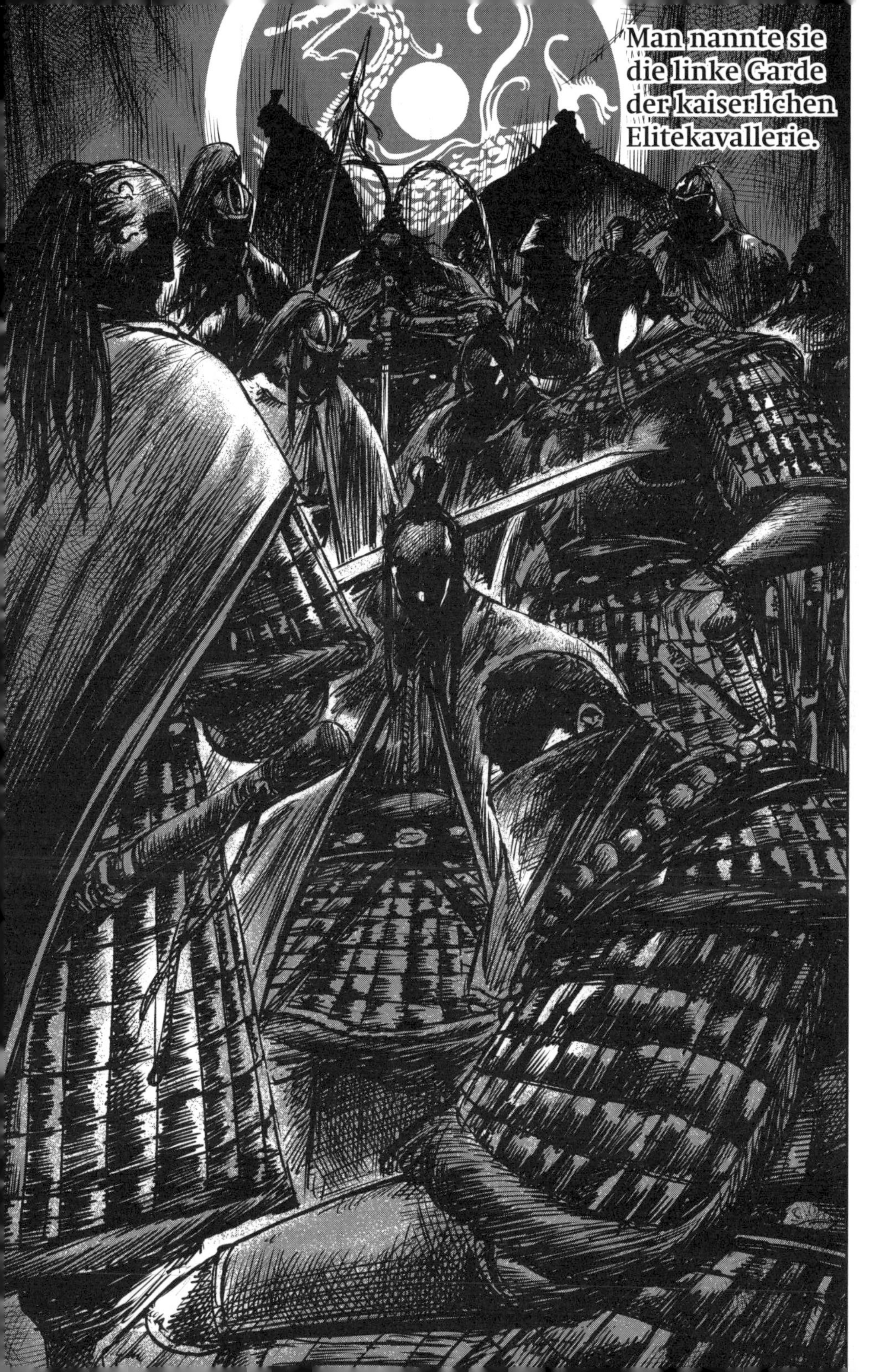
Man nannte sie die linke Garde der kaiserlichen Elitekavallerie.

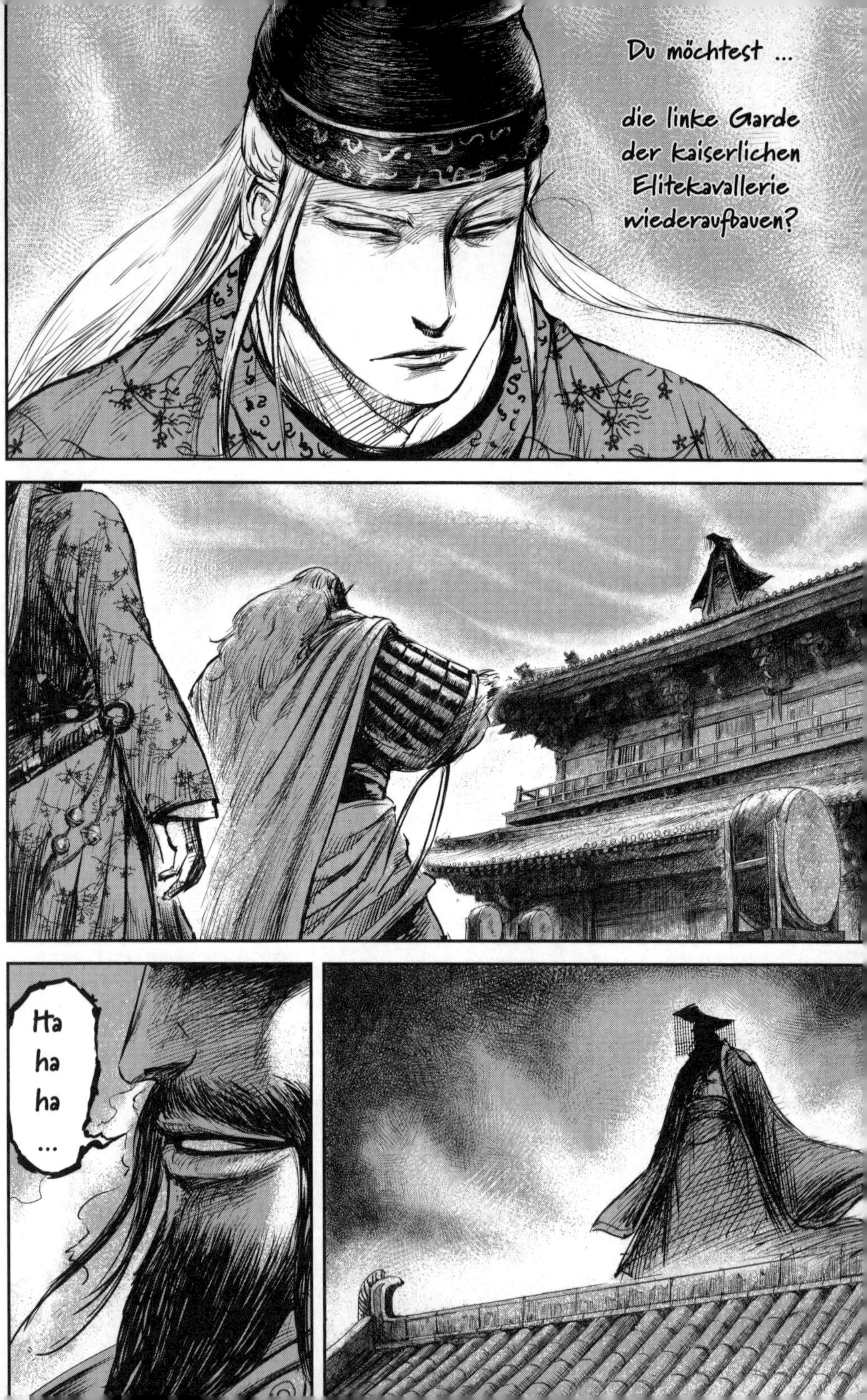
Du möchtest ...
die linke Garde der kaiserlichen Elitekavallerie wiederaufbauen?
Ha ha ha ...

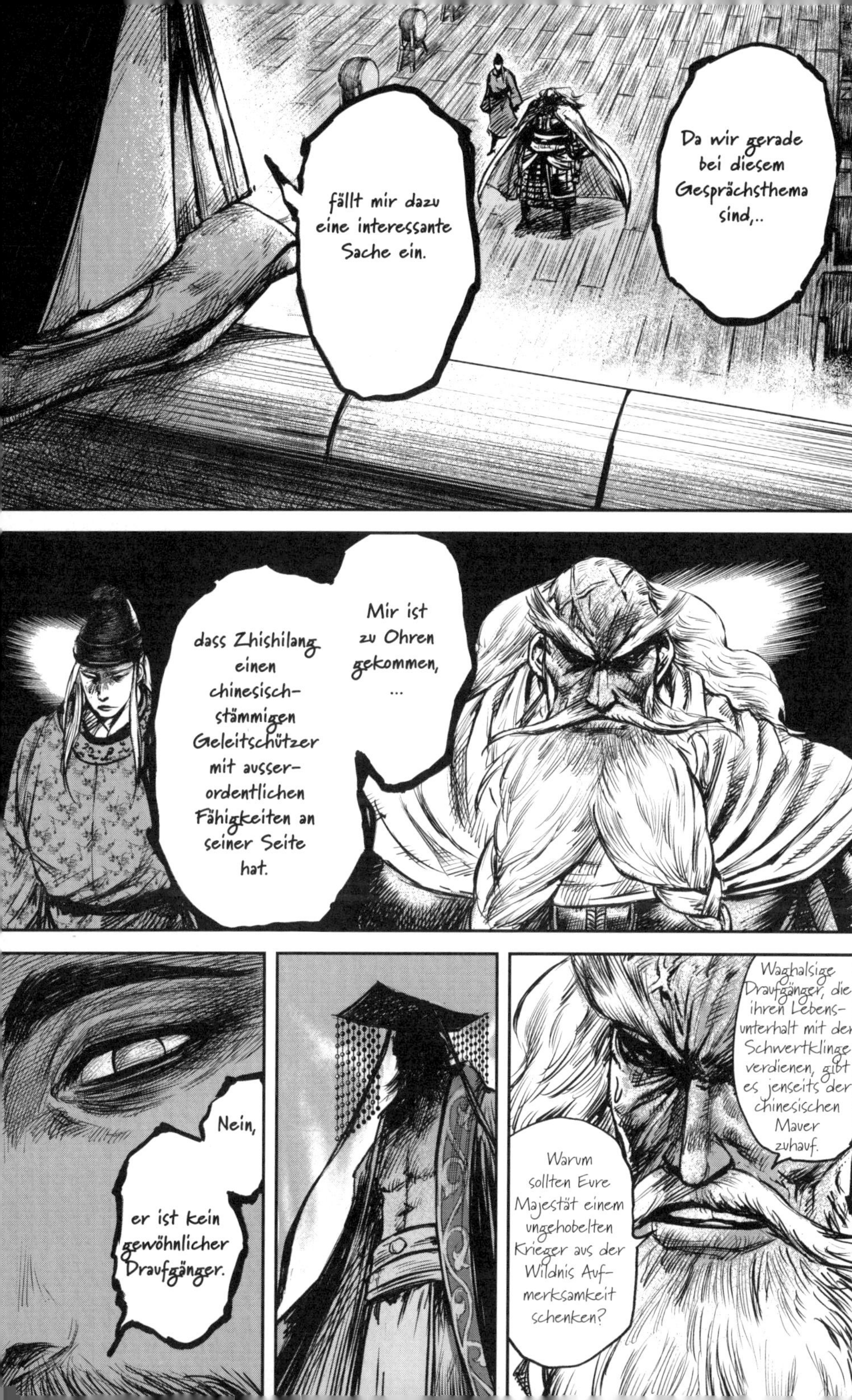
Da wir gerade bei diesem Gesprächsthema sind,..
fällt mir dazu eine interessante Sache ein.
Mir ist zu Ohren gekommen, ...
dass Zhishilang einen chinesischstämmigen Geleitschützer mit ausserordentlichen Fähigkeiten an seiner Seite hat.
Waghalsige Draufgänger, die ihren Lebensunterhalt mit der Schwertklinge verdienen, gibt es jenseits der chinesischen Mauer zuhauf.
Warum sollten Eure Majestät einem ungehobelten Krieger aus der Wildnis Aufmerksamkeit schenken?
Nein,
er ist kein gewöhnlicher Draufgänger.

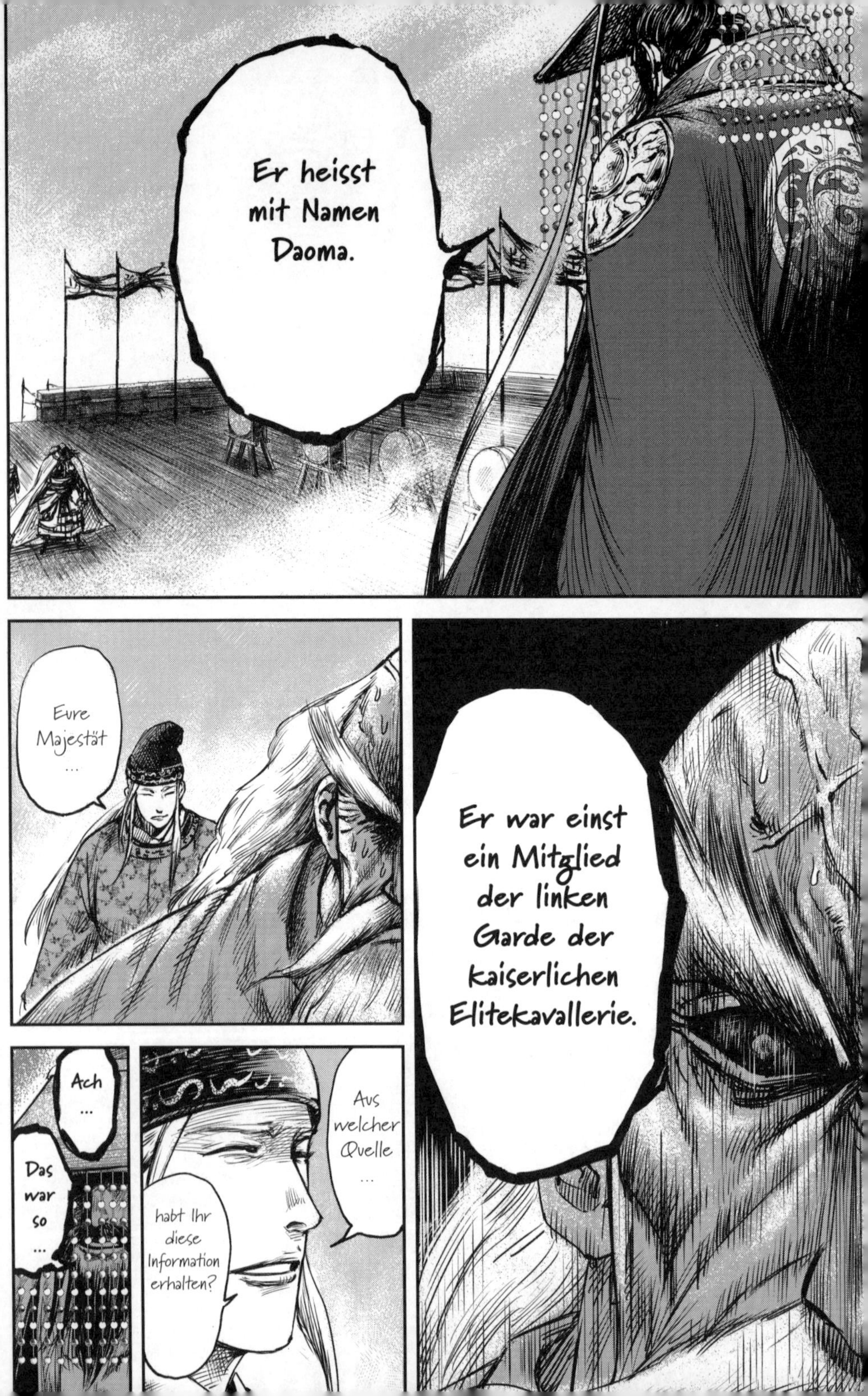
Er heisst mit Namen Daoma.
Er war einst ein Mitglied der linken Garde der kaiserlichen Elitekavallerie.
Eure Majestät ...
Aus welcher Quelle ...
habt Ihr diese Information erhalten?
Ach ...
Das war so ...

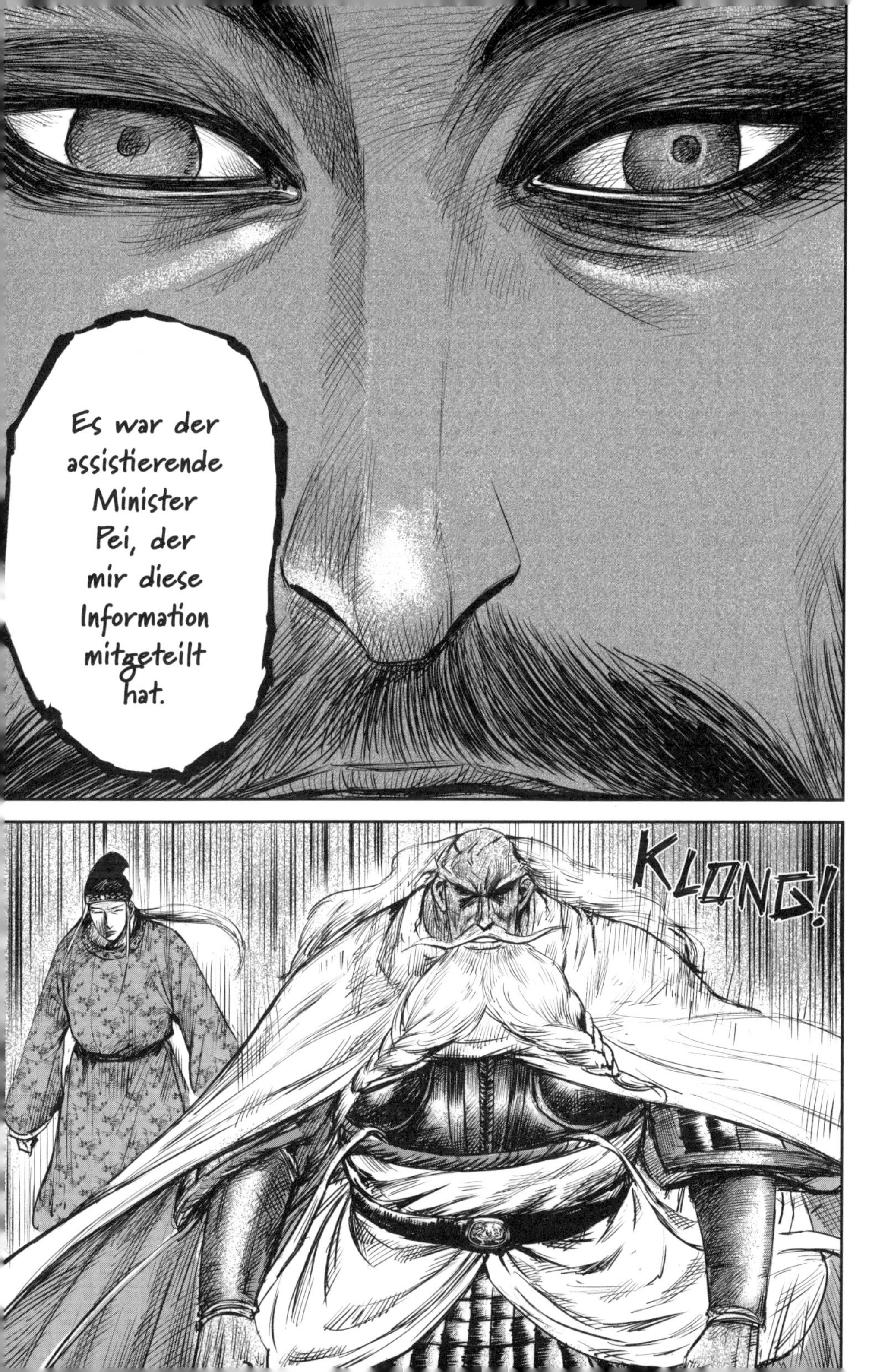
Es war der assistierende Minister Pei, der mir diese Information mitgeteilt hat.
KLONG!

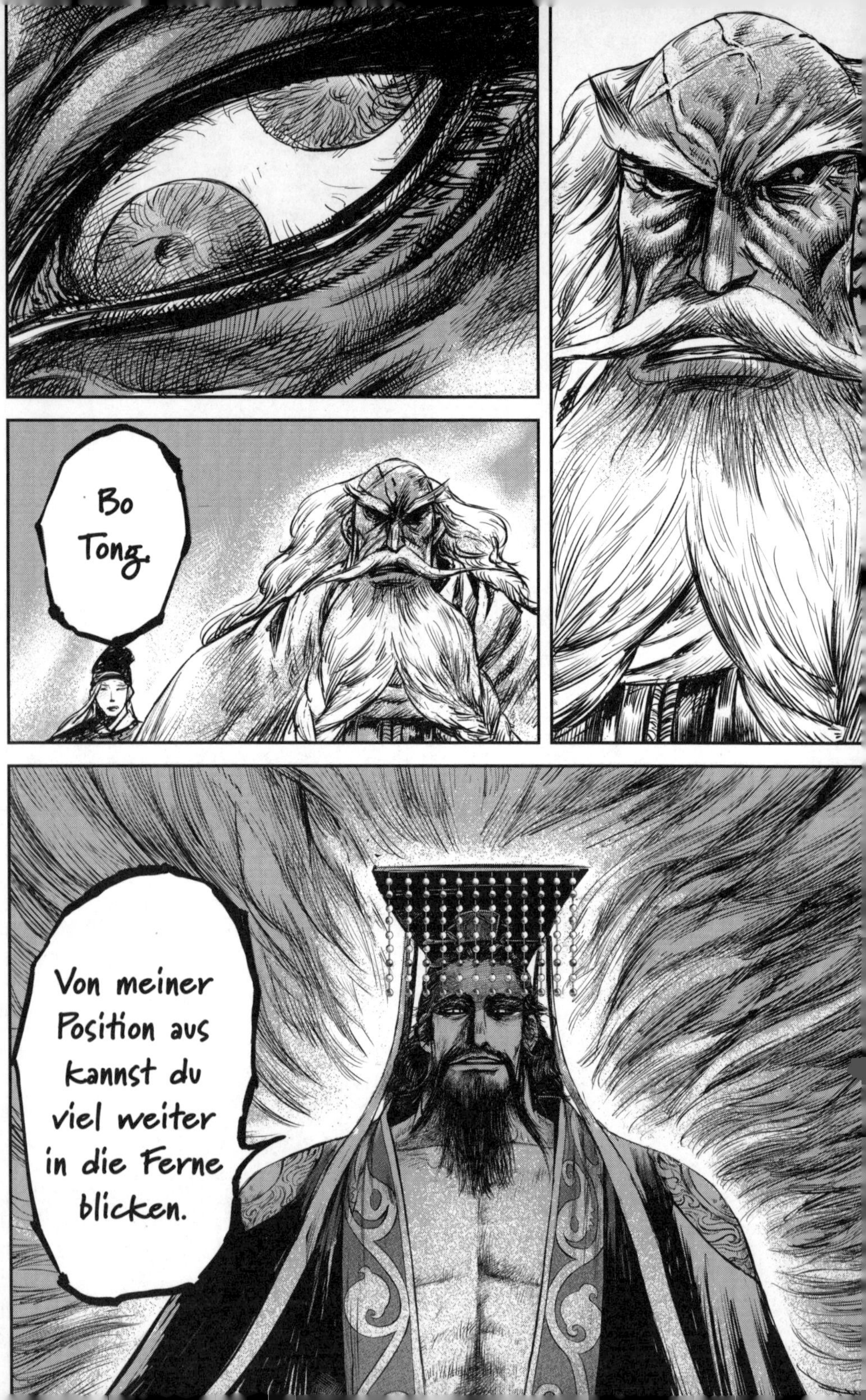
Bo Tong.
Von meiner Position aus kannst du viel weiter in die Ferne blicken.

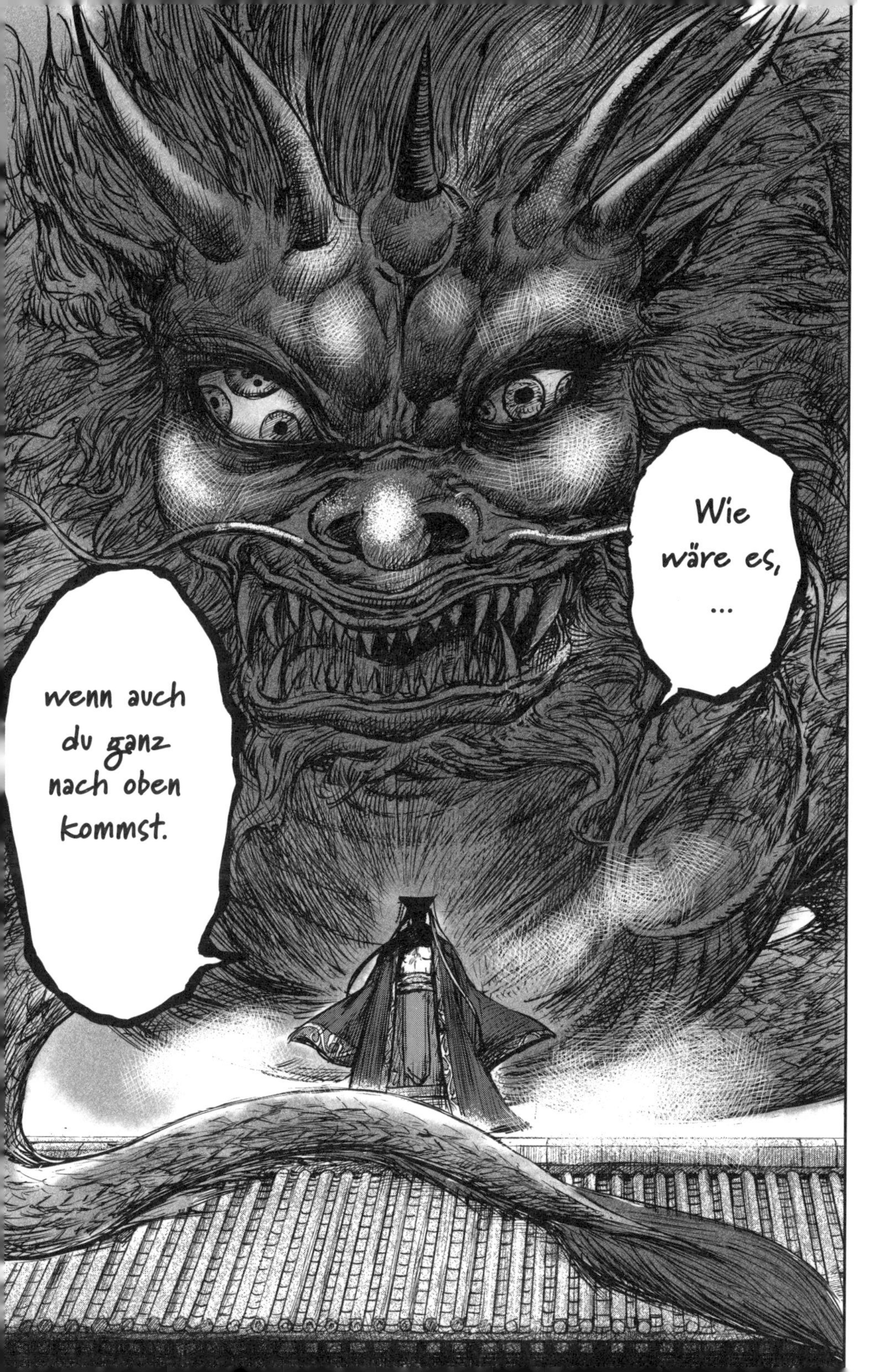
Wie wäre es, ...
wenn auch du ganz nach oben kommst.

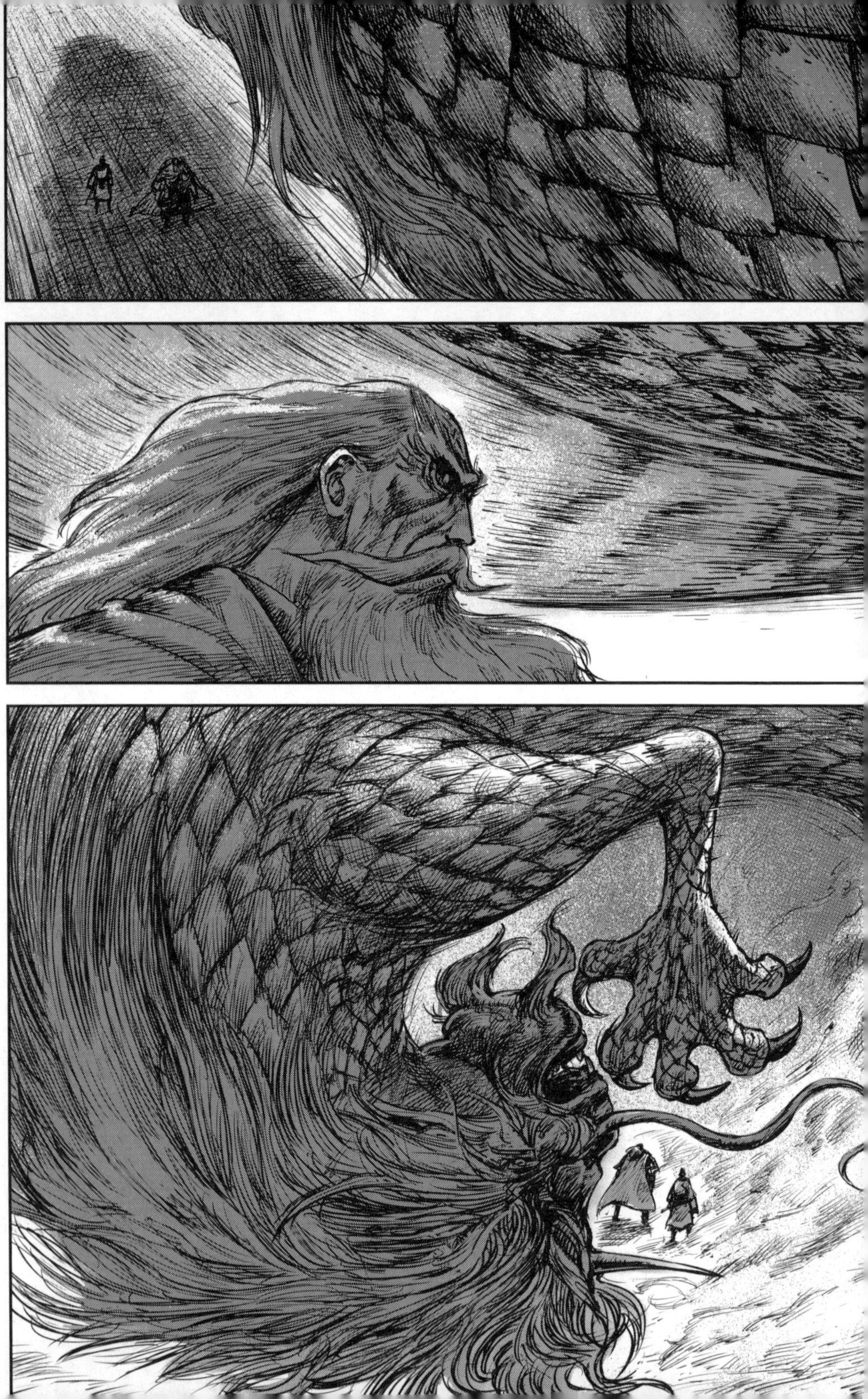

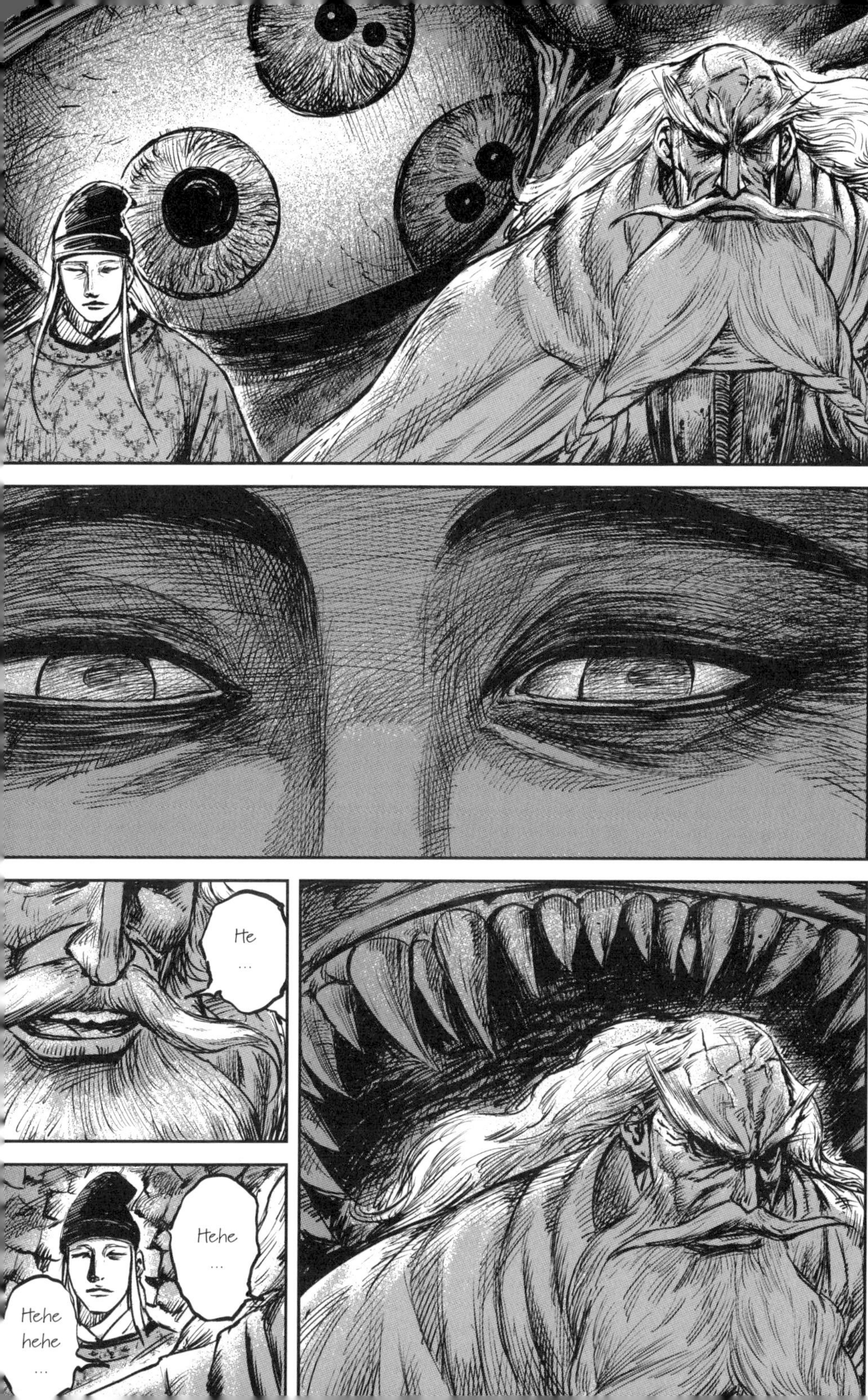
He
...
Hehe
...
Hehe
hehe
...

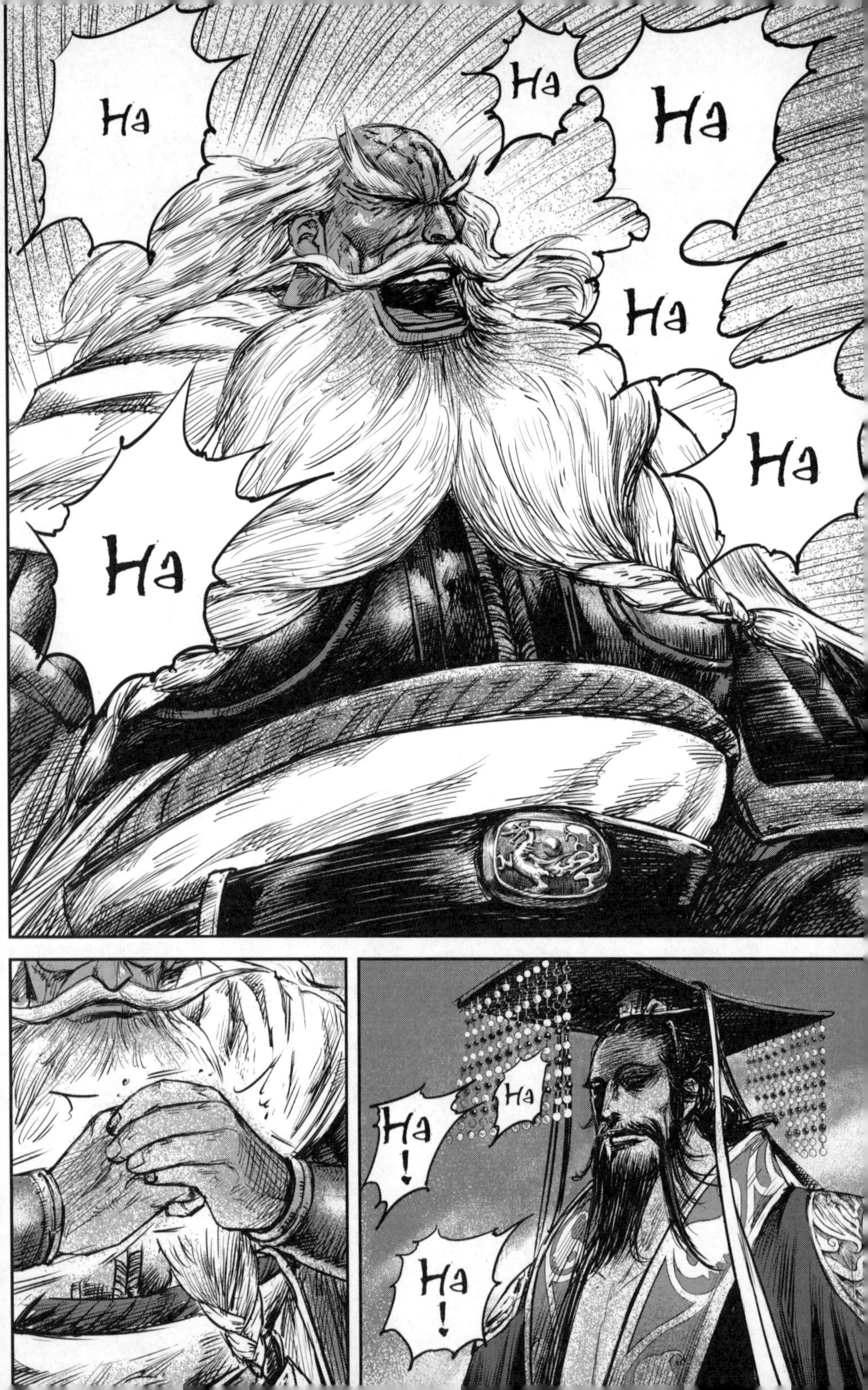

Ha
Ha
Ha
Ha
Ha
Ha
Ha
Ha!
Ha!

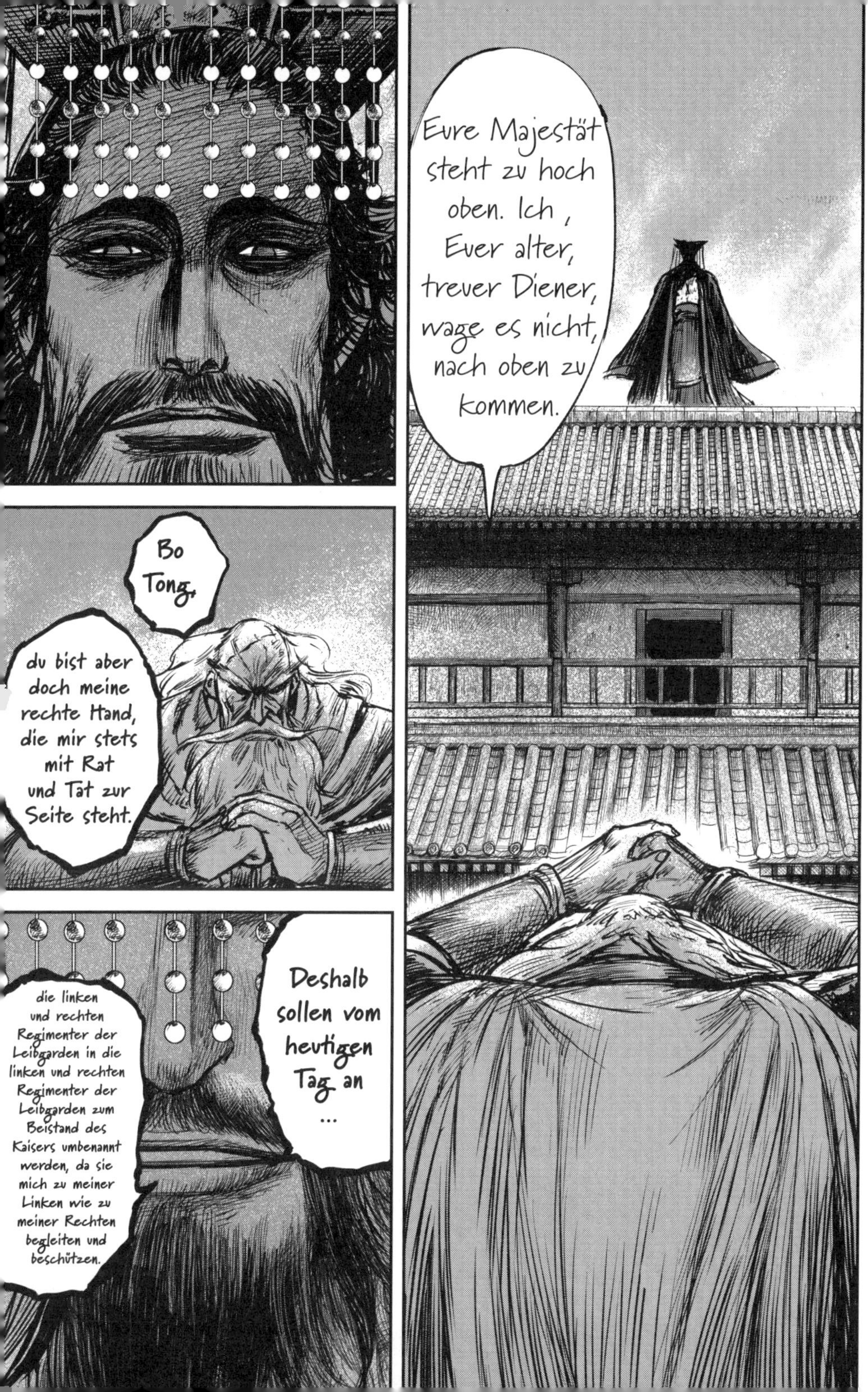
Eure Majestät steht zu hoch oben. Ich , Euer alter, treuer Diener, wage es nicht, nach oben zu kommen.
Bo Tong,
du bist aber doch meine rechte Hand, die mir stets mit Rat und Tat zur Seite steht.
Deshalb sollen vom heutigen Tag an …
die linken und rechten Regimenter der Leibgarden in die linken und rechten Regimenter der Leibgarden zum Beistand des Kaisers umbenannt werden, da sie mich zu meiner Linken wie zu meiner Rechten begleiten und beschützen.

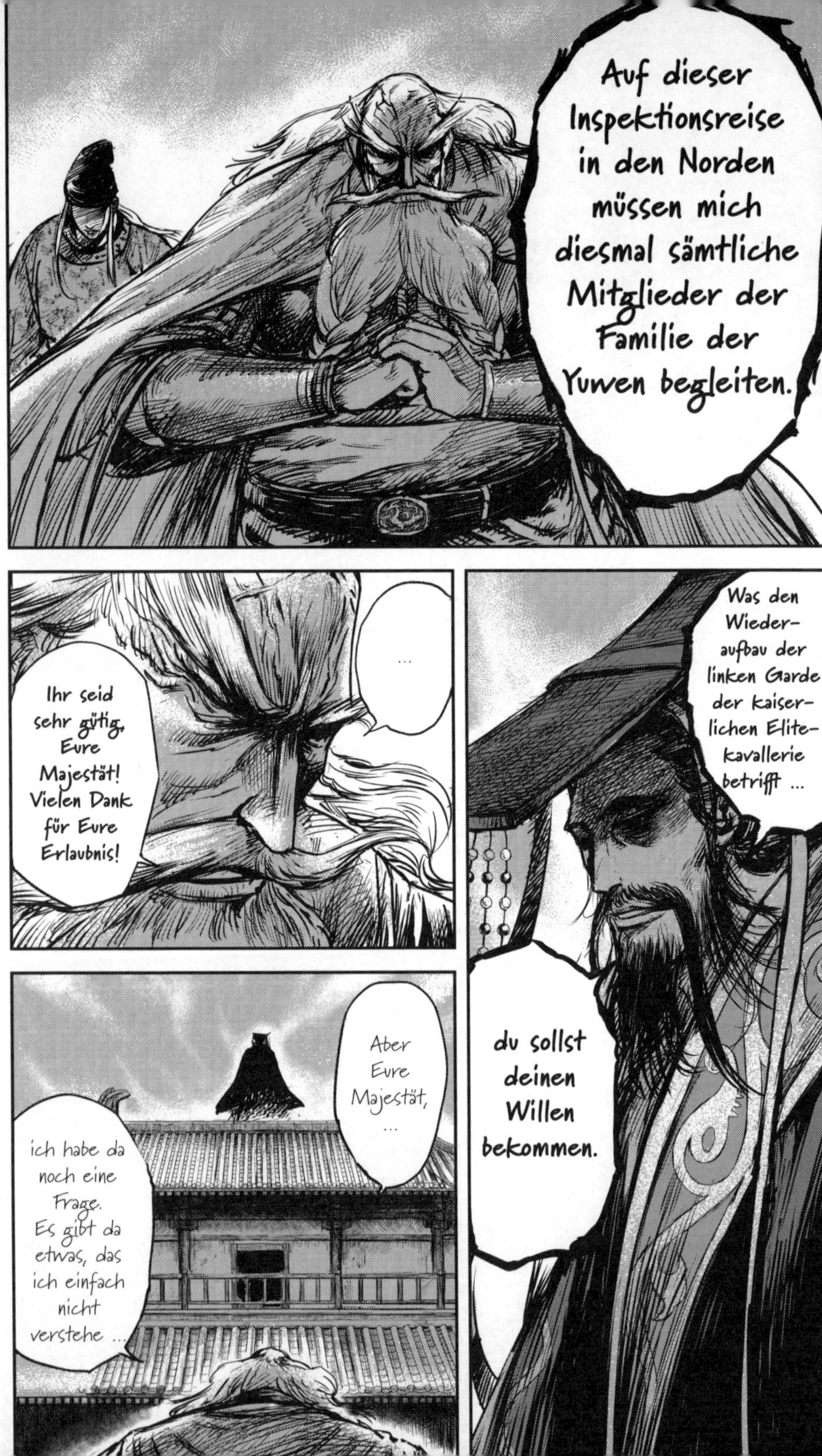

Auf dieser Inspektionsreise in den Norden müssen mich diesmal sämtliche Mitglieder der Familie der Yuwen begleiten.
Was den Wiederaufbau der linken Garde der kaiserlichen Elitekavallerie betrifft …
du sollst deinen Willen bekommen.
…
Ihr seid sehr gütig, Eure Majestät! Vielen Dank für Eure Erlaubnis!
Aber Eure Majestät, …
ich habe da noch eine Frage. Es gibt da etwas, das ich einfach nicht verstehe …

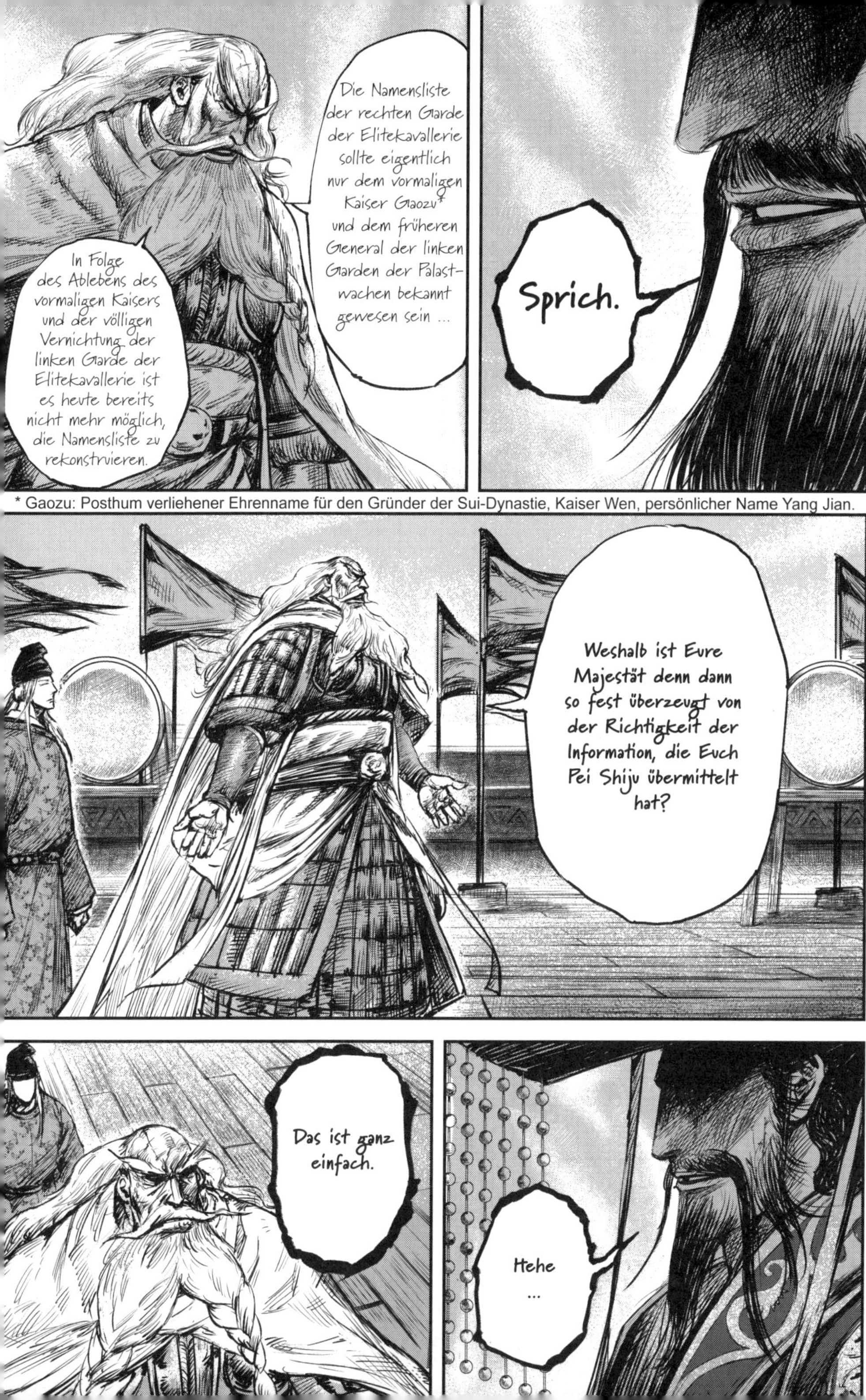

* Gaozu: Posthum verliehener Ehrenname für den Gründer der Sui-Dynastie, Kaiser Wen, persönlicher Name Yang Jian.

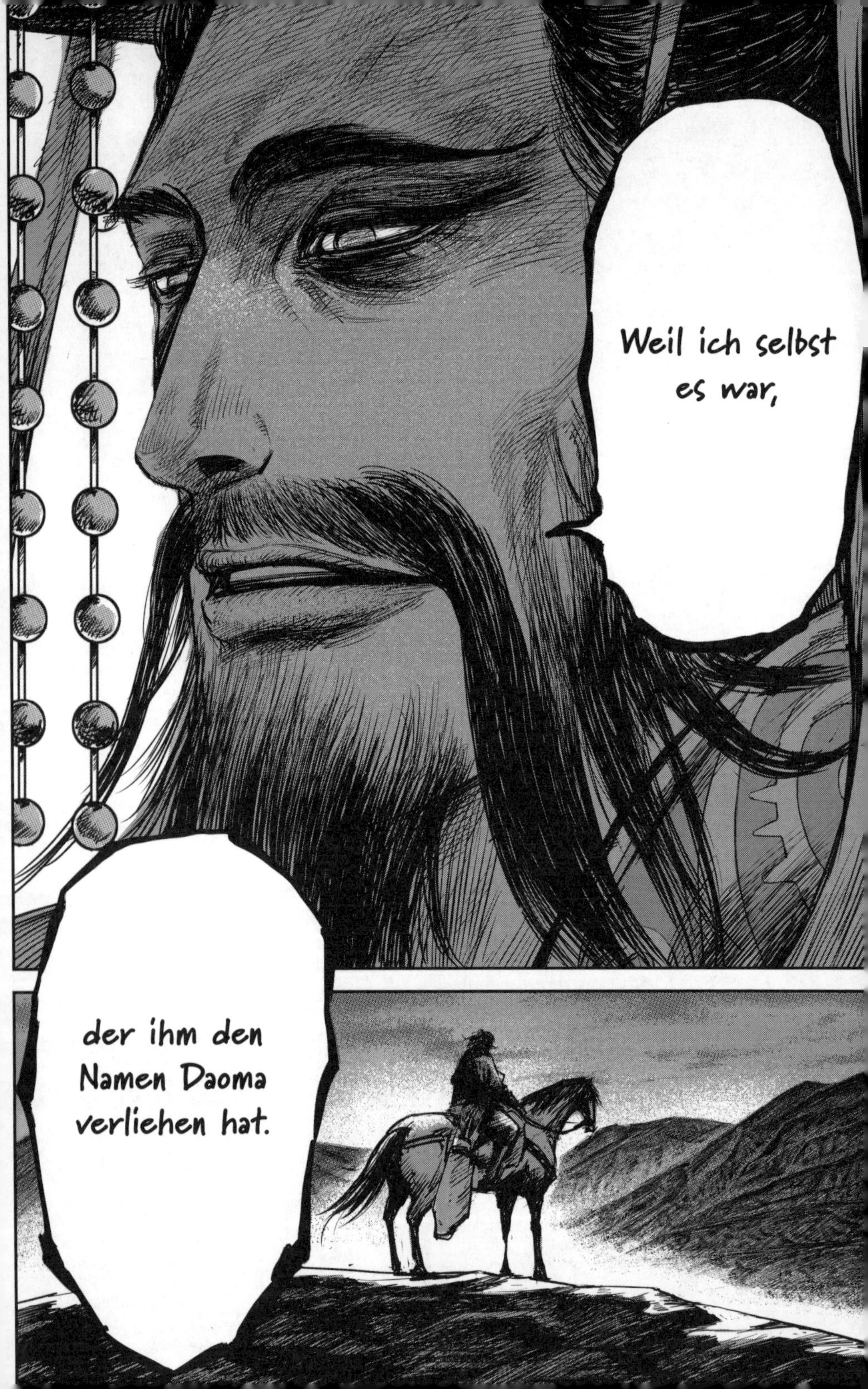
Weil ich selbst es war,
der ihm den Namen Daoma verliehen hat.

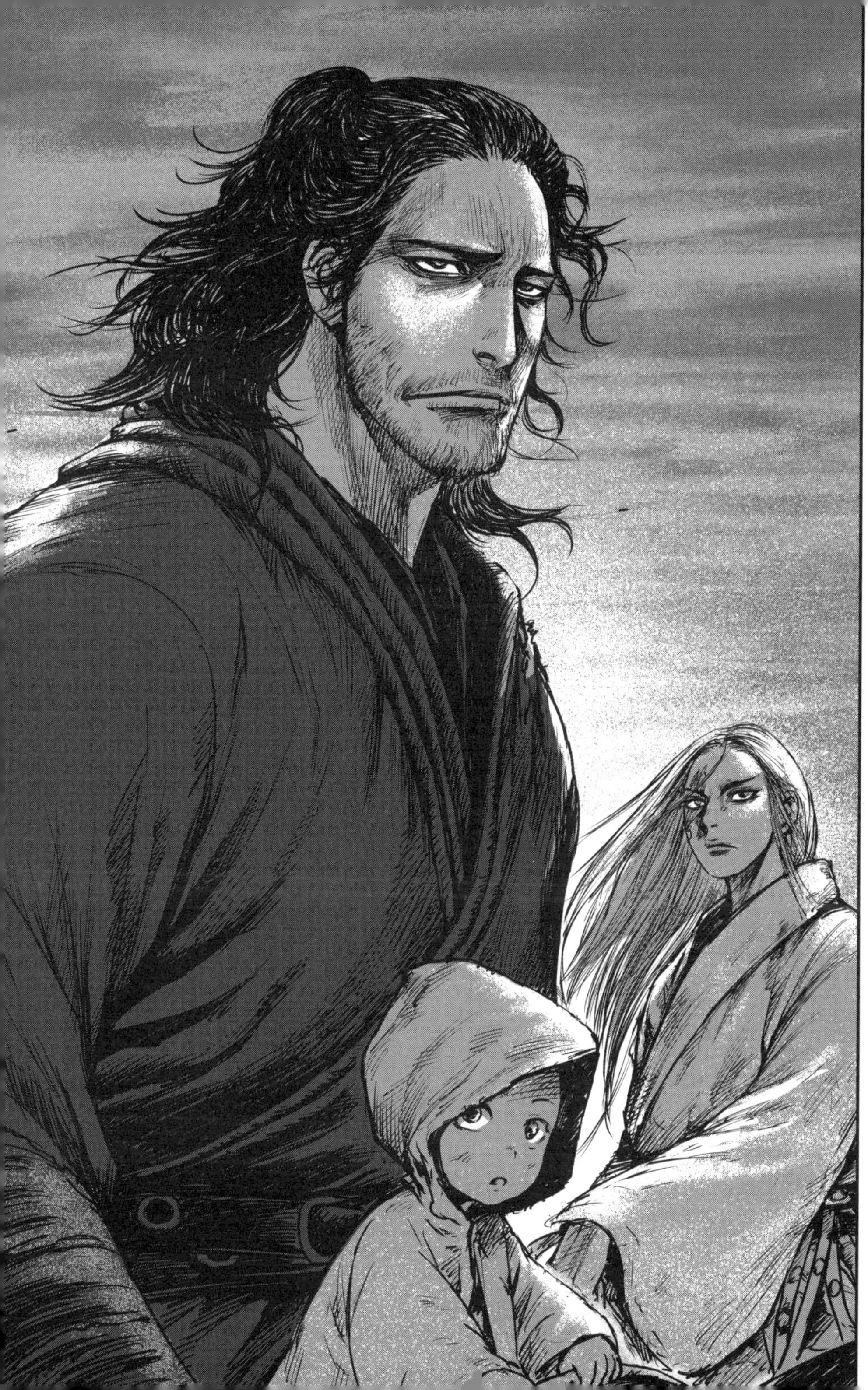

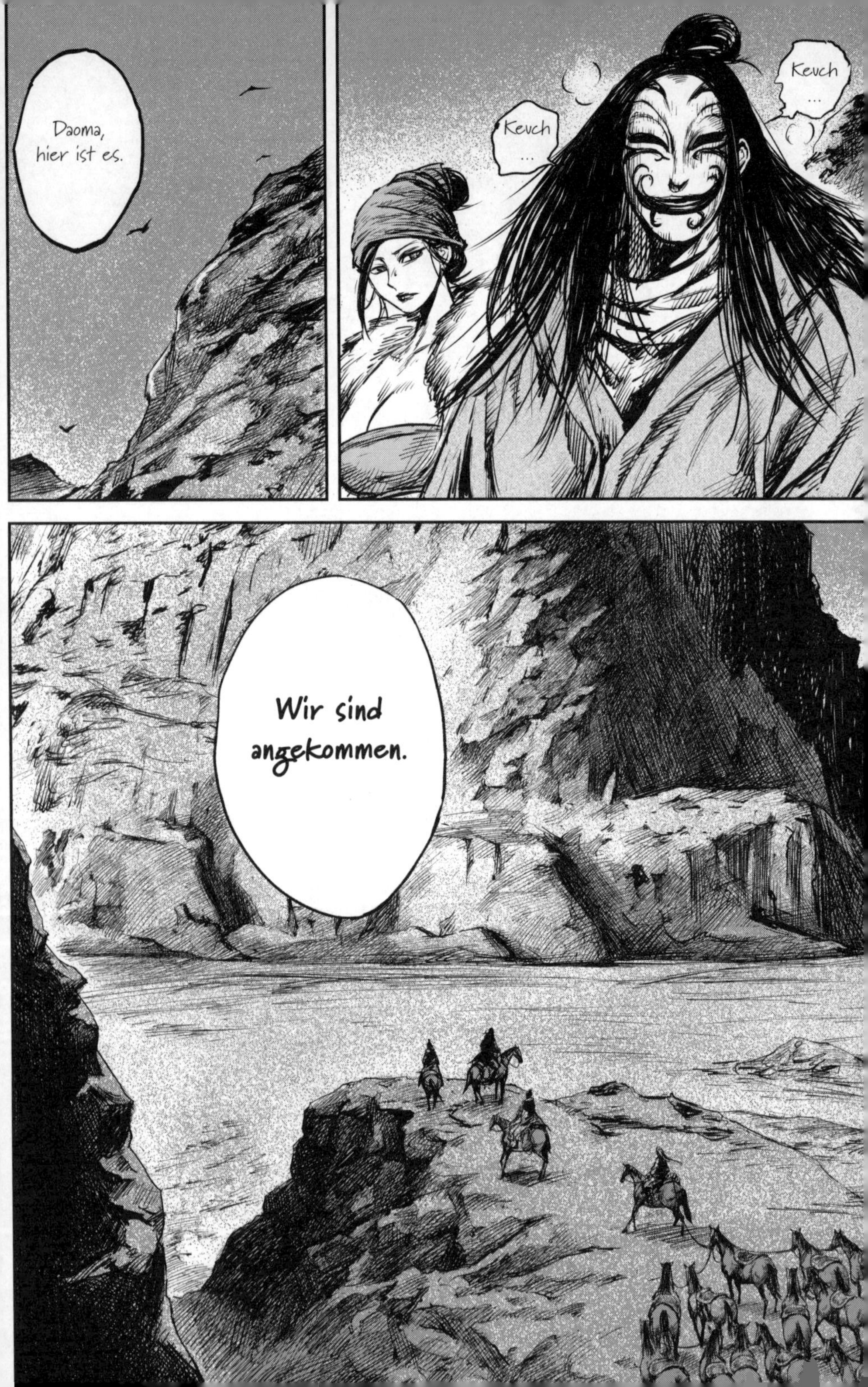
Keuch ...
Keuch ...
Daoma, hier ist es.
Wir sind angekommen.

Dritter Akt:
Die Unterwelt

Kapitel 59:
Die Rückkehr

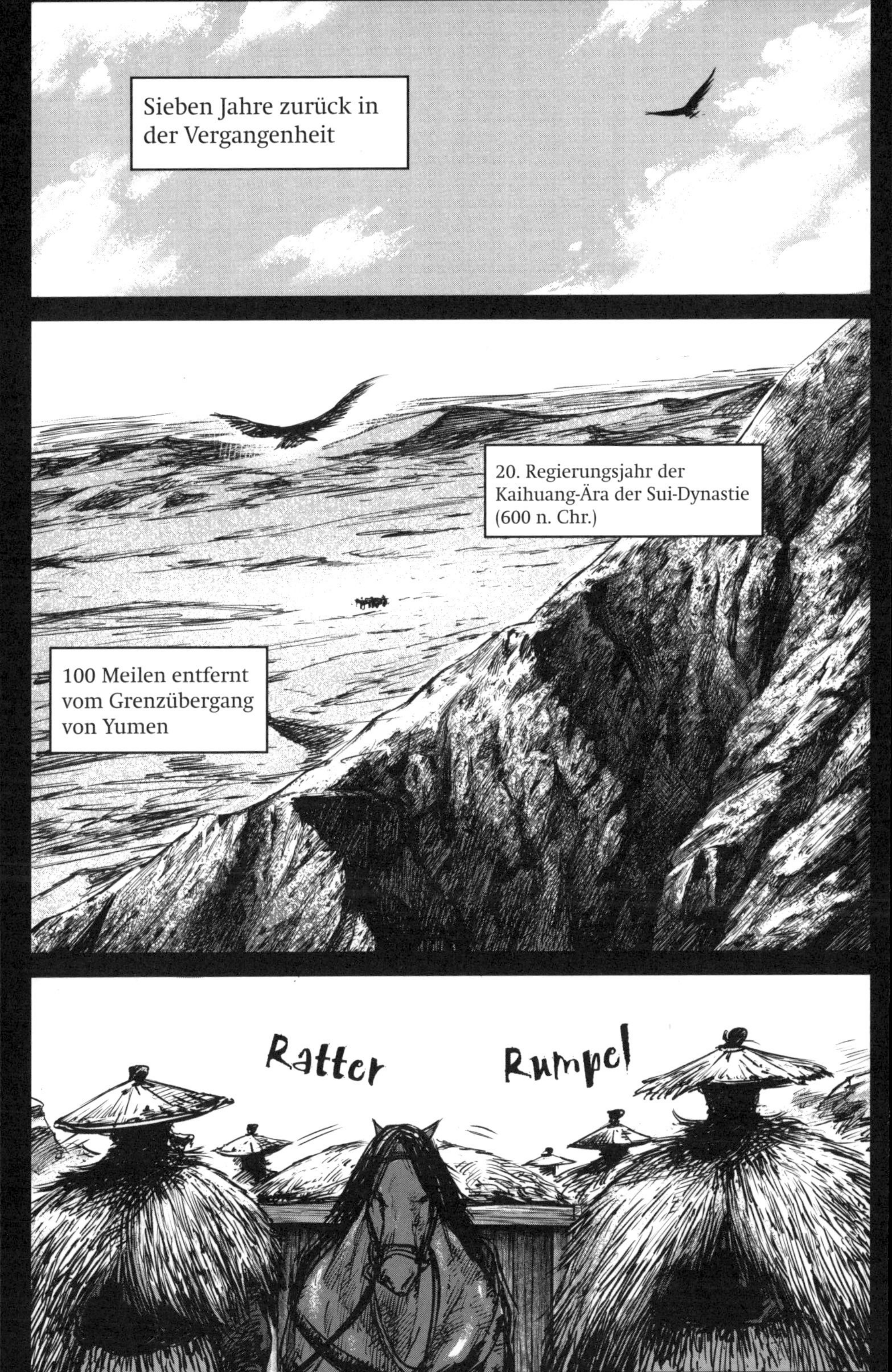
Sieben Jahre zurück in der Vergangenheit
20. Regierungsjahr der Kaihuang-Ära der Sui-Dynastie (600 n. Chr.)
100 Meilen entfernt vom Grenzübergang von Yumen
Ratter
Rumpel

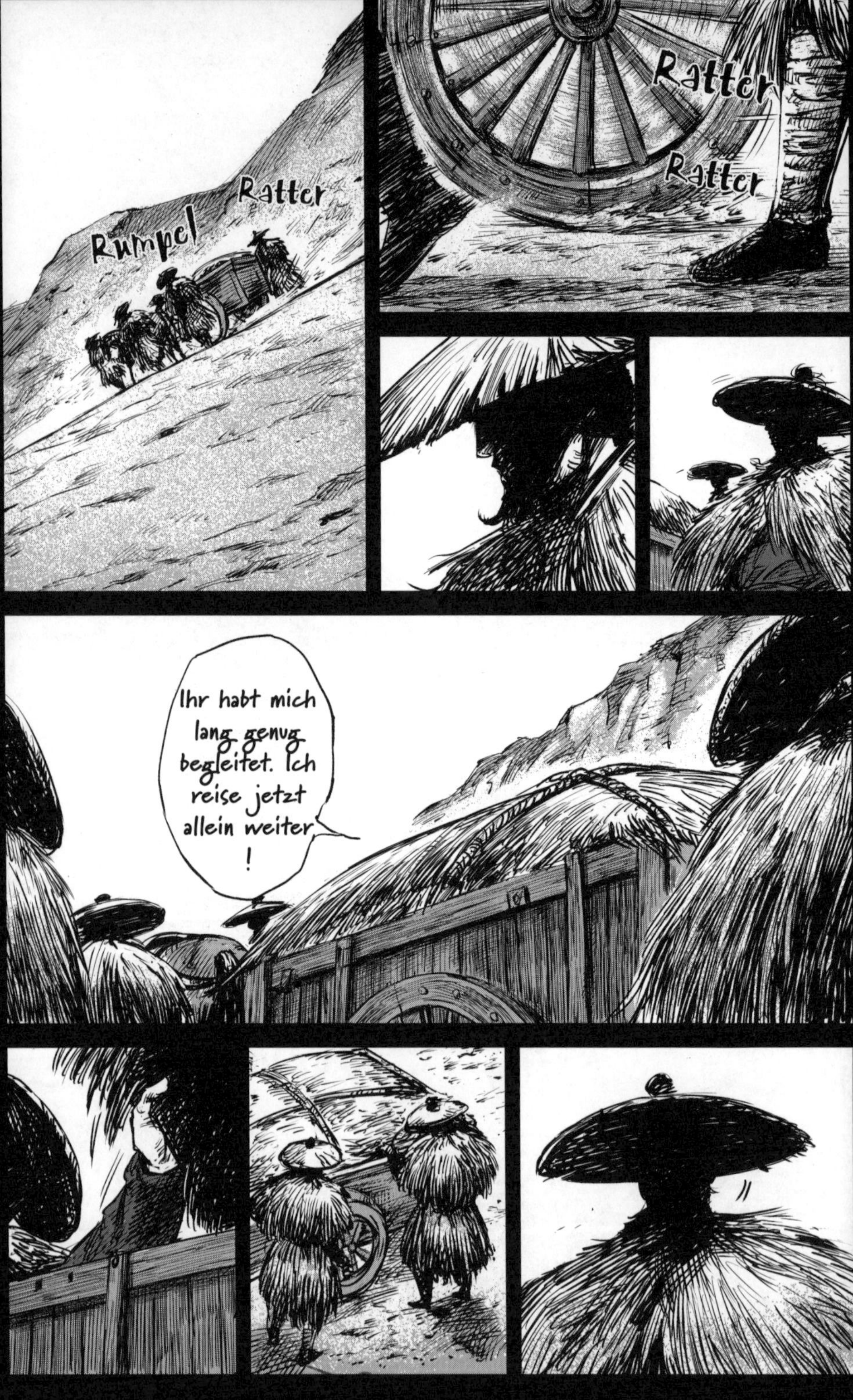
Rumpel
Ratter
Ratter
Ratter
Ihr habt mich lang genug begleitet. Ich reise jetzt allein weiter!

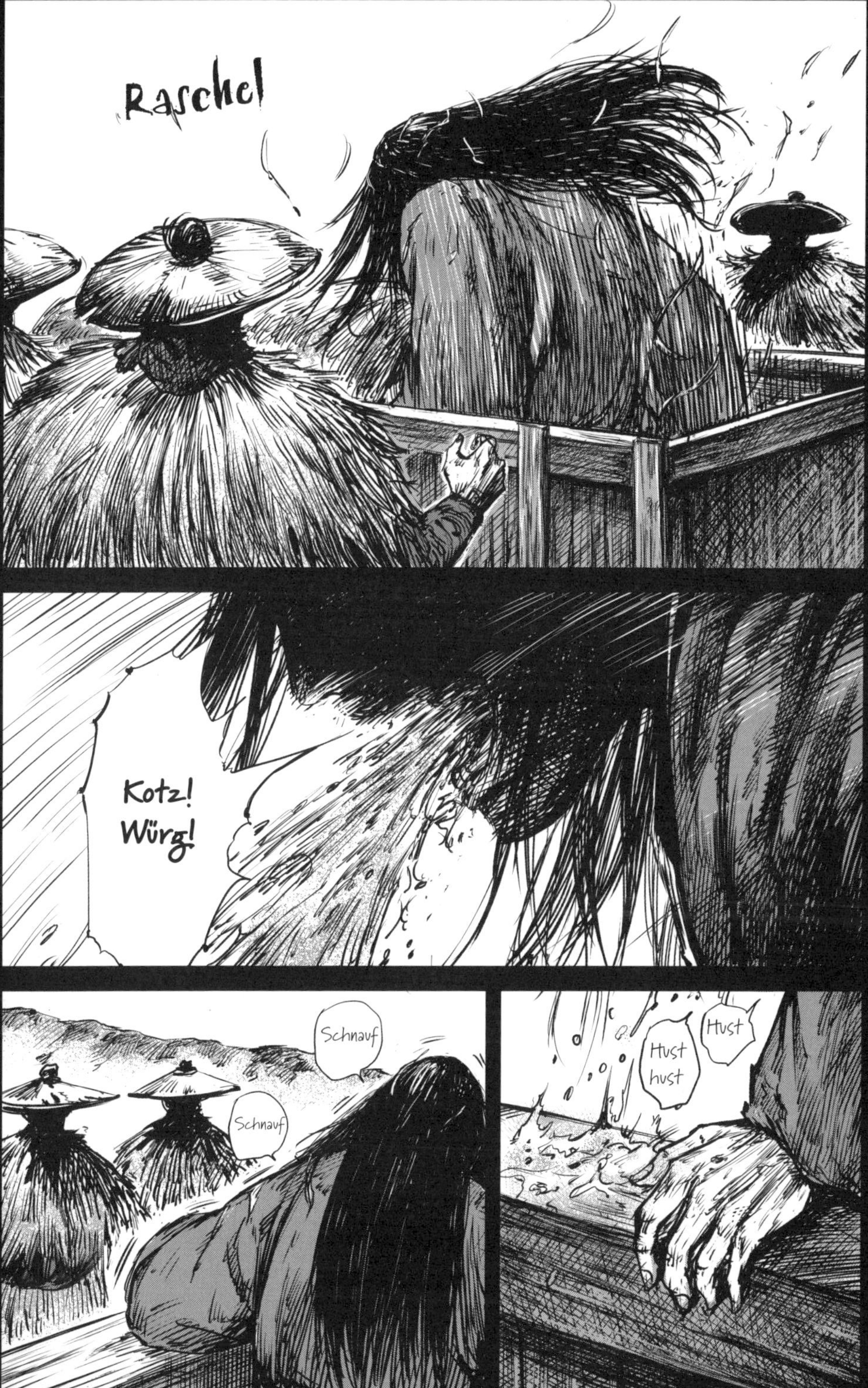
Raschel
Kotz! Würg!
Schnauf
Schnauf
Hust
Hust hust

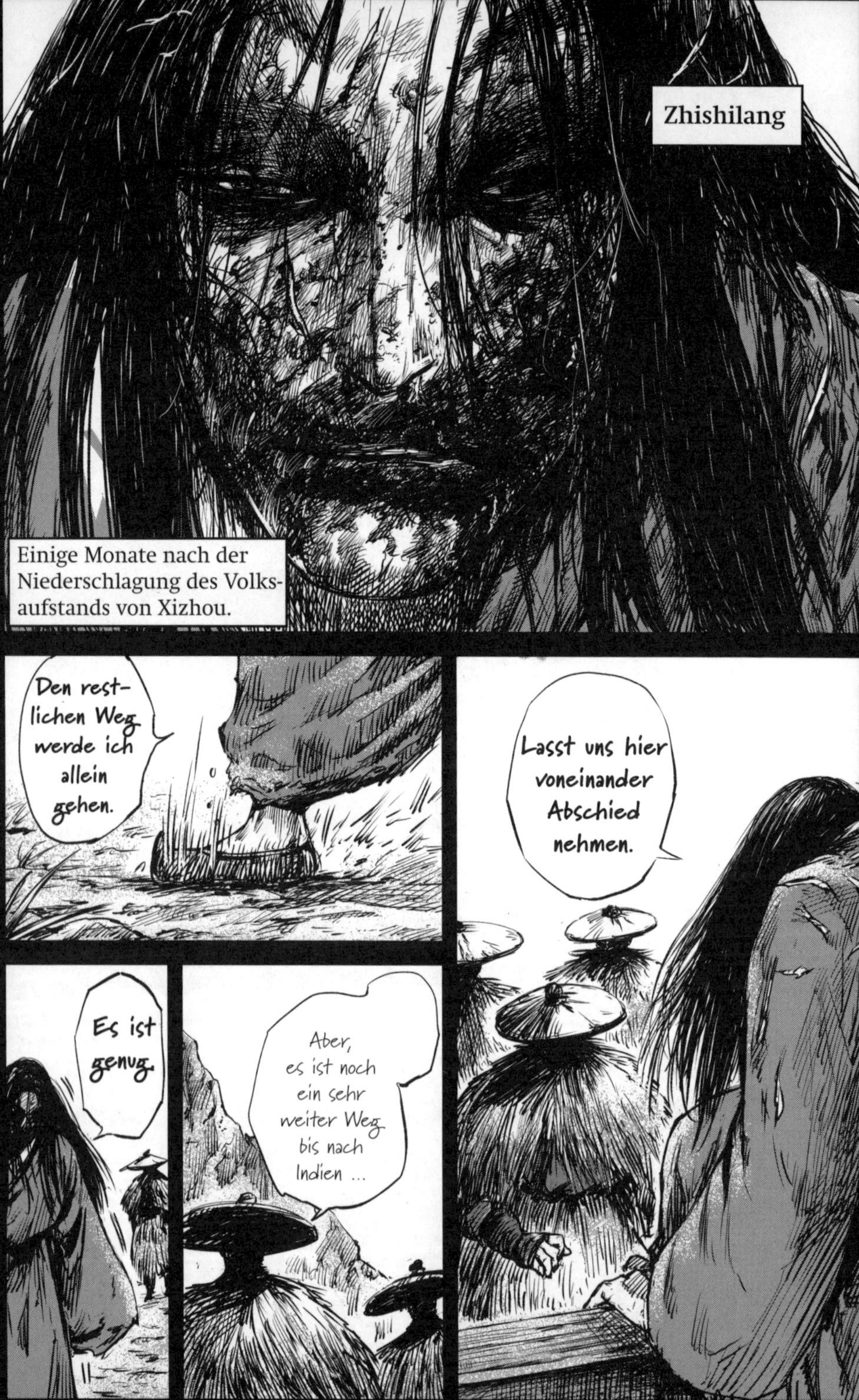
Zhishilang
Einige Monate nach der Niederschlagung des Volksaufstands von Xizhou.
Den restlichen Weg werde ich allein gehen.
Lasst uns hier voneinander Abschied nehmen.
Es ist genug.
Aber, es ist noch ein sehr weiter Weg bis nach Indien …

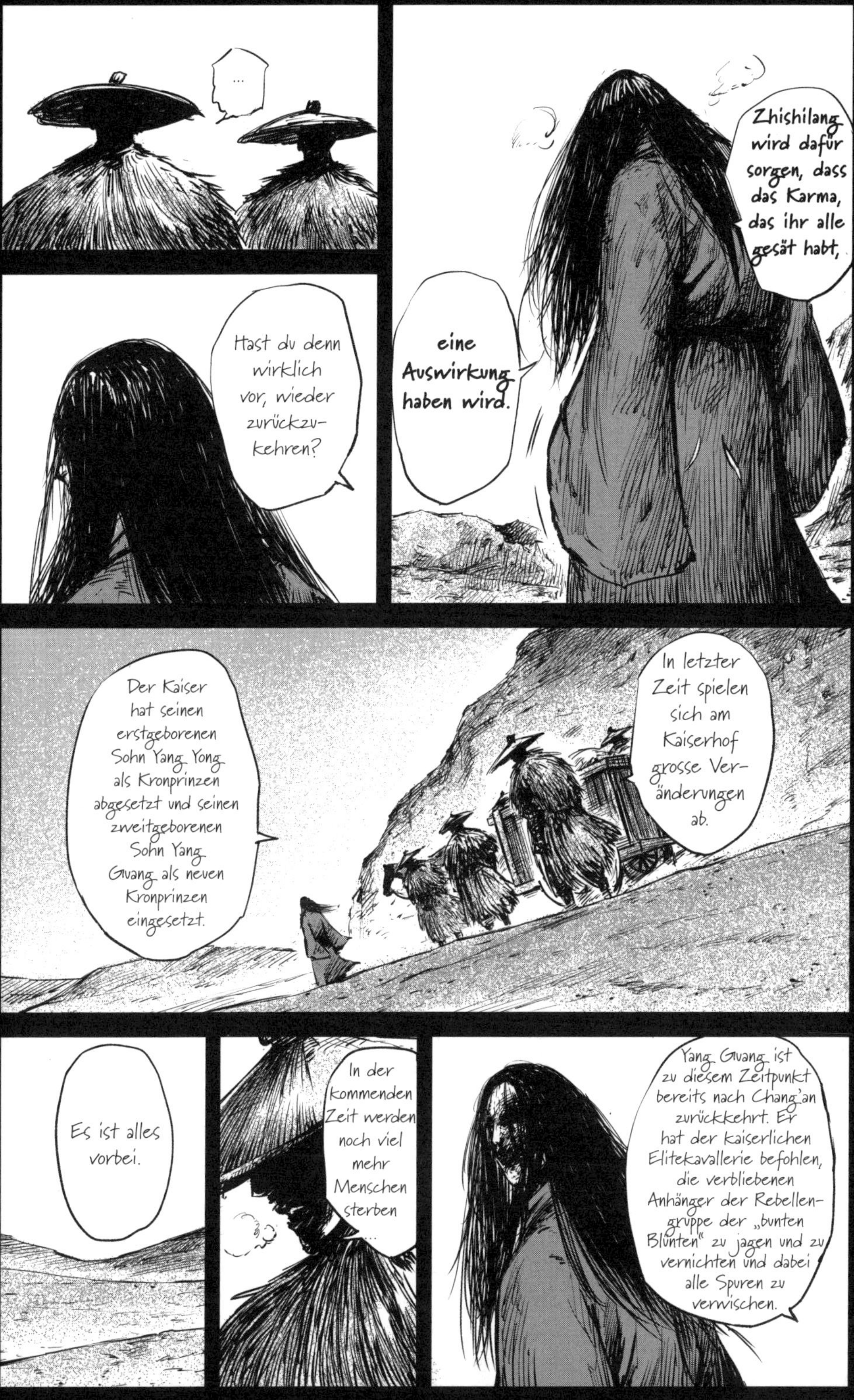

...
Hast du denn wirklich vor, wieder zurückzukehren?
Zhishilang wird dafür sorgen, dass das Karma, das ihr alle gesät habt,
eine Auswirkung haben wird.
In letzter Zeit spielen sich am Kaiserhof grosse Veränderungen ab.
Der Kaiser hat seinen erstgeborenen Sohn Yang Yong als Kronprinzen abgesetzt und seinen zweitgeborenen Sohn Yang Guang als neuen Kronprinzen eingesetzt.
Yang Guang ist zu diesem Zeitpunkt bereits nach Chang'an zurückkehrt. Er hat der kaiserlichen Elitekavallerie befohlen, die verbliebenen Anhänger der Rebellengruppe der „bunten Blünten" zu jagen und zu vernichten und dabei alle Spuren zu verwischen.
In der kommenden Zeit werden noch viel mehr Menschen sterben ...
Es ist alles vorbei.

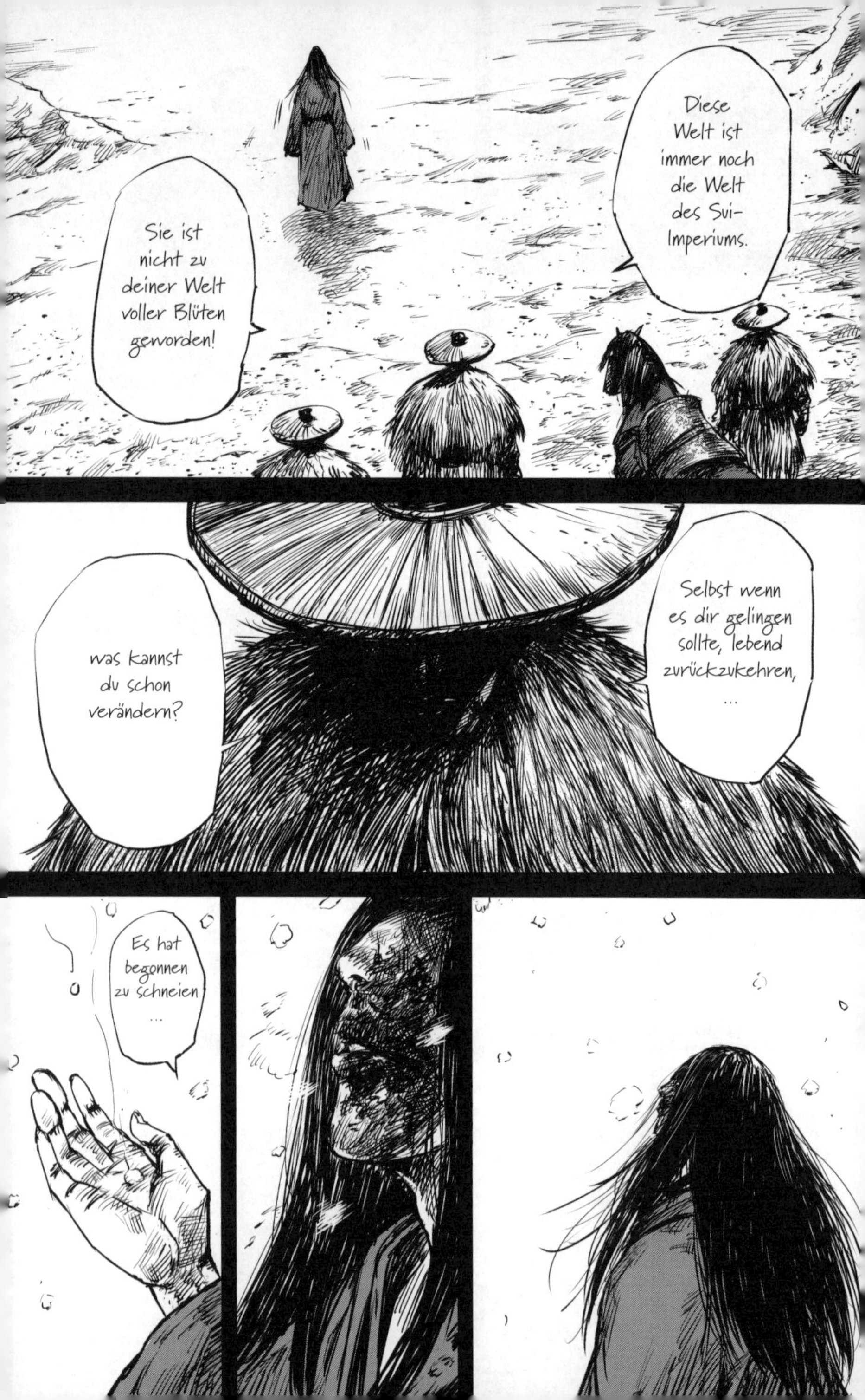
Diese Welt ist immer noch die Welt des Sui-Imperiums.
Sie ist nicht zu deiner Welt voller Blüten geworden!
Selbst wenn es dir gelingen sollte, lebend zurückzukehren, …
was kannst du schon verändern?
Es hat begonnen zu schneien …

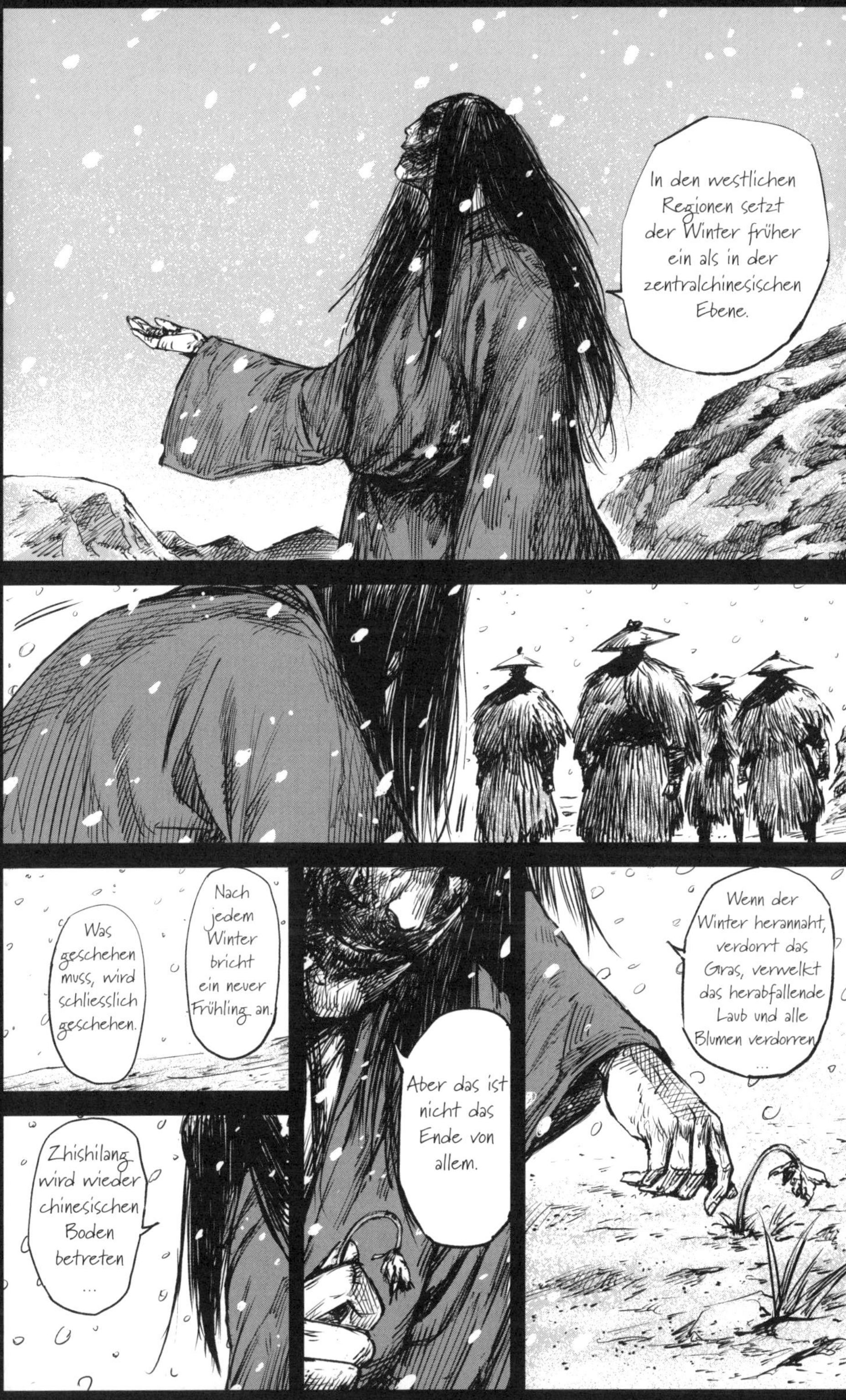

In den westlichen Regionen setzt der Winter früher ein als in der zentralchinesischen Ebene.
Wenn der Winter herannaht, verdorrt das Gras, verwelkt das herabfallende Laub und alle Blumen verdorren ...
Aber das ist nicht das Ende von allem.
Nach jedem Winter bricht ein neuer Frühling an.
Was geschehen muss, wird schliesslich geschehen.
Zhishilang wird wieder chinesischen Boden betreten ...

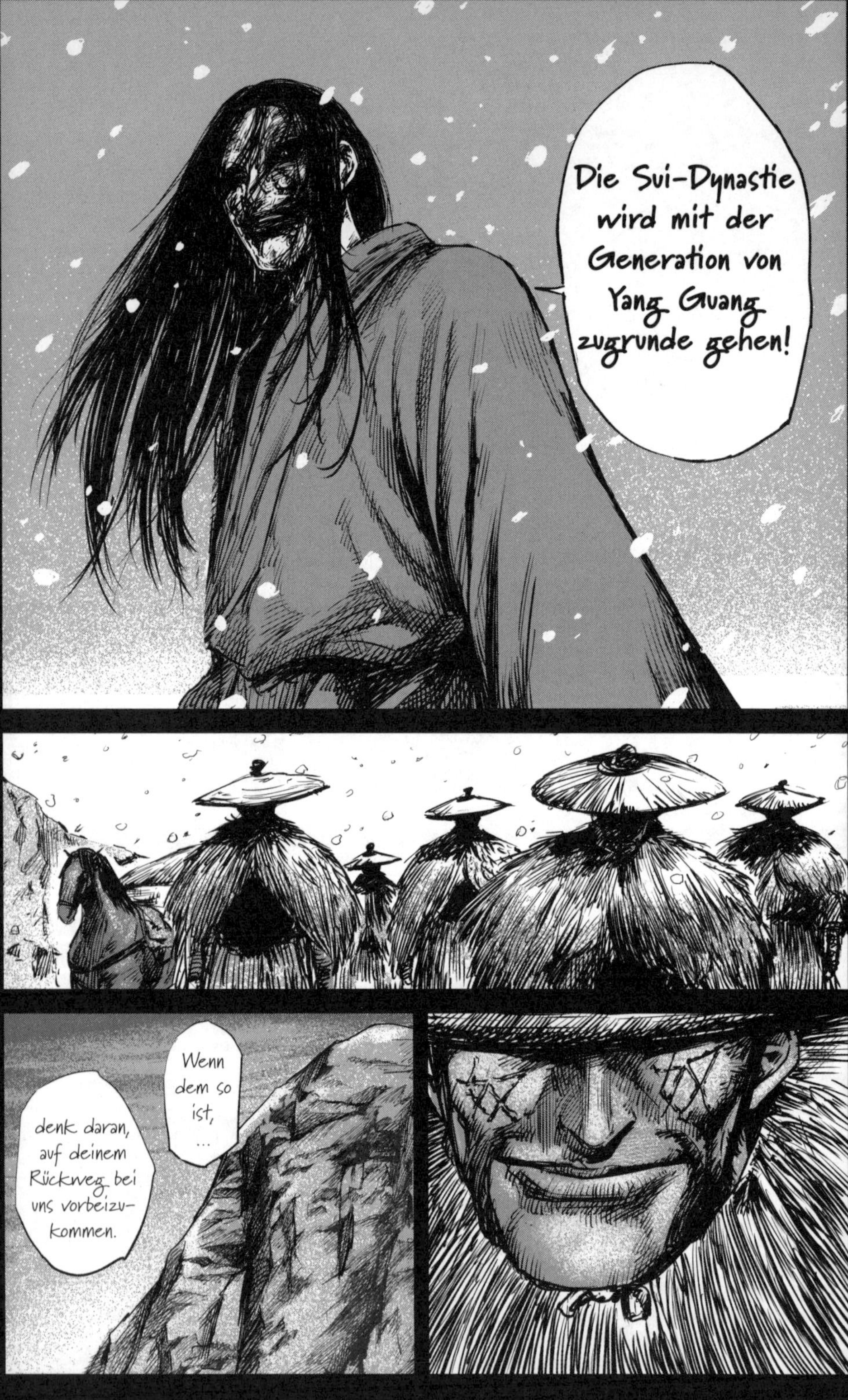
Die Sui-Dynastie wird mit der Generation von Yang Guang zugrunde gehen!
Wenn dem so ist, ...
denk daran, auf deinem Rückweg bei uns vorbeizu-kommen.

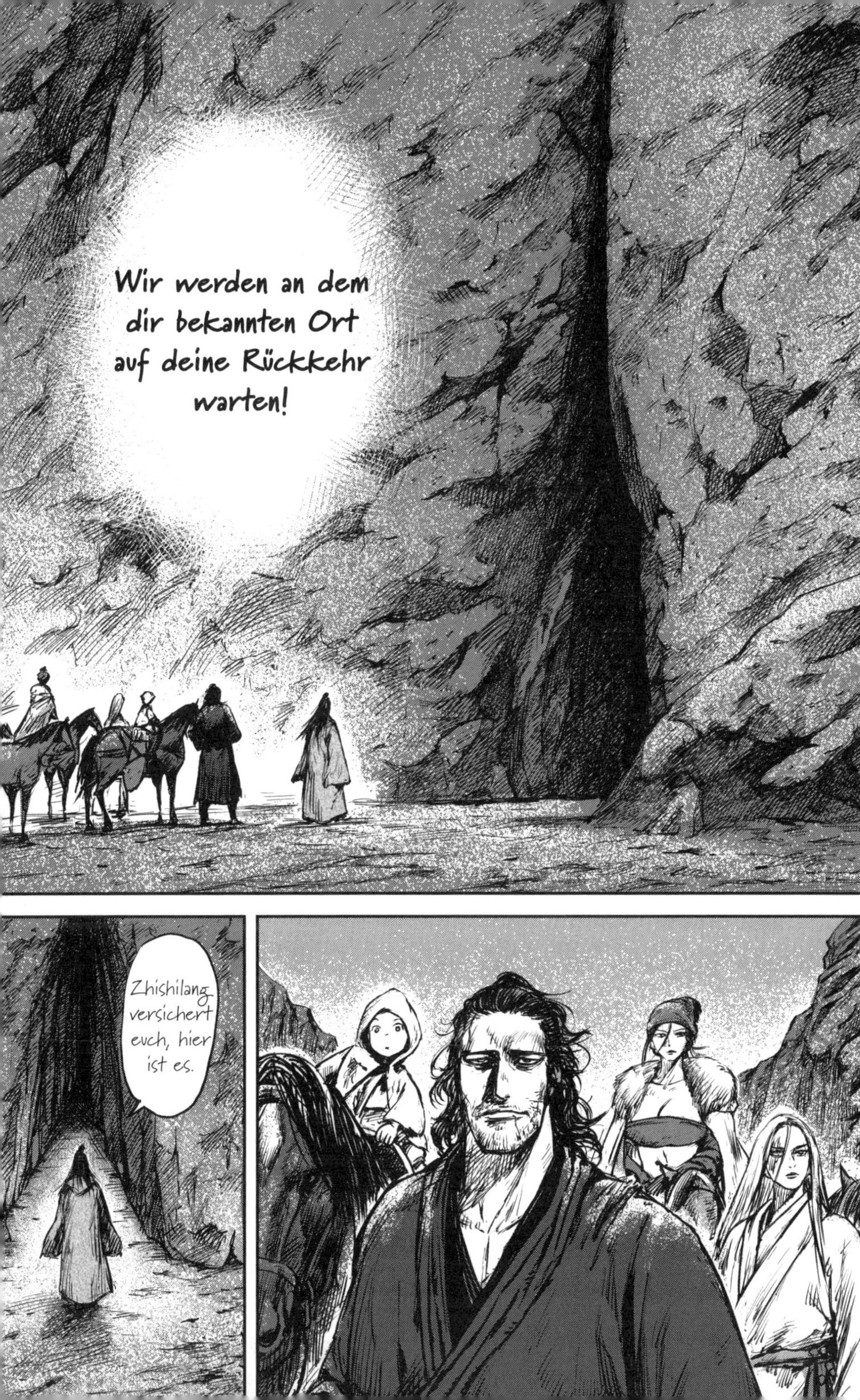
Wir werden an dem dir bekannten Ort auf deine Rückkehr warten!
Zhishilang versichert euch, hier ist es.

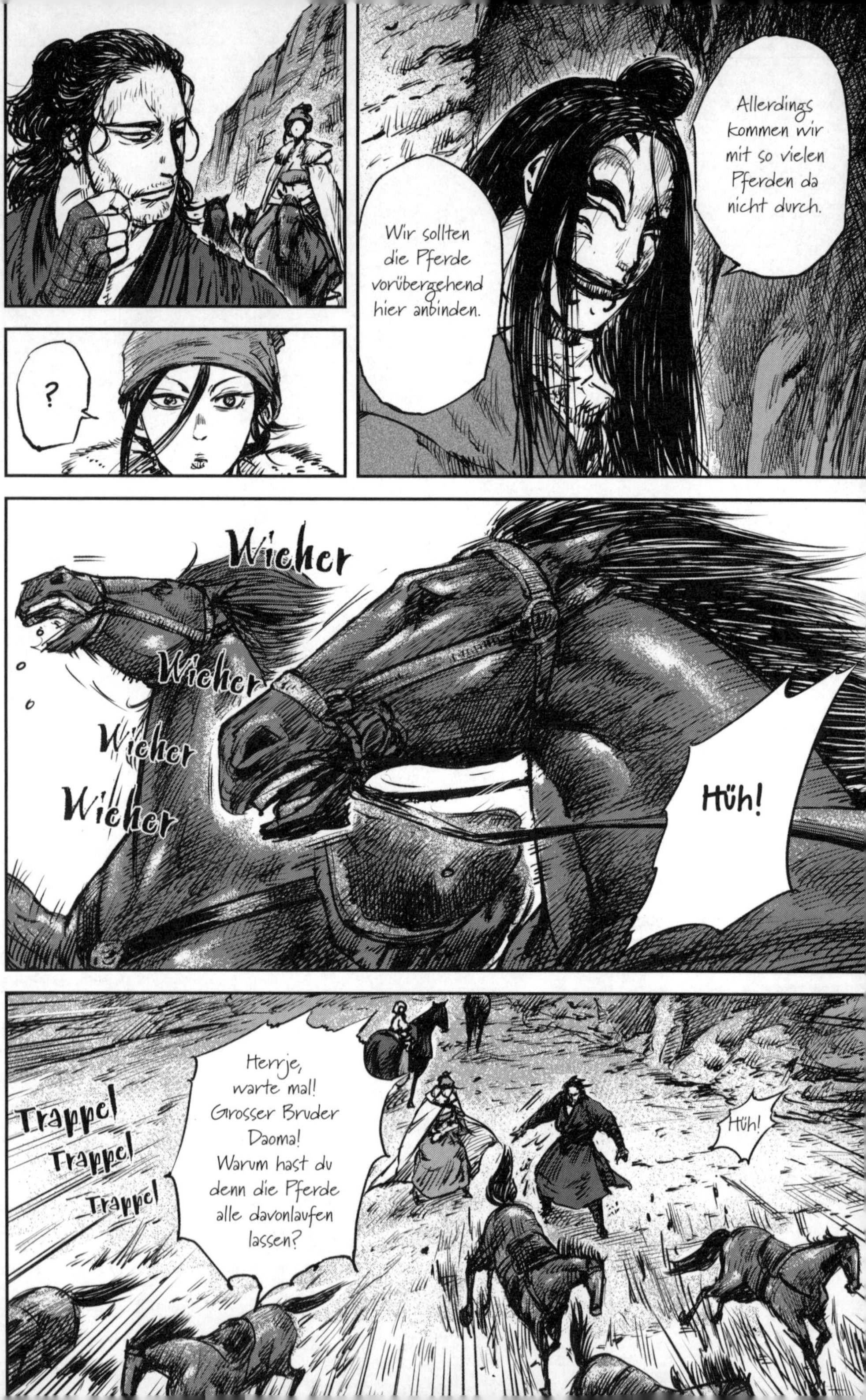
Allerdings kommen wir mit so vielen Pferden da nicht durch.
Wir sollten die Pferde vorübergehend hier anbinden.
?
Wieher
Wieher
Wieher
Wieher
Hüh!
Hüh!
Herrje, warte mal! Grosser Bruder Daoma! Warum hast du denn die Pferde alle davonlaufen lassen?
Trappel
Trappel
Trappel

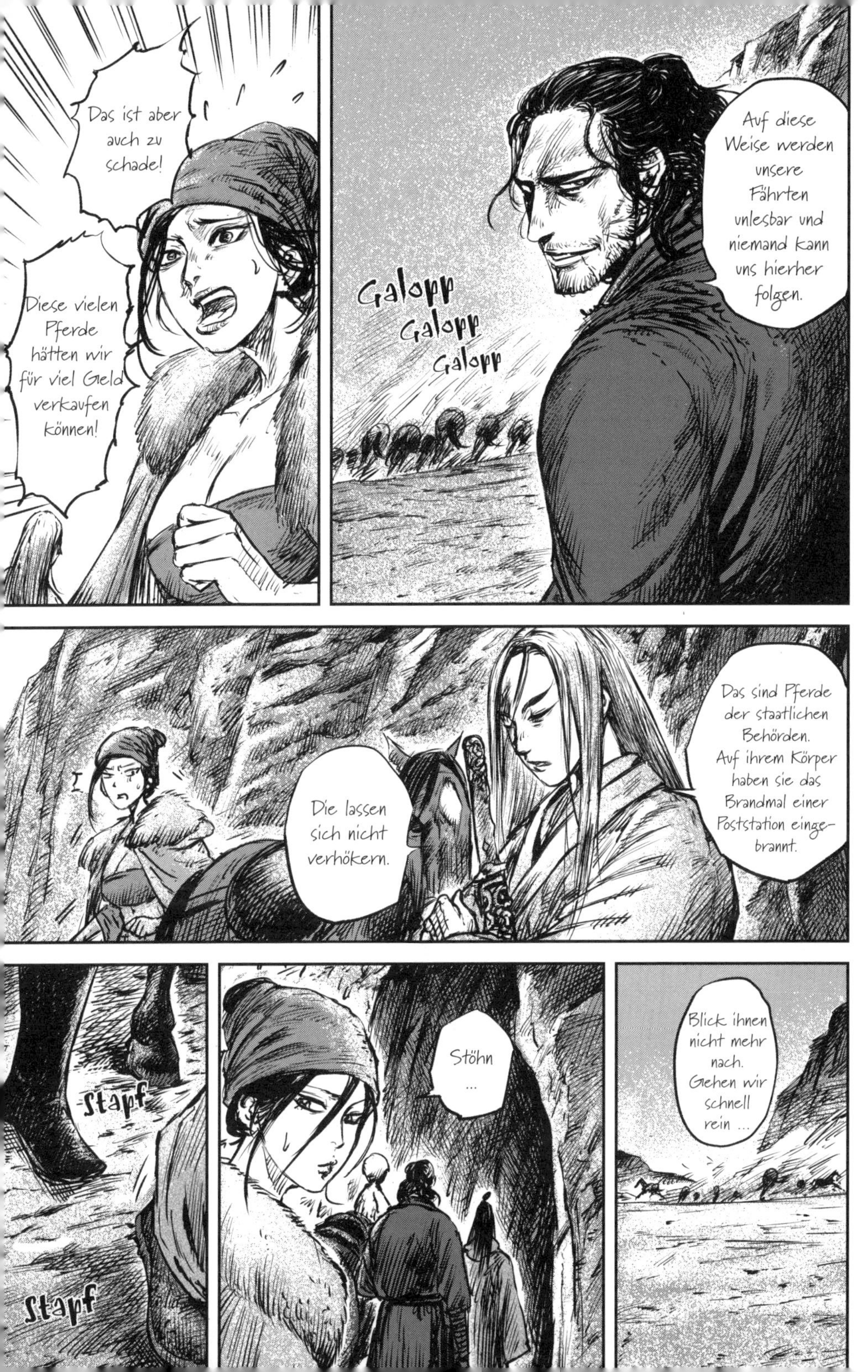
Auf diese Weise werden unsere Fährten unlesbar und niemand kann uns hierher folgen.
Galopp Galopp Galopp
Das ist aber auch zu schade!
Diese vielen Pferde hätten wir für viel Geld verkaufen können!
Das sind Pferde der staatlichen Behörden. Auf ihrem Körper haben sie das Brandmal einer Poststation eingebrannt.
Die lassen sich nicht verhökern.
Blick ihnen nicht mehr nach. Gehen wir schnell rein ...
Stöhn ...
Stapf
Stapf

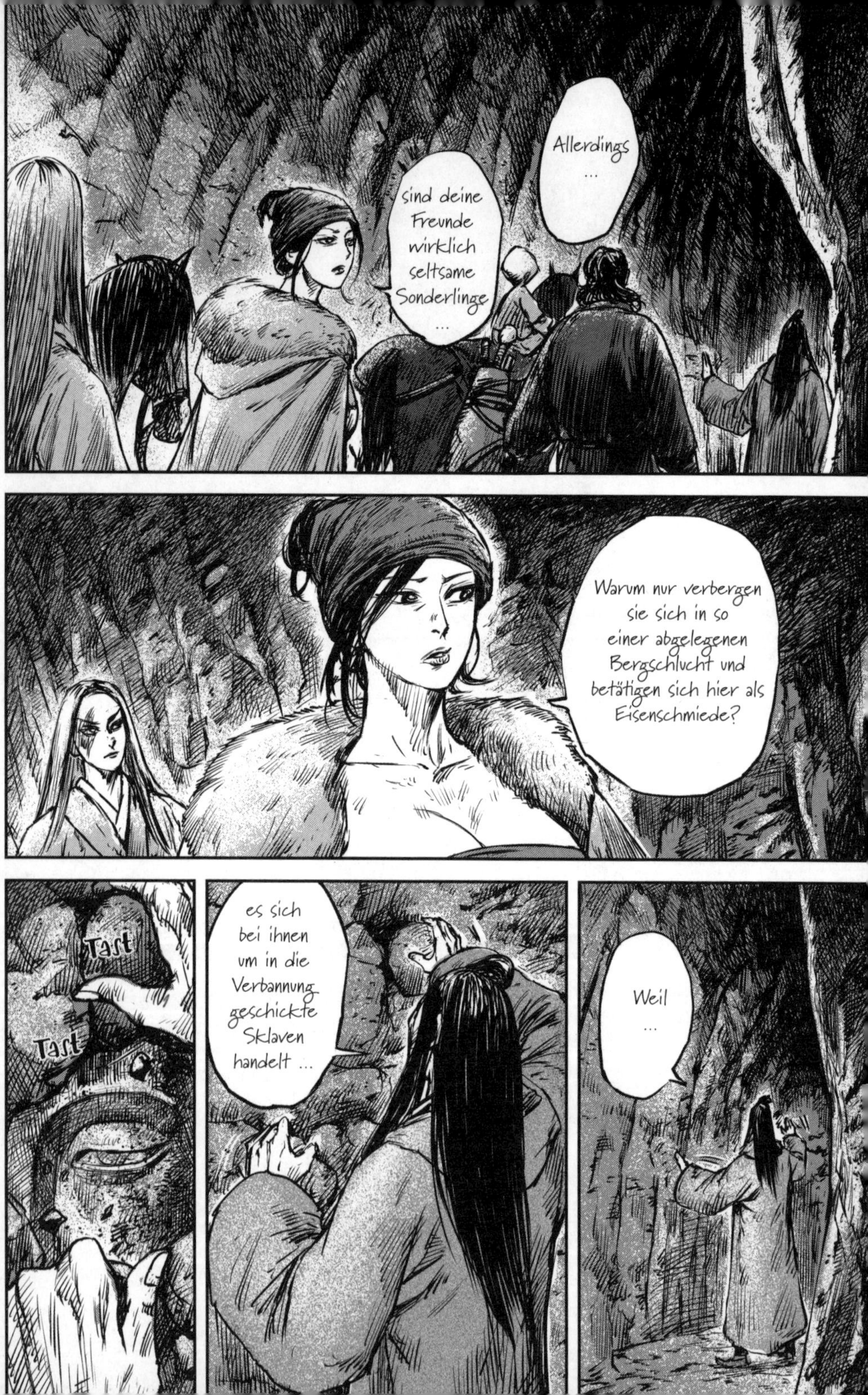
Allerdings ...
sind deine Freunde wirklich seltsame Sonderlinge ...
Warum nur verbergen sie sich in so einer abgelegenen Bergschlucht und betätigen sich hier als Eisenschmiede?
Weil ...
es sich bei ihnen um in die Verbannung geschickte Sklaven handelt ...
Tast
Tast

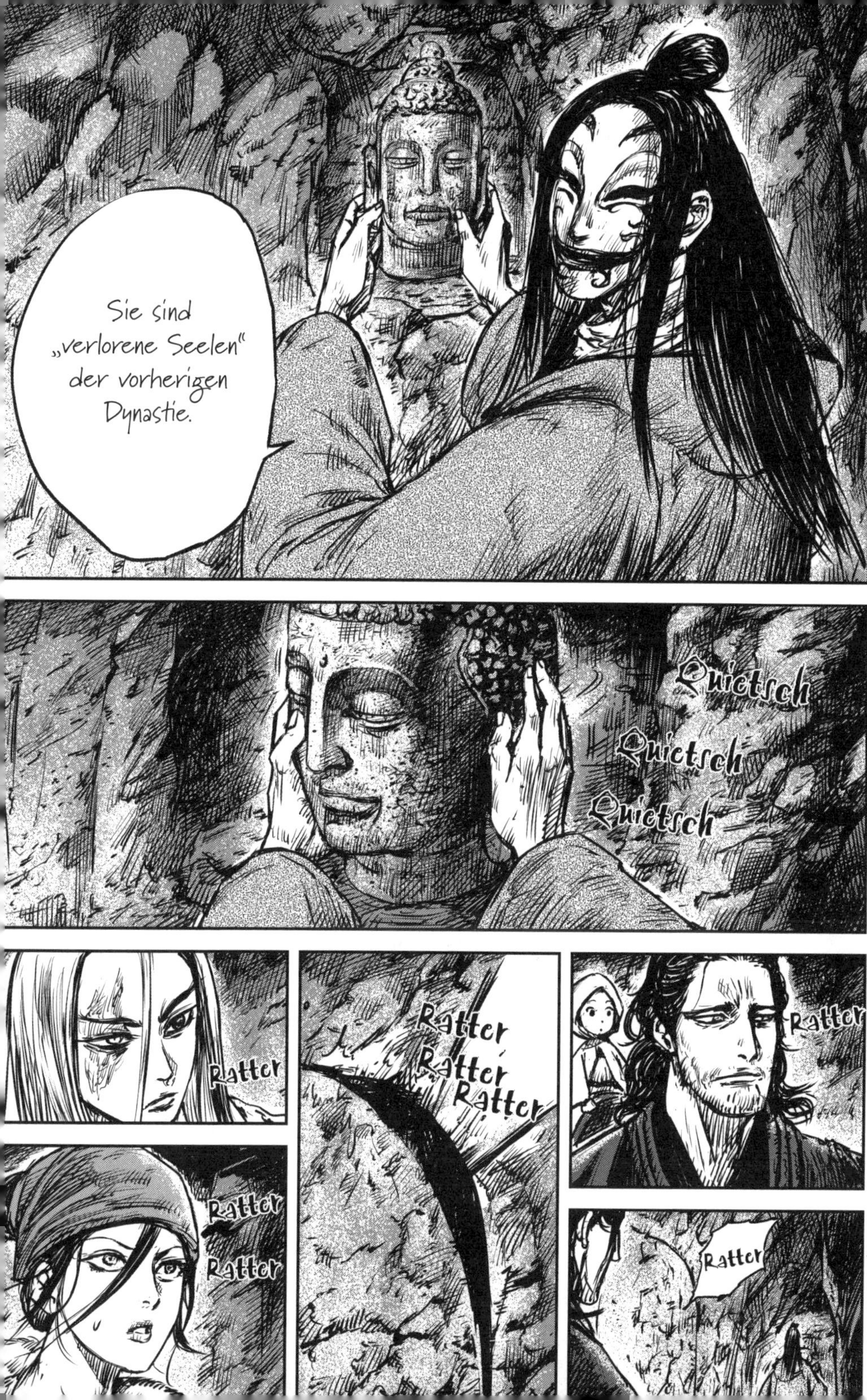
Sie sind „verlorene Seelen" der vorherigen Dynastie.
Quietsch
Quietsch
Quietsch
Ratter
Ratter
Ratter
Ratter
Ratter
Ratter
Ratter
Ratter
Ratter

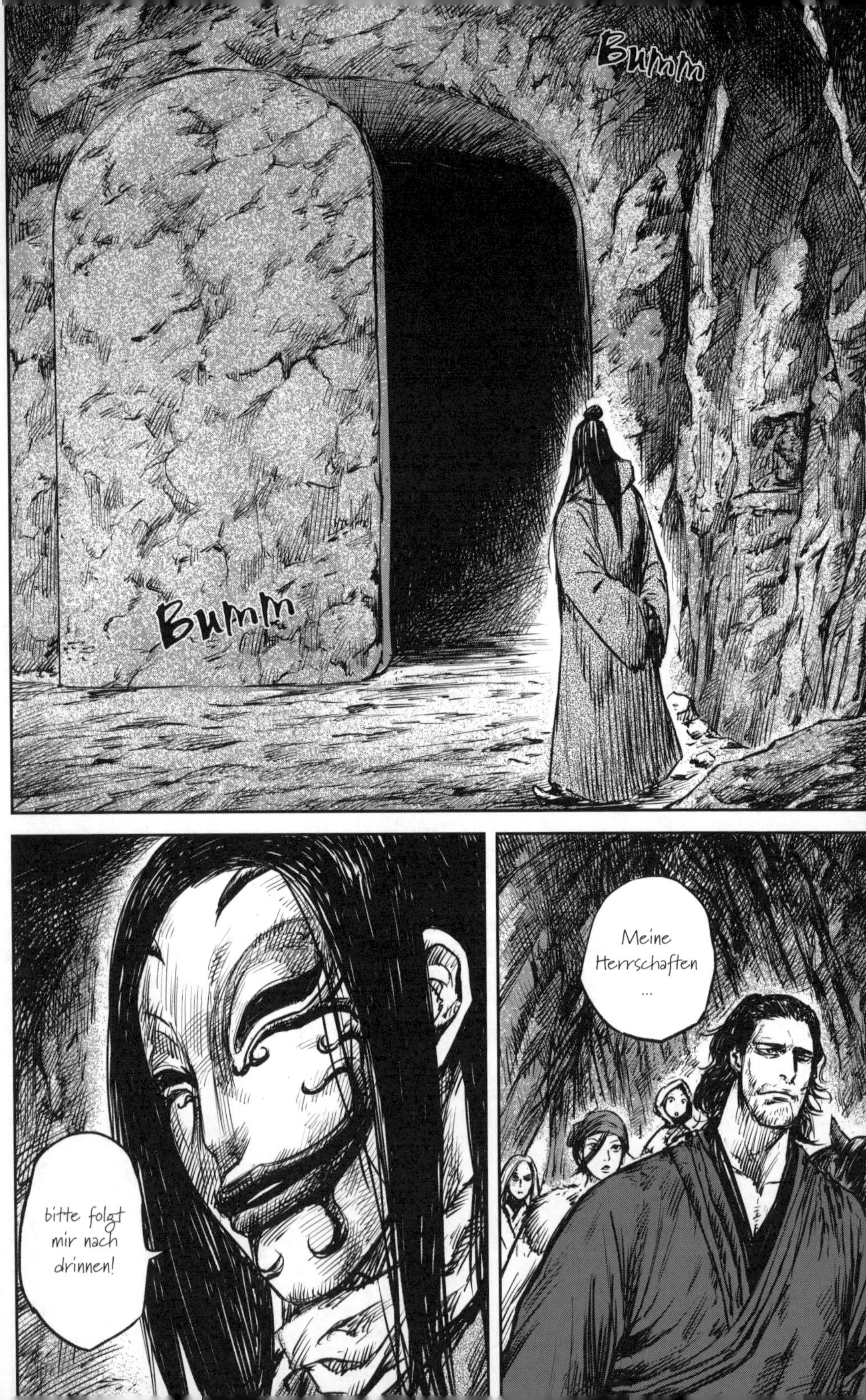
Bumm
Bumm
Meine Herrschaften ...
bitte folgt mir nach drinnen!

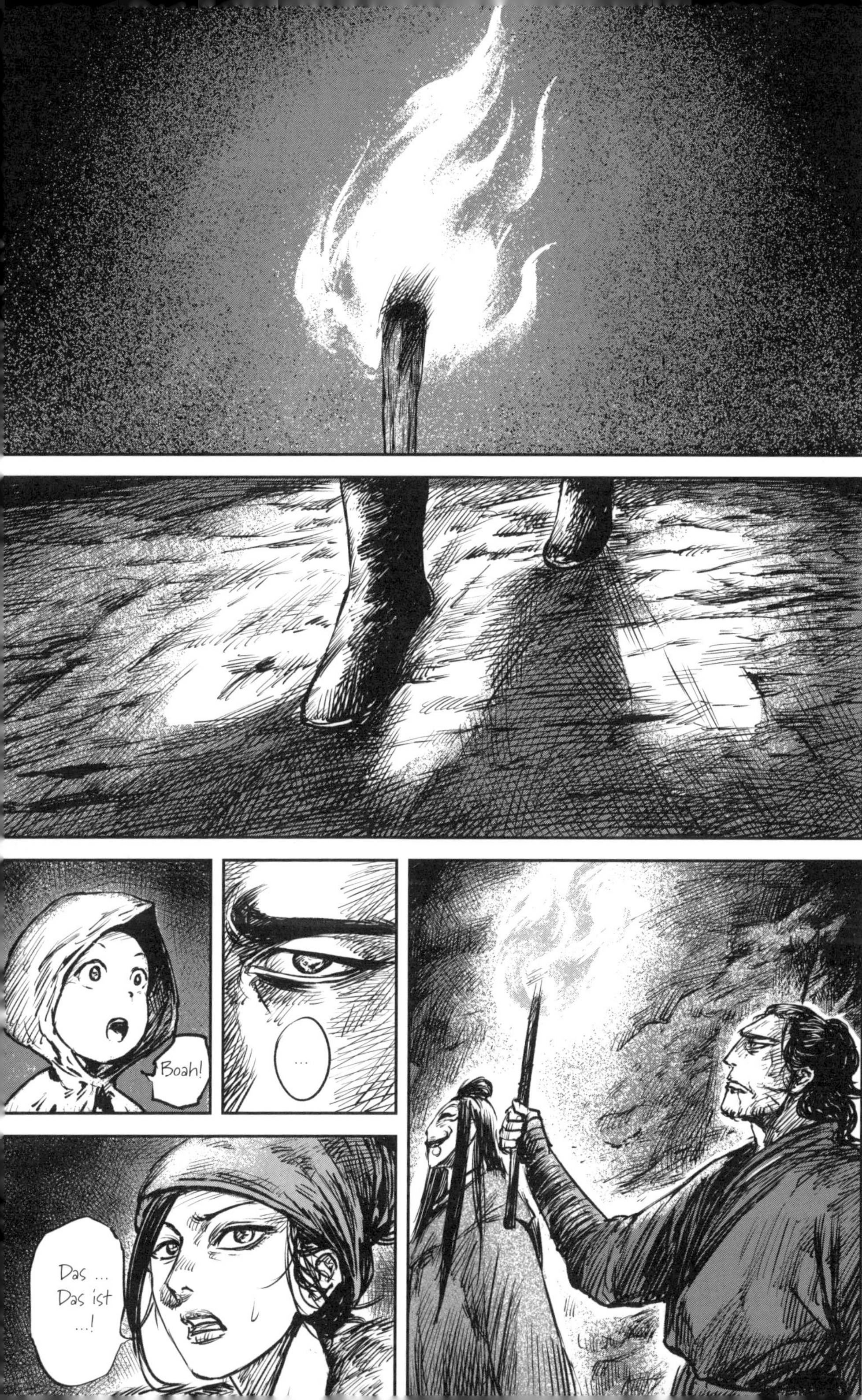
Boah!
...
Das ... Das ist ...!

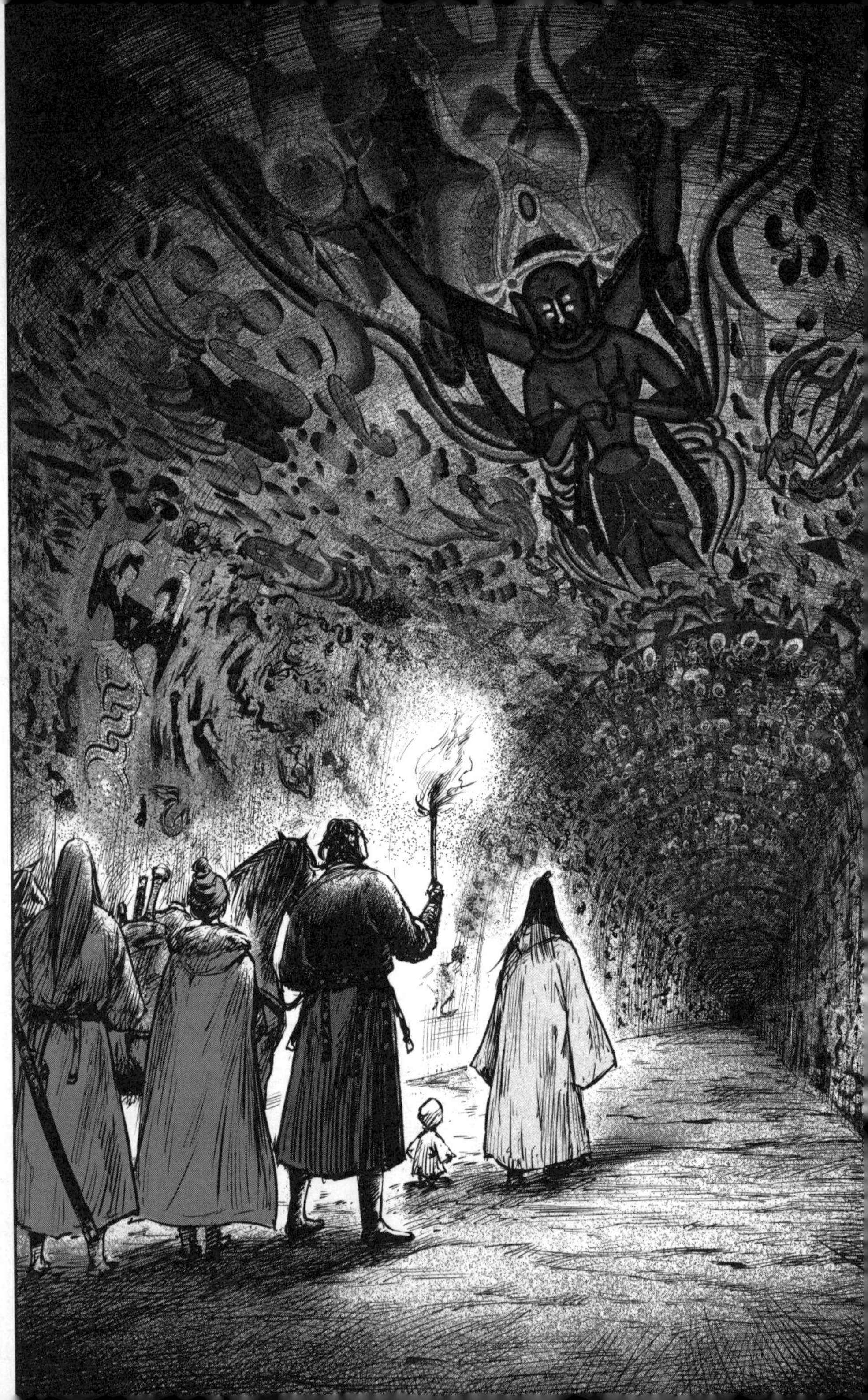

Dritter Akt: Die Unterwelt

Kapitel 60: Die Höhle

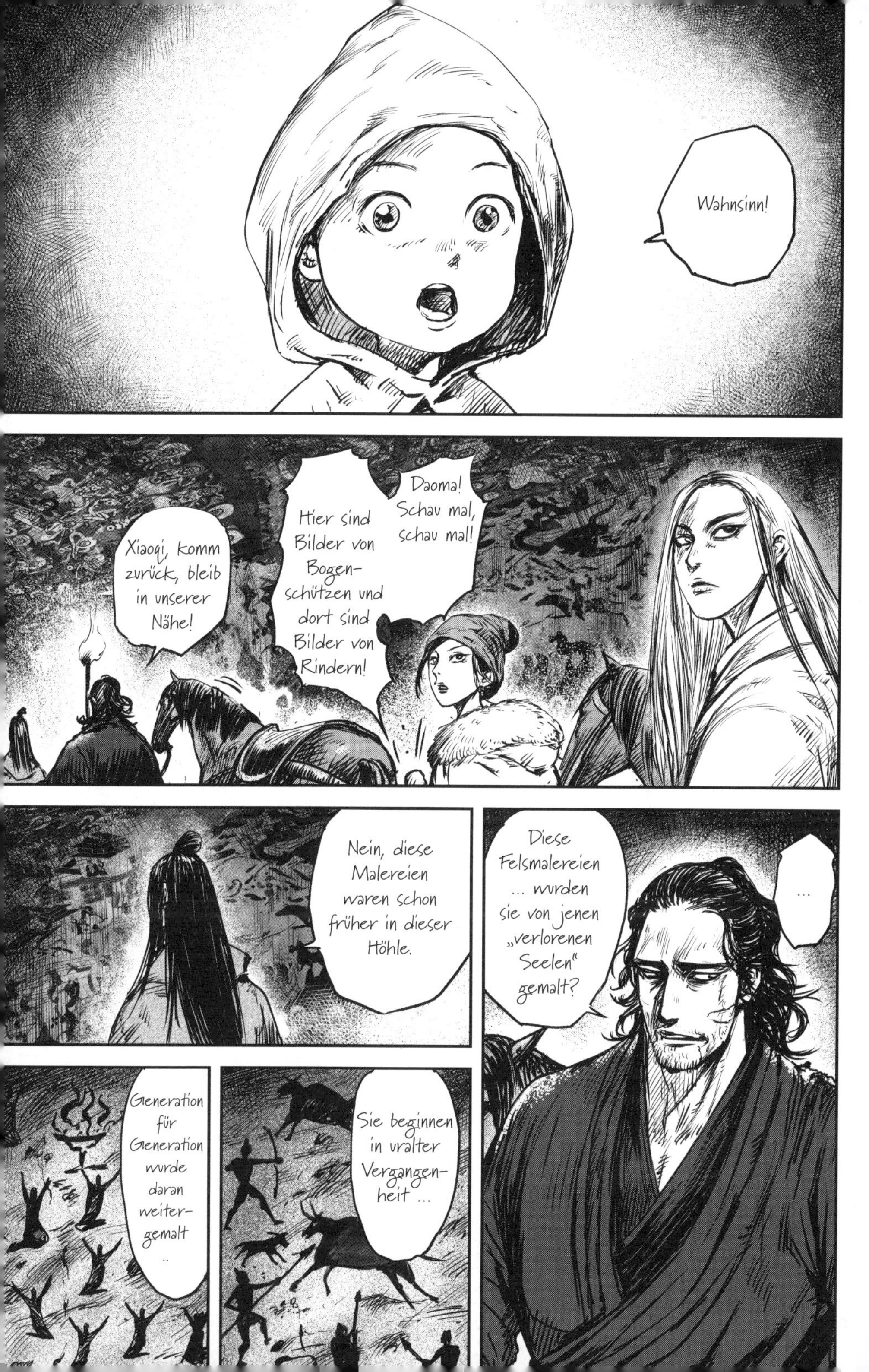

Wahnsinn!
Xiaoqi, komm zurück, bleib in unserer Nähe!
Hier sind Bilder von Bogen-schützen und dort sind Bilder von Rindern!
Daoma! Schau mal, schau mal!
Nein, diese Malereien waren schon früher in dieser Höhle.
Diese Felsmalereien ... wurden sie von jenen „verlorenen Seelen“ gemalt?
...
Generation für Generation wurde daran weiter-gemalt ..
Sie beginnen in uralter Vergangen-heit ...

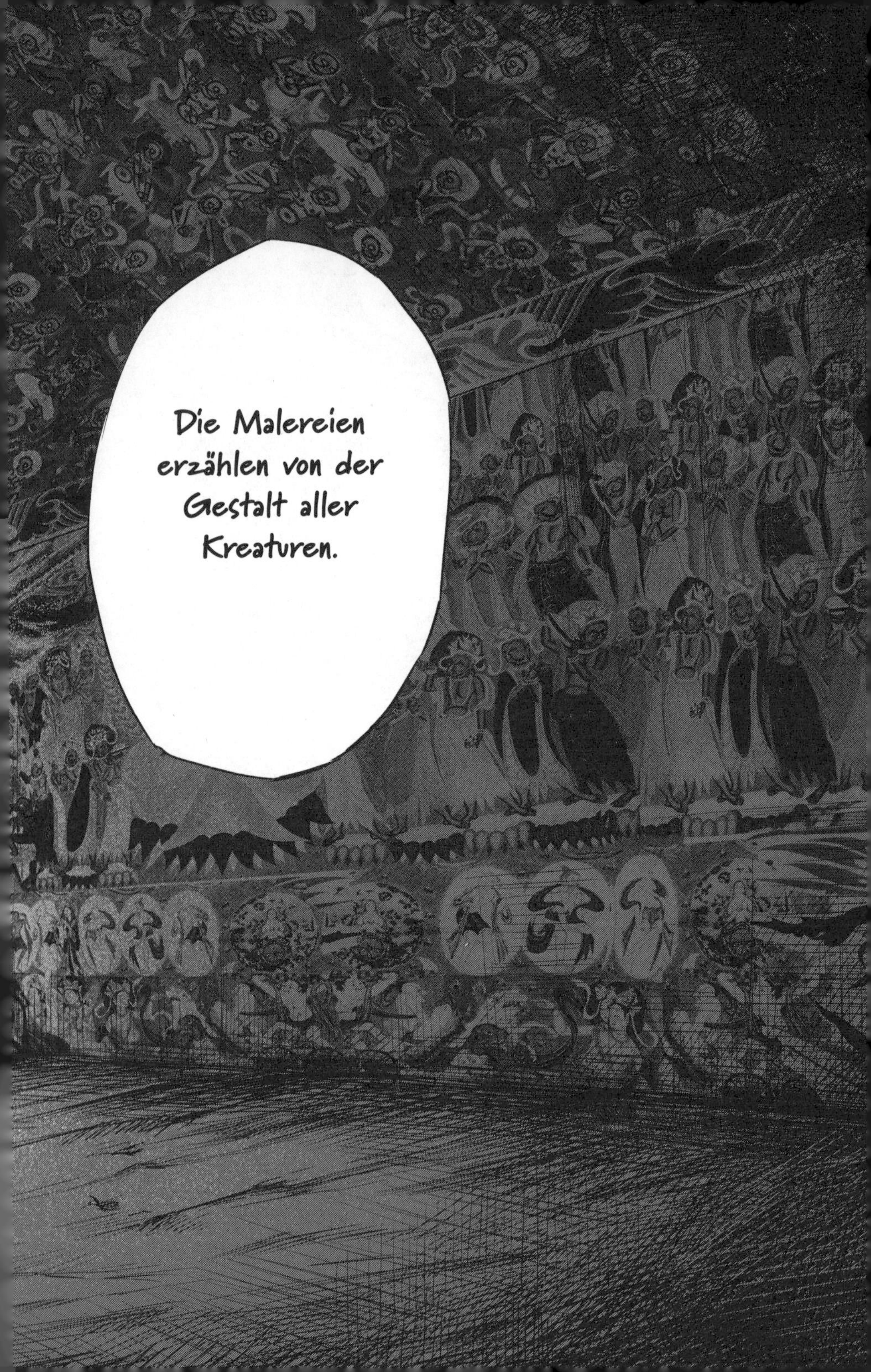
Die Malereien erzählen von der Gestalt aller Kreaturen.

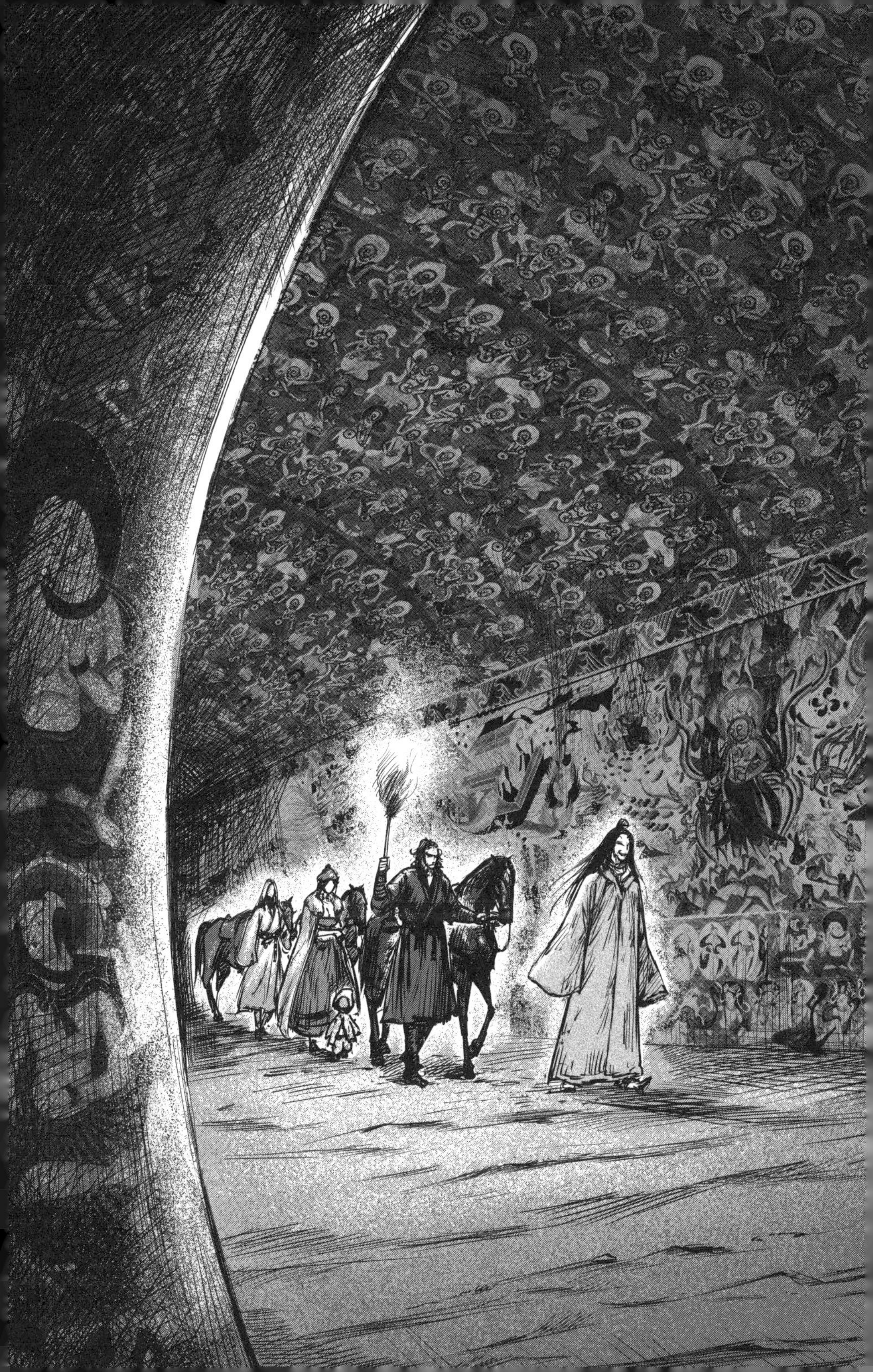

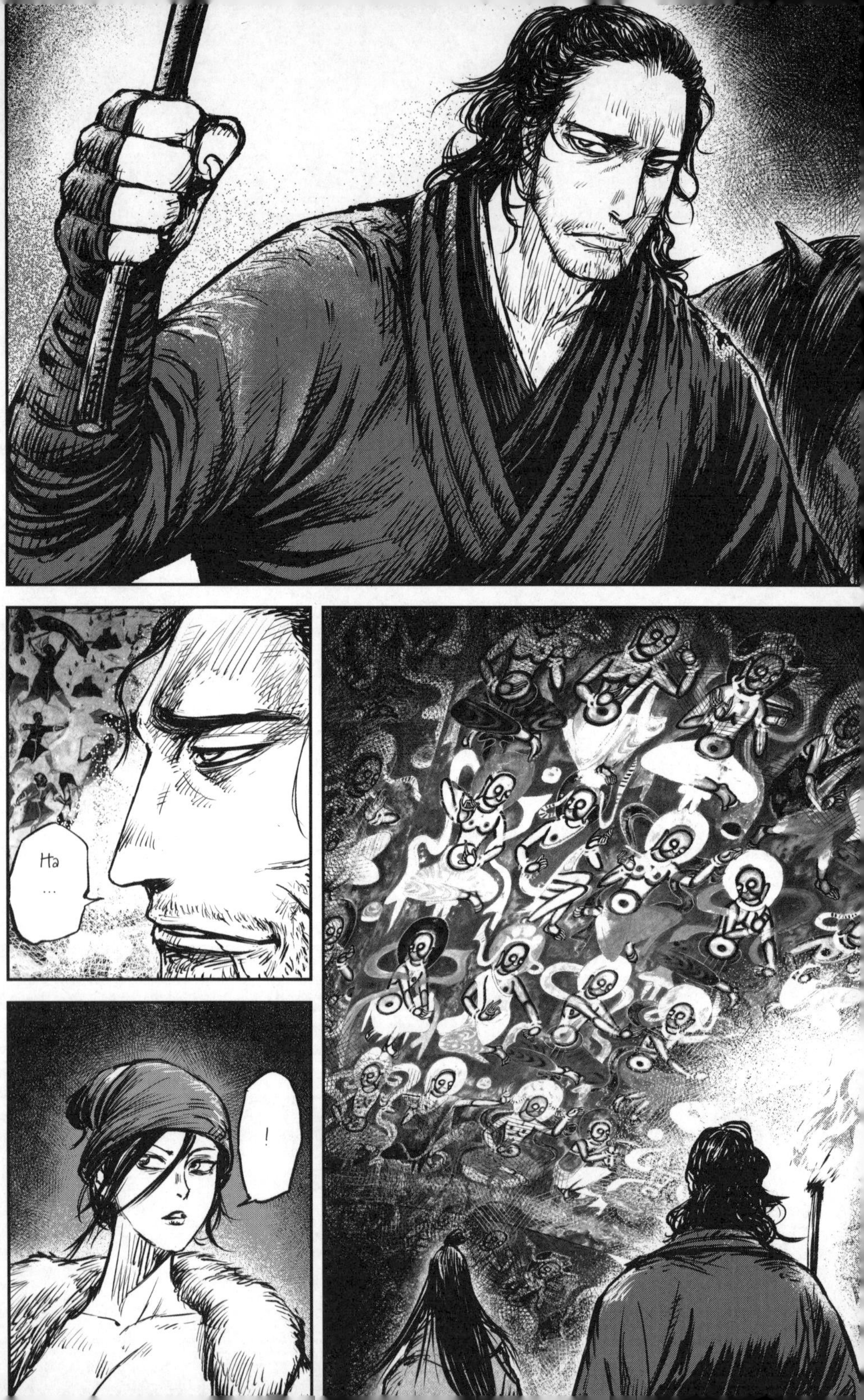
Ha
...
!

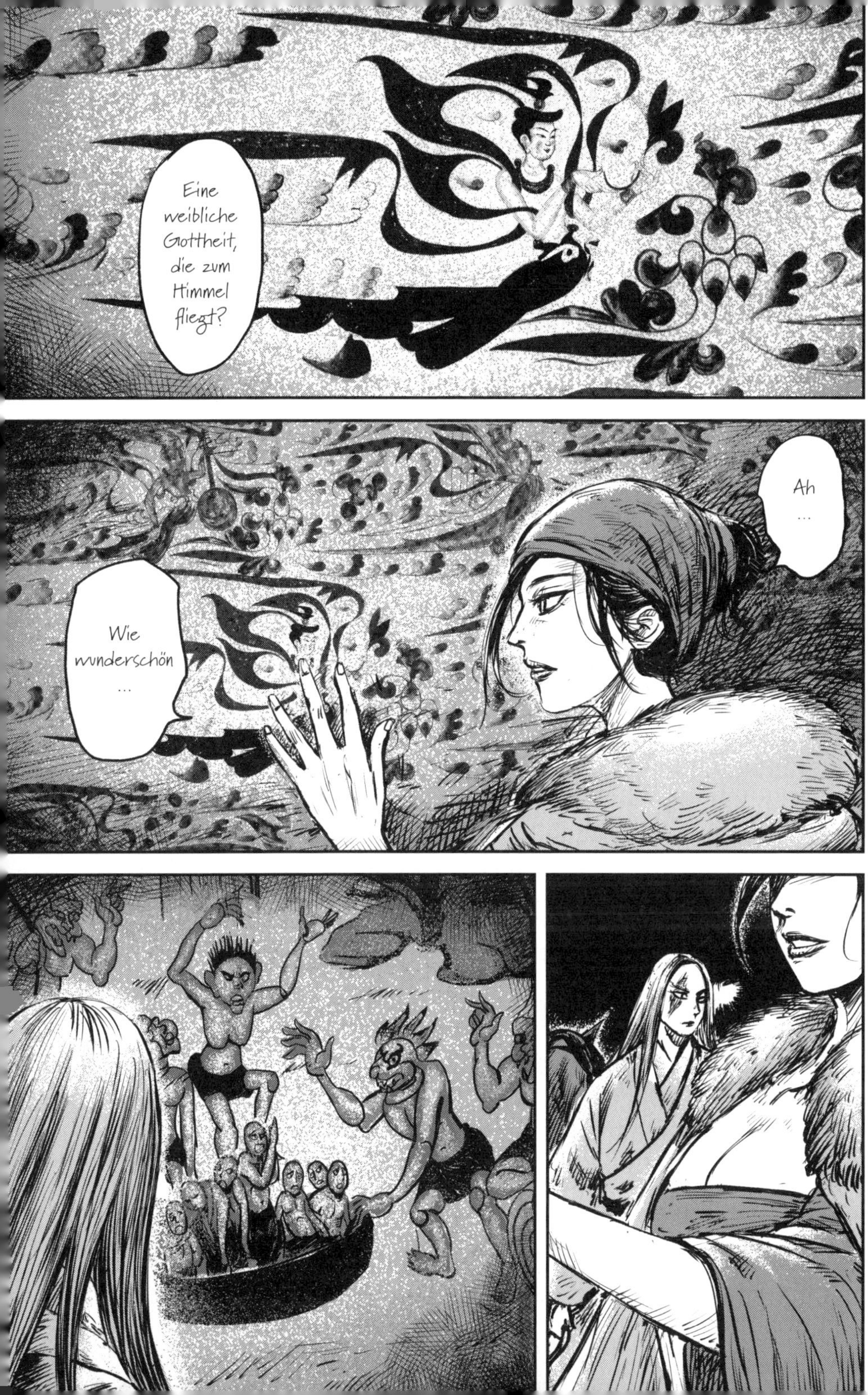
Eine weibliche Gottheit, die zum Himmel fliegt?
Ah …
Wie wunderschön …

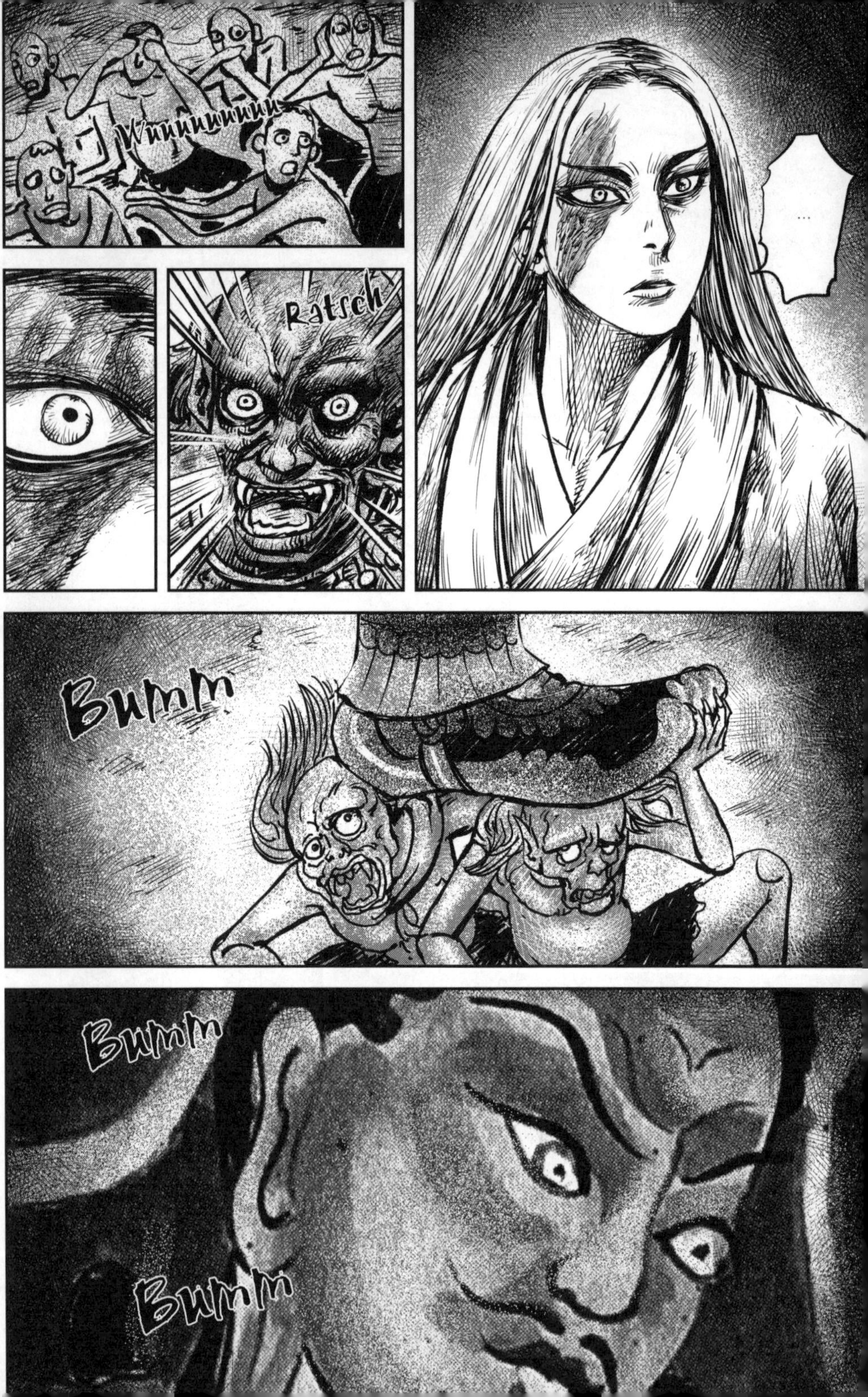
Wuuuuuuuuu
...
Ratsch
Bumm
Bumm
Bumm

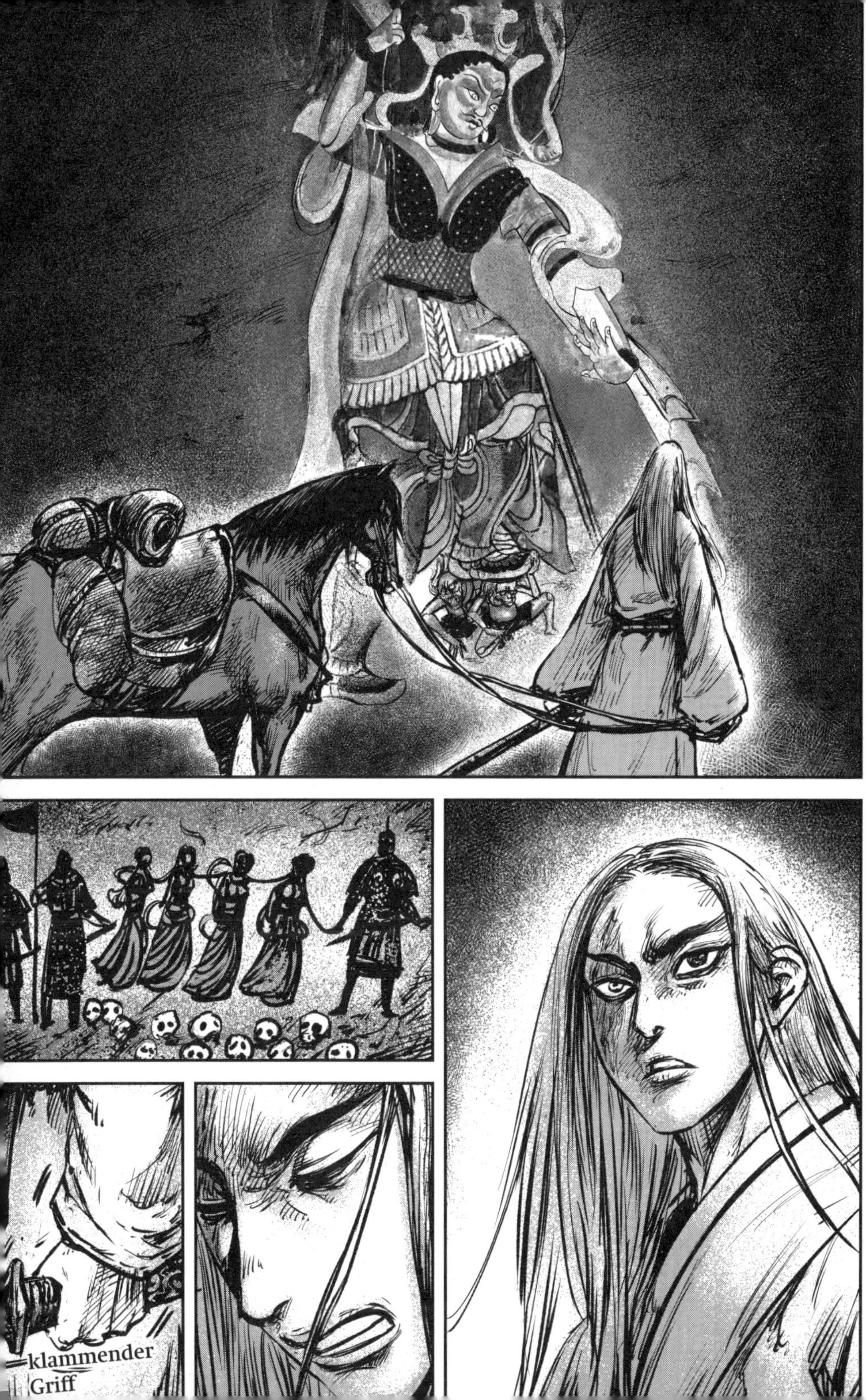
klammender
Griff

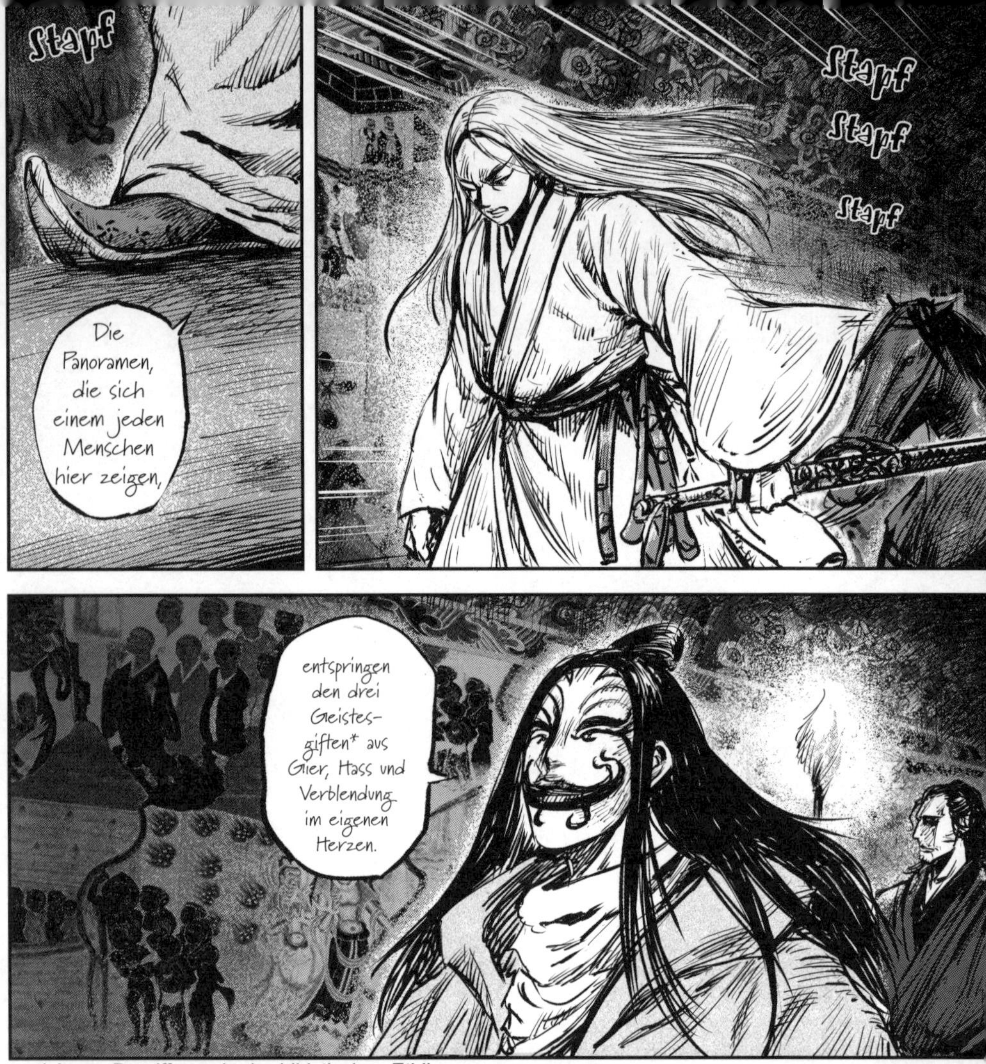

* Anm.: Begriff aus der buddhistischen Ethik.

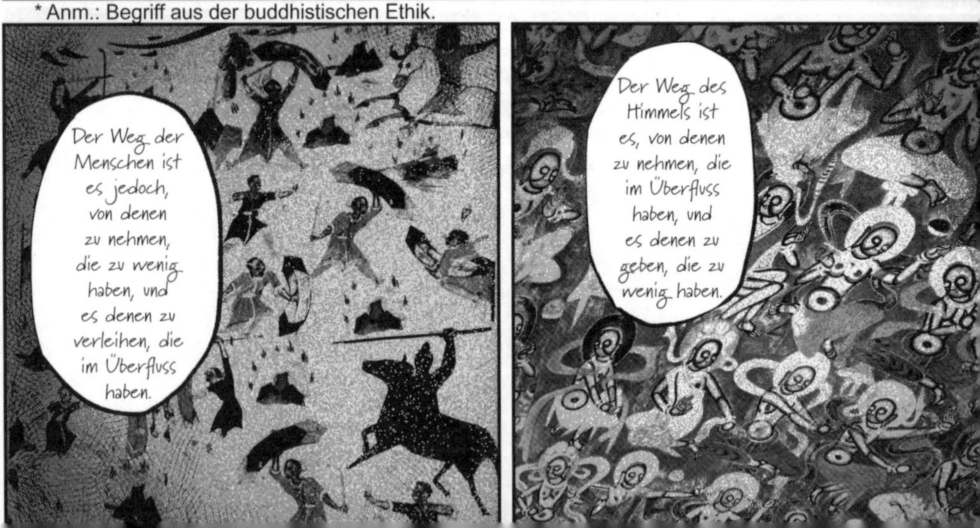

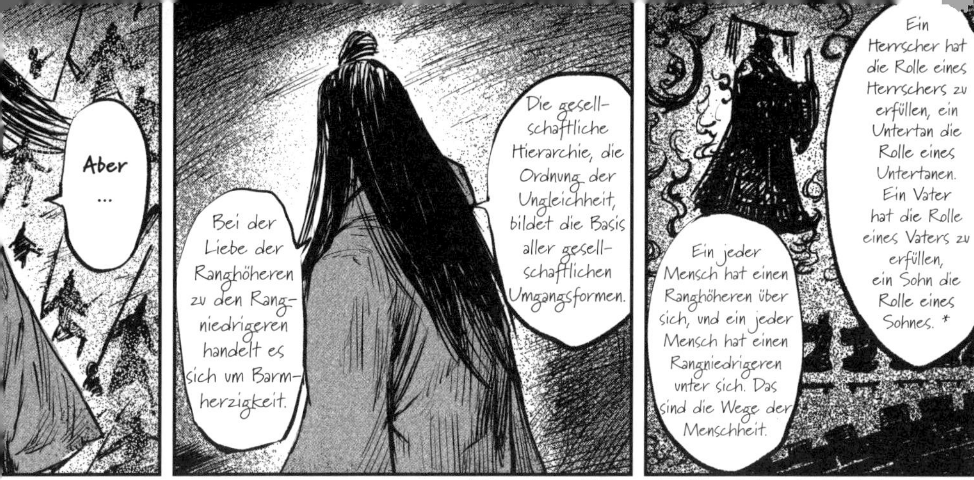

* Anmerkung: Zitat aus den Gesprächen des Konfuzius (Lunyu).

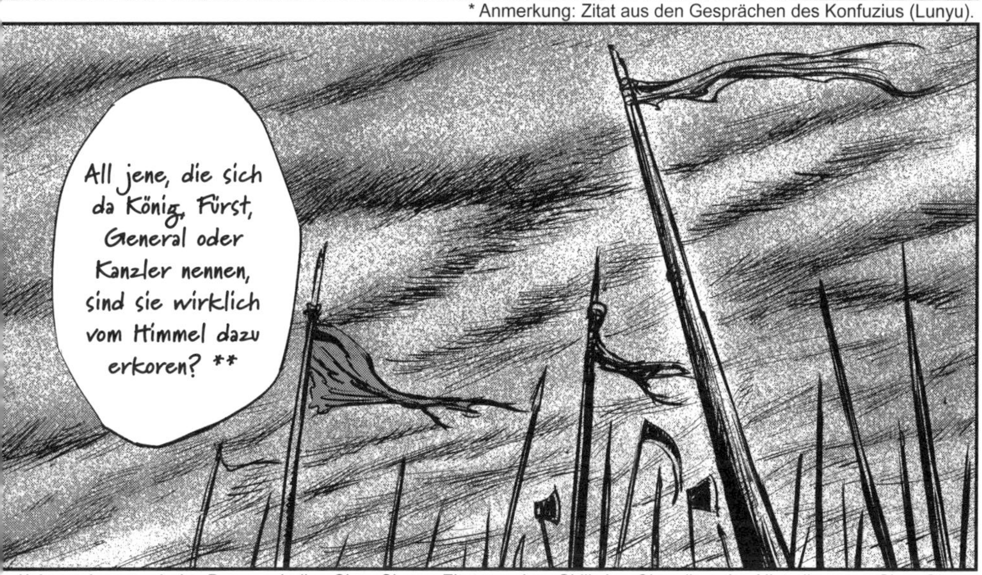

** Anm.: Ausspruch des Bauernrebellen Chen Sheng, Zitat aus dem *Shiji*, den *Chroniken des Historikers* von Sima Qian

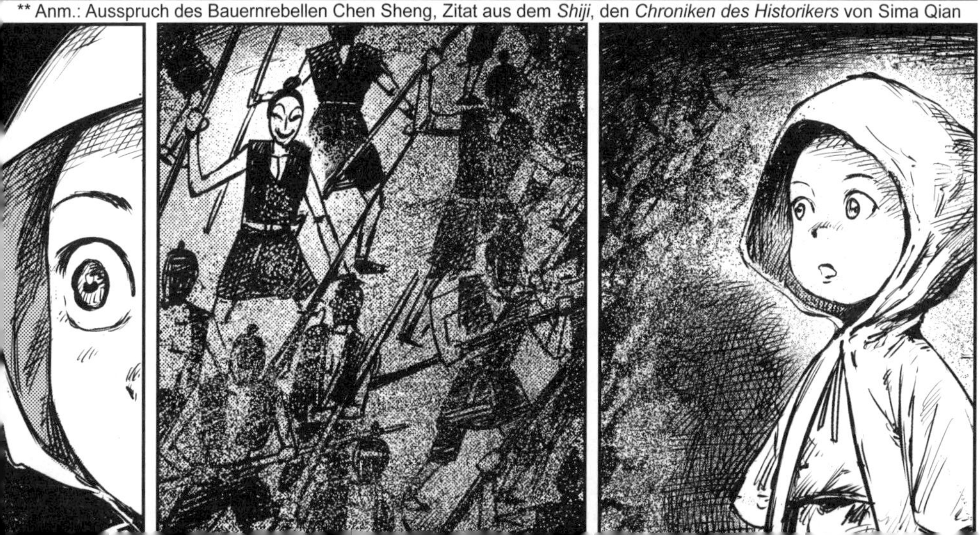

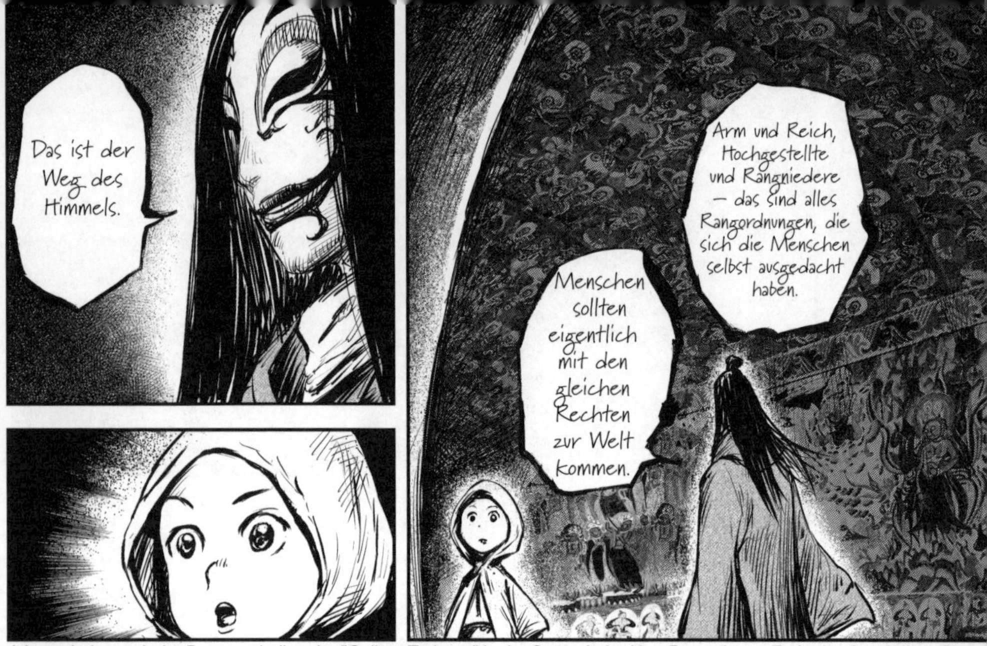

* Anm.: Leitspruch der Bauernrebellen der "Gelben Turbane" in der Spätzeit der Han-Dynastie am Ende des 2. Jahrh. n. Chr.

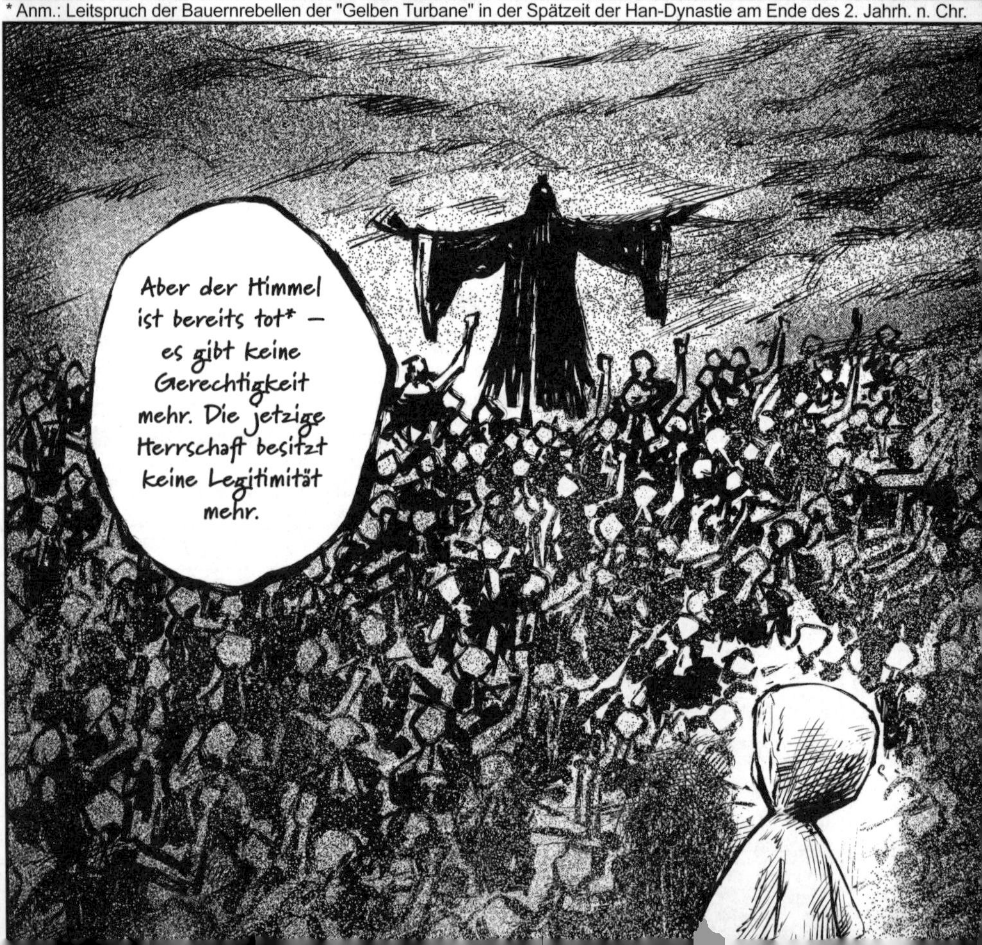

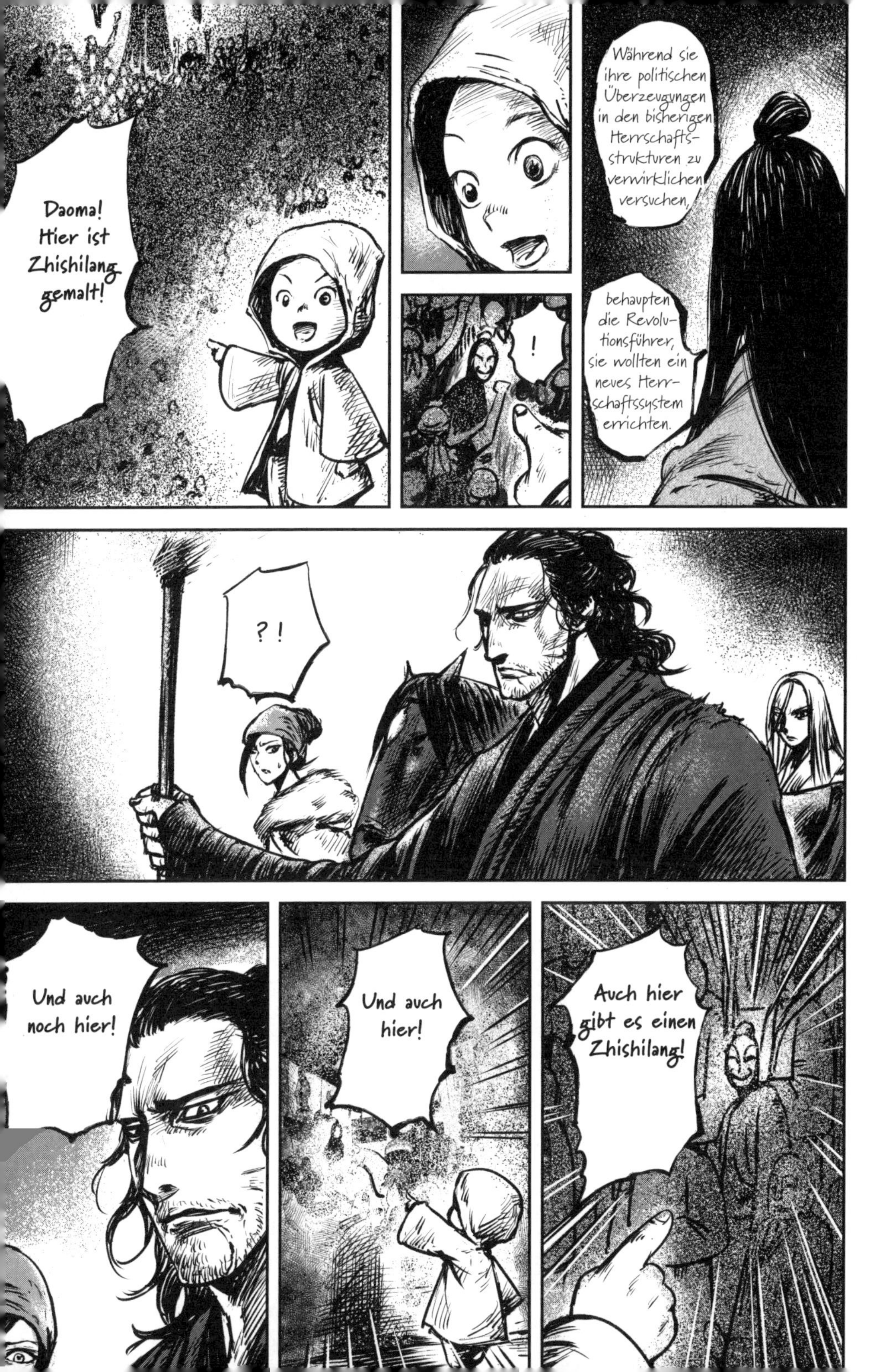
Daoma! Hier ist Zhishilang gemalt!
Während sie ihre politischen Überzeugungen in den bisherigen Herrschafts-strukturen zu verwirklichen versuchen,
behaupten die Revolutionsführer, sie wollten ein neues Herrschaftssystem errichten.
!
?!
Und auch noch hier!
Und auch hier!
Auch hier gibt es einen Zhishilang!

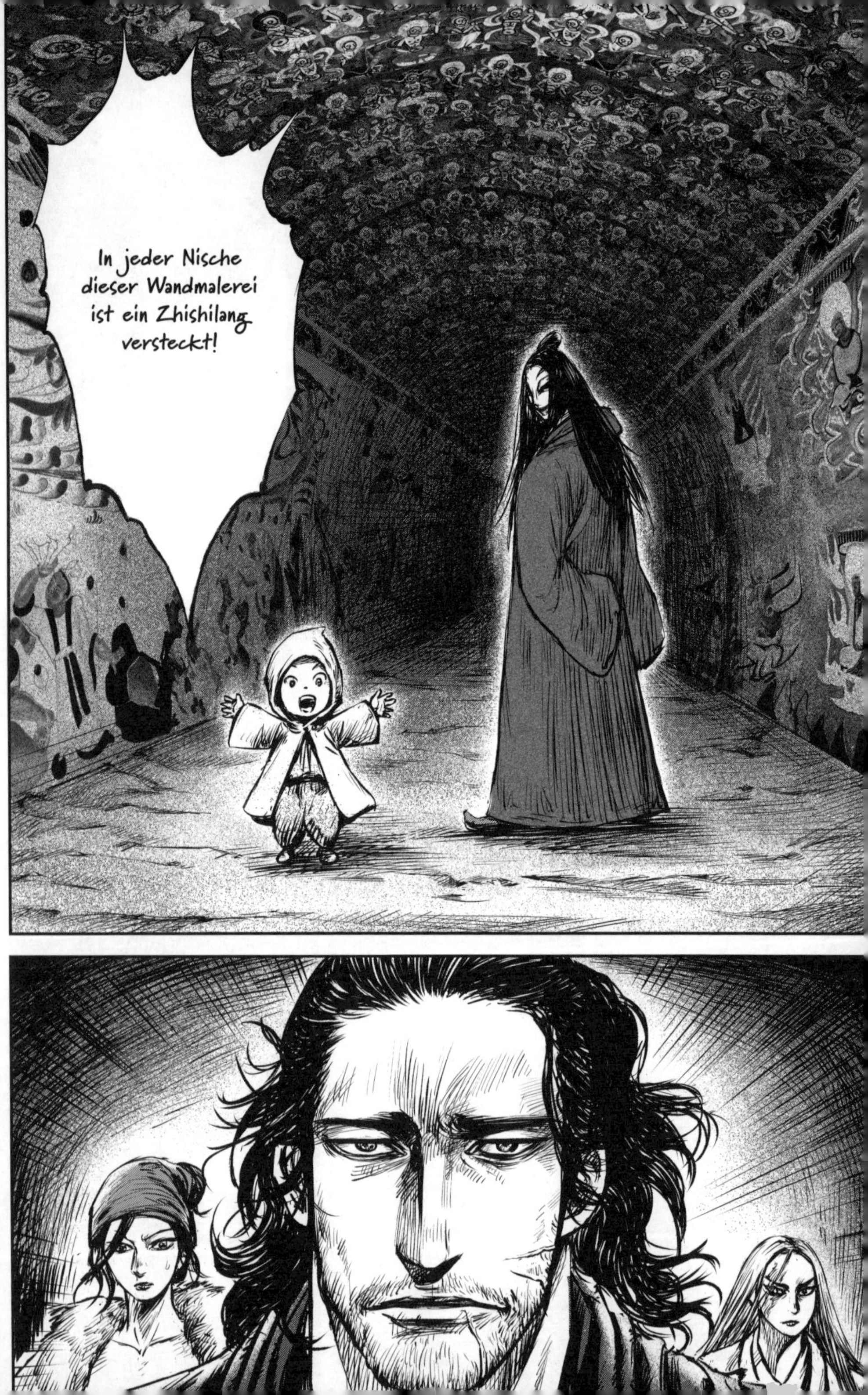
In jeder Nische dieser Wandmalerei ist ein Zhishilang versteckt!

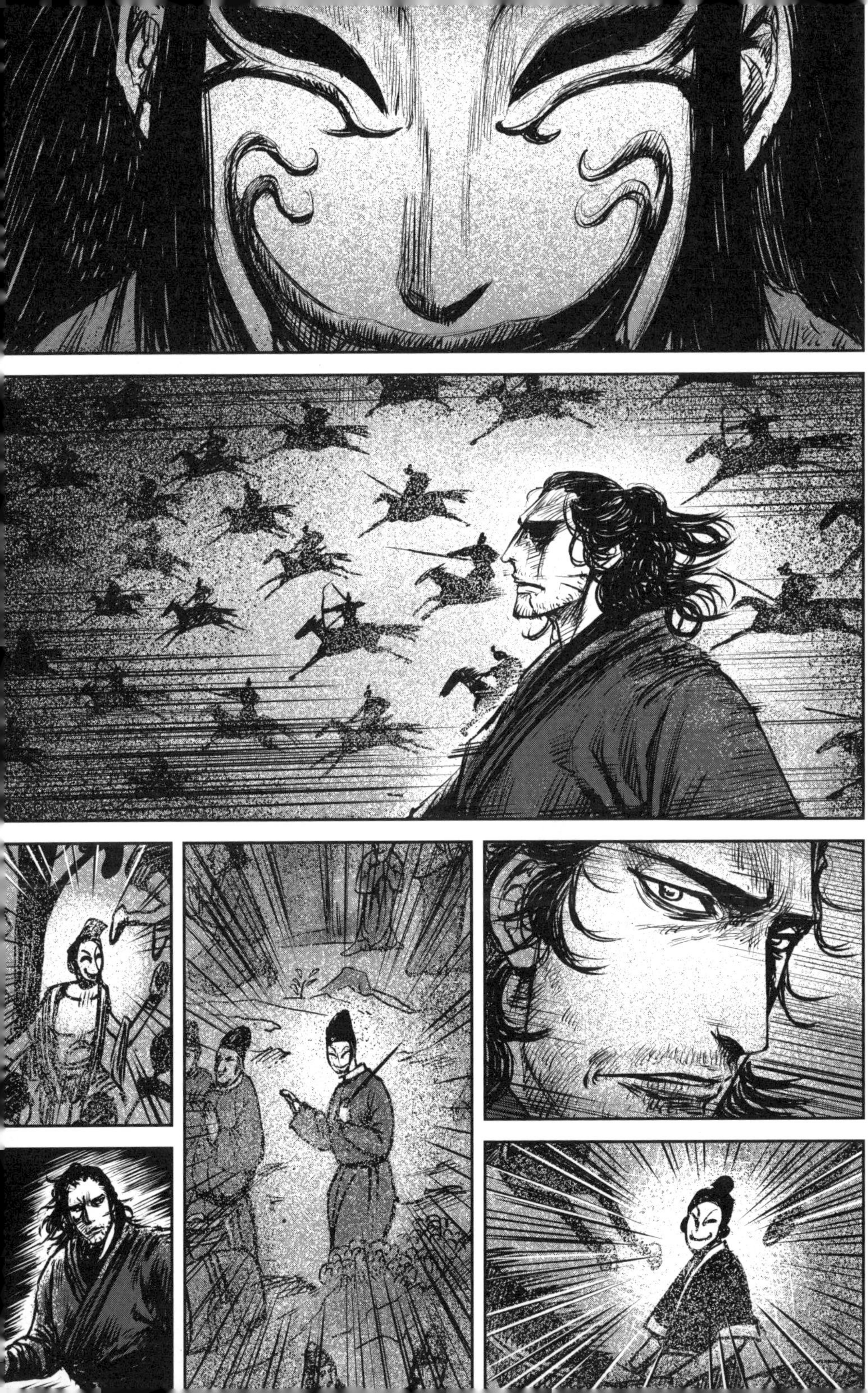

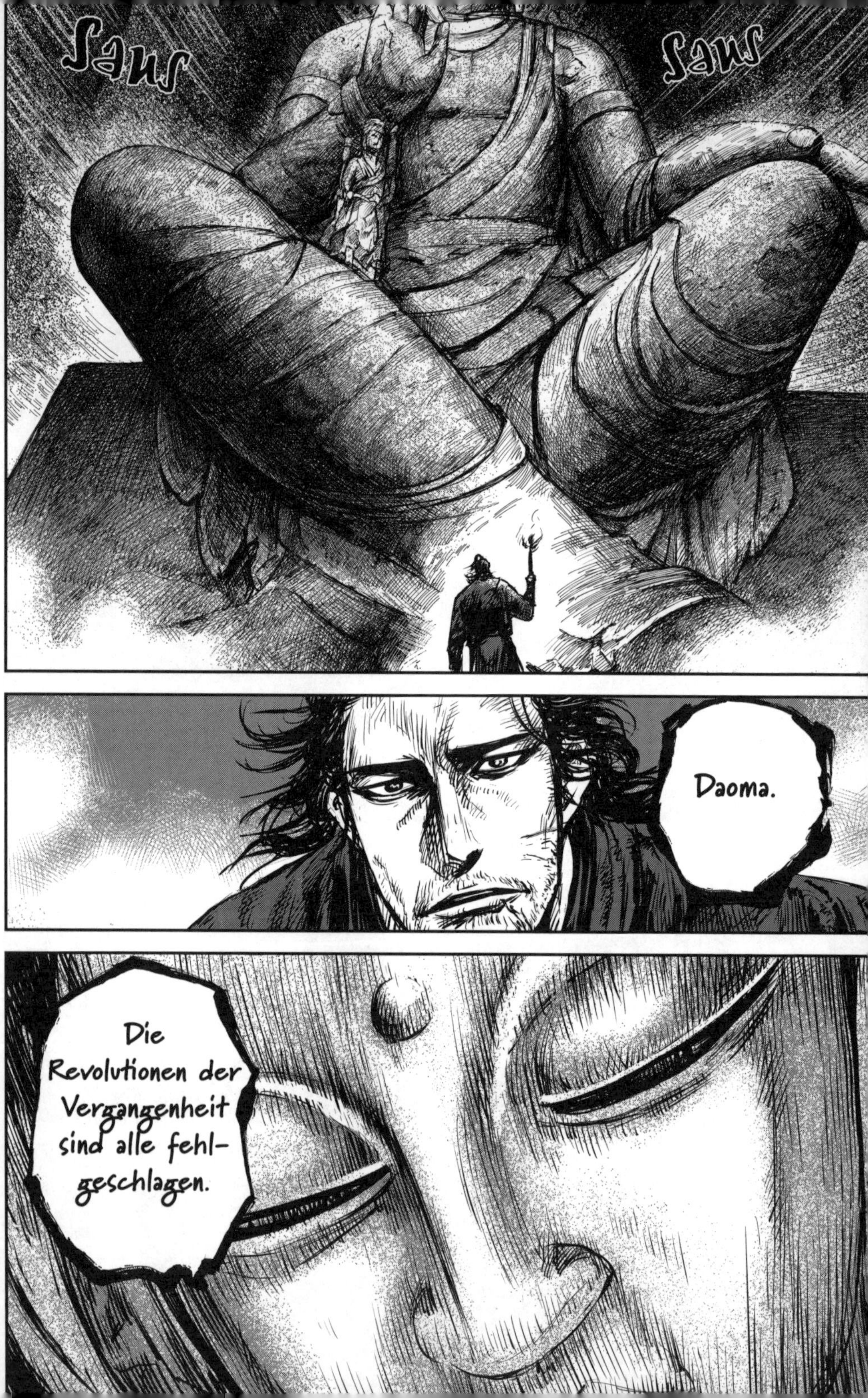
Saus
Saus
Daoma.
Die Revolutionen der Vergangenheit sind alle fehl-geschlagen.

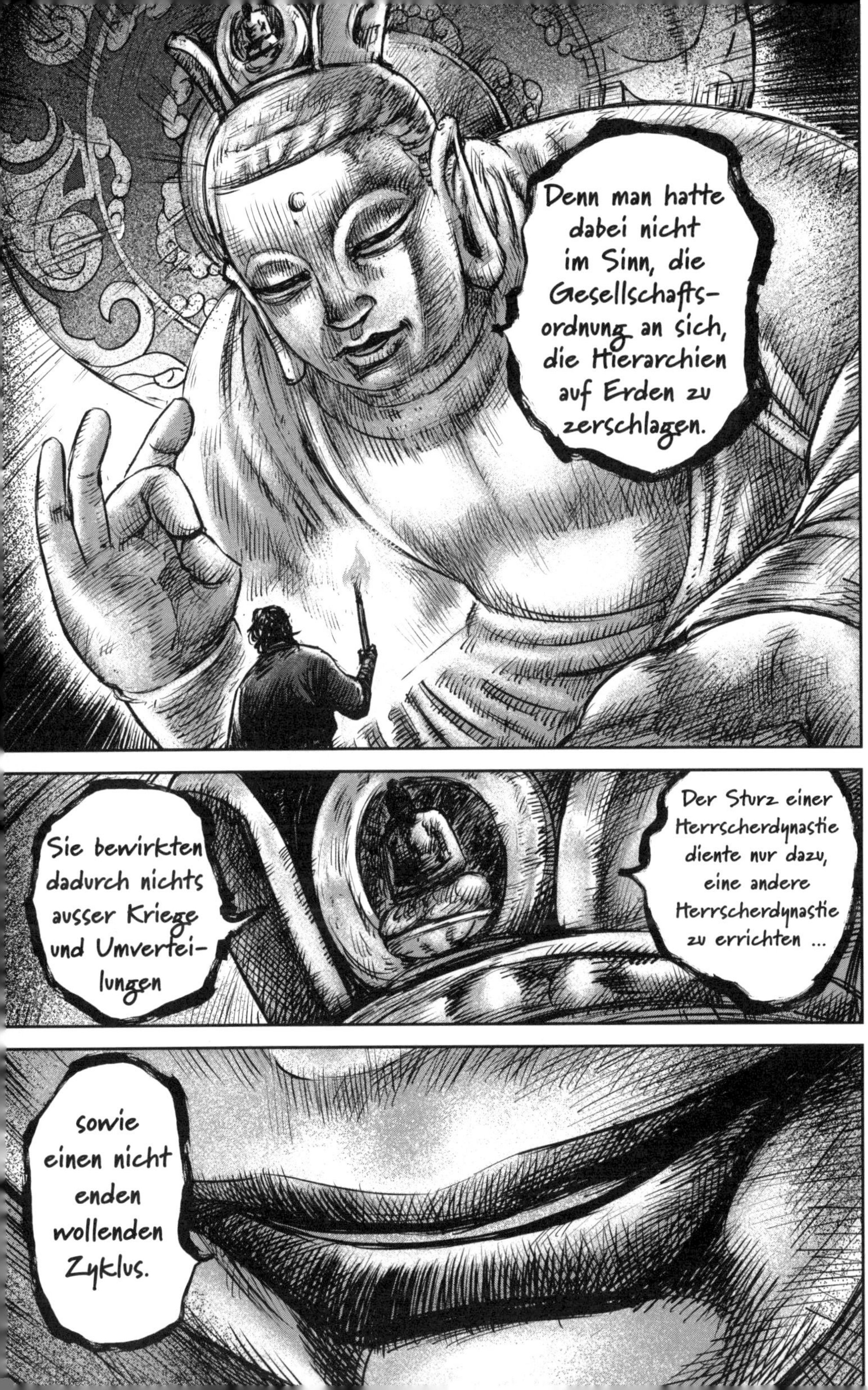
Denn man hatte dabei nicht im Sinn, die Gesellschafts-ordnung an sich, die Hierarchien auf Erden zu zerschlagen.
Der Sturz einer Herrscherdynastie diente nur dazu, eine andere Herrscherdynastie zu errichten ...
Sie bewirkten dadurch nichts ausser Kriege und Umverteilungen
sowie einen nicht enden wollenden Zyklus.

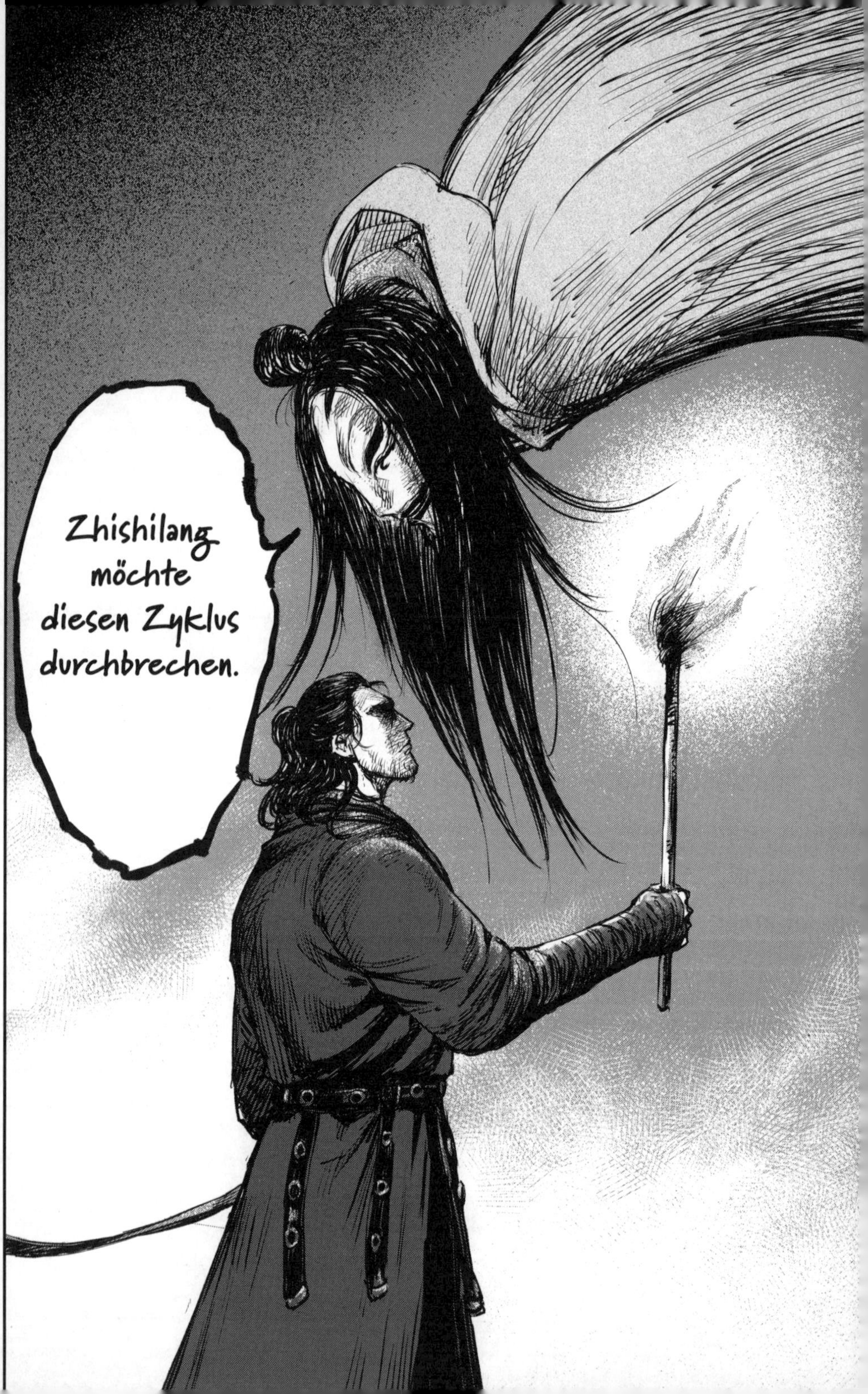
Zhishilang möchte diesen Zyklus durchbrechen.

鏢人

Die Klingen der Wächter

Autor: 许先哲 Xu Xianzhe

Assistenten:
Zhou Peican, Lin Lin

Redaktion / Lektorat:
Kazuji Kurihara

Mit besonderem Dank an:
Piao Zhaoxia

Originaltitel: 镖人 第六卷 Biaoren, Vol. 6

Szenario,Text, Zeichnungen: 许先哲 **Xu Xianzhe**

Übersetzung aus dem Chinesischen, Satz und Lettering: Elisabeth Wolf

Lektorat: Yingqun Stille

Korrektorat: Filipe Tavares

Bildretusche: Shujun Wong

Verlag der deutschsprachigen Ausgabe:

Chinabooks E. Wolf und E. Wu, Bühlstrasse 6, CH-8142 Uitikon-Waldegg
www.chinabooks.de | www.chinabooks.ch | www.manhua.ch | www.facebook.com/chinabooks.ch
www.twitter.com/chinabooks_de | www.instagram.com/manhua_at_chinabooks
Tel. 0041 (0)43 540 40 77 | 0041 (0)76 518 45 26 | bestellen@chinabooks.ch

Vertrieb an den deutschen Buchhandel:

GVA Gemeinsame Verlagsauslieferung Göttingen GmbH & Co. KG
www.gva-verlage.de
Postfach 2021, D-37010 Göttingen
Tel. +49 (0) 551 384200 -0 | Fax. +49 (0) 551 384200 -10 | E-Mail: bestellung@gva-verlage.de

Vertrieb an den österreichischen Buchhandel:

Mohr Morawa Buchvertrieb GmbH
Sulzengasse 2, A-1230 Wien
Telefon: +43 (1) 680 14-0 | Fax: +43 (1) 688 71 30 | E-Mail: bestellung@mohrmorawa.at

Vertrieb an den deutschen Comicfachhandel:

Comic Base Berlin
www.comic-base-berlin.de
Baruther Str. 10, D-10961 Berlin
Tel. +49 (0) 30 - 6 94 38 55 | E-Mail: info@comic-base-berlin.de

PPM Peter Poluda Medienvertrieb e.K.
www.ppm-vertrieb.de
Industriestraße 18, D-32694 Dörentrup
Tel. +49 - 5265 - 9 55 88 55 | E-Mail: info@ppm-vertrieb.de

Erstauflage April 2022 – Printed in Germany

ISBN: 978-3-03887-008-1 (deutsche Ausgabe)